[英]彼得·汤森(Peter Townsend)著 / 赵倩 译

缺陷之美
自然、科技与生存之钥

THE POWER OF IMPERFECTIONS

A KEY TO TECHNOLOGY, LOVE, LIFE AND SURVIVAL

中国科学技术出版社
·北 京·

The power of imperfections: a key to technology, love, life, and survival first edition was originally published in English in 2022. This translation is published by arrangement with Oxford University Press. China Science and Technology Press Co.,Ltd is solely responsible for this translation from the original work and Oxford University Press shall have no liability for any errors, omissions or inaccuracies or ambiguities in such translation or for any losses caused by reliance thereon.
Simplified Chinese translation copyright ©【2024】by China Science and Technology Press Co., Ltd. All rights reserved.
《缺陷之美：自然、科技与生存之钥》最初于2022年以英文出版。本译本经牛津大学出版社安排出版。本译文由中国科学技术出版社有限公司全权负责，牛津大学出版社对译文中的任何错误、遗漏、不准确或歧义或因依赖而造成的任何损失不承担任何责任。

北京市版权局著作权合同登记　图字：01-2023-5371。

图书在版编目（CIP）数据

缺陷之美：自然、科技与生存之钥 /（英）彼得·汤森（Peter Townsend）著；赵倩译 . — 北京：中国科学技术出版社，2024.6
书名原文：The Power of Imperfections: A Key to Technology, Love, Life and Survival
ISBN 978-7-5236-0554-7

Ⅰ．①缺⋯ Ⅱ．①彼⋯ ②赵⋯ Ⅲ．①社会科学—文集 Ⅳ．① C53

中国国家版本馆 CIP 数据核字（2024）第 073658 号

策划编辑	杜凡如　于楚辰	责任编辑	孙倩倩
封面设计	奇文云海·设计顾问	版式设计	蚂蚁设计
责任校对	张晓莉	责任印制	李晓霖

出　　版	中国科学技术出版社
发　　行	中国科学技术出版社有限公司发行部
地　　址	北京市海淀区中关村南大街 16 号
邮　　编	100081
发行电话	010-62173865
传　　真	010-62173081
网　　址	http://www.cspbooks.com.cn

开　本	710mm×1000mm　1/16
字　数	407 千字
印　张	27.5
版　次	2024 年 6 月第 1 版
印　次	2024 年 6 月第 1 次印刷
印　刷	大厂回族自治县彩虹印刷有限公司
书　号	ISBN 978-7-5236-0554-7 / C・260
定　价	98.00 元

（凡购买本社图书，如有缺页、倒页、脱页者，本社发行部负责调换）

序

完美是一种理想状态，但对大多数人来说，一本书的书名透露出对缺陷的赞扬，甚至还要发现它们的可用之处，也着实有违常理。然而我坚信，我所选择的案例足以证明缺陷也值得赞颂。事实上，要列举这样的案例非常容易，因为我们熟悉的大多数技术产品，从金属、玻璃、电子设备和计算机，到汽车和建筑材料，它们之所以存在，并能为我们所用，是因为它们都有缺陷。许多案例都是我们所熟知且通俗易懂的。对于我所选择的案例，读者不需要具备相应的科学背景，因为我会提供必要的相关信息。对生命科学来说，缺陷也同样有价值，不过详细解释起来可能很复杂，但其重要性不容小觑。故意制造或偶然出现的缺陷会导致生物变异，这不仅解释了我们的进化过程，以及为什么不存在完全相同的两个生物体，也影响了我们的生活。但与技术不同的是，人们对生命科学领域的缺陷很少报以乐观的态度，对其影响多是一知半解的。

我对生活中的许多事物都充满激情，涵盖了物理实验、音乐、击剑和交友等领域。因此，能用一条清晰的脉络，颂扬材料缺陷所带来的诸多好处，将看起来迥然不同的领域整合并纳入一本书里，令我欣喜不已。我们所处理的视觉信息、声音信息和嗅觉信息等都存在缺陷。在音乐领域就可以找到证明缺陷之美的例子，因此在第15章，我详细讨论了因信息众多而大脑容量有限所导致的音乐怪事。

尽管技术本身令人着迷，我们对技术的解释和理解过程也令人钦佩，但遗憾的是，这方面的许多努力都花在了生产高级的军备和战争武器上，而战争可能会摧毁地球和人类自身。

当然，人类的行为从来都不完美，比如发动战争、贪婪掠夺等都是自私的行为，自私似乎深植于人们的心灵。对我来说，这些行为没有可取之处，我不会（事实上也不能）为其辩护。尽管如此，在最后几章中，我仍会提到它们。因为只有认识到这些行为的不足之处，才能探讨人类的进步。也许这是一种理想化的愿景，因为它可能与我们以往取得的成就相对立。

在生活、友谊与爱情等更加宏大的课题中，缺陷也非常重要，对此我毫不怀疑，但对其中任一课题的讨论都不是一件易事，因为这涉及高度个人化的意见。我曾在一本科学读物的开篇写过这样一句话："水晶像人一样，因其不完美而有趣。"的确如此，但与科学研究不同的是，我们在挑选朋友、爱人或组建家庭时无法进行重复实验，也缺乏充足的统计数据。因此，由于个性和吸引力的来源太多，并随时间的推移而变化，对于人身上某些缺陷和不完美之处，我们很难对其准确定义和量化。还有一个小问题，如果我写得过于具体，我的朋友们可能会意识到书中描述的正是他们自己，并且他们也未必赞同我的看法。可以肯定的是，每个人都是独一无二的个体，以各种各样的方式度过人生之旅，一个人的缺点可能成为另一个人眼中的优点。例如，对他人的自私和冷漠在政客或公司董事身上可能是一种优点，但在亲密关系中可能会酿成灾难。这并不是现代才有的认识，包括尼科洛·马基雅维利（Niccolò Machiavelli）和亚伯拉罕·林肯（Abraham Lincoln）在内的很多人都提出过相同的看法。

在繁殖方面，缺陷使我们与众不同，并实现了世代之间的发展，即我们所谓的"进化"。这是我们能够应对气候和生物变化以及新疾病的重要原因。生殖上的"完美"意味着我们所有人完全相同，一成不变。这显然非常危险。事实上，许多物种之所以灭绝，正是因为无法适应不断变化的环境。不同领域的人士也就人类的缺陷发表过看法。玛丽莲·梦露（Marilyn Monroe）

曾说:"不完美也是一种美。"言简意赅。温斯顿·丘吉尔(Winston Churchill)的评述则没有这么直接,他说:"完美主义让人瘫痪。"

毫无疑问,在尝试改进工艺材料的研究中,我认识到材料的缺陷、瑕疵和杂质对其性质至关重要。事实上,科学家和工程师并不是要制造"完美"的材料,而是控制和利用材料固有的和不可避免的缺陷,以达到特定的目的。热力学明确指出,任何"完美"状态都不可能实现。令人遗憾的是,像"不完美"或"缺陷"之类的感情色彩词,总会让理论家或象牙塔里的科学家和大众产生负面联想。我们应该发明一个更加正面的词。不过,我希望能够改变你对"不完美"的看法。

许多文章、图书和评论都指出,人类自身的缺陷有其价值。例如,近乎对称的脸往往被认为是最美的。但真实的人脸不可能百分之百对称。如果制作一张左右脸完全对称的肖像画,你会发现,这张脸会令人产生不安之感。利用计算机图形学,人们可以为卡通人物制作好看的、富有表现力的形象,也可以为电影和电视节目制作虚拟形象,但如果它们既逼真又对称,就会让人感到不安。因此,从业者会故意在形象上设计一些缺陷。在生活的其他方面,比如时尚领域,权威人士也宣称,过分完美不可取。乡村建筑、手工制品等也因其不完美而受到喜爱。不客气地说,我们对缺陷的喜爱,正是许多艺术家作品广受欢迎的原因之一。

相比之下,对于刻意被利用的缺陷,我们总能准确地解释它所带来的好处,以及能带来最佳性能的缺陷程度。对于无生命的晶体和材料,这么做的结果是可重复的、定量的并可通过实验检验。这些"缺陷"已成为贯穿所有产品的基本要素,从玻璃、钢铁到半导体。理解材料中缺陷与杂质的价值,是所有现代技术的基础,这一点怎么强调都不为过。对不从事科学研究的大众来说,与熟悉的情境进行类比会更容易理解。因此,在地质构造和矿物相关的内容中,我将利用类比的方法使其浅显易懂。

如图 0.1 所示,本书前几章的重点是那些早已确立的技术。我在一定程度上按照时间顺序介绍工具和材料,从使用木材和石器时代的工具开始,再到人们在金属和玻璃材料上取得的进展。它们的共同点是，这些材料的出现都得益于"不完美"。

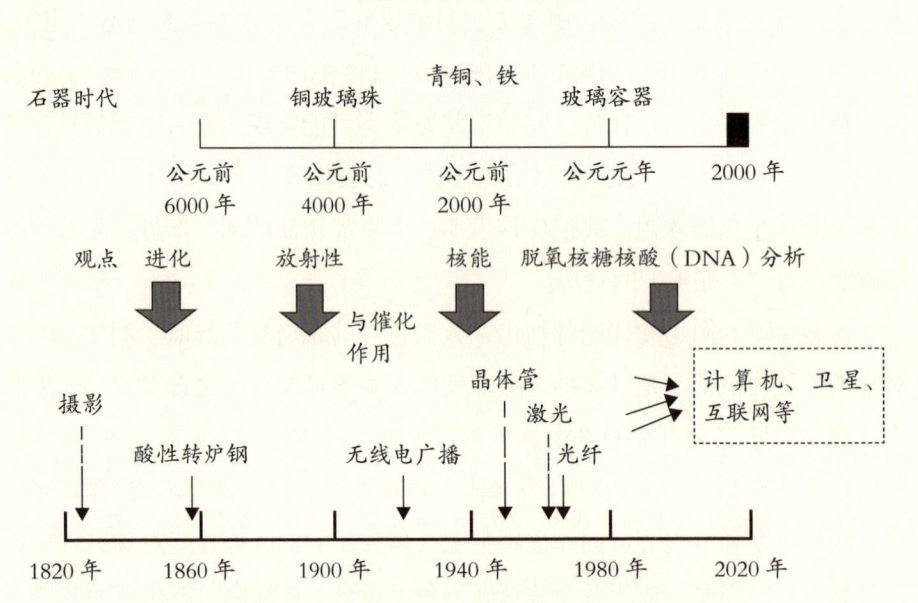

材料技术领域的重要事件

```
石器时代          铜玻璃珠         青铜、铁        玻璃容器
                                                            ■
公元前           公元前          公元前         公元元年      2000年
6000年          4000年         2000年

观点   进化      放射性          核能      脱氧核糖核酸（DNA）分析
  ↓    ↓         ↓              ↓              ↓
              与催化作用                              计算机、卫星、
                                       晶体管        互联网等
  摄影                                   激光
         酸性转炉钢      无线电广播         光纤
  ↓        ↓              ↓              ↓↓↓
1820年   1860年          1900年    1940年   1980年   2020年
```

图 0.1　材料技术发展史中的重要事件与近代思想发展

在人类的早期历史中，我们主要关注木材或石头等材料，此外还有火的重要用途——加热材料。由此产生的意外结果是，材料发生变化，露出铜等金属并形成玻璃珠。于是，人类开始冶炼青铜、铁和其他金属合金。与此同时，熔炉也推动了各种玻璃和容器的制造。

这种简单的"加热"实际上非常复杂，因此我会以武士刀为例，证明人们在尚未了解科学细节的情况下也能取得重大进步。我们都很熟悉烹饪，但烹饪的结果千变万化，佐料与火候极其细微的改变，都有可能给菜品带来显著的提升。这个类比简单易懂，因为我们每天都在进行既基础又复杂的加热实验，即使不了解基础化学，也可以完成烹饪。

图 0.1 强调了自有记录以来，科学发展为人类生活带来的重大变化。因此，我用了几个章节的篇幅讨论了几项重要的新技术，如半导体、激光、光

纤以及 21 世纪电子学和光学的现状与未来发展。我会详细介绍这些技术（好在它们的科学原理都不难）。我的偏见和个人经历，以及我自己的研究，大多简单易懂。这在一定程度上使写作变得更容易，但我也特意加入了一些在大众媒体和电视节目中较为少见的例子。

科学并不是完美的，因此我们应当对来自不同渠道的信息保持怀疑。在第 5 章中，我提醒读者注意已发布信息与统计数据的可信度。即使是可靠的数据也可以用多种方式呈现，这取决于数据的受众群体。表格、图表和数字常常遭到非相关专业人士（其中不乏科学家）的误读。不幸的是，一些政客对科学、数据和统计的了解很少。这是一个值得严肃对待的缺陷。也许曾任英国首相的乔治·坎宁（George Canning）是个例外，他在 1827 年说过："除了真理，我能用统计数字证明任何事情。"

音乐也需要变化和差异。不同文化和不同时代的音乐品位与风格有所不同，但无论是音乐类型，还是演奏家和乐器，都体现了我们所欣赏的个性。同样，我们也接受乐器、音阶、录音和声音传输等设计上的固有缺陷，以及听觉和体验上的个人差异。实际上，这些"不完美"是赋予我们个性与乐趣的关键。同样，矿物和宝石也因其颜色和晶体形状上的缺陷而形成独特的美。

对电子学来说，人们对技术变革的突飞猛进仍然记忆犹新，最明显的就是半导体材料被应用于商业以后。很难想象，如果没有半导体材料，我们现在将如何生存。然而，由于半导体材料的商业潜力，我们投入了大量精力，更加深入地了解了缺陷在制造我们所需要的电子产品方面的作用。

在短短 60 年的时间里，新的玻璃产品已跃居技术的前沿，实现了光纤通信，促进了更加高效的电子设备和紧凑型激光源的出现。玻璃纤维是现代生活的关键要素，它的制造完全基于对缺陷的控制，同时也催生了一场通信革命，每年通过光纤传输的照片达到数十亿张。

对大多数人来说，这些变化似乎都是进步，但我要提出异议，因为我认为，在不久的将来可能会出现许多严重的问题。例证之一是，在从纸上或照片数据存储过渡到电子媒体动态范围的过程中，我们面临一个极大的危险，即数据存储的时间非常短暂。新系统可能无法保留历史记录、照片，甚至法律文件。进步也是有代价的，传输电子信件、照片、视频和下载资料等都需要电力。由此造成的一个后果就是大气中的二氧化碳增多。

在主流材料科学和物理学中，以纯光学加工为基础的新产品和新思想不断涌现，这一领域被称为"光子学"。在下文中，我会对该领域的未来发展给出一些线索和提示。

除了已经广泛宣传过的话题之外，还有许多其他领域也将对我们的生活产生影响，这种影响可能在25年以后才会显现。对这些领域来说，筹集资金所需要的宣传和炒作尚未达到预期的规模。我在书中给出的实例包括纳米粒子、室温超导体、石墨烯和聚变能等，但要控制和理解其本征缺陷非常困难。受篇幅所限，本书无法更加详细地解释个中缘由，但如果它们最终取得突破，成为有价值的产品，这也不足为奇。

虽然我是一名物理学家，但我也认识到缺陷在化学和现代生物学领域中都能发挥相似的优势。在化学和生物学方面，我只关注了几个话题，比如催化作用和缺陷在细胞繁殖中的价值。两者都是非常重要的话题。后者会影响进化与医疗干预的新方法。它们也会引发情绪反应，使科学难以与我们的生活、文化和偏见分开。

认识到个人和文化的缺陷，我们可以将其转化为优势，并像应用技术一样，将缺陷应用于我们的职业发展和社会关系。考虑到这一点，我用一章的篇幅探讨了一些关于科学进步、认可和声誉等现实问题的思考，这可能对科学家有所帮助，尤其是在其职业生涯早期。

总之，我所选取的例子并不需要读者事先掌握相应的科学知识。事实上，了解这些无生命材料的特征以后，我们也能在社会行为中看到相似的特点，在整个职业生涯和生活中，我们都能受益于此。即使对于种族、宗教以及我们如何在全球和个人层面上互动等情感话题，认识自身缺陷也是第一步。这对人类的延续至关重要。

最重要的是,"完美"这一社会概念本身就是有缺陷的、无法实现的,并且具有严重的破坏性。虽然生活的各个方面都可以不断改善,这些改善都是真实的、可能的和可取的,但完美是一种虚无的想象。要求达到某种终极的完美,只是为了激励我们在当前情况下不断改进。然而,终极完美往往会控制我们的活动并限制我们的逻辑思维。理解和应对这些有关终极完美的主张,比处理材料中的缺陷更具挑战性。认可了不完美之后,我们或许能创造一个更美好的世界。尽管这样的希望非常渺茫,但可以肯定的是,在个人层面,我们可以做出一些积极的改变,为生活带来更多快乐、满足和爱。

我没有把描述性的想法与科学解释分开,而是有意将两者结合在文本中。如果将两者完全分离,用方框将科学解释的部分单独框起来,我在阅读时往往会跳过困难的部分,我相信肯定不止我一人如此。我希望在本书的描述和类比中,没有"困难的部分"。

前言

　　科学技术是现代社会的基础,我们需要直观感受它的作用。我的目标就是向广大读者介绍技术的作用,同时让青少年、大学生等不同年龄与背景的读者了解基础科学的动人之处。本书涵盖的主题十分广泛,内容简单易懂,同时也提供了大量的细节描述,帮助读者认识到更深层次的问题和可能性。出人意料的是,本书所列举的每个例子都离不开我们所用材料中的缺陷。我特意选用了一些平常较为少见的事例,涵盖了木材、玻璃、金属、半导体、催化剂以及基因和病毒等。除此之外,本书也介绍了缺陷科学的背景,并针对如何在职业生涯内取得成就以及如何筛选信息提供了建议。本书的最后探讨了爱、生命与生存等更加复杂的问题。在这些问题中,缺陷科学同样发挥了重要作用,如果我们能够认识到这一点并改变自身行为,那么即使在世界人口迅速增长的情况下,人类也可以更好地延续。

目录 CONTENTS

1 技术缺陷实例　　　　　　　　　　　　001

第 1 节　从不完美中诞生的文明　　　　003
燧石的生长与破碎　　　　　　　　　　004
从缺陷中诞生的技术：石器时代是否已离我们远去？　　007
缺陷的利与弊　　　　　　　　　　　　008

第 2 节　金属材料的发展　　　　　　　009
早期的青铜制造　　　　　　　　　　　010
合金中原子排列的特点　　　　　　　　011
初窥钢铁　　　　　　　　　　　　　　013
武士刀的利刃　　　　　　　　　　　　014
钢的热处理与改进　　　　　　　　　　016

第 3 节　19 世纪以后的钢铁　　　　　019
合金与钢加工　　　　　　　　　　　　019
钢的成分与温度问题　　　　　　　　　020
将杂质注入极薄的表层　　　　　　　　021
冶金与烹饪的相似之处　　　　　　　　022

2 加热与加工中的"调味品"　　　　　　025
杂质带来的意外收获　　　　　　　　　027

材料中的杂质与缺陷	028
半导体技术	029
正常的纯度是多少？	030
常见材料中的杂质	030
认识非标准情况	031
缺陷的经济价值	033

3 关于木材的技术　　　035

第 1 节　木材的重要性　　　037

为什么木材有多种用途？	038
历史悠久的镶嵌工艺	038
石斧和弓箭中的早期木材工艺	041
射箭是否有益身体健康	042
树木生长期发生变形的好处	043

第 2 节　森林中蕴藏的资源　　　046

宝贵的树木寄生生物与树皮损伤	047
藏在树木生长过程中的历史与气候记录	048
年轮与小提琴	049

第 3 节　木材纹理中隐藏的其他信息　　　051

使用放射性物质精准测年	051
考古学家与碳十四测年法	053
未来木材利用的新想法	054
与木材技术相关的缺陷小结	055
放射性碳定年法的物理基础	055

4 关于人和自然的思考　　　　　　　　　059

第 1 节　观点并非一成不变　　　　　　　061
一些令人困惑的表述　　　　　　　　　　064
人口与气候变化相关数据的表述　　　　　066
谁在解读信息方面存在困难　　　　　　　069
我们能否看到事实　　　　　　　　　　　071

第 2 节　大气中二氧化碳浓度的相关数据及解读　073
预测气候变化的程度　　　　　　　　　　075
科学讨论中的缺陷与偏见　　　　　　　　076
理解微妙的影响　　　　　　　　　　　　079

5 化学物质与固体的主要特征　　　　　083

第 1 节　离子大小与化学键的背景　　　　085
化学符号　　　　　　　　　　　　　　　089

第 2 节　玻璃——不完美结构的典范　　　091
玻璃的特性　　　　　　　　　　　　　　092
制作玻璃的材料　　　　　　　　　　　　093
玻璃制作技术　　　　　　　　　　　　　095
从糖浆到黏稠的玻璃　　　　　　　　　　096
黏度极高的液体有何用途　　　　　　　　097
杂质与玻璃着色　　　　　　　　　　　　099
玻璃中的粒子夹杂物　　　　　　　　　　102

第 3 节　假如生活中没有玻璃　　　　　　104
玻璃冷却产生应力的利与弊　　　　　　　106

通过偏振光观察应力效应	107
4000 年来的玻璃制造是否取得了进步？	108

第 4 节　材料科学之外的话题　　110
恒星内部的缺陷　　111

6　新型玻璃技术案例　　113

第 1 节　为什么玻璃会成为高新技术产品？　　115
浮法玻璃技术的利与弊　　116
掺锡玻璃表面的应用　　117
改变玻璃的表面性质　　118
坚硬的表面　　119
有色玻璃　　120
多层涂层　　121
玻璃表面着色的简单方法　　123

第 2 节　离子束注入与玻璃表面处理　　124
镜子与太阳眼镜　　125
光电学中的离子束注入　　128

第 3 节　玻璃加工与癌症的光学检测　　129

第 4 节　光致变色玻璃与摄影过程　　135
光致变色太阳镜的科学原理　　137
玻璃的未来是否明朗？　　137

7 光纤通信　　139

第 1 节　用光发送信号　　141
在拐角处弯曲的光　　143
喷泉中的光陷阱　　146
较短的玻璃棒和玻璃纤维的用途　　147
一端错位的光纤束　　148

第 2 节　弓弩与首次光纤制造的尝试　　150
更长的光纤　　151
早期光纤中的光损耗　　151
光散射　　153
硅基纤维与利用杂质取得的进步　　154
光纤科学中的缺陷小结　　156

8 缺陷之美　　159

第 1 节　矿物与宝石的吸引力从何而来　　161
合成宝石　　163
加热对宝石颜色的影响　　164
金刚石——最佳宝石　　165
特大天然水晶　　167
是否存在如此大尺寸的金刚石？　　168

第 2 节　决定天然矿物尺寸与形状的因素　　170
原子结构以及由此产生的化学反应　　173
电子如何决定化学反应？　　174
构建盐晶体　　176
增加结构复杂性　　177

蜜蜂与蜂巢　　　　　　　　　　　　　　　　　　　　178

9 珍贵的晶格缺陷　　　　　　　　　　　　181

第 1 节　晶格的形成　　　　　　　　　　　183
晶体学与墨菲定律　　　　　　　　　　　　　184
位错化学　　　　　　　　　　　　　　　　　187
红宝石晶格生长中的杂质和应变　　　　　　　188
生长缺陷与非标准的组合方式　　　　　　　　190

第 2 节　铌酸锂——一种重要的工业材料　　191
制造缺陷，形成光波导　　　　　　　　　　　192

10 杂质与半导体生长　　　　　　　　　195

第 1 节　改变世界的杂质　　　　　　　　197
都是好消息吗？　　　　　　　　　　　　　　197
电子技术的爆炸性冲击　　　　　　　　　　　199
电子设备的尺寸　　　　　　　　　　　　　　201
电传导　　　　　　　　　　　　　　　　　　202
半导体传导　　　　　　　　　　　　　　　　203

第 2 节　通过缺陷控制半导体中的电子流动　　207
电子学的发展——摩尔定律　　　　　　　　　208
能否预测并保持增长率？　　　　　　　　　　211

11 微小的异常与长远的后果　　215

第 1 节　直觉与缺陷结构　　217
如何找到缺陷？　　218
年代与重复导致错误永存　　219
光学材料中有价值的缺陷　　221

第 2 节　辐射剂量测定中的冷发光　　223
对杂质格位的实验方法与猜测　　224
古代陶器有多古老？　　225
你花园里的宝藏　　226
原子弹爆炸或核事故的辐射暴露　　227
瑕疵带来的晶体色彩　　228

12 21 世纪的光子学　　231

第 1 节　光子的相关概念　　233
光纤所需要的光子元件　　235
光开关和光路由　　235
产生稳定的光脉冲　　239
直列式光纤激光放大器　　240
半导体中的光波导　　242

第 2 节　光波导传感器与缺陷　　243
光子晶体结构　　244
隐形斗篷　　245

第 3 节　医学中的光子学　　247
光吸收、探测器与视力提升　　248

13

化学与催化 251

第 1 节　化学中的杂质和缺陷 253
催化作用 255
催化剂 257
人造黄油 258
石油与汽车工业中的催化作用 259
制作塑料的催化剂 261
微量金属和酶 262

第 2 节　催化作用与窗户清洁 265
具有结构化表面的自清洁玻璃 266
微量元素的开采和回收 267

第 3 节　同位素性质的差异 269
光化学 270
同位素效应的分析与法医学应用 271
第二次世界大战中的原子弹制造 272
化学中的缺陷与微量元素小结 273

14

音乐中的缺陷 275
生命系统与非生命系统 277
缺陷与音乐的乐趣 278
黑胶唱片、磁带、激光唱片和流媒体的热潮 280
作曲与演奏之间的差异 282
技术的变化 285
弹奏一个音 287

声音的定向性与座位选择 291
一些对音乐的思考 292

15 通过缺陷实现进化 295

第 1 节　物种变异与进化 297
语言的演变 299
连续的代际变化 300
教科书中有关变异与进化的案例 301
人类试图控制进化 304
孟德尔和豌豆 305

第 2 节　用脱氧核糖核酸（DNA）编码信息 307
代际变化 308
为什么复制过程会出现缺陷？ 311

第 3 节　病毒与流行病 313
发病率 316

16 科研事业成功指南 319

第 1 节　从科研事业中获得满足感 321
给年轻科学家的职业建议 324
自我推销与会议 326
讨论缺陷的问题 327

第 2 节　论文发表与资金申请　　　　　　　　331
为他人评分　　　　　　　　　　　　　　　　332
能否量化科研表现？　　　　　　　　　　　　335
新观点难以被接受　　　　　　　　　　　　　340

第 3 节　科学进步的模式　　　　　　　　　　342
区分科学和偶然发现　　　　　　　　　　　　343
识别意外收获　　　　　　　　　　　　　　　344
一孔之见能否取得成功？　　　　　　　　　　345
小科学与大科学　　　　　　　　　　　　　　346
计算机制图与期刊论文　　　　　　　　　　　346
科学与媒体　　　　　　　　　　　　　　　　349

17　舆论界的科学　　　　　　　　　　　351

第 1 节　应对病毒和流行病　　　　　　　　　354

第 2 节　接受人类进化的现实　　　　　　　　358

第 3 节　天文学以及我们在宇宙中的位置　　　361

18　改善未来的生活　　　　　　　　　　　367

第 1 节　人类行为的弱点　　　　　　　　　　369
难以发挥人类缺陷的正面价值　　　　　　　　370

第 2 节　不同世代的态度　　　　　　　　　　374

第 3 节　行为中的缺陷　　　　　　　　377
自尊心与外貌　　　　　　　　　　　379
文身　　　　　　　　　　　　　　　381

第 4 节　巨额财富的利与弊　　　　　　382
沟通的困难　　　　　　　　　　　　383
缺点与热力学　　　　　　　　　　　384

第 5 节　未来人类的缺陷以及如何预测　386
年轻群体　　　　　　　　　　　　　388
为孩子创造更加美好的世界　　　　　393

19　人类面临的挑战　　　　　　　　395

历史的弱点　　　　　　　　　　　　397
长寿的新模式　　　　　　　　　　　398
解决人口过剩问题　　　　　　　　　400
对人类生存构成威胁的自然事件　　　405
紧急危险与应急计划　　　　　　　　406
卫生服务　　　　　　　　　　　　　408
提升政府能力　　　　　　　　　　　409
真实而准确的信息　　　　　　　　　410
如何推动全球态度的改变　　　　　　414
一线希望　　　　　　　　　　　　　414

致谢　　　　　　　　　　　　　　　416

1

技术缺陷实例

从不完美中诞生的文明

第 1 节

随着人类对自然界的塑造，文明也在缓慢而稳定地演变。尽管存在许多缺点，但我们仍然认为文明在进步，其原因在于我们开发了各种技术工具。人类并不是唯一会使用工具的物种，许多动物可以通过连续的若干步骤来寻找食物，鸟类和猴子都会使用棍棒等简单的物品来帮助自己挖取食物。更令人惊讶的是，有些动物甚至愿意延迟满足，为了捉鱼而将面包扔进水中。但人类超越了这个阶段。我们可以将人类开始使用简单技术的时候视为文明的开始，用于狩猎（和战争）的器具让人类获得优先发展。从一定程度上来说，这是必需的，因为原始人缺少其他主要捕食者的牙齿和爪子，这样的身体条件并不利于狩猎。

人类能够进入石器时代，原因之一是我们使用的石头和燧石都不完美，这一点对大多数人来说可能不易理解。因为石头和燧石存在缺陷，所以我们才能将其砸碎并打磨成不同的形状。这些石头的关键特性是易分裂、易破裂，因为它们有薄弱的地方。利用这些自然界中的缺陷，人类有意识地塑造了世界。

对于各种形状的工具和箭头的制造，燧石的弱点发挥了至关重要的作用，如果没有缺陷，它的硬度会高一千倍。如果燧石更加坚硬且毫无缺陷，我们就不可能将它打碎，也不可能把它削成石器时代的工具。这是一个重要事实，不完美的确是我们成功的关键。

燧石的生长与破碎

大约在 250 万年前，人类开始使用天然石头，大约 50 万年前，人类开始用燧石制作箭头等不同形状的工具。燧石是文明的基础，因此有必要描述一下它的生长过程与人为控制下的破碎。可惜我们仍然难以做到这一点，虽然燧石在漫长的人类历史中具有重要意义，但我们尚未完全弄清楚它的形成过程。燧石出现在石灰岩地层中。在众多相互矛盾的理论中，有一种说法认为，燧石来自海洋生物与海绵动物死亡和分解后所形成的海底沉积物。海洋生物的外壳构成了一层厚厚的白垩（主要成分是碳酸钙）。但定期加入的海绵动物给局部区域增加了富含二氧化硅和其他相关硅酸盐的物质。二氧化硅的晶体是我们非常熟悉的石英，它是沙滩的主要成分。尽管白垩不断沉积，但海绵种群的数量只能在一定的时间间隔内达到顶峰。最后，海绵动物的遗骸与硅酸盐在白垩层中沉积。这种不均匀的沉积至关重要。燧石的形成是由于水溶解了白垩中的物质，并将化学物质带到含有海绵动物的沉积层。燧石起初在不易溶解的石英颗粒周围生长，然后逐步变大，结核进一步生长，形成大规模的燧石。这意味着燧石比其所在的白垩层更加年轻。在英国萨塞克斯（Sussex）的白垩质峭壁上，通常会有分层的燧石，其间隔通常为 3~10 英尺（1 英尺 =30.48 厘米）厚的白垩，最终可能会形成一整块大燧石或含有燧石的连续片状材料。

地层模型表明，我们既需要大量的白垩，也需要局部的海绵动物残骸层。这是一个有趣的想法，因为它解释了为什么燧石的主要成分是硅酸盐，但也包含微量的钙、铁和铝等成分。在白垩中，这些海绵动物沉积所造成的"缺陷"是燧石的关键组成部分。如果白垩与其中夹杂的海绵动物残骸均匀分布，人类可能永远无法进入石器时代。图 1.1 展示了萨塞克斯的白垩质峭壁崖面，这处崖面的高度大约是 150 英尺。

图 1.1　萨塞克斯的白垩质峭壁崖面，其中的燧石呈层状或片状分布

如果燧石的成分纯净又简单（即完美），它可能会成为单晶体，每类原子都有规律地整齐排列。但实际上，燧石的结构更像一块玻璃，二氧化硅原子晶体半随机地排列。两者可类比为有序的阅兵队伍（晶体）与随机人群（非晶体）。尽管人与人之间的平均间距相似，但在随机人群中，人们的排列方式并没有规律可循。石器时代的工匠可以在生长层中找到因不同类型的化学物质沉积而偶然形成的较为薄弱的区域。如果用坚硬的岩石敲击燧石，冲击波会沿着成分不同的薄弱区域的界线造成断裂。

一颗真正完美的晶体燧石很难被打破，最后可能只会变成粉末，而不是形状良好的锋利碎片，这些碎片非常适合制作切割工具、斧头和箭头。要实现这一点，需要具备两个积极的特征，一是燧石中的薄弱处可以形成断裂，二是燧石由边缘锋利的坚硬碎片组成，因为硅原子和氧原子形成的化学键非常牢固。

如图 1.2（a）所示，用另一块石头敲击燧石，可以将其制成简易的刮刀。燧石的内部显然是不均匀的，随着岩层的逐步沉积，其成分也逐渐多样。图 1.2（b）显示，石器时代的熟练工匠可以将燧石打造成高质量的锋利箭头以用于狩猎。

(a) (b)

图 1.2 用燧石制成的工具

注：（a）是一块局部被敲打后的萨塞克斯燧石，可用作刮刀。它的制作尚未完成，可以看到还有白垩附着在表面上；（b）是一个制作较为完善的燧石箭头。

燧石不仅可以用于制造切割工具、斧头、箭头和刀，在后来，人类生产出金属以后，燧石还可以与金属击打，产生火花，用于取火。有了火，我们可以猎食体形更大的动物，并且探索其他方式来改善当前的生活。例如熔化沙子，产生玻璃珠，这也是制造玻璃的第一步。此外还可以利用火将金属从矿石中分离出来，这是冶金的第一步。燧石并没有立即遭到淘汰，因为它可以作为取火工具，也可以用在燧石枪中点燃火药。由于它坚固耐用，在萨塞克斯，燧石依然是一种建筑材料。这样的建筑在许多地区都深受欢迎和好评，比如萨福克（Suffolk）的教堂。但燧石也会产生负面影响，例如在花园挖土时，隐藏在白垩中的燧石会带来麻烦，因为它们会导致钢叉折断。在白垩分布的地区建造操场时，燧石也是一个问题，因为它会露出地面，使人受伤。

或许我们早已把石器时代的技术视为历史，但值得注意的是，即使在 20 世纪，我们仍然能在太平洋地区发现一些部落，他们可以完全依赖石器生活。

另一个类似的例子是板岩。泥层历经数亿年，不断被加热和压缩，形成了我们称为板岩的岩石。但是，最初的泥质逐层沉积，在同一平面上紧密结合，但层与层之间的结合较弱。因此板岩可以剥裂成薄片，用于制作屋顶瓦片和其他产品。套用希金斯（Higgins）教授的一句话来解释，那就是："颗粒间的张力主要在一个平面上（The strain in a grain falls mainly in a plane）。"①

从缺陷中诞生的技术：石器时代是否已离我们远去？

敲击燧石的原始人可能不知道石头为什么恰好能破裂，但这无关紧要，他们生产出了锋利的工具。即使在这个科技更加先进的社会中，我们也只获得了初步的发展。即使对待现代技术，从炼钢到摄影再到电子技术，我们也一直保持着务实的石器时代心态。在任何情况下，材料及其用途总是在人们尚未了解其科学原理的时候就已经被开发出来了。早在200年前，人类就已经开始利用晶体的夹杂物，如今它已不再是一种流行媒介，但在摄影技术发展之后，我们才能看到晶体夹杂物中相关缺陷的细节。务实的方法是有效的。借助更加详细的科学知识，我们可以更好地控制过程，并开发出性能卓越的工具。一项技术在最初往往会得益于自然缺陷，比如半导体，当其潜在市场日渐广阔时，受经济效益的刺激，相关研究会获得巨额投资，该技术的性能以及人们对它的了解也会迅速提升。

人们对材料的应用先于对它的认识，这听上去似乎令人意外，但人类是幸存者，所以如果某种东西有用，那么我们就会接受它，不用思考它的发生原理也能继续生存。许多人开车时根本不知道发动机如何运转。大多数人使用计算机和软件进行高度个性化的活动，但也不知道为什么有时它会给我们带来麻烦。唯一不同的是，在远古时代，人们会将每日发生的变化，如天气

---

① 此处套用的是电影《窈窕淑女》（*My Fair Lady*）中，希金斯教授教卖花女说标准英语时所用的一句话："西班牙的降雨主要在平原地区（The rain in Spain falls mainly on the plain）。"——译者注

的变化和身体的健康，都视为神明的作用。特定的问题，或者好运，都会归因于当时流行的神明。而现在，至少对计算机来说，稀奇古怪的问题都被归咎于编写了糟糕软件的程序员或计算机黑客。

材料学与生物学之所以能取得进步，是因为人们认识到自己对某些特性的需求，并且能够分辨出缺陷给看似相同的材料所造成的差异。半导体电子、计算机技术或光纤高速通信等都是典型的例子，它们完全基于控制与正确理解半导体和玻璃材料的缺陷。从结果上来看，"缺陷"这个词用得不够恰当，但这就是我们使用语言的方式。

缺陷的利与弊

我曾说过，缺陷是我们在技术上的朋友。这当然不是一条放之四海而皆准的原则。材料中存在大量缺陷，只有少数的局部缺陷、裂缝、裂纹、包裹物等能够在理想的情况下为我们所用。在许多情况下，"有用的"与"有问题的"缺陷之间只有微小的界线。这种情况就像用火。小心使用，它可以给人带来温暖并用于烹饪，但稍不注意，它可能会把我们烧焦，把食物烧煳或将房子烧毁。

我希望通过本书的叙述，理解缺陷及其特性，可以帮助我们取得巨大的技术进步，但有一点需要注意，有些技术可能会破坏我们的生存。在《技术的阴暗面》（*The Dark Side of Technology*）一书中，我强调了一系列由技术造成的问题以及灾难场景。更重要的是，一些自然灾害或恐怖主义事件可能会破坏我们的电网，并摧毁远程通信系统。这会导致先进的社会彻底崩溃。此外，网络犯罪、刑事监控和新型武器等技术的应用，可能会造成极大的破坏。现代农业非常依赖技术，也会产生进一步的负面影响。这个话题令人不快，但它提醒我们要有意识地避免这些自发性问题。我们需要改变观点，全面审视人类行为，而不仅仅关注短期收益和利润。

金属材料的发展

第 2 节

通过开发由金属制成的工具，人类开始从石器时代向前迈进。通过一系列试验、机缘巧合、新型矿石的出现以及加热或分离其中金属的方法，几千年来，冶金学一直在稳步发展。理论物理学家可能会认为这是纯粹的经验进步。的确如此，但实际上，面对如此复杂的问题，这也是唯一有效的途径。在石器时代，人们用火熔化矿物，从中分离出少量的金属。可能还有人在极少数情况下发现了金属陨石。认识了这些新材料后，人们需要进行实验将它们分离并加以利用。最初发现的金属可能包括铜、金、铁、锡等，但人们很快发现，将各种金属混合制成合金，用不同的方式对它们进行加热和冷却，都能对其特性产生重大的影响。从此我们走上了现代冶金之路。据了解，至少在 6000 年前，人类就可以用金属铸造完整的物体（例如在美索不达米亚出现的铜青蛙铸件）。同样，2000 年前，青铜铸造已经很普遍。在冶炼青铜和钢时，我们并未改变纯粹务实的试错方法，但是到了 21 世纪，我们对科学已经有了充分的理解，可以用计算机预测哪些材料能够相互结合。现在我们也知道，如果改变常见金属的缺陷结构，或者在极端情况下，将单晶体与金属混合，那么由常见金属构成的薄片的强度就能得到提升。这是一个巨大的挑战，但它现在能够应用在航空航天工业中了。

航空发动机涡轮叶片的极端工作条件对材料的要求远高于普通材料。燃烧的气体环境温度可能高达 1700 摄氏度，涡轮轴转速达到 12000 转 / 分。在如此极端的条件下，叶片必须包含冷却通道（此处的冷却是指将温度降至大约 1150 摄氏度）。由镍 / 铝合金制成的单晶体叶片能够经受住这样的考验，但普通的多晶材料则做不到这一点。这是对石器时代用火技术的一次极端演变，只有对金属的缺陷结构和缺陷有充分的了解，才有可能实现这样的发展。

早期的青铜制造

人们将在地表发现的大块矿石（即未经任何开采）放在火上加热，由此发现的第一种金属是铜。铜是一种理想的原料，将其从原始矿物中分离出来后，人们可以发现，它的质地非常柔软，易于成形，因此它可能是人类最早进行加工的金属。它的硬度比不上燧石，但人们可以更加精细地塑造其形状，并将其敲打成各种类型的器具，如盘子或碗，这是燧石无法做到的。

铜是一种柔软的金属，但加入一定量的锡可以制成一种更加坚硬的合金，称为青铜。目前出土的最早的青铜工具距今大约有 6000 年的历史，对我来说，这是一个非常令人惊讶的发展。除了伊朗或泰国的少数地方外，铜矿和锡矿通常不会在同一地点共生。因此，现在看来，一些最古老的青铜器来自伊朗就不足为奇了。这种偶然的金属组合可能会让人们开始有意识地进行尝试，在铜矿石熔化阶段加入其他矿石来提高铜的硬度。我们可以单独将铜矿石和锡矿石混合，尝试不同的混合比例，从而形成硬度最佳的合金。从熔化金属的火或熔炉的温度来说，金属混合也有一定的好处。纯铜的熔点是 1085 摄氏度，但更柔软的锡的熔点要低得多，只有 232 摄氏度（这是它可用于焊接的原因之一）。重要的是，铜 / 锡青铜合金的熔点比纯铜的熔点低 100 摄氏度以上。较低的熔点恰好适合早期的熔炉技术。锡的含量越高，熔点下降的比例就越大，但锡的含量过多，合金的强度就会降低，所以 10% 的锡含量通常是极限值。青铜的发展引发了利润丰厚的锡贸易，例如将锡矿石从很远的地方［如英国康沃尔（Cornwall）等地］运送到青铜制造地，以及利用康沃尔的铜矿在当地制造青铜。对国际贸易而言，锡矿的运输优先于铜矿，因为在青铜中，铜的含量约占 90%，而锡仅占 10%。

与石头制品相比，早期的青铜制品更易于控制形状，但它也体现出"文明"的进步存在一些严重的缺点。图 1.3 展示的是一件中国的青铜制品，但青铜冶铸技术的应用不再仅是为了提高狩猎效率，而是为战争所用的武器奠定基础。不幸的是，随着相关技术的进步，世界各地都出现了类似的趋势。

图 1.3　出土于中国的青铜时代早期青铜剑

合金中原子排列的特点

不同的金属熔化混合后形成的混合物都可以称为合金。由于成分和热处理方面的差异，它们的缺陷结构有所不同，特性也随之变化。对于铜/锡合金而言，溶解于铜中的锡的含量会显著影响金属中不同类型原子的排列。原子排列的不同方式称为"相"（phase）。我们可能难以理解固体中存在不同的原子排列方式，但我们可以通过水看到更加明显和熟悉的相变。水有固、液、气三相。了解特定相的具体结构需要借助 X 射线晶体学等技术，而这项技术直到 120 年前才得以实现。在固体中，原子有多种排列方式。假设将 10% 的金属 A 添加到主体金属 B 中，可以得到这样的排列：一行 B 原子中，每隔 9 个 B 原子有一个 A 原子。我想强调材料缺陷与人的缺陷之间的类比，所以我们可以想象，孤立的 A 原子可能会感到孤独，所以我更希望让 A 原子成对地排列在一起，一个 A 原子对与下一个 A 原子对之间相隔 18 个 B 原子。我们都有类似的体验，比如一个房间内有两位男士和 18 位女士。那么这两位男士可能会坐在一起，而不是随意落座。

9 个 B 原子后跟一个 A 原子，然后再跟 9 个 B 原子，或者 18 个 B 原子后跟一对 A 原子，这两种情况就是由 A 原子与 B 原子组成合金的两种相。显然，人们可以想到各种各样的变体，每一种变体都会导致特性的细微差异。在铜中加入 10% 的锡，实际上会出现三种明显不同的原子排列方式。在室温到 350 摄氏度之间，原子稳定排列，温度上升至大约 800 摄氏度时变为第二个相，最后，温度上升至熔点时，出现第三种原子排列方式。

采用现代技术对加入铜中的锡（含量从 0 至 100%）进行详细分析，这是非常复杂的过程。在室温到熔点之间有大约 26 个稳定且不同的相。此外，还有不稳定的相（称为亚稳相），它们会随时间变化，或者在一定的诱因下改变结构。对现代冶金学家来说，要理解这样的复杂性极其困难，对青铜时代的金属工匠来说，这种认识实属不可能，也不重要。

在缓慢加热或冷却几种金属，将其铸成合金的过程中，原子系统将在各相之间稳定切换，但如果材料的冷却速度非常快，可能会将高温相冻结在材料中。在烹饪中，与亚稳相类似的情况是一种烘烤而成的阿拉斯加甜点，快速烘烤外层的蛋白酥皮，而其内部的冰激凌仍然处于冷冻状态。对许多材料来说，被困住的相可能会产生令人惊讶的结果，因为它们具有不同的机械特性。传闻，在拿破仑出于经济目的攻打俄国时，法国军队下层士兵的衣服使用了锡合金纽扣，而不是常见的黄铜纽扣。俄国的冬天特别冷，据说锡合金发生了相变，纽扣碎裂。事实上，锡的再结晶温度仅为零下 4 摄氏度。因此，在俄国的冬季，法国军官们使用的黄铜纽扣仍然可以扣紧衣服，但锡合金很可能会变成粉末，让法国士兵的身体暴露在寒冷的空气中。

现代的青铜，比如用于制造硬币和弹簧的青铜，其中的锡含量较低。青铜制品与我们当前流行的工艺材料有关。铜和锌混合而成的合金实际上也属于青铜，只是其中10%的锡被锌取代，形成了另一种颜色的新合金，我们称之为黄铜。

砷和铜也能形成一种青铜，只是普及度似乎较低，但人们在"死海古卷"①中也发现了砷青铜器皿。砷青铜没有流行起来，可能是因为它的制造更加困难，或者是因砷合金的制造会产生大量有毒蒸气，导致青铜工匠英年早逝，因此砷青铜的制造工艺无法实现家族传承。

在许多方面，青铜比铁好得多，因为它具有与铁相似的硬度和密度，同时具备一项真正的优势。将青铜暴露在空气中，会产生一层氧化物（加上其他化学物质），这层氧化物起到保护涂层的作用。相比之下，铁表面的铁锈会继续生长和渗透，使物体变得更加脆弱。从某种程度上来说，我们的语言也接受了这一点，因为青铜表面形成的物质被命名为"铜绿"，它被视为一种理想的装饰性特征，而铁表面的"铁锈"只被视为一种负面因素和问题。究竟是审美观还是实用性决定了这些语言差异，对此我们尚不清楚。

一些历史学家认为，青铜时代被铁器时代取代，并非因为冶金上的进步，而是因为大约3000年前锡的价格上涨。铁制品成为主流以后，开启了铁合金的发展，从而出现了一系列比青铜更加便宜的钢铁，并最终在性能上超越了青铜。

初窥钢铁

人们有一种自负的心理，总是倾向于认为铁器时代是一个非常原始和经验主义的时代，而现代钢铁工业则以深厚的科学知识为基础。这并不完全正确。事实是，钢铁经历了4000年的稳步发展，在这个过程中，我们不断尝试

---

① 死海古卷是指1947年以后在死海西北岸库姆兰（Qumran）地区洞穴内发现的古代书卷。系公元前2世纪到公元1世纪间的文献。——译者注

新的合金成分、不同的熔化和硬化热处理，并用一些非常精细的设备研究钢的晶体结构中元素的组成和晶格排列。这种具有巨大实用价值、商业价值和军事应用价值的材料不断进步，带动了铸铁、高强度钢和不锈钢的生产取得新的进展，此外航空航天和军事中使用的许多强度极高、质量极轻的奇特金属合金也取得了突破。冶金是非常困难的。但这是一门备受推崇的科学，有教科书专门描述金属晶粒的结构和成分，合金形成的理论模型，以及促成新合金生产的大量数据。冶金的成果离不开知识与研发，但知识与研发完全基于根据经验的杂质添加和热处理，只不过它们需要接受严格的控制和执行。即使对我们所制作的东西进行详细分析，也不意味着我们就能完全了解发生了什么。我有一个老朋友，年轻时曾在一家钢材厂工作，工人们会在熔炉颜色发生视觉变化时加入生材来调整钢的碳平衡。同样，温度测量依靠的是技巧和直觉，而不是精密仪器。仪器和在线分析技术已有所改进，但现代钢铁生产仍然依赖于经验与杂质控制，而不是对工艺的全面了解。由于变量众多，这种情况不会发生彻底的改变。

武士刀的利刃

虽然我们对技术进步的理解还不全面，但实事求是地说，进步是所有技术的固有特点。虽然剑有多种形式，但剑的具体用法以及可用材料决定了它们的形状与尺寸。罗马人使用短剑，因为他们可以制造这种短剑。在与身穿铠甲的对手作战时，需要一把带有利刃的重型长剑，而在街头格斗时，则普遍使用尖头短剑或轻巧细长的双刃剑。武士刀有一定的弧度（这是由其制法导致的），但事实上，这样的形状更加理想，在实战方面也比直剑更优越。在击打时，刀身曲线的中心与打击的中心相吻合，会产生更大的压力，切口更深，随着刀身弧度的不断改良，这种优势也保持了下来。

有人认为这种久经考验的形状是骑兵和步兵的理想选择。从军刀到廓尔喀弯刀、短弯刀（中东地区）、塔瓦弯刀（印度）等刀身弯曲的武器都从弧形设计中获得了优势。然而，英国1908式骑兵剑被陆军委员会设计为直插式，是十分少见的。在骑兵冲锋时，这样的骑兵剑具有很强的穿透力，但骑兵很可能会被拉下马或扭伤手腕。

武士刀的设计很有挑战性，因为它需要足够轻，以便快速挥动，同时又能做出切和刺的动作。这在设计上产生了巨大的冲突，因为最初可用的钢材要么有锋利的边缘，要么非常坚固，在冲击下不易折断，但难以二者兼顾。解决方案是使用复合结构的材料，内核选用坚固的钢材，外层使用硬钢，通过打磨使其锋利。

这是一个复杂的结构，涉及多种金属加工技术，每把刀身的生产时间可能长达六个月，造价不菲。但如果在战斗中用刀剑打了败仗，损失会更大，所以价格不是决定性因素。与许多电影中展现的情况相反，使用武士刀可以快速结束战斗。武士从刀鞘中拔出弯曲的武士刀后，通常只需一次击打，就可以顺利完成一个动作。刀身弯曲的一个主要优点是提高了动作的速度，并且在对手拔出武器之前将其制服。事实上，居合术就是讲求快速出击和一击必杀的剑术。

为了强调问题的复杂性，我将概述制造过程中的关键步骤。如果某种科学看起来很困难，我们也不必灰心。相反，应该惊讶于人们在重重困难和对科学缺乏了解的情况下，仍然取得了成功。知识可以提供帮助，但它只能作为指南。科学家都需要资金支持，因此我们会宣称自己已有深刻的理解，只是需要更多的研究资金，才能充分了解正在发生的事情，然后预测下一步的方向。这是科学家、资助机构和政府之间的博弈，但对于武士刀的制作，恐怕只有最天真的人才会相信他们能完全参透和控制整个过程。相反，科学家能够获得资金，是因为他们有望取得一些进展。特别是在武器方面，人人都认为这符合国家或个人的利益，因此必须支持研究。实际上，武士刀是一个典型的技术进步案例，其中涉及复杂的难题，相关因素超出了我们的理解。

制刀的第一步是确定最佳原料。显然，含有大量杂质的铁质量很差。最佳方法可能是尽量用纯铁制造，然后有控制地加入必要的杂质（这与半导体或光纤的制造过程类似）。对钢材来说，能够使用的纯度最高的铁通常来自铁砂，而不是含有更多污染物的开采矿石。偶尔也可以在铁陨石中找到几乎未经处理的大块铁。事实上，来自陨石的铁会被列入极高的等级。当然，这种源自陨石的铁也用结果支持了这一看法，因为使用这种剑的人会信心倍增，如果对手也知道这一点，可能会更加紧张，最后战败。一般来说，我们拥有控制行动的精神力量，因而能够影响结果。信心和能力之间的联系很复杂，即使在医学领域，相信自己会好转的癌症患者的生存率也明显高于那些对自己丧失信心的患者。

钢的热处理与改进

铁的熔点（1538 摄氏度）明显高于铜的熔点（1085 摄氏度），因此需要一个能达到该温度且由木炭制成的熔炉。但是，与木炭接触所得的碳含量存在差异，会导致钢铁的强度和性质发生巨大的变化。事实上，熔化铁时所遇到的困难反而带来了好处，因为完全熔化的铁会导致钢的性能下降，这与我们的第一直觉相反。我们必须非常小心，只让铁软化（而不是熔化）。这背后的科学原理是，当铁没有完全熔化时，只有有限的碳能从木炭向铁的内部扩散。有限的碳含量才能生成更高等级的钢。与此同时，氧化铁分解，氧从原料中向外扩散和损失（这也是一个理想的结果）。一般来说，这意味着钢的品质更高。将碳吸收到铁中的化学过程非常复杂，它会因其他杂质而发生变化，并形成各种不同的粒度和组合方式。更令人困惑的是，颗粒内碳含量的百分比也会与颗粒间的碳含量比例不同。因此，控制是一个非常棘手的过程，因为它取决于原材料、温度、熔炉中的背景气体以及在数天软化过程中的严密监控。高碳含量（比如 1.5%）的钢非常坚硬，将其打磨锋利，可用作剃刀等工具。低碳含量（比如约 0.5%）的钢不适合打磨，但能承受较强的冲击作用。

在高温下加入适量的碳只是解决方案的一部分，因为混合物需要冷却至室温，且冷却熔炉的速度至关重要。这个过程存在诸多变数，现代冶金学家已用复杂的图表证明冷却过程中可能会产生多少种结果和结构相。即使在21世纪，人们可以用计算机控制熔炉，冷却速度依然是一大难题，而早期的日本铸造工人只有经验上的优势。经过熔炉处理后，按照可被敲击的方式，钢分为硬钢和软钢两种类型。这是一项极其乏味的任务，需要加热和锤打才能从矿石中去除残留的炉渣。同时，金属被反复折叠，以促进某些类型的晶体生长。如此数周的努力只是为了制作一把刀。

正如前文所说，武士刀的设计造成了一项冶金上的难题，因为这件武器既要经得住击打，又要足够锋利以便进行切割。就碳含量而言，这两个要求是无法兼顾的。于是人们采取了一个充满智慧和创造性的方法，即在硬钢中留出一条通道，用韧性更高的低碳钢来填充。然后在外层涂上黏土，为下一个加热阶段提供保护。即使在这个阶段也需要技巧，因为锋利的刀刃处只薄薄地涂一层黏土。这一阶段后会产生两个结果：第一是当刀刃最后被抛光和打磨时，由于前面的折叠步骤，它会形成波浪形图案；第二个特征不太明显（即使对现代物理学家来说也是如此），但它意味着最后快速冷却所产生的组织应力导致刀身弯曲。这一步成功即可带来最终的理想结果，但刀身的弯曲往往会导致灾难性的后果，即刀片碎裂。日本的刀匠可能会用一个词来形容这类事件，但我相信这个词语肯定不适合刊印出来。

我们需要认识到，这些技术是在1000年前开发的，因此它是一项了不起的成就。我们可能会认为，只有日本的刀匠才具备这样的技能，但在挪威的贝奥武夫（Beowulf）[①] 传说中，他所使用的剑刃上也有蛇形图案（就像日本武士刀上的图案）。贝奥武夫的年代更早，这个人物形象大约从6世纪开始出现，所以当时可能存在某些相同的制剑技术，只是后来失传了。现代技术或

---

① 贝奥武夫是古英语叙事长诗《贝奥武夫》中的英雄。——译者注

许能保证更高的一致性，但我们仍然不了解其中的细节。整个过程完全由杂质、一系列铁碳晶体材料、它们的粒度分布、界面材料和众多热处理的步骤主导。控制这些缺陷的确是一项技术上的奇迹，但这似乎也是文明发展的不幸，因为其目的是制造更好的武器。也许我应该将此视为冶金的进步，因为它也能制造出更好的犁铧。技术本身并不具有破坏性，有缺陷的是偏好杀戮而非农业发展的社会。

图1.4（a）展示了一把拥有华丽手柄的太刀，刀身弯曲，刀刃在下。在制刀过程中，刀刃处只覆以极少量的黏土，淬火后刀刃处形成波浪形图案，但从这张照片中几乎看不出刃纹。因此，图1.4（b）采用绿色滤光器拍摄，凸显出刀刃处的图案。

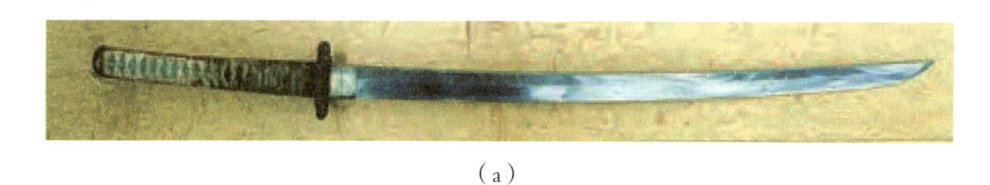

（a）

（b）

图1.4 日本武士刀示例

注：(a) 刀身有自然形成的弧度；(b) 削弱照片中的其他颜色，从而清晰呈现刀刃处的波浪图案。

19世纪以后的钢铁

第 3 节

长期以来，炼铁早已实现大规模生产，但较高等级的钢的产量往往仅限于坩埚大小，只够制作餐具或小刀。然而，11世纪亚洲的记载以及17世纪中国和日本的例子表明，如果材料相当纯净，就可以制造出更好的钢材。在19世纪中叶，贝塞麦（Bessemer）[①]意识到钢炮有巨大的市场，于是设计了一个带有黏土型内衬的熔化室，铁在其中被熔化。铁矿石中的杂质有碳、锰和硅等多种元素。贝塞麦熔炉采用的技巧（不一定是他的想法）是将空气吹入熔化物，从而去除以氧化物气体形式存在的杂质。获得了更纯净的熔化物后，加入一定量的锰和碳，以生产出高等级的钢。其他许多杂质则形成浮渣，很容易从钢中分离出来。事实上，这些矿渣还可以作为肥料使用。贝塞麦的钢铁工艺实现了低成本、高生产率的钢铁制造，使钢铁得以应用于大炮、铁路、桁架等。

合金与钢加工

刀剑的制造史令人着迷，因为它展示了人们可以通过实验和经验主义

---

① 英国冶金学家。——编者注

取得多大的进展。现代冶金学包含了有关金属与合金晶体结构更加翔实的内容。此外也涉及熔点更高的金属，以及制造以前不可行的材料组合。因此，我们才有可能制造出不锈钢或航空航天使用的轻质合金等。将炽热的材料浸入冰冷的液体中（称为"淬火"），表面的冻结速度比内部更快，从而产生永久应力，形成更加坚硬的外壳。铁匠们对这一过程都很熟悉。现代方法甚至可以在局部小范围内实现这种效果，只需使用高功率强激光脉冲来加热小面积的金属，如果需要的话，对附近区域不做加热处理。激光熔化或淬火使更多的材料可以放在一起使用，并抵消了20世纪热力学和物理学的许多规则，这些规则限制了可形成合金的金属组合。在这些案例中，表面应力和缺陷通常是有益的。

为电动汽车设计的电池需要高精度的焊接铜。熔炉和火焰都不适合，因为金属会流动或起泡。最新的解决方案是用蓝色激光束，因为铜吸收蓝光并能缓慢熔化和流动，从而形成非常整洁的焊缝。

现在我们已对热力学有了相当充分的理解，它可以解释为什么某些金属可以混合成为合金，合金中金属含量的范围是多少，不同的合金成分如何转变成不同的原子结构排列（即相和晶体学的变化）。这样的合金组成规则本身就具有限制性，因此我们未必总能满足竞争的需求。例如，剃刀刀片需要防锈，但不锈钢刀刃难以保持锋利。或者，髋关节置换部件可能需要使用一种合金，但理想的合金可能会受到身体化学防御机制的攻击。

钢的成分与温度问题

一般认为，钢是一种极其坚韧的材料。我们大多数人并非冶金学家，因此不知道，在较低的温度下，钢很容易出现脆性断裂，即裂纹扩展，导致材料开裂并作废。当两块钢板焊接的位置出现裂纹时，可能会出现断裂。冶金教科书（和网络图片）通常会用第二次世界大战中"S.S. 斯克内塔迪号"（S.S. Schenectady）油轮的照片作为案例。这是一艘自由轮。人们在当时船舶短缺的情况下用了极短的时间（不到一个星期）便建造完成。其钢材、制造质量和焊接均有不足。在冷水中，钢材可能会产生裂纹并不断扩展，导致材料断裂和分裂。这种情况发生在"S.S. 斯克内塔迪号"和其他一些自由轮上，它们在寒冷的天气下几乎分裂成两半。要解决这个问题，需要在钢中添加不同的微量杂质，并重新进行一些设计。避免类似的设计缺陷仍然是关键。例如，在核反应堆的安全壳与压力容器中，所使用的钢材不仅要经受住低温考验，同时必须完成高温和高压下的运行，并在反应堆运行期间承受对钢原子结构的大量核辐射损伤。不幸的是，脆裂问题随着暴露于辐射损伤而增加。因此，对钢的各种成分构成与加工进行试错并进行经验总结，是现代炼钢技术发展的核心。理解因缺陷、杂质和瑕疵而产生的性质显然存在潜在风险，因为看起来相似的缺陷可能会因应用上的差异而产生积极或消极的影响。

将杂质注入极薄的表层

在过去的 50 年里，在钢的表面添加杂质原子的工艺稳步发展。它可以解决对钢的应用需求上的冲突问题，并且不受热力学与合金形成规则的限制。常用的一种方法名为"离子束注入"。这个概念很简单，只需要用气体将我们所需原子固定在材料表面。金属气体可能只来源于沸腾的金属。气体可能是从一种金属（如金）到惰性气体（如氩）之间的任何物质。然后中性气体原子被电离（即原子失去一个电子，变成一个带正电荷的阳离子）。这种电离可以通过电子束或放电进行，就像在日光灯中一样。下一步是从放电区域提取一些阳离子，并施以极高的电压（如 20 万伏特，这并不难）进行离子加速。然后，离子以非常高的速度移动并冲击待处理的表面。在如此高的冲击能量下，离子陷入目标材料的表面（你可以想象将小石子扔到一大片冻硬的积雪里，或者把子弹发射到一盘糖浆里，或者将豌豆大小的鹅卵石扔到湿拌砂浆里，让鹅卵石嵌入建筑涂层）。最后可以获得一大块表面性质已经改变的材料。在金属物体中，主体金属提供物体所需的稳定性等特征，但其表层因植入物而产生不同的性质。这种混合物的制作非常简单，只需利用高能离子撞击表面，因此混合不受适用于稳定变化的正常热力学的限制。

早期有一种剃刀刀片（约 1970 年），在制作时注入铂离子。这种金属的添加量很小，几乎不会增加刀片成本，但可以生产出不生锈的锋利刀刃。髋关节置换术使用了几种替代方法，包括在不锈钢中添加钛。注入氮离子的钻头寿命至少是普通钢材寿命的两倍。尽管离子注入的成本很高，但这样的钻头可以打更多的孔，且在生产线上更换磨损钻头所需的劳动力成本远远高于钻头的价格，因此其经济效益仍然是可观的。

在航空工业中，通过离子束注入来提高钢垫片的韧性，这种钢垫片可用于直升机旋翼稳定器。这种改进垫片的方法似乎不可能实现且成本极高，但若不做改进，直升机在沙漠上低空飞行时会遭遇严重的问题。不仅窗户会遭到沙粒的猛烈撞击，而且沙子很快（几个小时）就会破坏旋翼稳定器中的垫片。垫片故障将导致直升机坠毁。由于军用直升机需要往返于出发地与目的地，因此，植入杂质造成表面瑕疵，使垫片的工作寿命延长一倍，这种做法非常有益且性价比极高。

冶金与烹饪的相似之处

冶金学令人生畏，因为冶金学家总是满口术语：众多名称不同的晶相，它们又可以形成不同的粒度，并随着加热周期而变化。金属的加工规模庞大，对我这样的非专家来说，要明白如何处理几乎无法控制的大量变量，实属不易。

为了获得一些自信，我需要做一个更通俗的类比。也许我们可以将冶金类比为烹饪。据众多厨师所说，烹饪是一门大学问，需要具有献身精神并经过系统的培训，但它也涉及一系列无法量化的材料和热处理。如果想要制作高品质的蛋糕，那么我们需要从最好的原材料开始。好的原材料大都是天然食材，因此它们变化不定。我们需要将原材料混合，在烤箱中加热，并仔细控制温度梯度、时间，以及温度变化，找出决定纹理或最终表面外观的具体因素。任何一个步骤的失败都可能导致蛋糕质地不均，水果沉在底部，或表面烤焦。当然，将同一项烹饪任务分配给六位厨师，他们会做出六种不同的美味蛋糕。你可能仍然认为我们不同于冶金学家，实际上厨师也会在烘焙中添加微量的盐、香料和调味剂，虽然这些添加物可能只占蛋糕质量的万分之一，却能对最终呈现的结果产生实际影响。这些微量成分都是关键的原料，会导致截然不同的成果。我们与厨师都会喜爱蛋糕的独特风味。但厨师不会将香料和微量成分描述为杂质和瑕疵。

前文曾提到过蛋白酥皮（由生蛋清和糖制成），优秀的厨师会在其中添加微量的酸性成分，如柠檬、醋或鞑靼奶油。现在我们已经知道，这些成分可以改变该过程的化学反应，产生更加均匀的泡沫状蛋白酥皮。但厨师们早在人类了解化学之前就会使用这种方法。

冶金学家会用完全不同的感情色彩词来描述这些微量材料。他们会将微小的成分变化称为缺陷和杂质，如果这些变化是无意的或不可控的，他们也会产生烦恼。因此，虽然厨师与冶金学家面对的问题似乎相似，但他们的态度和使用的语言并不一样。烹饪让我们感到很愉快，所以如果使用更加积极的术语，也许我们会发现冶金学也没有那么难了。

2

加热与加工中的"调味品"

杂质带来的意外收获

让我们继续将目光聚焦于远古时代，加热和金属加工时所用的火制造出最早的玻璃。最初可能是因沙子被加热后意外形成玻璃液滴。即使是这样的意外也制造出了有趣的产品，这些玻璃珠可以用于制作装饰品。经过经验的积累和熔炉的改进，人们可以生产许多装饰产品，以及实用的食品器皿等。玻璃开始广泛应用在盘子、水壶和花瓶等家用器皿以及彩色珠宝和彩色玻璃窗中。对玻璃生产的认识也是陶器和瓷器釉的基础。玻璃的颜色在很大程度上取决于是否存在微量杂质，但这些"缺陷"同样会影响其他多种性质，例如强度或对化学侵蚀、物理冲击或热冲击（如在烤箱中）的耐受性。与金属一样，通过快速冷却，刻意在表面制造玻璃网络的结构缺陷。这样一来可以产生热应力，有助于降低玻璃掉落时破碎的可能性。从轻便的奶瓶到餐具和汽车挡风玻璃，这样的例子比比皆是（与现代奶瓶相比，博物馆里的奶瓶显得非常笨重）。现代用法和改进（将在后续章节中讨论）涉及各种各样的玻璃制品，从眼镜、望远镜、显微镜、装饰玻璃器皿、双层玻璃到光纤。目前用于远程通信的光纤为所有类型的玻璃产品设定了最高生产标准，因为光纤生产中对杂质的控制至关重要，且光纤玻璃的透明度大约是窗玻璃的一百万倍。

在早期玻璃制造业中，行业的秘诀在于知道需要添加哪些化合物才能使玻璃在低温下熔化或软化，或者产生特定的颜色。对两千年前的火与熔炉来说，以石英颗粒为主的天然砂熔点过高。因此，人们向其中添加必要的"杂质"，使玻璃在较低温度下也可熔化或软化。用"杂质"一词显然不够恰当，因为在汽车挡风玻璃或车窗等材料中，"杂质"可能占玻璃成分的50%以上。从历史上看，我们已经发现了青铜时代晚期的玻璃制品，在叙利亚、美索不达米亚和埃及附近地区也出现了我们认为类似于现代玻璃的材料，到公元前650年左右，人类已经有了《玻璃制造手册》。中国也发现了年代相近的玻璃制品。在设计和颜色变化方面，过去两千年来的许多玻璃制品都很成功，并进行过多次改造。

材料中的杂质与缺陷

在后面的章节中，我将讨论现代玻璃生产，包括改变世界的创新之举——浮法玻璃，它为现代建筑提供了各种各样的玻璃产品，从巨大的家用双层玻璃板到整个摩天大楼的覆层。在过去的50年中，同样重要的还有光纤在通信领域的应用。没有光纤，就没有互联网。这两个例子都涉及精确控制杂质和玻璃网络的排列，杂质的含量各不相同，从大量添加"杂质"（即掺杂剂）以控制光纤中的折射率和光速，到几乎能够清除吸收各波长的光的杂质。就这两种情况下的杂质原子含量而言，前者的杂质含量可能占玻璃的百万分之几百，后者则需要将不利的杂质含量控制到十亿分之一。对这样的数字尺度，我们几乎没有直观感受。十亿分之一可简写为 $1/10^9$。

玻璃制造商和半导体行业都有一定的误导性，因为他们经常自豪地宣称自己对主要杂质的控制已达到极端水平（如控制到十亿分之一），但很少提及更高比例的其他添加物或背景垃圾，它们在光学或电学上无足轻重，或用于降低二氧化硅基质玻璃的熔融温度，或用于提高折射率。

半导体技术

半导体处于绝缘体和导体之间，我们将在后文中详细介绍，它们的导电特性以及所有的现代电子技术完全依赖于对杂质的精准控制。在过去的80年里，这些缺陷主宰着我们的生活，并彻底改变了我们的生活。这个行业十分明智，没有将这些杂质描述为缺陷，出于营销目的，它使用了更正面的词——"掺杂剂"。这个词传递出了一个信息，即他们特意加入这些物质，并理解其分布与作用。于是又一次出现了与添加杂质相关的自欺欺人现象和刻意炒作。

还有一些缺陷也不难想象，一种叫作"空位"，即一个离子从晶格格位消失，还有一种叫作"间隙"，即一个离子位于晶格格位之间。杂质可能位于晶格格位，也可能位于格位之间，或者聚集在一起。更极端的例子是包含新的化合物。一些简单的教科书将其描述为"点缺陷"，这多少有些不妥。诚然，缺陷的核心可能靠近晶格中的单个格位，但实际上，这种说法过于简单，因为一个格位的缺陷会使结构松弛或压缩，并导致材料在更大面积上的变化和变形。用烹饪作类比，就像一盒鸡蛋中，一个坏鸡蛋产生的气味会扩散，远远超出它所在的位置。也可以用一条连裤袜上的网眼来类比晶格缺陷。如果这种网状织物中出现一处瑕疵，变形的区域会远远大于最初有问题或编织存在缺陷的区域。在后文的例子中，我会根据需要进一步对这个问题展开讨论。

然而，缺陷是所有金属、玻璃、半导体和现代光子产业的关键。本征缺陷很难消除，但我们可以在很大程度上去除或限制外部垃圾（杂质）。通过半导体和光纤的例子，我们可以发现，只有在充足的商业利益的激励下，人们才会保持加工过程的清洁，从而减少系统中不利的杂质，尽可能清除或限制外部垃圾，甚至将其含量降低到十亿分之一（$1/10^9$）。在挑选与准备化学品以进行制造时，这种控制是一种极端且昂贵的挑战，尽管对许多材料来说是可行的，但在目前考虑的任何其他材料实例中，这种控制完全不划算。

正常的纯度是多少？

我想强调的是，十亿分之一已经远远超出了我们在一般日常生活中的考虑范畴。这并非意味着我们对如此少量的杂质的存在没有反应。例如，睫毛大约是我们体重的十亿分之一，但如果它掉入眼睑，我们就能非常清楚地感受到。对于现代材料，我们一开始可能很难理解一种杂质对固体中其他原子的影响，但我们可以用人类社会作类比，许多关键人物对数十亿人的生活产生了重大影响。然而，对技术专家来说，材料的缺陷所带来的问题或好处可能与银行家或政客的决策更为相似，后者会触发一系列小事件，这些事件又会导致全球范围的变化，如经济萧条或战争。

常见材料中的杂质

一般而言，我们很少能接触到"高"纯度的材料。例如，学校里化学品的纯度可能只有百分之几。在生活中的大部分领域，我们对不想要的杂质非常宽容，以至于常常会忽略它们。检查任何一包食品或一瓶饮料的标签，你会欣然发现，我们的"纯"天然产品中都含有添加剂，用来控制味道，延长储存期限，或者它们只是碰巧被包含在内。许多杂质甚至从未被讨论过，或者它们的名字对大众食品行业以外的人来说十分陌生，所以我们忽略了它们或者默默接受了它们的存在。许多电视节目指出，微量添加剂可能对我们的身体产生不良的副作用，哪怕这些添加剂的含量只是我们体重的十亿分之一。例如，一些食品中的除草剂浓度低于百万分之一，看起来似乎无害，但是进入人体以后，它会集中到不同的器官中，浓度达到千分之一甚至更高。不幸的是，许多除草剂都符合这种模式。

我们自我克制，刻意忽视这些杂质，这可能是一种防御机制，因为我们不愿面对这样一个事实：我们日常所吃的面包（或大米）中不完全是谷物。农民和面包师都很清楚，谷物存储仓不可避免地会有土壤、杂草、老鼠排泄物，甚至死老鼠。我们肯定希望杜绝污染，尤其是啮齿类动物的污染，但这是一个现实的问题，据估计，全世界的啮齿类动物会污染或吃掉我们20%的食物。也许我们指望通过加热对食物进行消毒，但这样做并不能去除杂质。因此，我们需要接受一定程度上的污染。

总的来说，我们可能并不愿意考虑这些问题，也不愿意去思考那些描绘"纯"健康产品的光鲜广告。在对这些杂质产生心理上的排斥时，我们可能忘记了它们带来的额外好处，一些"天然添加剂"提供了人类日常饮食所需要的重要微量元素。广告中对"完美"的关注也是对现实的扭曲，导致我们对从消费品到身材的一切事物都产生了不切实际的渴望。

认识非标准情况

将思路扩展到晶体缺陷之外，在人类行为中也能看到类似的效应。非标准居民会对社区产生广泛的影响，比如一位医生会为数百人治病，或者一个外国餐馆老板可能会改变整个社区的饮食习惯。大蒜味道会传播很远，气味往往会引发情绪反应，因此很多人会对这样的讨论感到紧张。与生活在农村的居民相比，城市居民对气味的敏感性受到了抑制。但在良好动机的驱动下，我们对信息素也会有很高的敏感性。

我们的鼻子不具备动物（如狗）那样的嗅觉灵敏度。这也不足为奇，因为狗的嗅觉感受器数量大约是人的200倍，即便如此，狗对气味的敏感程度也远不及飞蛾。一只雄性飞蛾显然可以探测到雌性飞蛾的气味，后者的信息素[①]浓度只有空气中局部分子浓度的十亿分之一。这令人惊叹，但飞蛾也必

[①] 信息素是指生物释放的，能引起同种其他个体产生特定行为或生理反应的一种信息化学物质。——编者注

须检测到浓度梯度，才能知道朝哪个方向飞行。同样，鲑鱼会洄游到自己出生的河流产卵。就太平洋鲑鱼而言，它们会在产卵后死去。为了找到自己出生时的河流，它们会利用那条河流的气味特征，这需要对海洋中的气味进行信号处理，从而分离出"家乡"河流所特有的十亿分之一的杂质的影响。与这两种动物相比，人类的气味分辨能力通常较差，这两种生物证明了十亿分之一的杂质会产生多么重大的影响。在某些情况下，坏鸡蛋释放的硫化氢（H_2S）含量达到约十亿分之五时，我们才有可能闻到气味。与农村居民相比，生活在城市里的居民对信息素和气味的敏感性低得多，考虑到嗅觉在社交中的重要性，这称得上一个相当大的损失。所以，晶体的一个缺陷造成大范围的影响（后文将进行讨论），这种现象既不是晶体所独有的，也不是令人印象深刻的。

这种社会类比可能具有更广泛的意义，如果外来者的数量增加（相当于提高晶体中掺杂剂的浓度），他们往往会被隔离成一个语言、习俗不同的移民群体。封闭种群的稳定性会随规模的扩大而增加，但它不可能独立于宿主环境。宿主群体与其中包含的生物都会对彼此产生显著的影响。这种行为就是在晶体或玻璃中掺入杂质的写照。杂质原子经常会变成沉淀的夹杂物。它可能具有不同于主体材料的晶体结构，尽管如此，它对主体材料产生的影响可能会扩散甚远，同时也会受主体材料的影响。这些沉淀物被称为胶体，但这个名词已经过时，目前流行的术语是"纳米粒子"。

微小的纳米粒子的作用方式与主体不同，两者的内聚强度和相互作用存在明显的差异。这也是人们对纳米粒子的意外性质如此感兴趣的原因之一。例如，无论是作为独立单元还是作为绝缘材料中的夹杂物，小金属簇的熔点都与固体金属的熔点完全不同。纳米级金属颗粒的熔化温度会随颗粒直径的缩小而逐渐降低。成块金属如铁、金、银或铜通常在1000摄氏度左右才能熔化，但如果是非常小的纳米粒子，熔化温度可降至400摄氏度以下。其化学特性也不同于成块的金属。对纳米粒子的兴趣也推动人们去探索改进半导体光学和磷光体特性，并实现其在生物学上的应用。

缺陷的经济价值

在一个由经济驱动的社会中，我们不应低估缺陷的绝对必要性，即使这种缺陷只出现在一个看起来"完美"的产品的生命后期。尽管我们倾尽全力去制造性能符合要求的高质量材料，但如果产品始终如此，从未出现问题和故障，那么制造商就要面临非常棘手的局面。一些物品（如服装），很容易因使用而破损，此外，流行款式的变化也迫使人们定期购买新产品。在食品工业中，使用"添加剂"不仅会延长保质期，还会导致我们吃得更多。从某种程度上来说，这些添加剂与正常的食物加工相互作用，致使我们食欲大增，或者让胃无视大脑发出的"吃饱"信号。实际上，这也在一定程度上导致了人们的肥胖以及相关的健康问题。

相比之下，制造高质量的电子产品需要极为严格的把关，从而使电子部件能够顺利运行数十年。这些制造商已经失去了未来市场，除非他们能够施加心理压力，让人们购买不同包装的相同产品，或对产品进行重大升级，使人们认为自己的电子产品已经过时。手机制造商尤其擅长这一点，众所周知，一些制造商会故意对旧手机进行远程编码，使其运行速度下降。对这些公司的司法处罚并不重，而那些被欺骗的客户却得不到任何补偿。

在汽车行业，事情更加简单，由于钢材和部件生锈，驾驶员发生事故，座椅材料磨损和流行趋势改变，大多数汽车都要在几年之后进行更换。其他现代产品，如双层玻璃，其行业面临更加严峻的挑战。这些产品造价高昂，用在摩天大楼等大型建筑中，置换成本巨大。因此，在这样的市场中，必须保持双层玻璃的隔绝性、不渗透湿气的气密性、热反射涂层的稳定性，如果出于美观的目的选择了青铜色或绿色玻璃，还需保持其颜色的完整性。紫外线照射、风化作用以及风暴等必然会造成建筑物的损坏，但摩天大楼双层玻璃的预期寿命应为几十年。相比之下，家用双层玻璃并不需要如此高的性能标准，因为家用双层玻璃的更换简单得多，而且人们可能会搬家，或者改变许多家居布置。在这种情况下，制造商可能会希望产品出现一些缺陷和故障。由于大多数公司都会提供十年的质保服务，因此熟练的工程人员必须对产品的预期寿命进行优化，例如将其控制为十五年，这样一来，产品的更换既可以维持制造商的运营，也不会让购买者感到吃亏。

商业驱动的改变和内在缺陷是制造业寻求经济效益的优先策略，但这些策略有时也会破坏地球的自然资源。

3

关于木材的技术

木材的
重要性

第 1 节

当我们谈论古代技术时，总是欣欣然地从石器时代开始，然后添加铜器时代、青铜器时代和铁器时代（但是未必能说出正确的顺序）的不同技术，这常常令我感到惊讶。我认为，这种观念存在一个重大疏忽，因为在金属出现之前，我们一直都在使用木制品。事实上，木材在我们迈向工具和文明的第一步中发挥了至关重要的作用。人们用它取火，制作钓竿和弓箭。同样重要的是，人们还用木筏和木船进行运输。木材是后续技术的基本原料。即使在今天，从摇篮到棺材，都离不开木头。我们对木材的需求和兴趣肯定没有消失。我们可以在没有硅电子器件的情况下生存，但无法在没有木材的情况下生存。

这是一个重要的事实，但我们似乎忽略了这一点，因为人类的活动破坏了雨林。雨林在世界可居住地表中所占比例很小，但其中动植物种类繁多，它也是地球上氧气的重要来源。人类毁坏雨林，是为了种植农作物，喂养牲畜或生产棕榈油等，从而通过不同的途径获得经济收益。这并非现代才出现的新模式，只是由于其规模庞大，导致破坏力非常显著。事实上，我们一直在因农业、建筑和工业的需要而破坏天然森林。即使在英格兰南部的半农业地区，肯特（Kent）的森林也被砍伐用作炼铁厂或造船厂的燃料。为了放牧羊群，萨塞克斯的人砍伐了森林，留下了光秃秃的山坡。

为什么木材有多种用途？

在21世纪，木材仍然受到高度重视，它既能作为建筑材料，也可用于各种装饰性的表面。当然，就理想化的工艺材料而言，木材远不够完美，因为它不够均匀、光滑，特征明显，缺乏同质性，木材具有生物材料的所有"缺陷"。不均匀的纹理和色调非常适合做装饰。它们为每一块木材赋予了个性。鉴于我要大胆论证缺陷有其可取之处，因此木材及其不完美的特性似乎提供了一系列积极的佐证。

纹理、质地和颜色使木材成为制作地板、家具、碗和木雕的理想材料。人们非常喜欢这种外观，所以积极尝试在类似产品中用廉价的塑料进行仿制。随着我们对各种奇异木材的认识，装饰的目标和风格也发生了变化。木工尤其喜爱树木随机生长的图案，比如树瘤。树瘤是树干周围形成的异常纹理，因此它是理想缺陷的又一个例证。树木在生长过程中遭受压力，如霉菌或昆虫损伤，导致树芽停止生长，变成节疤，大量的节疤纠缠在一起，便形成了树瘤。

历史悠久的镶嵌工艺

如果说变化是生活的调味品，那么我们需要纹理和颜色的差异，并且渴望实现更加极端的变化，为此我们利用镶嵌工艺，将各种类型的木材组合在一起。这是一种极其古老的工艺，它将各种类型的木材组合在实木或薄木中，形成几何图案、图片或抽象的设计。图3.1展示了两个精致的现代镶嵌作品（地板上使用的简单的重复几何图案被称为"拼花"）。在精细的镶嵌工艺中，木材不均匀的缺陷被利用，甚至被刻意强化。专家们不仅利用天然薄木的颜色差异，还对木材染色或将其浸入热砂中，使其略微焦化，从而呈现出更多的变化（这对某些情况来说是缺陷，对某些情况来说是改进）。这样所形成的颜色渐变可用于制作图画和装饰图案。焦化提供了阴影的效果，使木材的二维图案更加逼真。

图 3.1　精致的现代镶嵌作品

资料来源：由位于英国兰德林多德韦尔斯（Llandrindod Wells）的雅里玛有限公司（Aryma）提供

虽然镶嵌工艺已流行了数千年，但其风格和技术正随着时间的推移而发展。例如，许多现代镶嵌工艺不再由熟练的工匠用锋利的刀或解剖刀进行手工切割，而是由计算机控制的激光束以极高的精度进行切割。低功率的二氧化碳激光可以在不磨损木纹边缘的情况下整齐地进行切割。在使用激光切割布料以进行批量剪裁，或者用激光切割进行手术的时候，其自动封闭与不会磨损边缘的特点也是一大优势。在外科手术中，激光比手术刀更有优势，它可以减少患者的出血量。在这两种情况下，激光切割都能提高精度，而且保证切割边缘干净，因为激光产生的能量可以熔化边界或形成疤痕组织。计算机控制的激光技术非常适合进行低成本、大规模的镶嵌加工，而熟练的工匠可以整理切口，将木纹和颜色的随机变化变为一种优势。

作为一名小提琴家，我发现镶嵌技巧和小提琴制作之间也存在交集。从诗琴、曼陀林、吉他到小提琴，许多乐器都使用了装饰性元素，镶嵌彩色木材来美化乐器。其中尤为华丽的代表便是斯特拉迪瓦里小提琴（Stradivarius）。它的背面和琴身边缘（图3.2）的功能性镶嵌物（饰缘）既起到了装饰的作用，也有其技术上的必要性，能防止裂纹沿着琴身或背面的木纹理扩展下去。图3.2所展示的是乔瓦尼·马吉尼（Giovanni Maggini，1580—1632）等制琴师制作的一种比较少见的双排饰缘。

从图3.2（b）中可以看出，平滑的f孔减轻了尖角应力。尽管如此，我们仍然可以看到一些木纹裂缝。在小提琴制作中，这种减压方法已有400年

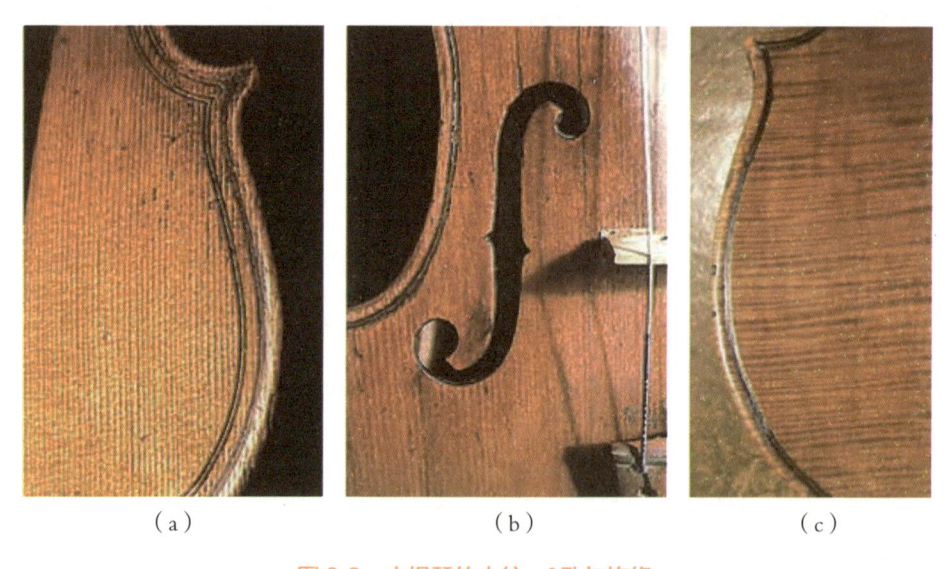

（a）　　　　　　　　（b）　　　　　　　　（c）

图3.2　小提琴的木纹、f孔与饰缘

注：（a）展示的是一把马吉尼小提琴的部分琴身。其饰缘由两组镶嵌物制成。木材上几乎平行的纹理线条清晰可见，这些条纹的间距因年轮宽度和间隔的年增长率差异而有所不同。（b）是制作于1773年左右的贝雷塔（Beretta）小提琴的一部分。该小提琴只有一条普通饰缘，但有一个平滑的f孔，这个f孔有助于防止木材沿琴身裂开。（c）是贝雷塔小提琴的背面。年轮的间隔取决于历史上的气候变化，我们可以据此估算出该小提琴的年龄。通常情况下，琴身的图案更容易解释。

的历史，但不幸的是，这种经验未必会延伸到更加复杂的产品中。20世纪50年代初，英国第一架喷气式民航客机彗星号（Comet）出现了一次非常严重的故障。该飞机使用了方形窗户和相对较薄的飞机外壳。飞机到达新的高度，产生了巨大的热循环，以及正常预期内的应力和压力变化。这导致方形窗户的边角处产生裂纹，玻璃开裂，结果飞机坠毁，造成多人死亡。发展到后来的彗星4号客机，机窗已改为椭圆形，所用材料也更加坚固。更深入地理解木制小提琴的制造技术，可能会对英国的航空业产生巨大影响。

石斧和弓箭中的早期木材工艺

即使是石器时代的工具，木材也发挥着关键作用，通过给石斧加一个木制手柄就能实现改良，而且制作起来非常简单。从树上选取Y形的叉状树枝，将石头捆绑在上面，就能制成简单的锤子和石斧。制作一支优良的弓箭需要在技术上取得相当大的进步，但远距离狩猎工具所带来的回报是一个巨大的激励因素。对箭头而言，最好选用纹理笔直且质地均匀（即尽可能完美）的材料。但对弓来说，一定程度的"缺陷"是必不可少的。在树木生长的过程中，已经成熟的心材与仍在生长的外层边材的性质不同。人们很快就发现，如果要通过弓箭猎取午餐食物，所用木材不仅能弯曲，还要尽快恢复形状，从而将箭平直地射出一定的距离，同时使其具有足够的力量穿透猎物的身体。边材柔软并能随意弯曲，心材则更加坚硬，两者相接处恰好可以满足弓箭的需求。用这个区域的木材进行加工，可以获得一把优质的弓。经典的英格兰长弓由紫杉木制成，弓的背侧（即更靠近目标的一面）是柔韧的边材，它可以随着弓的弯曲而伸展。腹侧是较硬的心材，能够承受压力，当弯曲力消除时可以迅速回弹。最终结果是一个双层弓结构，符合弓箭手对柔韧性与快速复原的要求（图3.3）。借用物理学家的描述，腹侧的应力是压缩力，背侧软木部分的应力是拉伸力。这样的描述听起来似乎更具科学性，但在这项技术问世几千年后，人们才开始了解其原理并使用这些术语。现代的弓仍利用相同的原理，但使用了层压复合材料，这种材料由不同类型的木材或木材与聚合物复合而成。

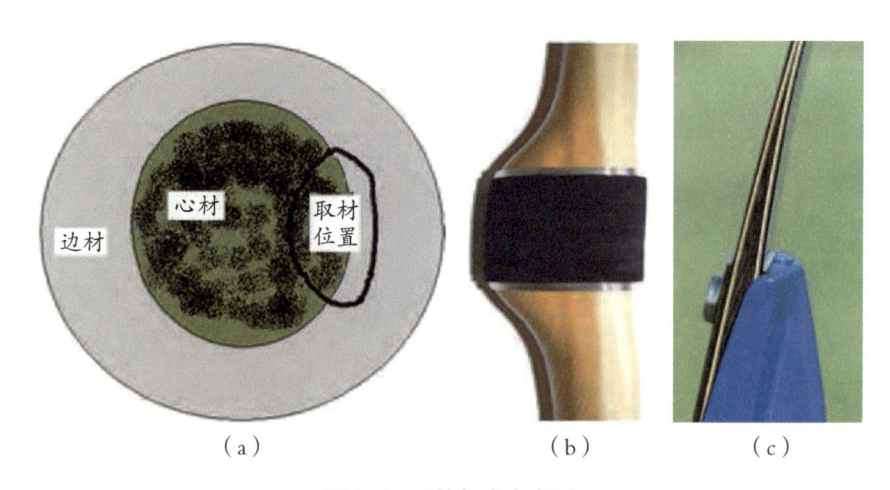

图 3.3　弓的复合木类型

注：选取心材和边材相接处的木材，将其切割成弓的形状，从而制成高效率的长弓。（a）是这种木材的位置示意。（b）展示了传统紫杉木长弓中两种木材间的颜色变化。心材和边材相接的地方能够弯曲。心材压缩并充当复位弹簧，而外层的边材具有弹性，弯曲后可被拉回原来的形状。（c）展示了现代设计，它使用了由两种或多种木材层压复合而成的材料。运用的原理相同，但材料的层数增加了，使其在长度上的均匀性更佳。

射箭是否有益身体健康

现代射箭运动不再需要大拉力的弓，发射出去的箭也不需要穿透猛犸象的毛皮或链甲。相反，射箭已被视为一项健康、健美、愉快的运动。的确如此，但它多少会导致肌肉发育的不对称。现代人适度发育的肌肉与早期作为军事武器的弓箭形成了强烈的对比，后者会导致弓箭手的肌肉不对称和骨骼变形。21 世纪的复合弓通常能将箭高速射出。但使用古代的弓箭时，人们必须在瞄准时用尽全力将弓拉满，但借助凸轮和滑轮系统，可以更省力地将弓拉满。有些设计可以省力 70%。它能保证更大的稳定性、更小的拉力和更高的精度。这种新设计看起来不像罗宾汉（Robin Hood）①的弓。拉动弓箭所需要的牵引力通常为30至40磅（1磅≈0.45千克）。中世纪的箭需要具备极高的穿透力才能使箭头穿透盔甲，弓箭手们常常要用120磅甚至更高的拉力。这些颇具历史意义的估算通过对"玛丽·罗斯号"（Mary Rose，亨利八世时期的一艘军舰）上发现的长弓进行修正后得出。这些中世纪的长弓拉力为150至160磅，甚至可能高达200磅，着实令人震惊。这些弓的长度也超出了人们的想象。

树木生长期发生变形的好处

树木美丽多样，但它们有树枝和节疤，因此就现代制造材料而言，它们并不是非常理想的选择。早期人们并未将这些特殊性转化为优势。例如，在建造船只和木屋时，木头是重要的材料，但在需要小半径曲线和顶层端节点的地方，人们通常会用树木天然的枝杈部分来提供支撑，而不是尝试制作成斜角接头。因此，橡木用于制造船身的框架，大量其他木材，如榆树和山毛榉，用于制造龙骨，冷杉木（松木）用于制造桅杆，还有各种木材，包括榆木、愈创木、黄杨木和其他硬木，用于制造甲板分段和船体所需要的其他器具。虽然其中许多特殊性并非木材真正的"缺陷"，但它们强调了一点，即非均质的天然材料的特殊性可以得到广泛的利用。

造船业对强度高、生长缓慢的树木，特别是橡木的需求量极大，以至于到了18世纪20年代，英国木材严重短缺。这给一艘名为"胜利号"的船只〔它是纳尔逊（Nelson）②在特拉法尔加海战中所指挥的"胜利号"军舰的

---

① 罗宾汉是英国民间传说中的英雄人物。——译者注
② 霍雷肖·纳尔逊（Horatio Nelson，1758—1805），英国风帆战列舰时代的海军将领及军事家，在1805年的特拉法尔加战役中击溃法国及西班牙组成的联合舰队。——译者注

前身]带来了显而易见的问题。1728年年初,第一艘"胜利号"使用了大约5500棵橡树以及来自500棵其他树种的木材。由于原料非常紧缺,导致木材尚未充分风干便被拿来使用。海军历史学家认为,这是导致船只在1744年的一场风暴中沉没的一个关键原因。实际上,那艘船的设计非常糟糕,头重脚轻,且建造时间长,最终在风暴中沉没。

在建造船舶时,我们仍会利用树木自然生长而成的弯曲,也会在其他许多结构中应用这种弯曲,例如为屋顶桁架提供支撑的拱形结构等。与同样厚度的直纹木材相比,这些在生长过程中出现"缺陷"的木材可以提供更高的支撑强度。典型示例如图3.4所示。

图3.4 建筑接口处弯曲的木材

注:这张照片展示了在早期的建筑施工中,如何利用弯曲的木材(曲木或横弯)为屋顶和拱门提供支撑。在造船时,木材的自然形态,例如从树干生长出来的树枝,可以用在船体等地方。利用曲木的案例之一是英国阿什韦尔(Ashwell)圣玛利教堂的停柩门。

木材仍然是建筑业的关键材料,并被加工成我们所熟悉的其他形状。近几年出现了一种在机械上非常坚固的建筑材料,其中的木质素已被去除。它比普通木材强韧十倍。其结构能散射大部分可见光,更重要的是,它能有效阻隔红外线。因此，这种材料能在一定程度上降低室内温度。建筑物的制冷成本高且效率低，但这种新型木质材料不需要额外供电。它可以作为一种覆层，节省用于冷却系统的电力。

森林中蕴藏的资源

第 2 节

我们逐渐意识到树木生长能够提供宝贵的资源，吸收二氧化碳，造福全世界，与此同时，人类又在以惊人的速度摧毁这样的资源。森林的消失速度可能很快，但恢复却需要数千年的时间。值得注意的是，撒哈拉沙漠的大部分地区在 5000 多年前还是一片森林，但由于气候发生了微小的变化，森林迅速消失。太平洋和南美洲的丛林也在大量减少，很可能在短时间内导致类似的沙漠化。在陷入不可逆转的灾难之前，我们需要了解森林中蕴藏的资源。

树木需要适应天气变化或寄生生物的攻击才能生存下来，它们的部分防御机制意味着树木中的化学物质能够应对表面的损害。因此，我们可以在不破坏树木的情况下提取其化学物质或寄生生物。一个常见的例子就是利用树皮提炼药材，如防腐剂提取于金缕梅；从紫杉树皮中提取的紫杉醇具有抗癌的作用；柳木中的成分可以用于制作阿司匹林；此外还有很多树木成分的衍生物可以用来制作消毒剂或糖浆。直到 19 世纪末，大多数药物的成分可能都来自树木和植物。总的来说，数百种熟悉的化学物质和药物最初都从树木中提取而来。许多具有保护功能的植物树脂对人体有毒，最典型的例子是南美一种名为"箭毒"的树脂。它是一种极为强效的药物，可以攻击肌肉，常用作毒药和狩猎。

用于治疗与预防疟疾的药物奎宁已有悠久的使用历史，它提取自金鸡纳树的树皮。中国药学家屠呦呦从中草药中研制出青蒿素和双氢青蒿素，在疟疾治疗方面取得了重大突破。这项成果为她赢得了 2015 年的诺贝尔奖。有趣的是，一些中国古籍记载了她所使用的原材料的有益作用，但在现代复制同样的过程却难以成功，因为现代技术使用了不同的化学分离策略。她意识到，在中国古籍中记载的过程没有现代设备采样技术（包括热水）的缺陷。在防治疟疾方面，全世界约 24 万种化合物的测试都以失败告终，这一事实很可能意味着自动测试的方法在对适用于其他疾病的天然药物进行取样时同样会失败。

有些树木会分泌具有保护功能的有毒物质，其数量和强度会随着纬度的降低而增加，因为热带地区更易遭受昆虫和疾病的侵袭。因此我们应当更加谨慎地保护热带雨林，同时寻找存在于大自然中的天然化学物质。这些防御性的毒素具有一个意想不到的缺点，那就是木材工人，特别是那些要将各种热带木材制成物品的工人，他们在处理木材时可能会接触到有害的病原体。

宝贵的树木寄生生物与树皮损伤

树木遭受损伤并出现缺陷，这对我们具有广泛的积极作用。这些损伤和缺陷包括寄生损伤，可能形成树瘤那样的漂亮图案，用于制作装饰品；此外还有寄生生物，如圣诞装饰中用到的槲寄生。树皮受损后，在自然愈合和疤痕形成过程中会流出渗液，这种人为损伤已被广泛使用。在遥远的过去，流出的树液变成黄色物质，凝结成琥珀。它不仅可以用于制作漂亮的首饰，有些琥珀中还封进了各种昆虫，它们为许多早已灭绝的物种提供了历史记录。我们现在也会将树脂擦在小提琴琴弓上，用来增大弓毛对琴弦的摩擦。雪松木的树脂和蒸汽可用于制作防蛀剂，也可用于制作熏香。其他类型的树木切口渗液也有多种用途。例如有一种枫树，它能提供枫糖浆的甜味物质，在北美地区的年产量约为数百吨（1 吨 =1000 千克）。

18 世纪，在南美洲进行考察的科考队从现在被称为橡胶树的树木中采集了树液，即乳胶。乳胶的渗出成为天然橡胶生产的基础，它是一种具有极高价值的防水剂和柔韧的密封材料。有人秘密地从巴西获取了橡胶树的种子，将其传播到其他国家和地区，从而打破了巴西和葡萄牙最初的垄断。"橡胶"这一树名与它在当地的名称无关，而是因为它能去除纸上的铅笔痕迹。很多案例表明，人类并不愿意接受新的想法和产品，包括乳胶。最初在乳胶被用来制作防水布时，弗朗索瓦·弗雷斯诺（François Fresneau）首次展示了该布料的防水效果，结果被指控为巫术。

在生产软木时，人们也采用了对树木表皮造成可控损害的方法，使树皮可以再生长。对树木而言，更猛烈的侵袭是修剪幼树：砍断幼树用作燃料，或用柔韧的幼树木材制作栅栏或编织篮子等。实际上，经过修剪后，植物在生长过程中经历了一次不同寻常的有益转变，与未经修剪的普通树木相比，修剪后的树木根茎的寿命能够延长数倍。

大火对树皮造成的表面损伤同样会产生积极的影响，比如提高种子的发芽率；或者清除一些植物，从而使剩余植物能够在过度拥挤的森林环境中生长。这一点现在看来显而易见，但最初它是违反人类直觉的（人们一度认为大火只能造成损害和缺陷），因此林业管理一直在试图阻止任何森林火灾，直到近几年管理方式才有所调整。现在，人们更加充分地认识到，通过有控制的火烧来清除灌木丛，可以带来诸多好处。

藏在树木生长过程中的历史与气候记录

即便不是科学家，我们也能理解温带地区的树木和植物生长会随气候的变化而变化。我们不能忽略这样一个事实，即大多数树木都有非常清晰的年轮，它标志着冬季和夏季生长速度的变化。因此，这些年轮的宽度和间隔是地球气候的历史记录。要估算一棵树的树龄，我们只需计算年轮的数量。这就是树轮年代学。年轮的变化（在本书的论述中也将其视为一种缺陷）不仅能体现近期的气候变化，如果能构建模型，我们也可以利用它追溯几千年前的气候变化。幸运的是，整个北半球的树木生长模式相对一致。我们可以从现代的树木开始，通过更古老的木板进行回溯，从而建立一个长时间尺度的参考模式。在欧洲以及早期的地中海文明中，人们可以通过简单的年轮计数法推测木制品的年代，结果基本符合历史记录中的年代。即使是埃及王朝早期的文物，对历史年代的交互参照也是一种可靠的方法。在这样的时间尺度上（比如跨越4000年），我们可以在多种树木中分别选取一个样本，跟踪调查其年轮模式。在北美地区有一些生长非常缓慢的古老刺果松，我们可以在它的一个样本中看到其生长期间的气候变化模式。特别是借助又小又干瘪的刺果松以及令人印象深刻的红杉树，可以建立至少横跨8000年的年轮序列。

在南半球，人们以生长缓慢但体形巨大的贝壳杉为基础，进行详细的树轮年代学研究。这些贝壳杉可以存活超过1000年，并且已经存在超过50000年。根据人们在沼泽地区发现的树木，通过年轮计数法可以追溯到4000多年以前。

年轮与小提琴

有一则传说中称，意大利北部的制琴大师之所以能制作出伟大的小提琴，是因为他们有一种早已失传的"神奇"清漆。其实这是无稽之谈。他们的秘诀在于所处的地理位置与技艺。意大利阿尔卑斯山脉的高海拔与寒冷冬季导致树木的生长季节十分短暂，有利于形成紧密堆积的木材纹理，因此克雷莫纳（Cremona）及周边地区制造的小提琴的传声效果非常理想。图3.2中的小提琴照片显示，即使是经过精心挑选用于制作小提琴的木材，其纹理也不够均匀。通过一把小提琴，我们无法分辨出这棵树被砍伐与小提琴制作的确切日期，但由于早期的制琴师会使用相似时间段内成熟的木材，因此不难估算出乐器的制作时间。这意味着，我们可以判断出一个木制品（如小提琴）的年代，从而区分原件和后期的复制品。但是，一些制造师会在复原乐器时重复使用旧的小提琴板,因此仍需要十分谨慎。我有一把音色很好的小提琴,制造者的标签是"瓜内里"(Guarnerius)[1],从风格上看,它可能是1900年左右的作品;但对琴身一半的木材进行树龄测定后发现,木材来自瓜内里时期。

---

[1] 瓜内里小提琴是意大利瓜内里家族在17—18世纪制造的小提琴。——译者注

木材纹理中隐藏的其他信息

第 3 节

树木会消耗大量二氧化碳以及大气和土壤中的其他微量元素。树木年轮图案不仅能提供树木的具体生长年份，也包含了当时大气化学和气候的历史记录，这些记录都藏在年轮纹理之间。对每道年轮的成分进行化学和放射分析，可以揭示当时的环境状况。火山爆发产生的物质，或核武器在大气层中爆炸的产物，都在年轮中有明确的编码，标明了它们的发生时间。甚至有证据表明，由风吹送的远距离运输的颗粒物，比如从撒哈拉沙漠吹到英国的沙子，或美国的沙尘暴对农业的破坏，也都记录在树木的年轮中。类似的年沉积图案也出现在湖床上，被称为"泥纹"（varves）。

使用放射性物质精准测年

计算年轮看起来很简单，倘若再花一些工夫，我们也许能追踪到由于太阳活动变化而导致的大气放射性同位素的变化。为了满足科学深度的要求，下面我将解释一下碳十四测年法。它的原理很简单，但在实际操作时需要复杂而精密的设备和技术。总结来说，地球接受太阳辐射（这不足为奇，因为太阳是一个巨大的核聚变反应堆），其中包括名为中子的中性粒子。一些中子撞击大气中的氮原子，实现了炼金术士将一种元素转化为另一种元素的梦想。氮原子转化为一种相对原子质量较大的碳原子，即碳十四（写为 ^{14}C），它的相对原子质量为14，而普通碳原子的相对原子质量为12或13。

核理论认为碳十四原子不应存在，事实上，这些质量较大的原子核很不稳定，平均来说，大约经过5730年，一半原子核会分裂。这就是半衰期，即不稳定同位素原子核半数发生放射性衰变所需要的时间。碳十四生成后很快与氧作用生成二氧化碳，进而被树木吸收。碳十四与普通碳原子的数量之比很小，但它是年轮生长期间太阳活动的度量指标。树木成形以后，碳元素会稳定在原位，由于放射性衰变，每道年轮中碳十四的比例会稳定降低。原则上，我们只需测量木材中放射性同位素碳十四与稳定同位素碳十二的含量之比，就可以计算出树木年轮形成的年份。此外，通过测量特定年轮之间碳十四的含量变化，也可以评估太阳活动随时间的变化。即使是更长时间的尺度也同样可行，例如，贝壳杉所包含的气候信息能够追溯到数万年以前。

从实验上来说，这种方法很有挑战性，但确实有效。关键问题是，太阳每年在大气中只能形成约7.5千克的碳十四。以对普通碳十二的测量为依据——它以各种方式停留在环境和大气中。据估计，碳储存总量约为420000亿吨。其中小部分以二氧化碳的形式存在于大气中。这种大气中的"普通"二氧化碳的储蓄量正在缓慢增加。随着人口的迅速增长，我们开始燃烧煤炭、石油和天然气等化石燃料，二氧化碳的浓度一直在稳步上升。二氧化碳浓度增加所造成的影响显而易见，在过去200年中，这种影响一直在持续、迅速地加剧。

碳十四方法深受现代考古学家的青睐，但对后代来说，它的用处不大，因为作为背景的碳总量在不断变化（我们正在用化石燃料污染大气），而且更糟糕的是，自20世纪40年代以来，原子弹的使用与核武器试验使大气中的碳十四增加了2吨左右。这既可以视作灾难，也可以视作奖励，取决于人们要测年的对象是一个古老的含碳物体，还是一个较年轻的含碳物体。实际上，用核武器试验产生的放射性碳十四进行测年，会使研究20世纪的未来考古学家的工作变得更加轻松，但前提是我们在未来不再使用其他核武器。否则，考古学家这一职业可能会消失。

考古学家与碳十四测年法

总的来说，通过碳十四测年法得出的时间与其他方法所得出的结果及历史记录非常吻合。在埃及和中国发现的遗址中的记录可以追溯到6000多年前。碳十四测年法意味着我们能够追踪木材在不同年代所吸收的放射性碳。在常规应用中，该技术非常有效，但不幸的是，对于一些备受关注又存在疑问的样品，人们难免在一开始就做出过度热情但错误的断言，这比数百次成功的测量更受媒体关注。从下面两个例子可以看出，利己主义和自我宣传的欲望似乎已经侵入了理性科学。第一个可疑的例子是确定都灵裹尸布的时间，第二个例子是证明1908年西伯利亚通古斯大爆炸是外星飞船所致。

都灵裹尸布最初的难题在于确定它是真品还是一件精心制作的中世纪赝品，因为用于测定年代的样本量极小。此外，采集样本的区域可能在中世纪进行过修复，因而遭到了污染。还有一种可能是，现代人所进行的处理或清洁污染了这些微小的碎片。不幸的是，关于这块面料出处对科学声誉造成的后续影响，无论是最初的断言还是后来的反对意见，都多少有些过度。看到测年技术的诸多成功结果后，我认为目前有关都灵裹尸布的数据可以忽略不计，需要再进行一次全新的、适当控制的测定。

相比之下，通古斯事件则保留了充足的记录，事件发生的日期毫无疑问是1908年6月30日上午（所引用的日期来源于原始资料，因为俄国采用的历法与西方不同）。西伯利亚的大片森林被爆炸夷为平地。后来在对该地区进行考察时，有人发现大约8000万棵树木被毁坏。到20世纪中叶，核弹爱好者表示，这场爆炸所释放的能量可能是广岛原子弹爆炸的1000倍［爆炸当量相当于1500万吨三硝基甲苯（TNT）］。爆炸还引发了一次地震，现在估计地震等级达到里氏五级。当时，人们对该事件的成因主要有以下几种解释：陨石撞击，冰态彗星撞击，外星核动力航天器爆炸。对于如此大规模的爆炸，核动力外星飞船的选项立即引起了媒体的关注，人们估计，1908 年核动力宇宙飞船爆炸产生的碳十四可能比正常的背景量高 7%。20 世纪 60 年代，人们对西伯利亚树木中从 1909 年开始生长的年轮进行了实验。最初对这部分年轮进行测量，发现碳十四有 1% 的异常。这一"证据"立刻被推向媒体，人们兴奋不已，大肆宣传。后来经过更加系统的估算，这个比例降至 0.3%以下（达到实验误差范围的上限）。这否定了外星飞船的猜想，自然也没有多少新闻价值，因此，即使在当今关于通古斯大爆炸的讨论中，仍会提到外星飞船的猜想。其他解释的细节并没有得到所有"专家"的一致认同，支持陨石或冰态彗星撞击的人们仍在争论不休。这两种解释非常"普通"。2013年，在俄罗斯车里雅宾斯克，一颗小陨石引发了高空爆炸，人们用极为详细的文字和照片记录了这场爆炸。爆炸直径约 20 米。冲击波摧毁了约 7000 栋建筑，1500 人为碎片所伤。现在我们已经知道，大约每 60 年就会发生类似的事件。

都灵裹尸布与通古斯大爆炸的例子表明，科学数据可能会被实验差错与错误的解释掩盖。科学的积极作用在于，随着时间的推移，情感的影响逐渐消退，解释变得更加理性、可靠，并能为人所接受，即使媒体并未加以报道。

未来木材利用的新想法

到目前为止，我们的讨论都集中于对已成熟的木材的使用。这个视角当然过于简单化，实际上还有很多产品利用了碎木头。树木也为新的化学制品和药物奠定了基础，并提供橡胶和枫糖浆等多种产品。木材产品包括复合材料，如刨花板、多层实木地板，其中夹层朝向不同方向，此外还有以昂贵木材作为外层的地板。

还有一些不为人所熟悉的新方法，例如用巴西伯南布哥木制作小提琴琴弓的新技术。这种木材曾是最高等级的琴弓木，现已濒临灭绝，因此限制使用。大量的木头碎片不适合制作像小提琴琴弓那样细长的物件。新技术使用现代胶水，将这种"废料"结合起来，制成复合型的琴弓，据称这种琴弓的性能可媲美昂贵的传统伯南布哥木琴弓。但前者的价格远低于后者［2020年，一根伯南布哥木琴弓的售价约为10000英镑（1英镑 ≈ 1.26美元）］。

与木材技术相关的缺陷小结

木材并不像一种充满活力且令人兴奋的现代技术材料，相反，我们已将它视为日常生活的一部分。科学的魅力在于不断涌现的新发明，如电子技术或新型金属等。然而，现实是，人类使用木材的历史比其他任何材料的应用历史都要悠久，即使现代文明崩溃和消亡，木材也依然存在。我们一生都离不开木制品，也必须承认一个事实，即木材种类繁多，并且存在许多"缺陷"。本章篇幅不长，但它足以提醒我们，对一个全面的技术视野来说，除了那些因其新颖性或商业影响而登上头条的材料之外，其他材料也不容忽视。

放射性碳定年法的物理基础

既然已经提到了放射性碳定年法的例子，那么在本章结束时，我想快速为那些对其运作原理感兴趣的读者进行简要的解释。

如前所述，太阳是一个巨大的核聚变反应堆，它能发射名为中子的粒子。这些中子可以撞击大气中的氮原子核，引发核反应，然后氮原子核会发生部分重组，变成一种相对质量较大的碳。普通碳原子有6个带正电的质子（p）和6个不带电的中子（n），从而维持原子核的稳定，即 ^{12}C 是 6p+6n。从化学性质上来说，碳十四也是碳元素，因为它有6个质子。整个碳原子呈中性，因为原子核外有 6 个电子。外层轨道电子决定了原子的化学性质，使其成为我们所谓的碳。类似地，普通的氮原子写作 ^{14}N，它的原子核内包含 7 个质子和 7 个中子，核外有 7 个电子。

氮原子与太阳中子的反应如下。中子与氮原子核相互作用，射出一个质子（即一个氢原子核），并留下一种相对原子质量较大的碳：

一个中子（n）与一个 $^{14}N(7p+7n)$ 结合，然后分裂成 $^{14}C(6p+8n)+^{1}H(p)$。

碳十四的原子核具有轻微的不稳定性，因此会经历一次放射性衰变，大约在 5730 年内，一半的原子核将分裂。总而言之，太阳每年都会在地球大气层中产生少量的碳十四，约 7.5 千克，因此大气中碳十四的含量相当有限。

对木材进行碳十四测年法，只需要测量一块木材中碳十四相对于碳十二的浓度。在植物生长过程中，这个比例会与大气中放射性碳的相对浓度保持平衡，因此该比例是固定的。树木成形后，随着碳十四的稳定衰变，这个比例会有所降低。我们已知碳十四的半衰期，因此这个比例可以告诉我们年轮生长的时间。由于碳十四的半衰期接近 6000 年，因此我们可以利用该方法测定跨越几个半衰期的人工制品的年代。碳十四测年法的结果与树轮年代学的结果和古木（如古埃及墓葬中的棺木）以及其他历史记录所揭示的年代非常吻合。碳十四测年法与树轮年代学结合，还能提供太阳活动和其他主要环境事件的记录，如火山爆发和现代核武器试验。图 3.5 展示了碳十四的含量如何随时间减少。图中的标记点参考了人们利用技术获得的早期数据，既有碳十四测年法得出的结果，也有来自年轮或历史书面记录的其他证据，两种方法的结果具有较强的一致性。图中标出了半衰期的位置。随着现代测定方法的改进，碳十四也可用于测定年代横跨几个半衰期的物品。

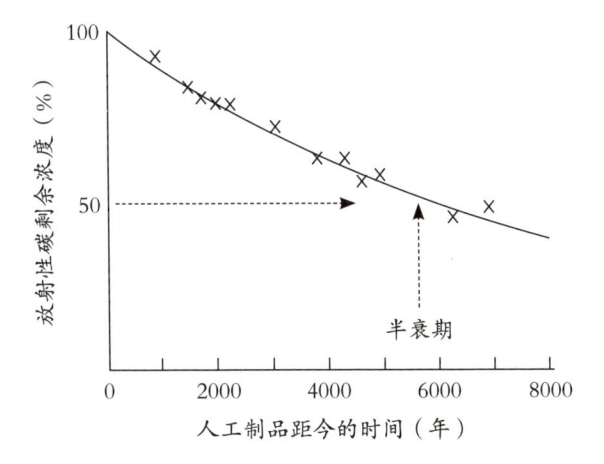

图3.5 放射性碳定年法

注：本图简略展示了碳十四的放射性含量如何随时间而减少，在较为古老的样品中，原始碳十四的百分比较小。根据碳十四衰变所推测的年代与历史文物揭示的年代和树轮年代学测定的年代十分吻合。

4

关于人和自然的思考

观点并非
一成不变

第 1 节

在前面几章中,我列举了材料的固有缺陷发展成优良技术的例子,这些都是我们非常熟悉和容易理解的例子。即使是后文将提到的原子结构的简单模型,也不过是儿童的积木。此外,我们可以将原子排列与城市中不同社区的人类行为进行类比,这有助于我们的理解。早在一个多世纪前,我们就已经了解了晶格的结构模型及其缺陷,如今我们可能已经意识到其中存在的主要概念错误并进行了纠正。但现实未必总是如此,在科学文献中,许多概念、解释和实验结果的细节仍然存在问题。我个人有一条指导原则,即如果当前的一个模型已经存在了一代以上,比如说 25 年,那么它就有可能是一个合理的起点。

在材料研究领域,几乎没有人能跳出自己最初的训练领域。我曾听过这样一个说法,在物理和化学等学科中,90% 的学者只围绕自己最初的博士论文主题展开研究。这种集中化的研究意味着他们的知识基础和专业技术的针对性可能会更高。就进步而言,这是一种宝贵的奢侈品,因为他们可以始终保持在学科的前沿。但这种狭隘的集中化也有其缺点,一旦确立了研究重点,研究者可以培养自己的学生,这些学生可能也会做出一个简单的选择,继续在同一领域进行研究。

从某种程度上来说，我也有类似的局限性，因为我的兴趣点几乎从未偏离材料缺陷的光学特性，它是我的论文核心。但这是一个通用性极强的概念，在考古学、矿物学、工程学和癌症检测等不同领域都能发挥作用。此外它还有一个好处，那就是在不属于我的研究课题的会议上，我也会被视为专家。事实上，专家的数量很少，在参加学术会议时，我个人估计，真正与会议主题相关的专家通常只占10%，他们的确对该课题有深入研究。另外40%的与会者是忠实的追随者，还有40%的与会者来自不同领域，剩下的与会者则是持怀疑态度的人。

我曾认为，少数人会对一个研究领域产生深刻影响，这种现象只会发生在针对性较强的学科中，但后来我发现，这是一种非常普遍的模式。权力一直集中在少数群体手中，无论是君主、贵族，还是独裁统治者。21世纪出现了一个名为"社会物理学"的新兴领域，研究少数群体的权力及其对政治决策和投票的影响。研究者认为，如果一个观点来自坚定的拥护者，即使持有该观点的只是少数人，它也会被接受；如果拥护者的人数达到人口总数的10%到20%，它肯定会取得成功。政治支持者似乎渴望追随这些少数群体宣扬的极端观点。这一点在现代政治中非常明显，有许多典型的例子，例如20世纪希特勒的上台。无论是过去还是现在的独裁统治者，都体现了这一点。

这种简单化的模式在材料科学和技术中非常典型，但在医学和生物科学等具有多面性的学科中，这种模式还不够清晰。医学和生物科学都是非常复杂的领域，相关的知识与技术也在飞速发展。这导致了医疗意见的冲突和对结果的误解。例如，医生在毕业前接受的培训完全基于当时的观点。但医学观点和治疗方法的发展非常迅速，而且在很多情况下，不同时期的观点可能完全相反。所有新的数据和讨论都会出现在医学文献中，但医生们往往承担着巨大的工作量，需要应对各种疾病与医疗状况，因此很难注意到这些文献。为了使读者有更加直观的认识，我可以提供一个数据，目前大约有3万种医学和科学期刊，这些期刊每年发表的论文数量至少是250万，这还不包括杂志、报纸、博客或网站上的文章。所以也难怪很多人会做出最简单的选择——什么也不读。但如此庞杂的信息来源也有一个好处，那就是一个人在就诊之前，可以根据自己的症状查阅大量文献。他可以只关注自己的症状，查询在开放网络文献中的相关描述（选择值得信任的来源，而不仅仅是隐性广告和促销文章）。

超负荷工作的后果是，许多医生必然会继续遵循他们在学生时代所掌握的观点。人类本身固有的一大特点是质疑变化，特别是当它与我们以前的认知相反的时候。如果在面对一类问题时，我们看起来比手术中的患者更加在行，那么这种偏见就会被放大。

医学中还有另一个畸变因子，除了繁重多样的工作，制药公司也面临巨大的压力，他们需要销售最新产品。了解哪些药物真正有效，哪些药物长期使用有严重的副作用，或者哪些药物根本无效，这是一项巨大的挑战。就英国的一般做法而言，我确信，在每个患者允许就诊的10分钟左右的时间内，医生可能更愿意开一些可能会发挥效力的药物，而不是说服患者无须服药，只须改变生活方式，因为前者更加简单。搜索任何一种最常见药物的副作用，其结果可能都会令人感到不安，我发现一些极其常见的药物有100多种副作用，有些副作用很罕见，有些副作用很严重。这也是难免的，因为我们的基因组成和生活方式千差万别。

电子搜索引擎对科学研究的确大有裨益，但它同样存在缺点。在我读研究生时还能找到这样的书，上面列出了当年所有物理学期刊的文章摘要。但现在，通过互联网搜索，就能得到堆积如山的文章，我们已经完全看不到这样的书了。这种整理了全部摘要的书有一个不太显眼的优点，即人们在阅读时常常被完全无关的文章所吸引，这对了解不同观点和拓展视角非常有帮助。针对性较强的网络搜索抑制了人们对科学文献多样性的自发探索。更糟糕的是，检索结果的前几位可能会被商业广告或引用次数最多的条目占据，这反过来又掩盖了原创性，使旧的概念和错误得以延续。

如果上述问题对训练有素的科学家和医学专家来说都会造成负面影响，

那么对普通公众来说更是严峻的挑战。实际上，人们缺乏相应的训练，难以理解哪怕是以表格或图表等形式所呈现的数据。结果本身很清晰，但需要用平均值、概率和统计数据进行描述，那么这样的结果可能会被完全误解，或者被其他人有意识地带着偏见去呈现。

即便是最简单的错误，科学家也难以完全避免。记得在一次国际会议上，一个欧洲人和一个美国人展开争论，因为他们都用了"billion"一词，却没有意识到它有两种定义。在美式英语中，"billion"代表 10 亿（10^9），但在欧洲旧式英语中，"billion"代表是 10000 亿（10^{12}）。在英国，我们已将"billion"的含义统一为 10 亿。我不禁怀疑，英国与欧洲的政治家在讨论预算和财务承诺时，是否正确理解了彼此的意思。

一些令人困惑的表述

词不达意和引发误解的表述不胜枚举。有一些是作者故意为之，但许多作者假设读者与他拥有相同的背景，因此不会被误导。同样，作者往往认为，用英语（或法语、西班牙语等）写作的内容对其他使用相同语言的人来说都有相同的意义，无论他们来自哪个国家或地区。例如，如果我写了一封推荐信，说某个人"quite good"（很好），在英式英语中，这是一种赞扬。但在美式英语中，这明显是一个负面评价。

后文中我将讨论导致肥胖和糖尿病的不良行为。我曾在一篇文章中读到，英国不存在肥胖问题，因为在世界肥胖人口国家排名中，英国仅列第 38 位。这个结论具有极大的误导性，因为这个排名依据的是每个国家肥胖人口的总数。因此，人口众多的国家（如中国、印度等）位居榜首。然而，如果按照每个国家肥胖人口的百分比进行排名，结果会截然不同。

人们经常说统计数据不可信，但我认为，事实上，这种不信任并非指向基础数据，而是针对那些提供数字和信息的人。举一个不太典型的例子，政客们会谈论平均财富和工资，并引用来自可靠网站的高度可信的数据。然而，很明显，他们（与普通公众）通过"平均值"所理解的内容可能具有极高的误导性。这种表述存在一定的缺陷，它让我们认为自己理解其含义，并且它似乎符合我们特定的某些偏见或政治观点。但问题是，我们可能没有意识到，统计术语中的"平均值"可能是指"平均数"，也可能是指"中位数"。两者完全不同。

富裕的定义是多变的，因为它取决于工作类型、生活方式和期望。因此，富裕和经济困难可能指向不同的东西。即使如"家庭可支配收入中位数"之类的数据，也只能作为一个简单的指导，因为所有高收入人群会使数值向上移动。在大城市里有很多公司的高管和董事。2019 年，英国的公司高管和董事的平均年薪超过 9 万英镑，而几家主要公司的高管年薪超过 390 万英镑。除薪水之外，奖金总额可能也高得离谱，最近有人拿到了 7500 万英镑的奖金。顶级足球明星的薪水也高达数百万英镑（2018 年，排名前十的球星年薪在 100 万到 700 万英镑之间）。

2019 年，伦敦居民的薪酬中位数约为 3 万英镑，虽然事实的确如此，但我认为这一说法可能会产生严重的误导，因为中位数意味着有 50% 的人处于这个数字之下，50% 的人处于这个数字之上。相比之下，如果用总收入（包括许多收入非常高的人群）除以总人口数，得到的比例会更高。在伦敦，最高薪酬可能相当不菲，因此平均薪酬高达 4 万英镑。关注平均数或中位数，都会让我们忽略一个事实，即有很多人的收入非常低。在工资分布曲线中，顶点所对应的数值被称为众数，它位于工资较低的区间。图 4.1 列出了该分布曲线与相关术语。统计数字没有问题，但我们在解释时需谨慎。如果薪酬的分布如图 4.1 所示，平均数为每年 4 万英镑，这是相当可观的收入，但对应人数最多的收入金额（众数）仅为 2 万英镑，许多家庭的收入甚至更低。我也几乎掉入语言陷阱，在提到中位数和平均数时，我使用了"薪酬"一词，但我原本想对低收入人群使用的词语是"工资"。

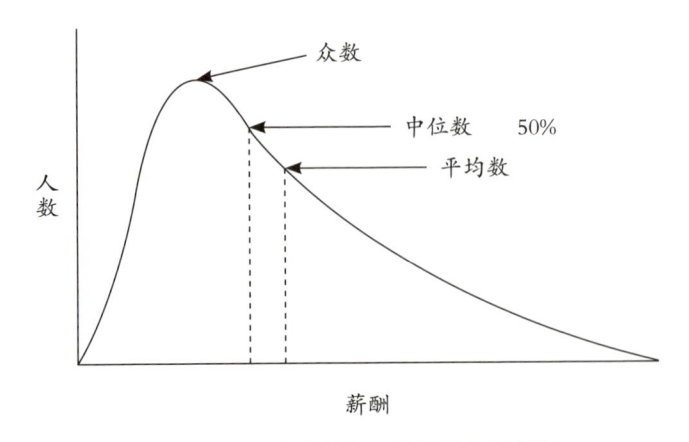

图 4.1　薪酬中位数与平均数的定义比较

注：“中位数”是指第 50 百分位数，这组数据中有一半数据比它大，有一半数据比它小。"平均数"所对应的薪酬数值更高，因为有少数人的收入非常高。对应人数最多的收入数值（众数）远低于上述两个数值，此外还有一小部分人口处于该数值之下，那就是贫困人口。

错误的解读可能是由于阅读时不够谨慎，或者没有意识到人们的收入可能存在巨大差距。也有可能是因为公司要故意掩盖员工与董事之间的收入差距。假设一家公司需要许多低薪工人（如仓库货物配送工人）。他们可能会以每人 15000 英镑的年薪雇用 1000 名低薪工人。相比之下，10 名董事会成员每人可领取 150 万英镑的年薪（也就是说，所有低薪工人的总收入与所有董事的总收入完全相等）。在年度报告中，他们会说公司员工的平均年薪接近 3 万英镑，这的确没错。如果读者不够仔细，就会忽略工人与管理层的收入分裂。2019 年的数据显示，富时 100 指数的公司首席执行官每小时收入为 901 英镑，而他们的员工时薪只有 14~37 英镑，这就是典型的收入不公。

人口与气候变化相关数据的表述

接下来要讨论的问题是，写作者可能会因自己所持的政治观点，在表述时故意使数据模糊不清。大约在 1 万年前就出现了对世界人口数量的估算。从历史的角度来看，这些数据的准确度必然不高，但它符合我们所讨论的广泛模式。大约 1 万年前，全球人口只有 500 万，目前全球人口约为 80 亿，增长幅度超过一百万倍。在简单的人口数量与时间线性图上，远古时代的数据紧靠坐标轴。对具备数学素养的科学家来说，解决办法是使用对数刻度，因为它可以涵盖整个范围，并显示完整的趋势。图 4.2（a）展示了采用对数刻度的坐标轴。从整体上看，这是一条平滑的曲线。在非数学专业的读者看来，人口增长并不是一个严重的问题，因为图 4.2（a）右上角对应现代的曲线看起来接近水平。但需要注意的是，这幅图使用了从现在倒推至过去的对数刻度，从 2020 年到 2010 年所对应的 10 年轴长度与从 2010 年到 1920 年、从 1920 年到 1020 年或从 1020 年到公元前 8020 年所对应的轴长度相同。这种设计是合理的，但不常用，因此容易被误读。

图 4.2（b）是一张线性坐标图，所用数据与图 4.2（a）完全相同。古代较小的人口数据难以体现在时间轴上。前几个世纪所对应的数字很小，但在过去 100 年里，数字陡然变大。意识到人口增长已经完全失控，我们难免会陷入恐慌。在未来，我们可能没有足够的资源来维持这样的人口爆炸。

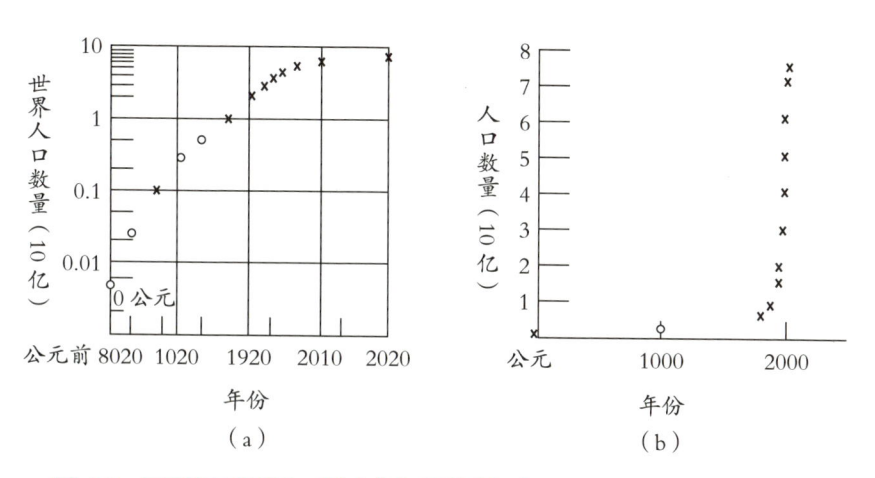

图 4.2　用同样的数据在对数坐标与线性坐标中描述世界人口随时间的变化

注：对数时间轴会压缩过去的数据，以适应大约 10000 年的时间跨度。两幅图中标记的坐标点对应相同的数字。它体现了我们的认知如何受信息呈现方式的影响（参见正文中的讨论）。在（b）中，公元前的数值太小，无法在图中显示。

图 4.2（a）和图 4.2（b）使用的数据完全相同，但我怀疑，即使是数学家也难免会因两种不同的数据呈现方式而产生不同的认识。我所举的例子表明，大脑处理过程中存在一定的缺陷与个人偏见，而这些因素还会凌驾于数字和统计数据之上。事实上，这些曲线不仅让人疑惑不解，甚至会导致许多人解读出完全相反的趋势。

最近的人口总数飞速增长，表 4.1 列出了世界人口增长每次突破 10 亿的年份。向前预测很有意思，因为一些政府机构认为生育率可能会大幅下降，因而预测人口增长率将大幅降低。事实上，这个趋势并不明显，可能会被更好的医疗保健水平所抵消，因为医疗水平的提高意味着人类寿命延长，因此人口数量增长的同时，老年人比例也在提高。仔细阅读原始的人口数据，就会发现，这些图表中都出现过人口小幅度下降的情况，那是在第一次世界大战结束的时候，战争及随后的流感疫情造成了大量的人口死亡（后者造成的死亡人数超过了战争造成的死亡人数）。在黑死病大流行期间也出现了类似的情况。这两种情况造成的死亡人数均超过了当时欧洲人口的三分之一。然而，这两种情况后的人口恢复也很快，并且人口数量还在继续上升。事实上，人口数量大幅下降后，出生率会大大提高，这是非常典型的人类行为。这意味着，目前全球人口接近 80 亿，即使发生重大的全球性或区域性灾难，也不会对世界人口减少以及人类对农业、土地和自然资源的需求产生长期影响。

表 4.1　不同年份的世界人口数量

年份	人口数量（10 亿）
2023（预计）	8
2011	7
1999	6
1987	5
1975	4

续表

年份	人口数量（10亿）
1960	3
1925	2
1825	1

在地球的历史中，人类是一个相对年轻的物种，也可能成为昙花一现的物种。人类的灭亡很可能由人类自身导致，也可能由一个非常重大的事件造成，比如一次严重的小行星撞击。全球气温大幅上升，已经达到了早期水平，这对人类也是致命的威胁。新型冠状病毒给我们敲响了警钟，它提醒我们，大流行病可能会突然出现，甚至导致人的死亡与经济的崩溃。此外还有两个特点，首先，图 4.2（b）的线性图看起来很像细菌爆炸式增长的模式；其次，人口增长从概念上来说没有明显不同。然而，在进行这种类比时，我们有必要考虑一些后果。近年来，在英格兰南部，一种名为"白蜡树枯梢病"的疾病正在日益增多，病菌通过大气传播，会导致白蜡树迅速死亡。完全清除被感染的树木有助于减少病菌传播，但有预测显示，98% 的白蜡树将在十年内消失。可能有 2% 的白蜡树因分布在距离传染源较远的地方而幸存下来。

谁在解读信息方面存在困难

我们不应该指责那些误读了对数刻度图表的非科学家读者。解读信息存在一定的困难，因为面对复杂或详细的信息时，大脑会寻找快速而直观的解释。图 4.3 展示了我所记录的发光信号随温度变化的数据。数值跨越范围相当大，因此我在坐标轴中使用了对数刻度。从图中可以清楚地看到六个峰值，但即使是自己记录的数据，我也难免会忽略这些信号的强度变化超过了千倍。乍看之下，这幅图给人的印象是，这些信号强度可能只相差三倍左右！

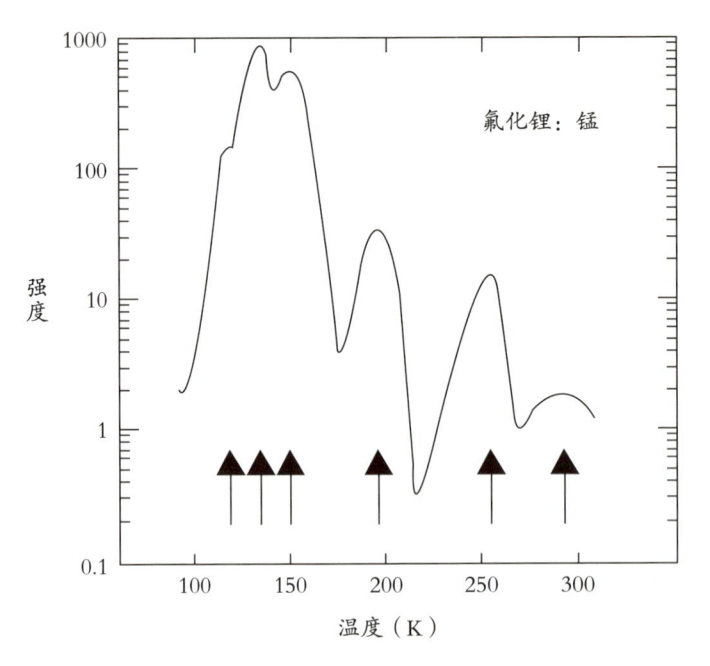

图 4.3　发光信号强度随温度的变化

注：由于数值跨越范围相当大，因此纵轴采用对数刻度。但它可能给读者造成这样的印象，即峰值的信号强度仅相差三倍，而不是 1000 倍［开尔文（K）是热力学温度单位，0 开尔文（绝对零度）约等于零下 273.15 摄氏度］。

如果我们对某个领域缺乏深入的了解，就会出现一些错误。举一个小例子，从相对原子质量的角度来计算一个水分子的质量。水由两个氢原子和一个氧原子构成（H_2O），大多数人会认为氢原子（^1H）只有一个中心质子，因此质量为 1，而大多数氧原子是 ^{16}O（有 8 个质子和 8 个中子），因此一个水分子的质量是 1+1+16=18。这样计算通常没有问题，但如果深入了解，我们可能会发现，氢和氧还有其他具有不同中子数的同位素。氘原子（^2H）有 1 个质子和 1 个中子，质量为 2；氚原子（^3H）有 1 个质子和 2 个中子，质量为 3。此外，氧有三种比较少见的稳定同位素，分别为 ^{16}O、^{17}O 和 ^{18}O。因此，总的来说，可能存在 18 种不同的水分子，其质量从 18 到 24。核物理学家可能会指出我遗漏了一些非常不稳定的氧同位素，从 ^{11}O 到 ^{26}O，它们具有"异常"的中子数。可见，这个问题并不难，但答案并非显而易见。

我们能否看到事实

人们对复杂的图像做出误读的例子数不胜数。我们相信自己看到了期望看到的东西，而不是事实。这种大脑处理机制的缺陷也被用于视错觉，比如埃舍尔（Escher）[①]所绘的楼梯，或者错视画，比如我们看到的人脸实际上是蔬菜或身体的集合。"情人眼里出西施"这句话是有道理的。

令人担忧的是，在医学上，通过 X 射线照片可以快速进行癌症诊断，但也因此容易出错。其中潜在的一个缺陷是，如果在目视检测的过程中跟踪检查者的眼球运动，可以看到，发现癌变区域以后，大脑会控制眼球不断回到该区域，因此对图像其余部分的检查不够充分（即使其他区域也存在癌变）。人工智能（AI）自动扫描技术在一定程度上弥补了人类的缺陷，该技术可以标记可能发生癌变的地方。对经过标记的图像来说，其主要优势在于，检查者可以在各目标区域投入同样的时间进行观察。图 4.4 用两种纹理模拟了这种情况，更加简单直观。从纹理上看，你能否看出哪个区域发生了变化？

图 4.4　两种纹理

[①] 莫里茨·科内利斯·埃舍尔（Maurits Cornelis Escher，1898—1972），荷兰版画家，其绘画多体现数学思想。——译者注

大多数读者可能会立即发现图 4.4 的左上区域有一块与背景不同。但你是否注意到了另外两个不寻常的区域？如果你错过了一个，也不必惊讶，因为用 X 射线进行一般性的大范围筛查，存在极高的失误率（通常为 30%），可能会错过癌变部位，也可能将正常组织评估为癌变。由此产生的健康风险和不必要的手术对成千上万人的生命造成了重大影响，并且还伴有高昂的经济损失。在这种情况下，人工智能非常有意义。

大气中二氧化碳浓度的相关数据及解读

第 2 节

与人类活动相关的气候变化和全球变暖的讨论总会引发巨大的争议，并非因为数据，而是因为对变化的预测以及一项事实，即降低排放率将影响人类生活的方方面面，从农业到工业和人口。其中涉及诸多利益团体（来自对立的双方），因此很少有人会承认人口增长模式和大气中的二氧化碳与气候变化之间存在直接关联。然而，人口增长与大气中二氧化碳浓度增加具有明确的相关性（图 4.5）。

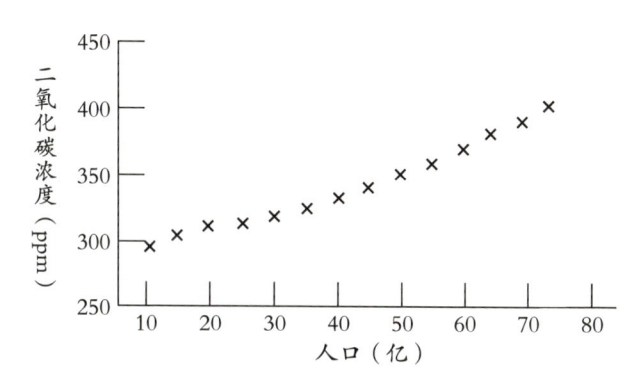

图 4.5　世界人口数量与大气中二氧化碳浓度（ppm，即百万分比）的对比

注：这种模式从 1800 年左右一直延续至今。二氧化碳浓度的增长速度略快于人口增长速度。

对大气中二氧化碳浓度的测量已达到极高的精度，并且包含了在远离工业场所的地方（如南极洲或夏威夷山顶）获得的数据。如图 4.5 所示，二氧化碳浓度升高与人口数量增长呈现相关性。显而易见，这两组数据非常相似，不可能是没有联系的偶然数据。这种联系可以简单地解释为，自工业革命以来，人口增长意味着我们燃烧的化石燃料越来越多，向大气中释放了过去 3 亿年中一直被储存于煤炭中的碳。一些石油资源的存在时间可能没有 3 亿年那么久远，但至少也存在了 7000 万年之久。现在，这些碳源被我们重新引入大气，因此二氧化碳的浓度和工业活动之间的关联也就不足为奇。

二氧化碳不大可能推动出生率，因此我们只能得出另一个结论，即人类活动正在推动大气中二氧化碳浓度的稳步上升。在许多现代工业城市和大城市中可以看到明显的工业污染，那里的空气令人感到压抑，就像英国 19 世纪的照片所呈现的那样，工业破坏了城镇和乡村的面貌。有趣的是，因新型冠状病毒的流行而采取封锁措施后，英国的天空变得十分晴朗，雾天减少，城市的污染程度降低，对呼吸系统有问题的人来说，生活质量得到了显著的提升。在世界各地的许多城市也能看到类似的情况。

一些文章声称，人类以及我们所食用的动物是大气中二氧化碳的主要来源。诚然，人与牛等动物越多，呼出的二氧化碳就越多，但事实上这与大气中二氧化碳浓度的增加并无关联，因为人或动物食用植物，呼出二氧化碳，这只是碳循环的一部分。如果这些植物未被食用，也会腐烂并释放出相同量的二氧化碳。通过素食来减少二氧化碳排放的主张也存在争议。在 19 世纪末，美国移民试图消灭野牛，尽管有数百万动物被杀害，但前后时期的二氧化碳浓度数据并没有明显变化。有必要减少肉食摄入的真正原因在于其他方面，因为食肉过量会引发健康问题。

二氧化碳的主要来源未必都是显而易见的，也未必都能进行公开讨论。例如，与商业航空公司相比，互联网和社交媒体所用电力产生的二氧化碳更多。针对气候变化的《巴黎协定》（Paris Agreement）不包括航空与航运。航运对国际贸易至关重要，2018 年，约有 9 万艘大型船舶在运营，燃烧了约 20

亿桶低品位石油。低品位石油价格低廉，但富含硫和其他污染物，燃烧所排放的二氧化碳量约占全球温室气体排放量的 3%。更直观地说，15 艘大型船只的二氧化碳排放量与地球上所有汽车的二氧化碳排放量相当。一些船舶使用"洗涤塔"以减少部分排放物，包括硫（以及硫酸排放），但这些洗涤塔又将污染物和重金属排放到海洋中。此外，洗涤塔还使燃料的消耗量增加了约 2%（从而产生更多的二氧化碳）。

预测气候变化的程度

科学家或热爱园艺的人对温室（或阳光房）的概念肯定不陌生。对地球来说，温室的顶棚不是玻璃，而是二氧化碳和甲烷的混合物，两者都能在大气中吸收热量。温室效果越好，意味着其下方区域的温度越高。因此，提高二氧化碳浓度（以及潜在的大量甲烷，目前它们还蕴藏在冻土中）将意味着全球气温升高。同样重要的是，甲烷的温室效应比二氧化碳更强。"唯一"的困难是预测变化的规模和速度（而不是预测是否变化）。其他可能会提高或降低大气温度的因素与其他污染物（如大型火山爆发产生的污染物）有关。这些因素经常导致降温、农作物歉收、饥荒、死亡和内乱。此外还有因地球运行轨道与太阳辐射输出等其他因素所形成的模式，这些因素推动了冰河期的周期性模式（图 4.6）。在这幅图中，通过对南极温度与冰芯中二氧化碳浓度的数据分析，发现两者存在极高的相关性，即二氧化碳含量越高，温度越高。人们甚至可以从某种程度上感受到这种模式的自然周期性（一个周期大约是 10 万年）及其子结构。气候学家了解周期性与结构背后的诸多原因，认为它们在一定程度上与地球绕太阳公转轨道的微小变化以及旋转轴倾斜的周期性变化有关。从图 4.6 的横轴来看，人们可能会说，全球气温的自然上升阶段即将结束，或者出于某种原因，已经抑制了下一个冰河时期的开始。但过去 100 万年来并没有证据表明，当前地球环境中的二氧化碳浓度已达到极端水平，目前测得的二氧化碳浓度超过 400 ppm（即二氧化碳在大气中占百万分之四百）。更早期的确出现过更高的二氧化碳浓度，气温更加极端，21 世纪的动植物难以在那样的环境下生存。好在地球上的二氧化碳浓度从未达到金星上的水平（即二氧化碳占大气的 96.5%）。温室效应再加上距离太阳更近，因此金星表面的温度达到 470 摄氏度左右。水星距离太阳更近，但其表面温度较低，它是一颗小行星，没有二氧化碳大气层。

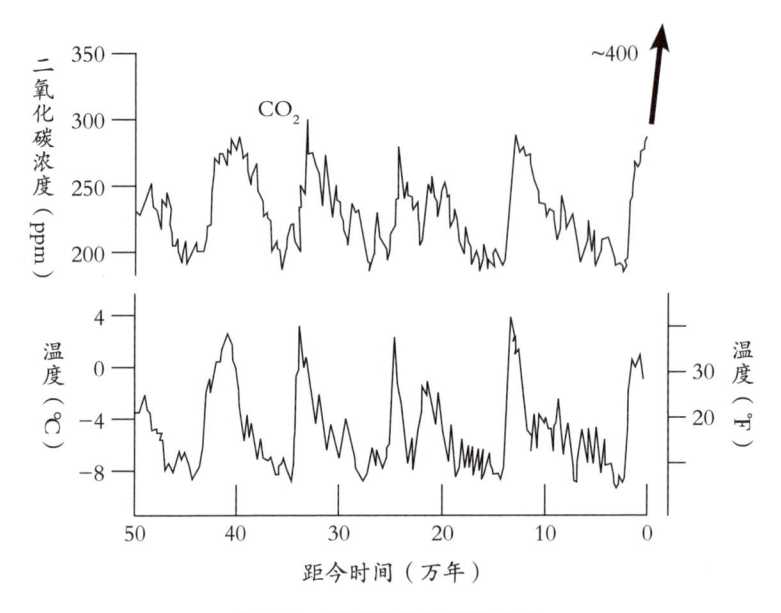

图 4.6　冰河期的周期性模式

注：上面的曲线展示了远离工业活动地区的大气二氧化碳浓度数据，下面的曲线展示了南极的温度。从整体上看，两条曲线的走向相近。请注意，图中二氧化碳的浓度始终低于百万分之三百（300ppm），但到 20 世纪，二氧化碳的浓度已经飙升至百万分之四百（400ppm）以上，并且还在持续上升。

科学讨论中的缺陷与偏见

对二氧化碳浓度及其影响的讨论是一个典型例子，我希望借此提醒大家，我们对特定科学模型的解释、理解和偏见，是阻碍进步的主要障碍。有可靠数据表明，大气中二氧化碳的含量已经超出了过去 100 万年的范围。在过去200年间，二氧化碳含量的增长模式与人口的增长模式相匹配，我们也理解二氧化碳和甲烷如何在大气中发挥保温作用。困难和不确定性在于预测近期和长期的后果。这种预测十分困难，因为数据（图4.6）表明，地球环境存在一个长期的温暖期与冰河期交替的模式。现在地球可能已接近温暖期的高峰，因此我们无法断言自然状态下的气温会上升还是下降，因为气温变化的自然速度相当缓慢。在欧洲，上一次冰河期的高峰期大约在22000年前，11000年后冰川消退。然而，预测的困难性在于，由于现在大气中温室气体的浓度显著提高，我们不清楚这将如何扰乱自然的气温循环，我们必须关注不久的将来，以几十年而不是一万年来衡量。在许多模式下，我们的生存能力会遭到破坏，肯定无法维持目前的人口增长。这是一个非常严峻的问题，我们不禁要质疑，为什么有些人甚至不愿意承认这种情况的存在。等到真正面对危险的时候，我们可能仍不清楚如何应对，因为一个关键因素，也是唯一有保证的解决方案，就是大幅减少世界人口。这个方案令人难以接受，因此我们提出改革农业、停止过度饮食、维护热带森林等建议加以掩饰。这些建议同样有价值且合理，确实值得遵循，但它们并没有解决真正的症结，因为人口激增才是问题的根本所在。

我曾在不同的国家生活和工作，这些国家持有不同的理念和观点，接下来我将就此展开评论，它使我理解了为什么一些人不了解目前人类面临的威胁，并且不愿意承认这些威胁，因为这将意味着巨大的经济和社会变革。我曾在美国的不同区域工作过，因此十分清楚，在如此辽阔的国土上，气候非常多样化。由此产生的一个后果是，大部分城市居民在冬天集中采暖，在夏天靠空调制冷，大部分时间都乘坐有空调的车辆，因而感受不到多变的天气。因此，人们难以理解季节性天气模式的改变。任何地方的农业社区都不会出现这种情况，因为从事农业的人会发现，在许多人的一生中，降雨量、温度等方面的季节相关因素已经发生了明显的改变。

美国人仍在使用华氏温标，而欧洲人则使用摄氏温标。这方面的改变并不容易，我知道一些比较年长的英国朋友和他们的父母都对摄氏度没有概念。科学数据基本上都以摄氏度为单位，因此，在阅读文献时，大部分年长的英国居民，以及大多数美国人，都不知道这些数字意味着什么。在讨论全球变暖等问题时，这会造成严重的问题。更糟糕的是，科学家们经常使用绝对温度（开尔文，用字母 K 表示，我在图 4.3 中特意使用了该单位）。这会立即切断科学家及其数据与公众的联系。

单位转换的误差，或对不同单位含义的错误理解不仅限于温度，在其他度量单位中也时有发生，比如精确的天文距离（比如火星），它以米和千米这样的公制单位进行度量。对于如此长的距离，转换为英里时必须保证极高的精度。否则会导致太空探测器撞向火星，因为由不精确的单位换算所推断出的距离比实际距离长出数千米。从地球到火星的最小距离约为 3390 万英里（1 英里 ≈ 1.61 千米），因此换算系数应精确到一亿分之一以上（即比计算器或许多计算机上的算术转换更加精确）。

在讨论任何直接影响人类生活质量、财富的话题时，又会出现一个问题：人们一开始会自动（并且下意识地）拒绝任何可能与自己之前持有的想法冲突，并导致生活质量倒退或财富减少的观点或事实。这是一个普遍的问题，不过在这里，我想举一个非常适用于澳大利亚的例子。澳大利亚是一个幅员辽阔的国家，人口只有 2500 万左右。从财富方面来说，他们通过出口煤炭获得了约 250 亿英镑的可观收入。目前煤炭产量约为 4 亿吨。就大气污染与二氧化碳排放而言，这意味着有 15 亿吨二氧化碳等污染物被排放到大气中（碳的相对原子质量是 12，氧的相对原子质量是 16，生成二氧化碳的相对分子质量是 44）。其中的经济困境在于，煤炭带来的人均经济收益为 1000 英镑，但代价是人均制造约 60 吨污染物和二氧化碳（仅来自煤炭销售）。这使他们成为最大的二氧化碳污染源之一。

另外，澳大利亚一直存在野火（山林大火）问题，但近年来的最高气温纪录一直在提高［2019 年平均气温比长期平均气温高 1.5 摄氏度（2.4 华氏度）以上］，部分地区的降雨量也在减少。因此，火灾发生频率增加，影响面积已飙升至约 600 万公顷（1 公顷 =0.01 平方千米），几乎接近英格兰和威尔士的土地面积。在保险、商业损失、房屋损毁、消防和健康等方面都带来了巨大的成本。2019 年，各种负面因素造成的经济损失估计有 50 亿英镑或更高。许多人明智地将此类自然灾害的增加与全球变暖导致的气温升高联系起来。最终的结果是，看到了经济收益的政策制定者与那些房屋遭到毁坏和承担后果的人之间存在意见分歧。

长期影响是显而易见的，在澳大利亚以东 2000 英里处，新西兰的弗朗兹·约瑟夫（Franz Josef）冰川从火山灰变成了美丽的棕色。这导致冰川在夏季吸收更多热量，加速了其表面的融化。

这些简单的例子足以说明，为什么显而易见的清晰科学数据也未必能让人接受，且人们未必会对后果和所需采取的行动展开公正的讨论。

理解微妙的影响

我只关注了有据可查的例子，例如气温与大气中二氧化碳浓度的度量。毫无疑问，它反映出地球严重的温室效应。更困难的挑战是预测气候变暖所造成的后果的类型、规模和速度，以及它将以多快的速度影响我们的生活。因此我们需要更加深入地理解一系列相互作用的因素，而不仅仅是预测气候变暖。即使抱着最积极的意图，这些气候因素的发展细节也是极其复杂的，对大多数人来说，只能猜测其后果，几乎可以肯定的是，人们会做出各种各样的预测，可能有正确的，也可能有错误的。追踪气温上升和气候变化之间的联系非常困难，即便不是专家，也可以提出十几个主要的气候因素。例如，在过去 30 年中，北冰洋大部分地区迅速变暖，冰山在夏季逐渐融化，因此冰山和洋流的运动发生了变化。阿拉斯加和格陵兰的冰川都在萎缩，这也导致北大西洋水域的温度下降。

相比之下，在 20 世纪，世界上其他海洋区域的海面温度几乎都在稳步上升，上升幅度超过 1 摄氏度。这种微小的海面变化不仅影响海洋生物和鱼类资源，还控制着我们的气候。英国和美国东部的天气由大西洋中部加勒比海附近的海水受热与蒸发提供动力。历史上，海面温度约为 23 摄氏度，现在已有所增加。当温度升高 2 摄氏度，水汽压提高 13%；当温度升高 5 摄氏度，水汽压提高 35%。这些变化符合现在的温度记录。后果显而易见，温暖潮湿的空气和能量急剧增加，这为飓风季节以及北大西洋其他地区的天气提供了动力。实际上，在过去几十年中，风暴和飓风的数量和威力都有所增加。随之而来的是极端降水、洪水与极端天气。更微妙的是，由于北大西洋与北极地区的海水降温，改变了气候模式，因此难以建立模型和预测。这些变化又进一步改变了高空急流的模式，进而影响诸多天气模式。可以确定的是，极端变化一定会出现，但要模拟其规模和发生时间，仅有可靠的当前数据还不够，还需要向计算机程序输入假设。

令人惊讶的是，2019 年、2020 年和 2021 年，西伯利亚北部靠近北极的地区出现了前所未有的高温，最高温度达到 38 摄氏度。这在数十万年的历史中都是绝无仅有的。然而，一些人仍然拒绝将此作为全球变暖的证据。

我想以非常明确的评论结束本章，但我只能概述我们在处理复杂的互动机制（如气候）时所遇到的困难。它不同于对世界人口的解释，因为世界人口明显增长过快，达到了不可持续的水平，必须以某种方式（最好不是战争或瘟疫）大幅减少。毫无疑问，我们正在改变气候，尤其是通过工业活动增加大气中的二氧化碳含量，从而加剧温室效应。如果地表之下储藏的甲烷也被释放出来，温室效应可能会进一步加剧。然而，变化的细节和速度，以及对未来气候的预测十分复杂，需要借助模型。唯一明确的结论是，我们必须通过降低污染水平来降低变化速度，这样地球上的植被和生物才能生存，或者有时间进化以应对新的环境。

真正的难题在于如何大幅减少世界人口。这是问题的根本症结，但持续的人口激增似乎令人恐惧，我们回避讨论和解决这个问题。

尽管在处理多参数问题时遇到了困难，但我们对计算机控制的人工智能投入了巨大的热情，它能帮助我们做出决策。人工智能依赖数据，并且在处理数据时基本不存在刻意的偏见，这或许是个好消息。如果人工智能的确是公正的，当我们要求它解决诸如"地球动力学的方向和局限性"（Directions and Limitations of Earth's Kinetics）之类的问题时，它可能会先为该项目选择一个首字母缩略词。年长的科幻迷会发现，这个问题的首字母缩写为DALEK[①]，然后他们会回忆起随后的解决方案是下达命令："消灭！"读者们要当心。

[①] Dalek（戴立克）是英国 BBC 电视剧《神秘博士》（*Doctor Who*）中的角色，他是博士最大的对手，是宇宙中最恐怖的力量之一，常说的一句话是"Exterminate"（消灭）。——译者注

5

化学物质与固体的主要特征

离子大小与化学键的背景

第 1 节

在本章中,我将针对玻璃制品的简单应用或其在历史上的用途提供一些简单的背景资料和案例。下一章将重点介绍玻璃的现代化用途。一些读者可能没有相关的科学背景,因此我会大致解释原子如何结合成分子和固体,帮助读者理解其中可能出现的缺陷。

每个原子都有一个原子核,原子核由带正电的质子和一些电中性的中子组成。正原子的原子核会吸引相同数量的负电子围绕在其周围。由于任何两个电子的能量都不可能完全相同,因此原子核外电子会出现能级阶梯。"阶梯"上可容纳的电子数量为 2、8、18 等。为了简单起见,我们可以把它们想象成围绕原子核的一系列轨道。教科书可能会用太阳和行星轨道来类比解释,但实际上,电子密度的模式要复杂得多。在元素周期表中,从氢到氦,再到其他所有元素,电子都是稳定地填满一个电子层后,再填充下一个电子层。对原子来说,"稳定"是指最外层电子层刚好被填满。

以我们常见的盐,即氯化钠(NaCl)为例,其中钠(Na)原子有 11 个质子,所以最内电子层有 2 个电子,第二层有 8 个电子,第 11 个电子填充在第三层。同样,氯(Cl)原子有 17 个电子,这些电子分别填充了内侧的两个电子层(2+8),在最外侧电子层中留下 7 个电子,而这一层有 8 个电子的空间。从化学上来说，如果一个电子从钠原子的最外层移动到氯原子的最外层，那么钠离子与氯离子结合形成稳定结构，因为两者都拥有了完整的电子层（图 5.1）。

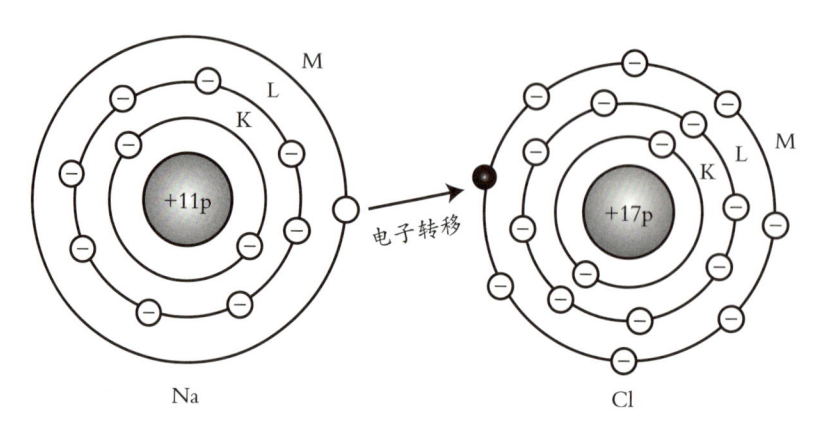

图 5.1 电子转移形成离子

注：钠原子的原子核有 11 个质子，而氯原子的原子核有 17 个质子。电子填充电子层（从内到外依次标记为 K、L、M 等），K 层能容纳 2 个电子，L 层能容纳 8 个电子，M 层能容纳 8 个电子。钠原子 M 层唯一的一个电子移动到氯原子后，两个离子都拥有完整的外层电子层。这幅图将轨道描绘成圆形，并与原子核均匀间隔，从而极大地简化了电子转移的过程。

这个简单的例子可以很好地解释分子的结构，但要构成一个固体，我们需要观察所有离子如何聚集在一起。这取决于结构中各类原子的大小。如果离子大小不同，组合方式也会有差异。出于历史原因，我们在讨论化学物质并绘制它们在晶体模型中的相对位置时，总会下意识地以为一组离子的大小相差无几。这是一种误解。图 5.2 展示了几种碱金属卤化物的晶体结构。表 5.1 列出了一些元素的中性原子与离子的名义半径。图 5.2 展示的是平面结构，但在氯化钠（盐）等晶体中，同样的棋盘构造会被复制成三维结构。因此，氯化钠晶体生长成立方体结构。晶体的原子排列往往能反映在天然晶体的形状上，如方解石和紫水晶是菱面体、蓝宝石是六方结构、盐是立方体。即使晶体的其他性质相同，通过 X 射线和其他晶体学方法也常常能看到它们在结构上的差异。

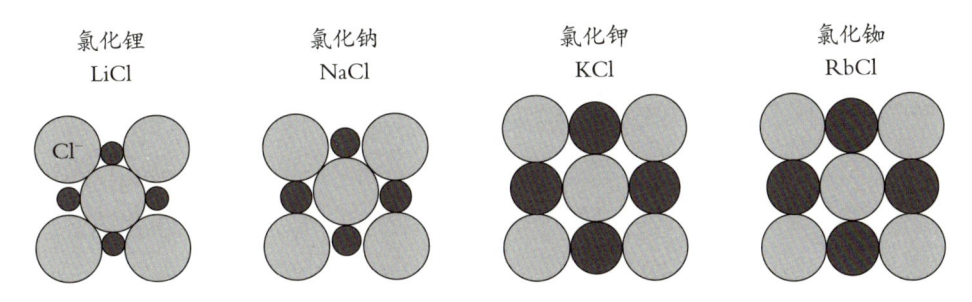

图 5.2　几种碱金属卤化物的晶体结构

注：本图显示了从锂到铷所形成的氯化物中金属离子与卤素离子的相对大小。尽管尺寸不同，但它们都以相同的结构组合在一起。对于尺寸差异更大的组合，如氯化铯（CsCl），离子会组合成另一种立方结构。

原子和离子并没有确切的大小，因为它们的实际平均尺寸取决于与相邻原子或离子的化学作用。事实上，电子轨道是扩散的，因此"半径"仅表示距离原子核的可能性最高的距离。表 5.1 提供了一些正负离子的半径范围。硅的例子强调了同一元素正离子（4+）和负离子（4-）的尺寸可能相差巨大。重金属元素铀表明，尽管核质量远远大于其他元素，但这对围绕重核的最外层电子轨道的大小没有太大影响。金属密度取决于微小的中心原子核，从锂到铀的密度范围为 0.53 克/立方厘米至 19 克/立方厘米。

表 5.1　一些元素的中性原子与离子的名义半径

元素	中性原子	离子	离子半径（nm）
锂	Li	Li^+	0.059~0.092
钠	Na	Na^+	0.099~0.139
钾	K	K^+	0.133~0.164
铯	Cs	Cs^+	0.169~0.188
镁	Mg	Mg^{2+}	0.057~0.089
钡	Ba	Ba^{2+}	0.135~0.161
铝	Al	Al^{3+}	0.039~0.054
氢	H	H^-	0.208
氟	F	F^-	0.133

续表

元素	中性原子	离子	离子半径（nm）
氯	Cl	Cl^-	0.181
碘	I	I^-	0.220
氧	O	O^{2-}	0.132
硅	Si	Si^{4+}	0.041
		Si^{4-}	0.271
铀	U	U^{6+}	0.045~0.086

注：原子或离子的实际半径取决于与相邻原子或离子的化学相互作用。表中列出的例子表明，离子的半径可能会延伸，更重要的是，离子大小会随添加或丢失的电子数量而变化。单位为纳米（十亿分之一米，10^{-9}）。

在描绘晶体模型的图片中，为了体现离子的相对位置，通常将离子绘制成球形，但实际上离子可以变形。你也可以想象原子堆积在一起时会发生什么。玻璃的主要成分是二氧化硅（非晶体称为二氧化硅，晶体称为石英），图5.3描绘了它的结构排列。图中氧离子构成金字塔形状，中心有一个硅离子。离子的大小取决于它们的电荷状态。中性氧原子（即O^0）获得额外的电子后变成阴离子（O^{2-}），其大小会增加。氧离子较大，硅离子较小。以纳米（纳米，十亿分之一米）为单位，氧离子的半径随着增加的两个电子而增大，为0.132纳米。相比之下，带正电的硅离子（Si^{4+}）因失去四个电子，半径缩小到0.041纳米。从体积上来看，硅离子像一个网球，被困在四个足球的中心。

物理学教科书和授课中一直有一个怪现象，那就是列举离子半径，因为我们会画出圆形离子的二维图像。实际上，离子是会发生轻微变形的三维物体。将离子加入一个固体的关键因素不是离子的半径，而是它们的体积。氧离子与硅离子的半径之比为0.132/0.041=3.22，而它们的体积之比为$(3.22)^3$，氧离子的体积几乎是硅离子体积的33倍。了解这些事实后，我们对分子和晶体的设计会产生全新认识，那么我们在这方面就已远远领先于许多理科学生（以及许多科学家和讲师）。

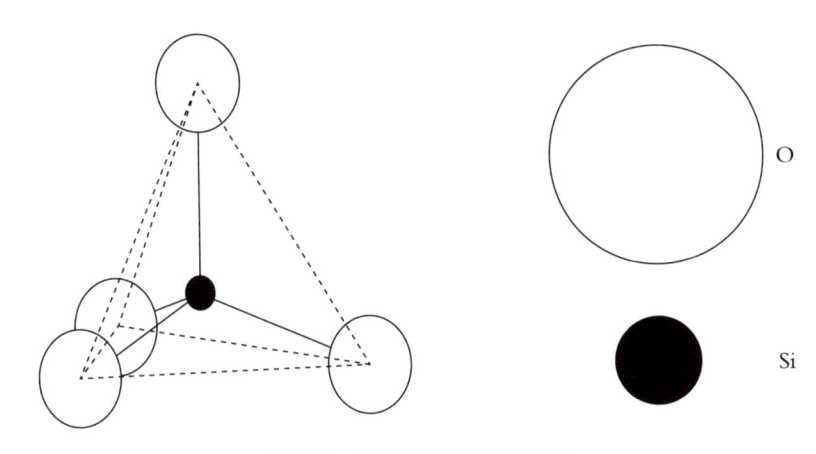

图 5.3　二氧化硅的结构排列

注：其中硅离子体积较小，被四个较大的氧离子组成的金字塔所包围。请注意，它们是离子，而不是中性原子，因为在结合的过程中，电子从硅原子向外移动（因此硅原子变小，并成为带正电的离子），然后添加到相邻氧原子中（使其体积增大并带负电）。这个金字塔结构根据原子核的位置绘制而成，因为倘若包含电子，硅离子会隐藏在氧离子中间，难以看见。离子大小大致如图所示，但实际上它们并不是球形。

化学符号

化学式反映了一种化合物组成成分中原子的相对数量。在无机化学中，一个金属原子与卤素［如氯（Cl）］等其他元素结合，或与作为一个整体的原子团结合。我们所熟悉的典型的原子团包括碳酸盐（CO_3）、硫酸盐（SO_4）或铌酸盐（NbO_3）。这些配对元素或单位的相对数量用下标表示。如果没有下标，则表示该成分只有一个单位。所以盐就是氯化钠（NaCl，一单位钠和一单位氯构成的碱性分子）；二氧化硅（SiO_2，一单位硅和两单位氧）；方解石为碳酸钙（$CaCO_3$），铌酸锂写作 $LiNbO_3$。水是氢的氢氧化物（OH）。氢也可以像金属一样发生反应，所以可以写成 HOH，但我们更熟悉的简写是 H_2O。

化学与人类行为也有相似之处。人类组成小团体或家庭，从化学上来说就是分子。如果他们聚集成大的部落或球队粉丝团，就是固体和液体。小团体的结合产生稳定性。人与人之间的联系也会带来一定的稳定性。有一个非常真实的证据，即英国单身人士的汽车保险费比有伴侣的人更高。保险费反映了精算事故统计数据，由此可以看出哪种状态更加稳定。

玻璃——不完美结构的典范

第 2 节

玻璃的历史可以追溯到 4000 年前,所以从技术角度来说,它和我们使用的铜或铁一样古老。金属和玻璃皆由沙子在火中加热时意外形成。自然形成的玻璃非常罕见,最常提到的例外情况是黑曜石。这是一种坚硬的黑色火山岩,可用作小镜珠的反光面,在制作锋利工具和箭头方面也很有价值。考古学家对这种黑曜石箭头的起源很感兴趣。因为黑曜石的杂质成分并不普遍,它包含来自世界不同地区的特有杂质。人们通过照射紫外光(UV)、X 射线或电子束使其发光,从而判断这些杂质。这种受杂质控制的发光光谱的"颜色"差异对考古学家来说是个好消息,因为对黑曜石的发光光谱进行分析,可以确定某类黑曜石箭头的来源。这些研究结果最令人惊讶之处在于,我们原本认为原始人类的行动距离只是从洞穴到当地的狩猎场所,然而他们所用的黑曜石却来自极其遥远的地方。黑曜石的数据支持了早期智人会在数百千米之外进行交易的观点。

虽然金属和玻璃出现的时间可能十分接近,但很明显,它们是两种截然不同的材料。金属具有较好的导热性与导电性,而玻璃在这两方面的性能都较差。我们现在将它们分别称为金属和绝缘体。绝缘体和金属的力学性质(基本上由原子结构和材料缺陷类型综合决定)也不同。例如,黑曜石或燧石可能会断裂，因而制作成工具，但这对金属来说不可行，现在仍然不可行。半导体介于两者之间，但直到大约100年前才被发现。但是，因为半导体是现代电子技术的基础，因此与金属或绝缘体相比，人们对它的了解可能更加全面。

玻璃是我们在日常生活中非常熟悉的材料，熟悉到我们很少会对它进行特别的思考，因为它是透明的，因此我们会认为它是纯净的。大多数人没有认识到玻璃的重要性，或者对其涉及的高水平技术一无所知。如果了解一点基本的物理和化学（或烹饪）知识，就能更加容易地理解玻璃制造。这样一来，也能够理解各种玻璃、陶瓷釉和搪瓷的颜色成因。这些基本原理可以帮助我们了解玻璃表面的强化方式以及用于光纤通信的高科技玻璃产品背后的科学原理。不用说，想必读者们都能猜到，玻璃的这些性质全都来源于杂质和其他缺陷。虽然有些缺陷也会带来麻烦，但大多数缺陷都可以为我们所用。

玻璃的特性

从原子结构上来看，材料一般可分为两种类型，这两种类型由其原子的排列方式决定。材料有非常简单的结构单位，如图5.3中的晶体结构和无定形结构。非晶体（二氧化硅）和晶体（石英）中都有同样的金字塔结构，其最根本的区别是原子相对于较远处原子的位置。在无定形结构（非晶态或玻璃态）中，结构单位仅在较短距离内以有序的模式排列，但在较长距离内呈现随机间隔。相比之下，晶体结构无论在短程还是长程都是有序的［在前文中，我曾将其类比为社会中的阅兵队伍（晶体）与随机人群（非晶体）］。图5.4是两种排列方式的二维示意图，但随机排列或有序排列也会延伸至三维。结构单位紧密排列的晶体往往比玻璃的密度更高，因此石英晶体比石英玻璃的密度高约10%。

图 5.4　晶体结构和无定形结构

注：在晶体中，结构单位有序排列，原子的平均密度略高于玻璃。如果存在更大的结构单位，如在二氧化硅中，局部相邻的硅氧原子组合以相似的方式排列，但从更长距离上来看，它们的排列是无序的，并且可能存在各种变体，甚至连局部密度也有不同。变化取决于玻璃的制造方式或随后的热处理方式。

制作玻璃的材料

大多数常见的玻璃由优质的沙子制成，这些沙子主要由石英颗粒和相关硅酸盐化合物构成。洁白沙子的主要成分是石英，深受高级窗玻璃制造商的青睐，因为由它制作出的玻璃清晰度更高。至于二氧化硅分子，玻璃中的每一个硅原子都位于氧原子构成的金字塔的中间。二氧化硅玻璃只有在很高的温度下才能软化和熔化，但添加其他化合物可以降低它的熔点。其中一些掺杂剂会导致玻璃着色，还有一些掺杂剂则是为了去除不需要的颜色。

在自然界中，有很多类型的硅酸盐材料，其中常见的一种矿物叫作长石。它是二氧化硅与其他元素（如铝、钠和钾）的混合物，因此被称为铝硅酸盐。长石是地球表面最常见的矿物之一。

添加杂质不仅可以改变熔化温度，还可以控制光学、机械和化学性质。各种金属都有不同的颜色。窗玻璃与家用玻璃中意外掺入的材料包括来自原始矿物的铁，以及来自碎玻璃（回收的碎玻璃）的化学物质。另一种杂质是利用浮法工艺制造平板窗玻璃时所加入的锡。为了突出组成材料的多样性，我将一些典型成分汇总在表 5.2 中。

表 5.2 几种常见玻璃的化学成分

材料	化学式	质量百分比（%）		
		现代窗玻璃	老花眼镜	玻璃容器
二氧化硅/石英	SiO_2	66~74	易变	74
氧化钠	NaO_2	14		13
氧化钙	CaO	9	15~20	10
氧化镁	MgO	4		0.2
硫酸盐	SO_3	0.2~0.3		0.2
氧化铁	Fe_2O_3	0.1		0.04
氧化钾	KO_2	0.02	最高至 10	0.3
氧化铅	PbO		25~35	
氧化铝	Al_2O_3	0.15		1
二氧化钛	TiO_2	0.02		0.01

注：表中列出了一些常见玻璃中典型成分的质量百分比。细节并不重要，但列表的长度表明，这些玻璃中包含众多组分离子。

主体与表面的成分往往截然不同（就像武士刀的边缘和主体），一些变化源于与大气的化学反应，或者故意添加杂质以形成有色玻璃。这是一种积极的用法，但同样的化学物质，如洗碗机所用洗涤的化合物中含有盐，会侵蚀和破坏某些类型的玻璃器皿。在历史上，玻璃的成分发生过极大的变化，从考古学的角度来看，通过污染物和成分可以精确判断材料来源的位置。这对确定罗马手工艺品的年代或一只现代酒瓶最初的来源地等都很有价值。这些方法可以区分真正的高价年份酒和那些来自非产区却被贴上假标签的年份酒。它的优点是，可以在不干扰葡萄酒的情况下（如通过 X 射线激发）分析玻璃瓶的表面。

通过搪瓷和陶瓷釉的生产可以看出，玻璃层的最终颜色不仅取决于窑焙中使用的空气，还取决于温度和冷却速度。这是因为元素（如铁、锰等）可以以离子的形式存在，并且在形成化学键的过程中涉及不同数量的电子。加热会使同一种材料的混合物形成不同的化合物，因为电子会在离子之间转移，使结构变得松散，形成新的化合物。这些变化决定了陶瓷釉的颜色。

鲜为人知的是，热处理经常被用来改变矿物和宝石的颜色并提高其价值。理解结果并不难，但预测结果并在商业应用的过程中控制其结果，这可能是极大的挑战，并且对制造过程的一般优化总是依靠经验而不是理论。

玻璃制作技术

为了制造玻璃，我们需要将多种材料熔化到一起。这当然不容易，因为石英的熔点约为1722摄氏度。如果将其熔化后再缓慢冷却，那么那些小小的四面体结构就有时间四处移动，以有序的方式整齐排列在一起。根据定义，这就是晶体结构。分子聚集在一起的方式不止一种（表5.3），在"冻结"时形成的第一种结构称为方石英。进一步冷却到1470摄氏度时，它转变为另一种有序的晶体材料（鳞石英），然后在867摄氏度再次转化为一种新的结构，称为 β - 石英。最后，冷却至573摄氏度，成为 α - 石英晶体结构，这是我们通常在室温下处理的结构。然而，如果液体冷却得太快，只会出现由几个基本的金字塔构成的短程结构，因为结构单位没有足够的时间进行适当的排列。它们是随机定向的，因此在长程上是无序的，这样便形成了二氧化硅玻璃。由于在不同的温度范围内存在几种不同的稳定晶体排列模式，所以如果非晶体结构的局部混有硅氧化合物，这也不足为奇。科学家并不像人们所想的那么井井有条，甚至在欧洲的不同地方，一些国家将晶态二氧化硅称为"石英"，将非晶态二氧化硅称为"二氧化硅"，而另一些国家则使用"晶态二氧化硅"或"石英玻璃"等词语。用户往往很粗心，可能不得不猜测他们所说的究竟是哪种材料。

表 5.3 中的例子是在正常大气压下形成的晶体。增加压力会形成完全不同的二氧化硅晶体结构，它们不完全稳定，但最终会转化为正常的石英（即具有亚稳定性）。第一个例子被称为柯石英，它的形成条件是温度高于 700 摄氏度，压强高于 2 或 3 千兆帕斯卡（GPa）。第二个例子是斯石英，它以一位苏联科学家的名字命名，这位科学家曾率先在实验室中制造出这种材料，此后人们才在自然界中发现了它。斯石英是一种密度极高的石英，形成于 1200 摄氏度以上的高温和 10 千兆帕斯卡以上的高压下。我们可能对千兆帕斯卡没有直观的感受，因此可以将其视为 10000 个大气压（即在一个火柴盒大小的区域上施加约 70 吨的质量）。这两种矿物都形成于流星撞击地面时产生的高温高压条件，因此它们常出现在陨石坑和地壳深处受到挤压的岩层中。

表 5.3 冷却过程中晶态二氧化硅的典型相

温度（℃）	相结构名称
高于 1722	液体
1722~1470	方石英
1470~867	鳞石英
867~573	β - 石英
低于 573	α - 石英

从糖浆到黏稠的玻璃

液体分子短程有序排列，长程无序排列。因此，现在我们会将玻璃描述成非常黏稠的液体。我们可能对用来描述材料相对黏度的数字缺乏直观感受，但我可以提供一个粗略的对比，水的黏度大约是 100 单位，糖浆的黏度略高，而在室温下玻璃的黏度可能比它至少高 10^{12} 倍（即黏性强 10000 亿倍）。我对差异如此巨大的数字没什么感觉，但至少我明白室温下玻璃的流动性极低。

我们所熟悉的大多数玻璃，如窗玻璃，软化温度大约是 500 摄氏度（赤热），在此温度下可以塑造其形状。此时它们的黏度约为 10000 至 100 万单位（过去使用的黏度单位被称为"泊"，现代则将其命名为帕斯卡秒）。在室温下，玻璃的黏性极高，以至于我们无法用肉眼看到它在重力作用下的流动，但借助一定的技术也可以进行测量。在室温下，窗玻璃的黏度是液体玻璃的数百万倍。

自 1930 年以来，科学家一直在进行一个不寻常的黏度实验，以测量沥青的黏度。沥青是一种天然的黑色焦油，在许多方面都与易碎的玻璃相似。托马斯·帕内尔（Thomas Parnell）在澳大利亚安装了一个实验装置，用来记录从漏斗中滴下的沥青的速度和数量。2000 年 11 月第八滴沥青滴落，2014 年第九滴沥青滴落，这令人极度兴奋。这是一个有趣的实验，但不适合作为博士论文的选题！开尔文勋爵（Lord Kelvin）在 19 世纪还进行过一项持续时间更长的缓慢流动物质实验，这个实验持续了接近一个世纪。

成分不同的玻璃可能在黏性上也有差异。一些人认为，非常古老的教堂窗户玻璃会随着时间而下垂，含铅的玻璃窗也是如此。这看似不可能，但玻璃成分如此多样，因此它又存在一定的可能性。我们对永恒和稳定的认知受限于短暂的生命长度。在更宏大的时间尺度上，岩石和山脉，这些在我们看来如此稳固的物体，都会持续地流动、扭曲并出现明显的褶皱。美国流变学学会（American Society of Rheology）将这种观点称为"panta rhei（万物皆流）"。

黏度极高的液体有何用途

从许多方面来看，今天使用的玻璃制造方法与几千年前使用的方法仍有相似之处，因此玻璃技术的发展并不像半导体那样能够抓住公众的眼球。对本书的目标来说，玻璃是一种理想材料，因为几乎所有有趣的性质和应用都基于对控制玻璃中的杂质和瑕疵的试错。为了证明这一点，在我详细介绍玻璃产品的一些现代用途之前，我想简要强调一下现有产品的多样性。从最早的时候起，彩色玻璃和玻璃珠就非常吸引人，任何人都不能否定这种吸引力。玻璃珠作为礼物赠送，而且不仅限于那些想让洞穴保持温暖的早期穴居人，后来的开拓者也通过谈判进行土地转让，并赠送黄金，以换取玻璃珠，很多国家通过发展（或侵略）改变了自己的命运。玻璃珠也成为羊毛挂毯的替代品。现在看来，玻璃不会褪色，因此珠饰比羊毛挂毯更合适。

彩色玻璃已被开发用于餐具、装饰品和窗户。这些材料是先进文化的代表，经常提到的还有教堂彩色玻璃窗、寺庙和房屋外部的各类装饰，以及饮用器皿、花瓶和许多其他物品。图5.5是现代彩色玻璃窗示例。蒂芙尼（Tiffany）灯罩被广泛收藏，化学蚀刻的莱俪（Lalique）玻璃可以卖出数千美元的高价。彩色玻璃或蚀刻玻璃的吸引力绝对没有过时，相反，这些物品都被视为有价值的古董。

图 5.5　现代彩色玻璃窗示例

注：这是由瑞士著名玻璃艺术家维尔纳·哈斯（Werner Haas）制作的两扇玻璃窗。他运用了几种玻璃制造技术来制作图像和图画。不仅使用了大块的颜色，还使用了分层的玻璃，这样颜色层可以被化学蚀刻，露出透明的底层。这项工艺在右图的雪花和云朵图案中体现得非常明显，整扇窗户描绘了四季风景，右图是其中的冬季部分。窗户包括由化学涂料形成的阴影和精细线条，化学涂料经过加热扩散到玻璃中，为主体区域和蚀刻到玻璃上的精细线条染色。在阳光的照射下，玻璃上的表面纹理（如左图中的淡紫色圆盘）使窗户更加深邃和生动。

要制作这些装饰玻璃，采用的主要技术是以可控的方式为它们添加颜色。这并不容易，为了对特殊的制造方法保密，13世纪威尼斯的玻璃制造商搬到了穆拉诺（Murano）岛。大体上来说，为玻璃添加颜色的方法包括添加杂质离子使整个玻璃均匀着色，添加通过一种物理过程产生颜色的熔滴，或者制作不同颜色的玻璃夹层，这些夹层可以用各种方式切割成浮雕型表面。还有一种方法是进行表面处理或涂层，以增加颜色或其他特殊性质。同样的方法也可用于制作陶器上的玻璃釉和金属搪瓷。许多人甚至认为这种釉或搪瓷表面的处理不属于玻璃技术。但我认为玻璃的重要性已经超出了我们最初的认识。

杂质与玻璃着色

为了降低混合物的熔化温度，必然要在玻璃熔化过程中添加杂质，但在任何情况下，杂质都会提高光吸收。每种杂质都会优先吸收入射光光谱中某种波长的光。因此，它将改变透射光的颜色，同时也会改变反射光的颜色。可见光只是光谱中的一小部分，光谱中许多光的测量需要借助电子设备，因此并非所有的着色效果都能为我们的肉眼所见。与窗玻璃相比，纯石英和二氧化硅在更大的光谱范围内仍是透明的。石英/二氧化硅材料非常适合制作窗户，即使对于波长较短的紫外线也有理想的效果。它们几乎不吸收太阳发出的可见光，唯一的损耗是表面反射（以及表面污垢对光的吸收）。相比之下，如果将二氧化硅掺入多成分硅酸盐玻璃中，该材料会强烈吸收紫外线。这就是坐在有普通玻璃窗的房间里不可能晒黑的原因。双层玻璃有足够的厚度，表面还有涂层，不仅可以隔绝紫外线，还可以吸收可见光谱中波长小于蓝光的光。相对于窗玻璃，二氧化硅在人类所能看到的非常有限的光谱范围内是极度透明的。

人类的视力与很多生物的视力不同。许多昆虫和鸟类对紫外光的视力比我们强得多。这有助于它们在花朵中发现花粉，而且也可能是选择配偶的一个因素。例如，用记录紫外线颜色的探测器观察椋鸟，会发现椋鸟的颜色非常丰富。鲜为人知的是，一只关在笼子里的鸟，或者鸟从一个玻璃鸟舍（紫外线被玻璃阻挡）向外看，它们所看到的世界比真实世界更加"多彩"。对我们来说，如果房间的窗户隔绝了蓝光和绿光，我们可能会产生同样的失真感。不幸的是，将鸟关进笼中或建造大型玻璃鸟舍的人几乎都没有意识到这一点。

玻璃中的杂质会产生不同的颜色效果，对窗户来说，我们不介意玻璃中是否含有硼或钠，因为它们不会影响玻璃对可见光的吸收效果。玻璃中含铁往往会造成更大的问题，因为它会使玻璃呈绿色。铁杂质通常来自沙子，因此它从一开始就对玻璃造成了污染。另一种可能是在浮法工艺中被掺入玻璃，因为加入熔炉的材料中大约 10% 是碎玻璃。碎玻璃是破碎的玻璃和回收利用的材料，包括在浮法工艺中被辊子拉动的玻璃边缘部分。如果回收的玻璃中包含绿色的瓶玻璃，那么熔化物中也会含有铁。从几毫米厚的窗玻璃向外看世界时，铁杂质的光吸收并不强，但如果从玻璃的侧面观察，你会看到非常明确的绿色。即使厚度只有几毫米，铁杂质也会吸收紫外线，从而将导致织物和图片褪色的光线隔绝在外。这是一个意外的优点，并非故意为之。

为了给玻璃增添可见光范围内的强烈色彩，许多杂质离子都得到了广泛应用，无论是在玻璃中，还是在陶器和陶瓷釉中。杂质的着色效果在一定程度上取决于所选用的离子类型、层中杂质的总浓度，此外还有非常关键的一个因素，即材料的热处理方式。因为杂质离子的化学性质会发生变化，以不同的方式结合到玻璃基质中。这对玻璃制造来说并不容易，对陶瓷釉来说则更为困难，因为釉面通常有好几层。每次上釉后，陶器必须在不同的温度下重新烧制。由于离子带电（例如，杂质离子处于 2+ 或 3+ 电荷状态），因此达到能够呈现某种颜色的温度后，其他离子可能会进入的错误电荷状态。上釉的温度处理顺序已经非常成熟。但即使是优秀的制造商，一窑的产品中也会出现很多"次品"，因为再加工步骤会以各种不利的方式改变釉的颜色或色调。

不幸的是，添加一种杂质离子并将其处理到特定温度，并不能产生独特的颜色。玻璃的所有成分经过物理和化学的相互作用，最终结果十分复杂，理论上很难预测。这是一种典型的情况，即人们基本上只能根据早期经验（实验）的结果来控制缺陷。玻璃工人就像管弦乐队的指挥家，他知道每位演奏者的声音，但当所有演奏者共同演奏时，未必能发出预期的声音。

因此，在选择用于玻璃着色的杂质时，必须认识到其化学作用既取决于离子大小，也取决于玻璃中存在的其他离子。例如，在硼硅酸盐玻璃中（即硼和硅酸盐），添加钴会呈现粉红色。这是因为在硼硅酸盐中，钴被六个相邻的氧离子包围。它决定了钴离子和氧离子间化学键的性质、方向和强度。硼硅酸盐玻璃中离子排列的几何结构受硼离子大小的影响。硼离子非常小，因而可以使氧离子紧密排列，加入钴后最终形成结构单位 CoO_6。相比之下，钾钙玻璃中（其中含有较大的钾离子）的钴杂质四周只有四个氧离子。这种化学作用的变化会导致钴离子的能级差异，然后出现 CoO_6 和 CoO_4 的混合物。总的来说，能级的变化使玻璃呈现紫色。

我只是简单介绍了造成麻烦的因素，这些因素很容易理解，但对玻璃工人来说，这个问题极其复杂，很难做出有效的预测，因此经验和经验数据至关重要。详细的化学和量子力学可能很有魅力，现在看来也的确有所帮助，但它很难预测新的处理方法的结果。

添加铜也会出现类似的问题。铜可以产生一系列颜色，加入钠钙硅酸盐玻璃后呈蓝色，向硼硅酸盐玻璃中加入同样浓度的铜则呈绿色。我们在学校化学课或地质学课上可能见识过这类颜色变化。硫酸铜晶体中的铜呈鲜艳的蓝色，而孔雀石中的铜则呈鲜艳的绿色。铜或其他许多金属杂质都能在玻璃中以不同的方式结合（在化学中，这被称为价态或外层电子数的变化）。例如，在钠钙玻璃中，二价锰离子（Mn^{2+}）呈深紫色，但三价锰离子（Mn^{3+}）呈淡粉色。掺杂铬后所呈现的颜色变化则从三价铬离子（Cr^{3+}）的绿色到六价铬离子（Cr^{6+}）的黄色。另一种情况发生在晶态氧化铝基质中。其中铬离子 Cr^{3+} 取代铝离子 Al^{3+}，并导致晶格出现轻微扭曲。铬离子的能级同时吸收蓝光和绿光，因此晶体变成了人们熟悉的红色，由这种掺杂剂形成的晶体被称为红宝石。

在此要多说一点，我曾听人说红宝石的红色是由铬造成的。这个说法不准确，因为铬离子吸收蓝光和绿光，唯一能够透过的信号是背景光光谱中剩余的红色部分。然而，当我们观察红宝石发光时，情况发生了变化，被吸收的光（紫外光、蓝光、绿光）的能量越高，所产生的红光的能量就越低。事实上，世界上第一台激光器正是用红宝石制成的。

玻璃中的铜很不稳定，当以铜离子 Cu^+ 的形式进行结合时不会产生颜色，但当以二价铜离子（Cu^{2+}）的形式结合时会产生蓝色。含铁的玻璃颜色可能在蓝绿色、黄色或深棕色之间变化。啤酒瓶玻璃常见的琥珀色和棕色来自铁、硫和一些碳的混合物。玻璃着色的技术和艺术具有挑战性，完全依赖于杂质和瑕疵，即使是玻璃工匠也无法完全理解其过程。

玻璃中的粒子夹杂物

如果所添加的杂质因浓度过高而无法溶于玻璃中，或者尺寸或化学性质不匹配，导致它无法结合到玻璃网络中，问题就会变得更加复杂。在这些情况下，杂质脱离溶液，形成少量金属或其他原子团。这些原子团现在被称为"纳米粒子"。金属粒子，如金或铜，能够十分有效地产生浓烈的红色，是早期"红宝石玻璃"着色的基础，最初在威尼斯制造。

如果你有兴趣深入了解物理学，就会发现分离出的离子杂质与原子团在机制上有很大的差异。对于分离的单个杂质离子，如果某一波长（颜色）的光的能量可以使电子发生能级跃迁，这种光就会被吸收。这些能级就像楼梯一样，由特定杂质的位点决定并限制于局部。入射光只是让电子从低能级跃迁至高能级，只有当光的能量满足跃迁所需要的能量时，光才会被吸收。杂质离子会从白色光源中选择性地吸收特定颜色。相比之下，金属纳米粒子的光吸收机制更像一个团队项目。对金属粒子来说，粒子的所有外部电子都在相互作用。能级跃迁不是只发生于一个电子的局部现象，而是发生于整个系统。物理学家称这一过程为"等离子体吸收"，这意味着光的频率与金属粒子所有电子的共振频率相匹配。

在 19 世纪曾流行过一种黄色/绿色玻璃。这很有趣，因为这种颜色并不像普通的有色玻璃和彩色玻璃那样简单。事实上，即使在没有照明的夜晚，这种玻璃仍会呈现微弱的黄色/绿色。产生这两种效果的关键杂质是铀。当时人们还未发现它的放射性，因此没有考虑到其危害。现在许多人仍然喜欢这种维多利亚时代的黄色/绿色玻璃。我有一位德国朋友，在学生时代，她的导师经常感到身体不适，躺在办公室的长沙发上休息。有一次，我的朋友碰巧带着盖革计数器经过他的办公室，结果收到了一个强烈的信号，最后她追踪到信号源是导师收集的维多利亚绿色铀玻璃。他将这些玻璃存放在长沙发之下。后来我的朋友再也不坐那个长沙发了！

假如生活中没有玻璃

第 3 节

　　不要将玻璃视为一种低技术含量的产品，我们应当扪心自问：如果没有玻璃，世界将发生哪些变化。从这个角度来看，玻璃的重要性立刻超越了半导体。如果没有玻璃制品，后果很明显，我们将没有窗户、眼镜、显微镜、望远镜、饮用器皿和厨房玻璃、电灯泡或真空阀。实际上，我们所知道的文明都将不复存在。没有硅电子器件，我们可能会倒退 70 年；但失去玻璃制品，我们可能会倒退几千年。

　　应用于光学的玻璃，如眼镜、显微镜或照相机镜头，其成分非常复杂。例如，高致密性玻璃具有高折射率，与低折射率玻璃或塑料相比，更适用于需要纤薄玻璃的镜片中。因此，在制作坚固的镜片或显微镜物镜等方面，高折射率玻璃具有极高的价值。由于单个玻璃镜片必然会出现色差问题，因此许多透镜会利用不同玻璃镜片的组合进行校正。长焦距镜头和远心镜头均由成分不同的多个玻璃镜片构成。

　　向玻璃中添加夹杂物，还会带来一个鲜为人知的结果，那就是有可能制造出光致变色玻璃。对光致变色玻璃来说，阳光中的紫外线会降低它的透光性。这是一种非常理想的效果，不仅适用于自调节太阳镜，还可用于自助美黑玩偶等玩具。据说这种玻璃的开发之所以能获得资助，是因为其原本的开发目的是保护士兵免受核爆炸的影响。但用过变色眼镜的人都会发现，镜片变色的过程相当缓慢，因此它对最初的开发目的来说毫无价值，但这笔军事投资诞生了另一种有价值的产品。

操作焊接系统的工人需要一个能够快速自动变暗的眼镜。他们面临一个明显的问题，即将工件与焊接电弧对齐时，他们希望在正常照明条件下看清楚所做的事情，但是电弧开始放电后，他们需要立即降低光线强度，避免被强光刺伤双眼。光致变色玻璃的成分既不能应对如此极端的强度，也不能实现如此快速的转换。因此，现代设计中会使用一种玻璃材料，该材料会对电驱动机制做出反应，改变焊接护目镜的透光性（被称为"电致变色"玻璃）。一些玻璃窗已经使用了类似的电致变色玻璃，无须窗帘也能保护夜间隐私。要制造透明但导电的智能手机和平板电脑触摸屏，需要在玻璃中添加铟。能同时满足透明和导电需求的掺杂剂离子非常少。铟是一种重要的工业材料，但不幸的是，它的储量非常稀少，以目前传导触摸屏的生产速度来看，铟很可能会被耗尽。

最后，通过谨慎控制表面冷却和其他表面处理过程，我们可以控制玻璃在机械和化学方面的缺陷。因此，现代的安全玻璃，如汽车挡风玻璃（或者跌落后会弹起的厨房玻璃器皿），利用了玻璃的表面应力"缺陷"。你可能不了解玻璃如何与其他材料结合以提升强度或特殊性能。早期的车窗玻璃使用了玻璃复合材料，以减少事故发生时的玻璃碎片。最初玻璃碎片会黏在一个塑料层上。现代玻璃/塑料复合材料则采用另一种黏合方式，产生了更加神奇的特性。这些材料不仅适用于车窗，也可用于装甲生产。在一些专用汽车的车窗中，我不仅看到了简单的防弹玻璃，还看到了单向防弹玻璃。复合材料的外层是玻璃，内层是较软的塑料。入射的子弹在击碎玻璃后会损失能量，塑料层可以屈伸并吸收碎片的能量。这样可以抵挡来袭的子弹。向外发射的子弹则很容易穿过塑料层，向外击碎玻璃，然后沿着轨迹射向目标。这样一来，人们可以透过玻璃从内向外射击袭击者。单向防弹玻璃未必是所有人的首选，但显然有一个利润丰厚的市场。从玻璃珠的制作开始，人类在玻璃制造方面已经取得了长足的进步。

玻璃冷却产生应力的利与弊

控制玻璃的加热和冷却绝对是一门艺术，因为玻璃不仅可以被制成一种均匀的透明材料，在恶劣的条件下，某些区域的冷却速度可能比其他区域更快，或者开始产生微晶。对透明窗玻璃来说，这两种效果都是坏消息，因为这样的玻璃会散射光线，并且玻璃中产生了应力。内在应力会影响玻璃的破裂方式。到目前为止，我们可以看到一个很明显的规律，如果能够发现并控制材料中的缺陷，那么我们总会找到一些可以利用该缺陷的情况。因玻璃表面冷却速度比内部更快而产生的应力效应也是如此。通常将冷空气喷射到热玻璃上，使其表面快速冷却收缩，从而压缩表面。这样的表层使玻璃变得坚韧，不易破碎。它也可以用于制造轻型瓶子。

从科学的角度来看，普通玻璃稍有拉伸就会破裂。因此，从高处掉落后产生的微小的表面变化和体积变形都会导致破裂。不太明显的一点是，玻璃一旦被压缩，就会有相当大的弹性。如果我们可以在玻璃表面加一层压缩的外壳，它的松弛与屈伸的弹性范围将变大，这样一来，玻璃掉落（或遭到击打）后就不会轻易破裂。表面压缩能够有效地为玻璃增加一定的弹性，避免其破裂。现在许多厨房和餐具中使用了表面压缩玻璃，从而避免它们掉落后破裂。即使玻璃真的破裂，结果也十分惊人，因为它会碎成众多微小的碎片。但这种玻璃在使用中也有一个小风险，在使用无应力的普通玻璃制品时，我们可能并未留心，因此没有意识到，将钢化玻璃器皿放入微波炉中烹饪，可能会使玻璃变形。微波能量可以使钢化玻璃内的化学键松弛，破坏表面的韧性和弹性。我有一套原本是圆形的玻璃碗，由于在微波炉中使用而变形。这种松弛过程在非常低的温度下（即在烹饪食物时）就能发生，不需要经过熔炉高温软化，微波能量可以直接结合到玻璃的晶格键中。

通过偏振光观察应力效应

在现代应用中，控制表面应力的典型例子是汽车车窗，在成型阶段，通过空气喷射，使挡风玻璃不均匀地冷却。这样可以建立一种应力模式，但我们在大多数情况下看不见这种应力模式。但是，如果你在开车时戴一副偏光太阳镜，就能看到玻璃的应力模式，因为应力场也会使透过的光发生偏振。意识到这种模式可能令人感到气恼，但这种应力模式意味着在重大事故中，玻璃会破碎成细小的碎块而不是尖锐的碎片。我们很难估算因此避免的严重事故的数量，但每年应该会达到数百万件。

如果入射光以某种方式发生偏振，即使不需要偏光太阳镜，你也可以看到应力效应，比如通过潮湿路面或海面反射的光。如果望向光源的方向，比如太阳，我们会看到强烈的光。光的能量来自光子的运动，可以用波或粒子进行描述。我们可以将光子想象成扁平的石盘，偏振轴与圆盘的平面平行。当阳光照射海面时，平行于海面的扁平石盘会在水面上弹起（就像打水漂时石头在池面弹起），与之相比，偏振轴垂直于海面的石盘会撞向水面并沉没。水面的反射作用将光从非偏振（即相同数量的圆盘随机排列，有些圆盘垂直于水平，有些圆盘与水面平行）变为在一个平面内偏振的一组光子。偏光太阳镜利用被拉长的分子，所以只有一个能使光通过的光轴。因为透光轴垂直于偏振光，所以从海洋或海滩反射的强光就被偏光太阳镜的镜片吸收了。

我们可能会认为对偏振光的利用是近些年才有的技术。但事实并非如此，一个重要原因在于，它是蜜蜂导航所使用的探测系统的一部分。如果我们观察从抛光金属表面反射的阳光，也能看到明显的偏振现象。历史上有一个利用该现象的例子，即在雾气蒙蒙的阴天寻找太阳的方位。据说在太阳方位不明显的情况下，北欧水手可以观察刀刃反射的光线强度。即使在阴天和雾气弥漫的条件下，面对太阳时的偏振效应也比从其他方向上的偏振效应更加明显。北欧水手也会使用冰洲石（一种纯净的方解石，$CaCO_3$），因为它具有双折射，能将一束入射光分离成两束偏振光，且两束偏振光相遇时不产生干涉现象。

如果你有偏振光太阳镜，尝试在看电脑屏幕时戴上它，然后旋转眼镜。你会看到明显的偏振现象。当我将太阳眼镜向一个方向旋转45°时，电脑屏幕的光透射为零，向相反方向旋转45°，电脑屏幕的光透射最强。一个不太明显但有趣的例子是，盯着彩虹并旋转眼镜的偏振轴。透过偏振片，你可以看到全新的彩虹特征，因为偏振片消除了一些正常的背景光，它使彩虹更加明亮。因此，你还可以在彩虹上方看到一组颜色相反的复虹。

4000年来的玻璃制造是否取得了进步？

这个问题的答案既是肯定的，又是否定的。当然，在熔炉和温度控制技术方面，现代设备非常出色。批量生产的产品具有更高的可重复性，人们对其物理和化学原理也有了充分的理解。但总体来说，这样一个涉及多种因素的问题很难回答，因为具体的加热循环和玻璃成分之间存在强烈的相互作用。尽管有4000年的制造经验，但专业知识仍然依赖于经验。前文提到的烹饪类比也同样适用于此，即使厨师不了解所有材料的作用或在玻璃厨具中发生的化学反应，也能做出美食。

接下来的内容可能会令你感到惊讶，因为我会就宇宙学发表看法。玻璃制造的经验是，我们可以组装数十亿个原子，生成半随机排列的硅酸盐或其他结构单位，从而使产品在成分和密度上保持一致，达到所谓的均匀。尽管如此，我们也知道，通过更加细致的检查，可以看到局部密度和应力的变化。由于喷气冷却的车窗面积很大，因此无论制造过程有多么谨慎，在微观层面上依然会出现差异。密度和成分的变化发生在短程顺序上，并反映了最初产品可能形成的不同晶体或排列方式。在以二氧化硅为主要成分的物质中，我列举了二氧化硅、石英、柯石英和斯石英，其密度分别为2.2、2.65、3到4.28以上。尽管其成分相同，但斯石英的密度是我们熟悉的二氧化硅和石英密度的两倍以上。玻璃中局部的杂质可能会引发局部密度的巨大变化，这取决于加工过程。虽然有明确的实验证据，但我们往往会忽略这一现实，并认为我们的玻璃是一个均匀的随机排序的系统。

材料科学之外的话题

第 4 节

缺陷无疑是材料科学的核心，但我认为，我们也有必要认识到它在其他学科中的重要性。因此，我将提供两个可能的例子。

也许应该考虑玻璃局部密度变化的实物证据的人是宇宙学家，因为他们试图理解整个宇宙的性质与组成。在他们的模型中，假设宇宙的平均密度和组成是恒定的。宇宙学家目前遇到的严峻问题是解释宇宙膨胀速度的明显增加，但他们缺少一个合适的驱动因素。为此，宇宙学家引入了一个新的量，称为"暗物质"。

请注意，就像"大爆炸"（Big Bang）一样，"暗物质"也只是一个理论，尽管它可能大致正确，但目前的趋势是，经过大量宣传和 20 年左右的教学，它被视为一个已经证实的事实。同样，暗物质是一个非常时髦的话题，人们投入巨大的精力和资金进行研究（因此它吸引了非常杰出的科学家，这些科学家又能筹集更多的资金），所有人都在寻找这种神秘的物质，并为发现者颁发相关的奖项。最近一些评论家提出，如果宇宙并非想象的那么均匀，而我们恰好处于密度较低的区域，那么一些问题就会迎刃而解，我们可能也不再需要暗物质。出于本能，我在"均匀"玻璃中的原子与"均匀"宇宙中的恒星和星系之间看到了一些相似之处。玻璃制造的经验和数据资料明确表明，玻璃只有在大范围内才有恒定的密度，而我们总能找到局部密度降低或增加的区域。也许宇宙中也存在某个未达到整体平均密度的局部区域。如果是这样，对宇宙学的类比可能意味着暗物质只是一个过渡概念，与早期广为流行的许多物质概念（如燃素或以太）属于同一类，人们曾一度认为这些物质存在于整个宇宙。在那个时代，这些物质概念是有意义的，但随着越来越多的实验与认知的进步，这些物质概念逐渐退出了历史的舞台。

恒星内部的缺陷

本章开篇简单解释了原子的构造。在地球上，这样的解释是合理的，但在宇宙中，许多原子无法存在，因为它们暴露在恒星内部的高压和高温下。事实上，恒星是所有元素的来源，较轻的原子核会结合成为较重的原子核。但最重的原子核或许只能起源于大规模或灾难性的恒星事件。在讨论原子的时候，我们关注的是原子中心的一个微小原子核，其中包括带正电的质子（写作 p^+）。为了形成一个完整的中性原子，低质量的电子（e^-）会围绕原子核运动。为方便起见，我们可以将电子视为围绕太阳公转的行星，但实际上，电子的运动更加复杂，用波来描述更加恰当。最简单的原子是中性氢原子（p^++e^-）。还有一些与质子质量相近且不带电的粒子，称为中子（n^0）。氢原子核可以与一个或两个中子结合，形成不同的同位素，称为氘（p^++n^0）或氚（p^++2n^0）。氚不稳定，存在时间有限，半衰期约为 12.3 年。

对其他所有元素来说，中子是必不可少的，因为一个原子核内不可能只有两个质子，质子之间的静电排斥会使它们分裂。但粒子之间的引力和其他核力可以使它们结合。因此，添加中子可以构成更重的原子核。原子核质量第二轻的是氦-3（$2p^++n^0$）。在其他具有稳定同位素的元素中，至少会有中子数与质子数相同的情况，而铀等较重的元素则需要更多的中子。离开地球，在太阳等恒星的核心，巨大的质量意味着核心的压力可能超过 2500 亿个大气压！在这种极端条件下，原子无法存在，原子核直接相互作用。例如，氢原子核可以与氦-3原子核结合，形成常规的氦-4原子核。但在电荷方面会出现问题，因此需要将质子转化为中子，再加上一些主要的相关原子核反应。根据爱因斯坦质能方程 $E=mc^2$（c 指光速），组合的重要结果是将多余的质量转化为能量。我们认为，这个简单的组合在太阳中产生了大约 40% 的核心能量，并使内部温度接近 700 万摄氏度。另一种方法是四个质子（即四个氢原子核）聚变成一个氦原子核（$2p^+ + 2n^0$），我们也称为 α 粒子。在这一过程中会释放出各种其他的核碎片（正电子和中微子）以及大量的热能。

太阳是一颗普通的恒星，但在核活动强烈的中心区域与温度略低的表面（可能存在我们所"熟悉"的原子）之间，混合了各种各样的情况。这意味着有的区域不能应用我们所熟悉的科学，也不存在纯粹的核物理区。因此，从结构和主流科学的角度来说，这个区域充满了缺陷和复杂性。

6

新型玻璃技术案例

为什么玻璃会成为高科技产品？

第 1 节

20 世纪的玻璃制造迎来了真正的飞跃，首先出现了浮法玻璃，然后是用于通信的光纤。浮法玻璃使我们拥有了宽敞的平面窗户，并彻底改变了建筑结构和建筑风格。这也促进了双层玻璃和复杂的热控制玻璃窗等技术的广泛应用。这些进步可能令人印象深刻，但人们仍在不断改进。只需看看英国最高的建筑之一——伦敦碎片大厦（Shard Building），你就会发现，玻璃也可以作为一种有效的覆层。此外，玻璃还可以用于家用器皿和装饰，这一切都得益于缺陷，这些缺陷能使材料着色并保持稳定。玻璃雕塑师戴尔·奇胡利（Dale Chihuly）曾在伦敦邱园（Kew Gardens）举办过一场展览，充分展示了现代大型玻璃雕塑的各种可能性。

铁和青铜的表面与大气发生反应后，形成铁锈或铜锈。玻璃表面也会与大气发生反应，只是我们的肉眼难以看到这种反应，当前的技术进步解决了与玻璃表面改性和稳定性相关的问题，涉及水蒸气、雨水和与之接触的空气中的其他化学物质和污染物。如果要通过金属或其他材料的沉积使建筑表面呈现颜色，或制作能够选择性反射或透射（包括受天气控制或具有表面韧性）的玻璃层，难度会更高。任何表层都可视为主体的缺陷。对于玻璃，我们正处于表面性质的"好""坏"斗争阶段，这是一场经典战役。在本章中，我将简要介绍玻璃表面处理的特点。形势令人鼓舞，并且我相信，更优良、更稳定的玻璃表面会相继出现。

几千年的玻璃科学，加上专业的熔炉技术，以及后来在化学方面的经验与理解，造就了透明多彩的玻璃。从原则上来说，钢铁的发展也遵循相似的模式，但人们对它的研究热情更高，因为钢铁通常会应用于军事领域，因此也能获得财政支持。有一种精英主义观点认为，玻璃不属于高级技术专家和理论家的研究范畴。这一观点阻碍了研究层面和工业制造领域的进步（如下一章所述）。

浮法玻璃技术的利与弊

简要描述浮法玻璃工艺，我们马上就能看出它的成功原因及其潜在的表面污染问题。与所有类型的玻璃一样，浮法玻璃中也要加入一些混合物材料，以控制熔化和软化的温度，并尝试为玻璃赋予一定的物理或结构稳定性。浮法工艺的目的是制造一种又宽又平的带状玻璃。这是一个连续的过程，将纯硅酸盐沙倒入熔制池中，倒入的速度与辊子将质地均匀的平板玻璃带从熔制池拉过窑坎的速度相同。玻璃在流动时被切割成一定的长度。随后可以通过其他方式对它进行进一步的加工，添加青铜色或其他颜色以用于建筑物之上。玻璃带的黏度必须恰到好处，才能将它从熔制池中拉出来。

原料除了洁净的白沙，还包括从玻璃带上裁切下来的以及其他回收材料中的碎玻璃。这种"废弃"玻璃经济实惠，可能占原料总量的10%，但其来源是有限的，因为在生产透明玻璃时，不能使用棕色或绿色的碎玻璃。

平板玻璃相对较薄，因此需要有一个足够深的熔制池，从而使各种成分能够充分混合，此外还需要一种机械装置，避免玻璃在被辊子连续拉动时黏附在熔炉或"窑坎"上。流动的熔融玻璃比固态玻璃的移动速度更快。一个巧妙的解决方法是将混合液倒在液态锡的表面。玻璃的各个成分可以在熔炉中熔化并混合在一起，然后这种液态玻璃在锡液表面平稳流动。玻璃下的锡液为其提供了一个非常平坦的基底，而且熔炉足够大，可以使其厚度保持一致。

整个过程都需要严密的温度控制，从而使玻璃成为能够流动的液态，同时又要具备足够的黏度，使其可以被辊子拉动。我见过这样的工厂，每天生产600吨玻璃，每个熔炉有两米长的玻璃带，连续运行数月。如果需要对用于建筑表面的玻璃着色，则将其移至真空室，在真空室中空气压力大大降低，通过蒸发给玻璃表面加上金属涂层。或者，它可以在熔炉中进行弯曲与钢化，以用于制作汽车和其他车辆的挡风玻璃和进行其他类型的加工。

汽车挡风玻璃等耐热玻璃在成型后需要通过喷射空气使其快速冷却。如前文所述，由于玻璃的导热性很差，并且内部仍处于热膨胀状态，因此表面的快速冷却会使内部产生压缩。即使当玻璃整体都冷却下来后，表面压缩的区域密度也会发生轻微变化。这样做的最大好处是，表面应力使材料具有一定的弹性，其强度也高于玻璃整体。在车祸中，它会碎裂成细小的碎块，而不是尖锐的碎片。

在锡液表面漂浮的熔融玻璃存在一个小问题，在熔炉内，部分锡会扩散到下部玻璃表面。熔炉内的锡蒸发也会对玻璃的上表面造成一定的污染。对窗玻璃来说，锡的影响不太明显，因为它不会对可见光显色。但锡会导致玻璃表层发生化学变化，并干扰后续涂层和弯曲处理。涂层附着力方面的问题可能会立刻显现，也可能会在材料暴露于各种天气后出现。举个例子，一座摩天大楼上装设的漂亮青铜色玻璃在几年之后就需要更换。这种情况很少见，但太阳能与反射涂层相结合，必然会造成一定的问题。

掺锡玻璃表面的应用

我一直在试图证明缺陷具有积极的价值，因此有必要思考一个问题，即浮法玻璃表面意外掺入的锡是否有积极的用途。每年生产的低成本浮法玻璃多达数千公顷，因此如果能为这种锡杂质找到新用途，将会吸引更多的关注。锡比它在玻璃中所替代的硅更重。这意味着它的密度更大，有更多电子可以与光相互作用。因此与普通玻璃相比，掺锡玻璃会降低光的传播速度。学校物理课上会将其描述为折射率增加。掺锡玻璃层的折射率提高，因此它可以充当光波导，光射入含锡量较高的区域后会停留在表层，并在层内弹跳，光波被引导在表面传播，不会发生逃逸。在寻找锡杂质的用途时，这是一个有趣的方案。

作为个人的题外话，我想提一下，许多人试图通过化学反应在玻璃表面制造光波导，使表层折射率高于玻璃整体的折射率。实验通常选用几厘米的小尺寸材料进行尝试，成本高，且实验结果往往不一致或不可重复。很多年前，我想到浮法玻璃本身就能解决这些问题，于是从当地的玻璃商店购买了一块超过一米长的玻璃。我用光照射掺锡玻璃的表面。不出所料，它果然起到了波导的作用，通过测量发现，当光束穿过整片玻璃时，光被限制在含锡量较高的表层，我测量到较小的光损耗和散射。实验效果非常好。为了证明这个结果在大范围上具有一致性，我绘制了一幅光波导效果图，以米为单位，强调浮法玻璃是多么优秀。发表这项成果时，缺陷也带来了一定的影响，因为编辑或印刷商显然认为我在长度轴上使用"m"是个失误，于是细心地将其改为"mm"（毫米）。好在我及时做出了更正！

改变玻璃的表面性质

玻璃具有许多优秀的性能，但出于一些重要的原因，我们需要对它的表面进行改造，并在原本的表面上添加涂层，这会极大地增加加工成本和困难。由此呈现出的结果千差万别，我在表 6.1 中只列举了几个产品，介绍它们可能的用途与优势。

表 6.1 改造玻璃表面或为表面添加涂层的用途示例

产品	功能
改变表面化学性质与密度	提高玻璃强度或使其具有耐化学性
热反射	汽车与建筑的温度控制
自清洁/防水	无须过多维护的玻璃
防反射层	眼镜、绘画和电脑屏幕
多层涂层	可选择特定颜色的光的反光镜
表面掺锡的浮法玻璃	建筑物与汽车窗户 光波导——寻找用途
光致变色材料（如在阳光下变暗的玻璃）	太阳眼镜（大多数太阳眼镜都以玻璃整体的效果为基础）与窗户

坚硬的表面

应力和杂质至少能增加玻璃表面的强度，从而防止玻璃破裂。我们对玻璃的一般经验是，它是一种易碎的材料，因此，如果一个玻璃物体掉落，我们认为它会破碎而不是弹起。对表面的处理不会直接改变内部的强度，但是应力可以将玻璃压实并减少从外部到内部的微裂纹。对许多玻璃制品来说，水或其他化学物质的渗透是使玻璃变脆弱的重要原因。因此，对玻璃乃至金属来说，制造一个坚固的外壳是一项了不起的技术。有几种简单的方法可以做到这一点。

一种方法是快速冷却表面以形成预应力表层（例如，在车窗玻璃成形期间使用冷空气喷射）。玻璃表面的强度得到提升后，我们就可以使用更薄的玻璃和更加精美、坚固的玻璃餐具。

另一种方法是利用一些化学变化，用较大的表面离子取代较小的表面离子，从而使表层压缩。玻璃的化学性质意味着，除了硅酸盐离子，还有许多其他类型的离子。它们可以降低玻璃的熔化温度，或改善其塑造方式。例如，大多数玻璃都含有一定的钠离子。钠是一种碱金属，其他碱金属离子还包括较小的锂离子和更大、更重的钾离子、铷离子和铯离子。如果我们可以在玻璃表面施加一些化学变化，用更大的钾离子代替钠离子，从而改变表面成分，那么与玻璃内部相比，表面受到压缩，产生应力。利用杂质提高玻璃表面的强度是一种常规的化学方法。但由此也会产生负面影响，例如在洗碗机中发生碱离子交换，清洁剂中的化学物质与玻璃器皿的表面离子发生交换，导致我们喜爱的器皿表面出现坑洞或外表颜色变得浑浊。

有色玻璃

化合价随温度变化而变化，因此要达到颜色"完美"不仅非常困难，而且成本高昂，最终成果可能只算得上二流产品。颜色可以添加在玻璃的表面（或里面）。但是表面容易受到化学侵蚀或磨损，并且存在附着力和保持的问题。许多涂层的颜色性质能够满足需要，或者能够反射热量和调节温度，但其附着力较弱。对浮法玻璃来说，这个反面角色可能是浮法工艺中残留在其表面的锡。例如有一种常见的涂层，它可以反射红外光，防止阳光照射使室内温度过高。该涂层需要反射长波光（即热量），同时不能扭曲可见光范围，也就是我们通过有色窗户看到的景象。

对建筑物来说，双层玻璃窗可以解决部分问题，因为有涂层的一面（浮法玻璃渗锡的一侧）可以放在内层，这样在清洁过程中它们不会受到机械磨损，也能在一定程度上减少空气的侵蚀。在双层玻璃装配过程中，熟练的玻璃工人可以分辨出两个表面之间的差异，因为有涂层的一面比未涂层的一面更加粗糙。有时，在超大型的双层玻璃窗中，大风会导致两块玻璃弯曲和相互碰触。这种情况非常糟糕，通常会撕裂涂层，给玻璃表面留下看得见的破损。但是正如电视广告中展示的那样，现在的玻璃窗非常坚固，即使将重物甩到窗户上，玻璃也不会受损。

玻璃所使用的材料类型正在不断改进，一些现代玻璃有助于温度控制，可以阻挡和反射入射阳光（最大限度地减少来自高温源——太阳的热量），也可以吸收来自低温房间的辐射（如同温室效应）。

有人误认为现在市场上出售的一种热反射玻璃的表面含有钾（化学符号K），因为它被称为K玻璃（图6.1）。

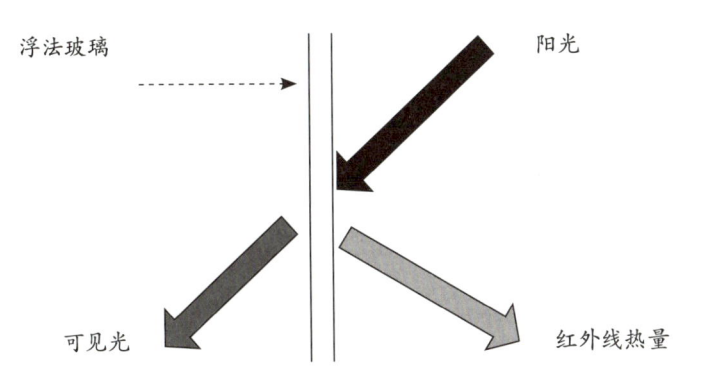

图6.1 玻璃表面热反射和光透射的K模式

在图6.1中，热反射玻璃的下一项是表层自清洁的玻璃，它们可以直接或者在阳光和水的作用下发生化学反应，以分解和阻隔温室和暖房等玻璃外部的污垢和污染物。我住在能看见大海的地方，这种能够进行有效自清洁的玻璃可以去除海鸥的排泄物和盐雾，是非常理想的窗玻璃材料（我将在后文解释这种玻璃的化学成分）。

多层涂层

单一涂层的成本较低，但如果采用需要精确控制多种涂层沉积或同类涂层逐层变化的技术，成本就会上升。然而，多层沉积在先进技术中有许多应用，并且已经成为常规技术。

从概念上来说，多层涂层的物理基础很简单。当光线照射到玻璃表面时，其中一小部分被反射。其强度取决于玻璃和周围环境的折射率。一般窗玻璃的折射率约为1.5，空气的折射率约为1。在这种情况下，玻璃表面能够反射约4%的光线。真正的高折射率材料，如金刚石（折射率约为2.42），反射率远大于玻璃（约18%），因此是闪光宝石的理想选择。金刚石的高折射率是其他任何透明天然材料都无法比拟的。红宝石、蓝宝石、石榴石和绿宝石的折射率也相对较高，约为1.76。从折射率的角度来看，一些合成材料完全可以替代金刚石，例如立方氧化锆，其折射率约为2.16，通常被用作金刚石的替代品。

我们可以通过一些方法削弱反射，例如，让光穿过蓝宝石和二氧化硅膜层之间的分界面（二者的折射率分别为1.75和1.46）。这个分界面只能反射大约0.8%的光线。如果重新制作一批材料，使二氧化硅和蓝宝石交替叠加，那么每个界面都会发生多次反射，因为光波会在每个分界面来回弹跳。根据每层的厚度，光路将占据不同数量的波长。如果光波同步，它们会叠加在一起，如果相反，它们会互相抵消。通过控制层面的厚度，我们可以选择让光波相加还是抵消。总的来说，这样可以制作一个针对波长反射率极高的反射镜。这个想法很简单，但需要高超的技术才能实现。我会省略有关沉积的细节，因为它们非常复杂。激光反射镜可能多达25层，每层都必须控制在激光波长的一小部分之内。简单来说，每层厚度的变化不能超过发丝直径的1/1000。在激光器中，多层反射镜对激光的反射效果极强。激光腔有两个反射镜，出口反射镜必须使激光束可以逸出。

如果我们能够精确控制每一层材料的厚度，接下来就会出现几种选择。与激光反射镜相反的是反射率最小的玻璃。这种玻璃适合覆在照片之上，也适用于抗反射眼镜或原则上不希望在房间内反光的电视屏幕。第二种选择是涂层玻璃，增加颜色以实现透射或反射。我们也可以制作滤光器，完全阻挡某一种颜色或只允许一种颜色通过。例如有一种滤光器可以阻挡从望远镜镜头射入的钠黄光，使我们能够在夜晚有黄色路灯的地区观看星星。

多层沉积的优点显而易见，但它的成本较高，层与层的结合十分敏感，并且容易被表面的化学物质和机械摩擦损坏，例如在抛光玻璃的时候。现在眼镜和其他许多光学部件所用的玻璃往往会添加抗反射涂层。由于大多数人每隔几年就会更换一次眼镜，所以基本不会遇到因长期使用而出现的严重损坏，但对科学研究所使用的光学部件来说，涂层能否持久附着是一个重要问题。

玻璃表面着色的简单方法

比起使用复杂的多层涂层，我们喜欢更简单、更便宜的玻璃着色法。表面金属膜涂层可以做到这一点，比如窗玻璃就利用了该技术，但可用的颜色范围有限。常规做法是添加第二层玻璃，但为了获得足够致密的颜色，这一层的厚度需要达到几毫米，而不是一层薄膜。我们需要寻找替代方法。第一个办法是考虑化学交换或让离子扩散到玻璃中（如钢化中所采用的方法）。这在少数情况下当然是可行的，但离子扩散到玻璃内部的速度往往很慢。此外，如果表层非常薄，可能无法呈现出清晰的颜色。从某种程度上来说，颜色的浓度可以通过化学反应的时长来加以改变。在加热过程中，扩散速率提高，因此高温使扩散更容易，可以呈现更加浓烈的色彩，由扩散控制的表面化学反应有利于在玻璃装饰品中形成阴影和色调。

离子束注入与玻璃表面处理

第 2 节

在玻璃表面镀上涂层有点类似于人们在脸上化妆。在化妆时，我们需要为皮肤打底，帮助面部肌肤与颜色结合，技巧越高超，呈现出的效果越好。然而，如果是精细的图案，颜色会向一侧混合，效果无法持久，或者因触摸或与液体接触而消失。

文身也能使皮肤着色。用针将染料深入皮肤表层之下，这是一种能量驱动的着色剂注射，它的优点是效果相对持久。优质的染料可以提供良好的色彩对比度，由于针十分细小，因此颜色可以被牢牢固定，不会横向移动。显然，用针将染料注入玻璃表面是不可能的，但事实上，这与前文提到的用于金属表面增韧的离子束注入技术有相似之处。

离子注入是半导体生产中最基本的步骤，它可以将所有重要的带电掺杂剂添加到硅（或其他半导体）中。其原理非常简单。将相关元素组成离子束并将其加速到高能状态，通过掩模精确瞄准以确定路线。穿透力取决于离子的质量、目标材料的类型以及为离子提供能量的电压。高能离子的注入必然会对目标材料的局部原子结构造成损害和破坏。在多数情况下，这种损害和破坏是可以接受的，甚至是故意为之，但在其他情况下，必须使用一些热处理，从而消除对主体晶格的不必要破坏。

如果这种方法可用于金属和半导体，那么我们也不必对其在玻璃中的应用感到惊讶，它可以为玻璃表面着色或为玻璃赋予其他性质。对玻璃来说，这方面的例子似乎并不多。离子束注入技术没有被更广泛应用于玻璃表面处理，一个明显的原因在于，玻璃大体上是一种非常便宜的材料，往往要大面积使用。采用昂贵的离子束设备来修饰大面积的玻璃表面，所增加的价值未必能够抵消由此所产生的成本。相比之下，对半导体进行离子注入，这是半导体生产的核心，不仅因为微小组件的附加价值极高，还因为我们尚未找到其他制造方法。

镜子与太阳眼镜

按理想情况来说，汽车后视镜要优先反射蓝光。这对夜间驾驶非常有利，因为在弱光环境下，眼睛对蓝光的敏感度较低，这样我们就不会因从汽车后视镜中看到的明亮前照灯的绿光、黄光和红光而目眩。汽车后视镜玻璃通常由昂贵的多层沉积技术制成。这类镜子制造商的一位代理曾拜访我，问我能否提供其他方法。我立即建议在制作镜面时，采用离子束注入的方法注入银纳米粒子。我只是碰巧知道这样的粒子有强烈的共同反应（被称为等离子体共振），在大小合适的情况下呈蓝色。我们只需选择粒子的尺寸和注入能量来控制粒子到达表面以下的深度，由此便可控制反射光谱。这种方法规避了现有多层沉积技术的复杂性和高成本。这位代理为我提供了一份相当不错的合同，合作过程很顺利，还衍生出其他想法、专利和出版物。

与筹措研究资金的一般方式相比，这种方式非常有趣。在一般的资金筹措过程中，研究者需要花费数天时间来撰写一份出色的、尚未获得资金支持的研究计划书。现在我急切地等待有更多揣着资金和问题的困惑访客上门。

这种方法并不局限于制作蓝光镜，即使对于银，如果改变粒子尺寸，较大的纳米粒子也会在更长的波长上出现反射率峰值（图6.2）。

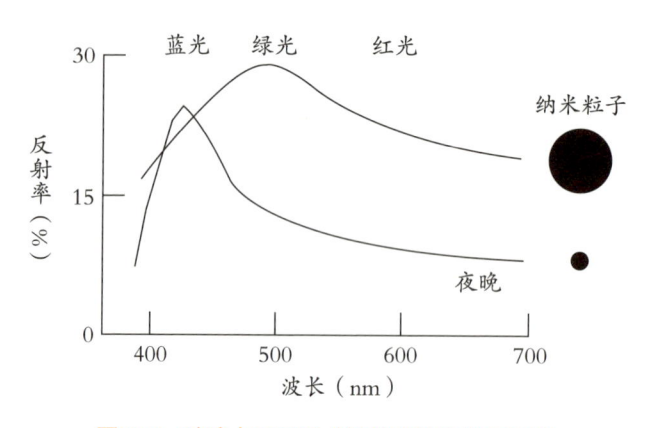

图 6.2　玻璃中不同尺寸银纳米粒子的反射率

注：标有"夜晚"的曲线所对应的粒子是汽车后视镜的理想选择。

借助更多技术，人们还可以通过改变银纳米粒子的尺寸，将同一个注入层转换成针对不同波长的反射镜。图6.2探讨了其可行性，将相同数量的银离子注入玻璃表层，但允许它聚集形成不同尺寸的粒子。后续处理可能会改变反射曲线。在本例中，蓝光镜与绿光镜之间的差异不在于银离子的数量或分布的深度，而在于银离子的合并方式。要制造蓝光镜，我们需要使银离子聚集成较小的金属纳米粒子。相比之下，如果它们聚集在一起形成较大的粒子，这些较大的单元产生电子共振，使其对绿光的反射率最大。控制热处理过程可以使银离子移动，聚集成较大的单元。当材料冷却时，这些粒子被冻结在原位。这类似于烹饪中发生的现象。但蓝光镜需要尺寸较小的银纳米粒子，因此我们可以对纳米粒子高温加热，使其溶解并分散到玻璃结构中。这个过程在烤炉中就能实现，但重点在于随后的快速冷却，使银纳米粒子固定在分散后的新位置上（这与刀刃的原理完全相同）。这对导热性良好的金属来说很容易，但玻璃是热的不良导体，很难实现整体快速冷却，此外，热冲击还会导致玻璃破裂。

为了解决这个问题，我们要采取一种复杂的热处理方法，需要用到高功率脉冲激光束。利用一束脉冲持续时间仅为几纳秒（10^{-9}秒）的激光，让银纳米粒子直接吸收能量，粒子熔融，且只有其周围极小部分的玻璃被加热。

分散后的粒子扩散至被加热的玻璃中，随后因相邻区域的玻璃温度较低，热量迅速消失，这些分散后的小尺寸纳米粒子便停止扩散。通过控制脉冲速率和激光功率，我们可以调整纳米粒子最终的尺寸。

利用激光可以制作更加富有想象力的图案，包括彩色反射图案或内置在镜子中的图像。总的来说，我们需要利用现代高科技才能在一种简单的玻璃材料中取得想要的结果。

对该方法进行调整，还能得到一种更加简单的方法，即通过金属离子注入形成纳米粒子，反射整个可见光谱上的所有波段，从而制造镜面太阳镜。通过注入不同的离子，可以实现全波段反射镜。从太阳镜的前面看，它们是极好的反光镜。但在最初的尝试中，我们发现，如果光从后方射来，会在镜面层的内侧发生强烈反射。解决方案是在镜面下更深处注入第二层杂质，如图6.3所示。额外的这个杂质层可用来吸收大部分光。该方法的原理是，来自前方的入射光只被吸收一次。相比之下，来自后方的入射光会被镜面层反射回来，因此将被吸收两次。这样问题就解决了（电视屏幕也采用了类似的方法来减少室内反射光，但需要先调高画面的亮度）。为了简单起见，图6.3只选择了光的透射和吸收两个要素，以显示添加能够吸收一半光的杂质层后的效果。

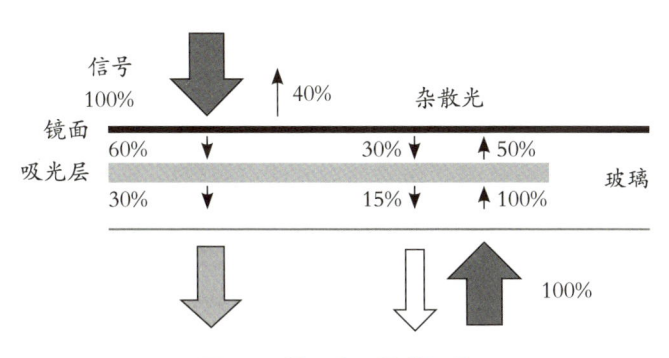

图6.3　镜面太阳镜的设计

注：镜面层注入金属离子，并使用不同的离子吸收透射光。请注意，从观察侧进入玻璃的杂散光也会被反射，但由于它要两次通过吸光层（吸收50%的光），因此可以被充分抑制。电视屏幕也采用了同样的原理，以尽量减少室内光线反射。

在制作镜面太阳镜时，离子束注入技术有一个优势，即最大限度地消除颜色失真（其失真程度远远小于常用的棕色或有色太阳镜的失真程度）。我们制作了渐变色太阳镜（镜片上面颜色深，下面颜色浅）和双色渐变太阳镜，能够削弱阳光刺激，也能减少来自雪地或海面的光反射。这并不是一个新想法，我曾见过因纽特人使用的木制狭缝眼镜，其设计也出于同样的目的。再举一个例子，我曾使用有色玻璃制作眼镜，它的透射响应与眼睛的透射响应一致。这些材料都可用于制作优质的镜面太阳镜，不会造成明显的颜色失真。

通过向玻璃注入离子，利用离子束造成损伤，可降低玻璃网络的密度。这样做看起来很奇怪，因为大多数人会试图避免这种损伤。但我们所制造的表层深度大于可见光波长，并且由于缺陷，越向深处密度越小。因此越靠近表面，折射率越低，这样的折射率渐变层也会干扰正常的表面反射。结果，玻璃表面对所有可见光的反射率都极低。反射率接近 0.2%，而不是通常情况下的 5%。我们的方法非常高效且成本低廉。缺点是玻璃的机械强度会降低，因此这种玻璃不适用于需要被摩擦、清洁或以其他方式磨损的窗户或设备。对无须进行这些处理的光学组件来说，它是一种高效、低成本且有效的方案，可以替代昂贵且复杂的多层沉积技术，来降低对各种光的反射率。

光电学中的离子束注入

还有其他许多高科技领域也要使用透明材料，离子束提供的独特控制能力可以降低成本，特别是在光电器件的生产中。对许多光学材料来说，这是制造光波导和激光的唯一方法。我与同伴没有遵循传统经验，而是通过向玻璃注入离子束，成功调整了玻璃表面，并制造了许多光电元件。详情可参见下一章。

玻璃加工与癌症的光学检测

第 3 节

6 新型玻璃技术案例

　　为了解释复杂的玻璃加工方法如何支撑诊断学的重大进步，我需要简单介绍一些相关背景。在传统的乳腺 X 线摄影检测中，利用 X 射线检查健康组织与癌变组织之间的差异。这项技术已有几十年的应用历史，并且在两个方面取得了稳步改进，一是降低 X 射线受照剂量，二是利用人工智能检测可能发生癌变的部位。尽管医用 X 射线有它的价值，但它同样具有一定的缺点，有研究认为，近 10% 的癌症与医用 X 射线相关，由于每年有数百万女性进行乳腺 X 线摄影检查，因 X 射线扫描导致的癌症数量也非常多。在 X 射线成像板上成像，然后将图像与乳腺中的位置相对应，这个过程也会出现其他问题。显然，改进的办法就是使用对乳腺完全无损伤的扫描检查。激光可以满足这项需求。如果这种光学扫描显示可能存在癌变，那么 X 射线扫描可以作为第二步检查。请注意，使用多种波长的光可能更好，因为它可以区分癌变和囊肿等其他内含物。这种方法可以显著降低医学检查诱发癌症的概率，且结果更加准确。遗憾的是，现在仍有许多在手术和乳房切除术完成后发现漏诊和误诊的案例。考虑到 X 射线图像诊断的难度，这种现象也是难以避免的。

　　对发生于皮肤表面的恶性肿瘤，通常可以用激光束进行照射，健康皮肤会有微弱的发光现象，其波长长于入射光（注：高能的短波光可以激发物质，使其通过低能长波光的形式辐射能量，从而呈现发光现象）。健康细胞和癌细胞的光谱可能存在非常明显的差异。"表面"并不局限于皮肤癌，对于内脏器官（如肺部）表面也同样适用，图6.4展示了健康组织与癌变支气管组织上由激光激发的荧光光谱。请注意，这项检查完全规避了复杂的高剂量X射线检查。

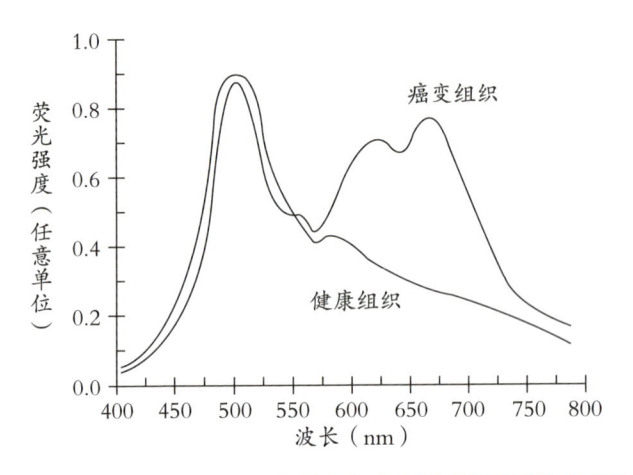

图6.4　健康组织与癌变支气管组织上由激光激发的荧光光谱

至于乳腺癌的诊断，它所面临的挑战在于，如何通过光学方法刺激身体内部的乳腺肿瘤，使其发出可以检测到的光。我们可以通过眼睑感受到光线，说明红光可部分透过人体组织。如果我们的眼睛对波长更长的红光敏感，就能看到胸部皮肤之下的组织，并看到奇怪的图像，就像达·芬奇画的肌肉组织。幸运的是，我们可以通过光学方法对表皮之下进行探索，它以乳房组织的主要成分（如水和血红蛋白等）和表面黑色素[①]对光的选择吸收能力为基础（图6.5）。在这个波长范围内（即600纳米至1100纳米）对组织激发并使其发光，从而直接识别是否存在癌细胞。

---

① 此处原文为"melamine"（三聚氰胺），实在解释不通，根据图6.5下面的文字部分，推测作者此处想写的应该是"melanin"（黑色素）。——译者注

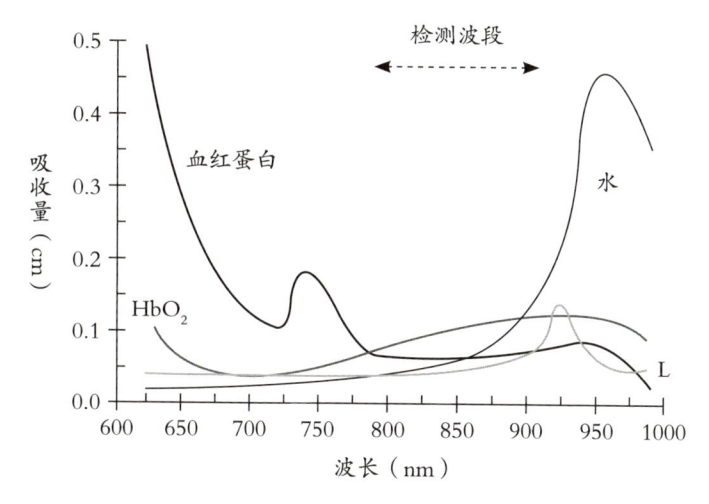

图 6.5　乳腺组织的成分

注：图中展示了一个微量光吸收的波段，该波段适合乳腺组织的激光检查研究。HbO_2是氧合血红蛋白，L是脂质。此外，皮肤黑色素也会吸收一定量的光。一般人用肉眼难以观察到波长超过700纳米的光。

通过使用持续时间非常短的脉冲激光束，获得明确位置的散射图案，从而进行更加复杂的分析。这相当于根据激光束在一杯牛奶中的勺子上的散射结果，从一个较大的角度范围内寻找勺子的位置。

原理很简单，但需要能够检测这种长波长的光学检测器，并且非常迅速地确定位置。最灵敏的光探测器被称为光电倍增管，因此我们面临的挑战是既要提高其效率，又要提高探测器的成像速度。简单的光电倍增管上有一个玻璃或二氧化硅窗口。窗口内部涂有半导体类型的材料，当它被光子激发时，可以射出电子。电子被加速以获得能量并撞击第二表面，而第二表面射出更多电子。经过一系列这样的事件之后，原本一粒电子变成了大约一百万粒电子，可以很容易地进行检测和处理（图6.6）。光电倍增管并不是新技术，它的首次应用是在20世纪30年代，用于录制电影胶片一侧音轨中经过编码的声音。探测光的强度需要足够大，因为当时的总体效率极低，只有不到1%的光能激发电子发射。后来光电倍增管获得了改进，提高了对蓝光的灵敏度，相比之下，对长波光的灵敏度较低。

缺陷之美
自然、科技与
生存之钥

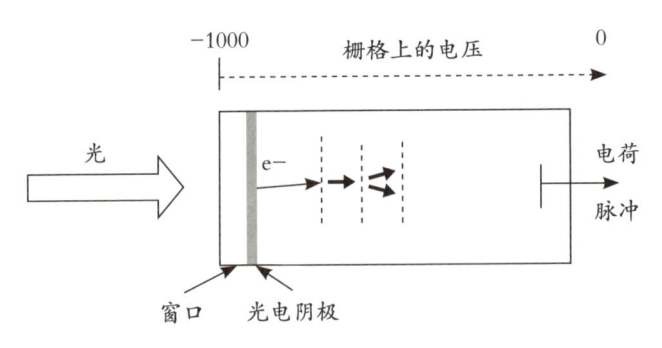

图 6.6　光进入光电倍增管的窗口

注：在真空中，电子离开光电阴极，并被加速进入栅格，产生更多高能电子；电子数不断倍增，最终每个入射光子可输出一百万个电子。图中为了简化，只用三个栅格示意。

　　光电倍增管对短波光非常敏感，但由于入射光子的能量较低，其灵敏度在乳房的透光范围内急剧下降。问题是如何提高光电倍增管对长波光的灵敏度。正常入射光的固有发射效率很低，我们发现，如果可以重新设计内部窗口的形状，将平坦的表面改为与入射光呈不同角度的表面，效果会有显著的改善。要实现这种改进，需要随波长和偏振的变化进行不同的角度变化，因此如果光谱范围较大，仍然要做出一定的妥协。利用现代激光技术，我们在玻璃上雕刻了一个截锥体结构，然后将其顶部加工成圆形。图 6.7 展示了激光切割玻璃结构的图像。尺寸标记为 40 微米，约为发丝直径的三分之一。对光电倍增管上一个简单的玻璃窗口而言，人们很少会考虑如此精密的工程。

图 6.7　激光切割玻璃结构的图像

注：左侧为第一次激光切割后的结果，右侧为热处理后的结果。标记栏为 40 微米。

很明显，这种方法取得了成功，否则我也不会在这里介绍。如图 6.8 所示，对窗口经过如此改造后，光电倍增管的效率超越了过去 70 年的稳定发展。图中显示了蓝光（对波长 400 纳米，光电倍增管的效率接近峰值）和波长 750 纳米的红光（在这个波长下乳腺组织是半透明的）数据。图 6.9 显示了与 2004 年全球商用光电倍增管相比的改善因子。但这些改进后的癌症检测系统的医疗优势仍然只体现在少数地区，这是典型的人类行为，因其所受培训方式而根深蒂固。

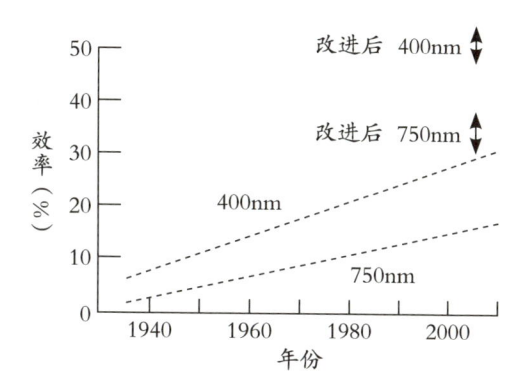

图 6.8 2004 年全球商用光电倍增管在蓝光与红光方面的发展模式

注：箭头表示对窗口表面进行改造后实现的效率提升。

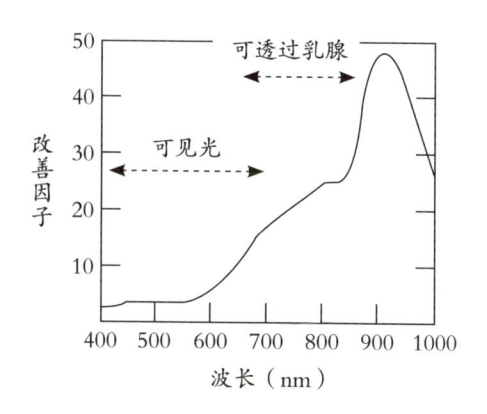

图 6.9 与 2004 年全球商用光电倍增管相比的改善因子

注：箭头代表可见光范围和能够透过乳腺组织的波长范围。

总之，对于宽光谱探测器，我们将其对蓝光的效率提高到约 50%（在为窄光谱设计的光电倍增管中，该效率高达约 70%）。乳腺癌光学检测的关键区域被显著提高，光电倍增管在更大的波长范围内都可以使用。针对波长极长的光，光电倍增管的改善也很显著，当然这是因为它在这一方面的最初性能非常低。在另一次重新设计中，我们将光子成像探测器（实际上是一个非常灵敏的相机）的响应速度提高了 15 倍。

光致变色玻璃与摄影过程

第 4 节

摄影过程是一个非常有价值的经典光学效应的案例，它完全是一系列复杂缺陷的结果。产生光致变色效应的机制与摄影非常相似，这一概念也以摄影为基础。但两者有两个相当明显的区别：第一，摄影会使材料产生永久性变化，而光致变色的变化是可逆的；第二，摄影可以对各种光产生反应，不仅是可见光，甚至是近红外区域的低能量光。相比之下，常见的光致变色太阳镜只会因太阳光中高能量的紫外线成分而变暗。当没有紫外光时，它们会逐渐恢复到更加透明的状态。

如今摄影似乎已成为一种过时的图像捕捉技术，但它是一个利用缺陷的有趣案例。成像依赖于嵌入明胶基质的卤化银颗粒的表面反应过程。光致变色太阳镜也有类似的过程。下面我将总结摄影成像过程中的缺陷科学。各种杂质和缺陷的作用十分微妙，因此，在这个学科的发展史中，它的机制模型很晚才被开发出来。自 19 世纪 20 年代以来，出现了各种各样的摄影技术，但即使是现在，我们仍然没有彻底理解摄影。我们对摄影的理解过程是缓慢的、渐进式的，这个过程十分有趣，因为它与用数码相机拍照的理论和实践发展完全相反。摄影实践先于理论，但对于电子产品，模型总是先于探测器的生产。

照相乳剂包含分散于明胶中的微小三角形卤化银晶体颗粒。彩色胶片也是如此，只不过它还需要几层不同的染料，使乳剂形成不同的感光层。入射光被卤化银颗粒吸收，光的能量（光子能量）被转移至颗粒中的银离子。令人惊讶的是，银离子和相邻卤素离子之间的键能非常小。当一个光能包（即光子）在一个离子格位被吸收时，它足以破坏离子间的化学键。银离子脱离并在短时间内自由移动，直到其能量消散。在一大块材料中，银离子很可能会回到原来的格位，光没有发挥任何作用。然而，我们使用的是非常小的卤化银颗粒，因此银离子可能会来到颗粒表面。部分单独的银离子会被困住，它们似乎成为社交对象，如果在表面遇到其他杂质，它们会在一段时间内与杂质结合。这种结合不会持久，但如果光线充足，其他银离子也有可能从颗粒内部来到表面，形成更加持久的结合，有些银原子也有可能在颗粒表面结合在一起。当两个或三个银离子结合在一起后，它们的"存活率"会提高，当四个银离子构建成一个整体时，它们会变得非常稳定。这个银离子簇是照相机在胶片上产生潜影的基础。将曝光后的胶片取出进行化学处理，以区分被照射的颗粒和未被照射的颗粒，这是化学显色阶段。四个银离子需要紧密排列在同一颗粒中。否则在光线较弱的情况下，即使延长曝光时间也无法形成图像，因为颗粒表面无法形成四个银离子组成的离子簇。

现在看来，最初摄影师使用明胶作为卤化银的乳剂载体，这是一个有趣且幸运的选择，因为明胶在整个摄影过程中发挥着至关重要的作用。明胶由牛蹄等原料制成，但牛生活在牧场中，啃食牧草和野草，如芥菜籽。芥菜籽中含有硫，经过一系列处理，硫会进入牛蹄，并最终进入乳剂中。它停留在卤化银颗粒表面，等待与游离的银离子结合并形成稳定的化合物。如果没有芥菜籽，摄影过程可能无法实现。现代化学家或许从一个不含硫的纯化学支撑层开始，于是整个过程都被忽略了。芥菜籽非常小，但两个世纪以来，它在我们的生活中发挥了巨大的作用，影响了从维多利亚时代到现代的摄影技术，以及过去120多年的电影业发展。

光致变色太阳镜的科学原理

总的来说，玻璃中没有能束缚银离子的局部表面和硫的等效位置。当银离子被释放并四处移动时，它们只会暂时形成较小的银离子簇。这些离子簇不够稳定，在没有紫外光照射的情况下，离子簇分解，能释放银离子，单个离子漂移回到玻璃中原本的位置。离子在玻璃中的运动需要能量，这种能量由热能提供。整个过程对热能非常敏感，因此在寒冷和温暖的环境下，光致变色镜片变暗和恢复速度会出现明显的差异。

玻璃的未来是否明朗？

毫无疑问，玻璃及其应用严重依赖经验主义、经验和实验。它们是各类使用复杂复合材料工业的基石。通过本章列举的案例可以明显看到，通过巧妙应用微量杂质、高浓度添加剂以及各类热处理或表面化学反应，从而使玻璃具备了许多重要的性质。尽管如此，我在许多例子中都提到了熟悉的或相对廉价的产品，一个世纪前人们就已经看到了这些应用。不幸的是，简单且低成本的玻璃材料无法带来高科技的荣誉。从积极的角度来看，玻璃工业依然是现代生活的重要组成部分，仍将不断涌现出新的改进产品。在过去50年里，玻璃技术发生了一场更加颠覆性的变革，它彻底改变了我们的沟通方式。那就是光纤的出现，它的透明度是普通窗玻璃的几百万倍。光纤制造需要解决很多严峻的问题，但所带来的效益是巨大的。整个领域的基础在于控制缺陷与掺杂剂的添加，并将不同类型的玻璃结合在一起。

7

光纤通信

7 光纤通信

用光发送信号

第 1 节

在过去 70 年中，英国最大的土方工程项目不是修建通往法国的英吉利海峡隧道，而是在全国街道上铺设光纤。光纤通信已经彻底改变了我们的生活与休闲方式，它能为家庭提供数百个电视频道，让我们可以访问全球各地的互联网和网站，并且实现了可视链接和远程办公。它并没有提高电视节目的质量，但它确实带来了一场生活方式的革命。这些设想背后的科学理论早已确立，尽管许多领先的通信行业曾普遍认为用光纤进行远程通信是不现实的，但如今这些设想都已变成了现实。

能否克服技术上的困难，这在很大程度上取决于我们如何理解玻璃中杂质和缺陷的作用，以及如何设计光源和探测器，从而使光信号携带信息。人们之所以认为光纤无法应用于通信，其原因主要与光纤的历史背景和科学有关，同时我也必须强调，光纤通信之所以能够成功，是因为极少数人的专注研究，再加上恰逢医疗和激光发展的好时机。这些看上去互不相关的因素结合在一起，才使光纤行业获得了发展的机遇。我非常欣赏杰夫·赫克特（Jeff Hecht）1999 年出版的《光之城》(*City of Light*) 一书中有关科学进步与相关人物魅力的精彩评论。

发送远距离光信号并非创新想法。在过去几千年的历史中，许多国家都曾使用过这种方法。入侵英国的罗马人会在铺设道路时点燃烽火，在远处就能看到要在哪里修建一条笔直的道路。后来的英国人似乎忽视了这种特殊的信息传输技能，直到一千年后才在铁路和高速公路建设中再次运用。在古代中国和罗马，以及后来的文明中，人们都会点燃高处的烽火来发送入侵者攻击的信号，例如，英国建造了一连串烽火台，用以警告西班牙无敌舰队的逼近。

通过控制烟雾喷射量来传递信号，以及通过日光反射信号器反射太阳光来传递信号，都可以将信息发送出去。在梵蒂冈的选举中，仍会用彩色烟雾来传递选举的进展情况。光信号传输方法能够传递更大量的信息，它通过间断的脉冲进行编码，这正是现代二进制数字信号传输方法，数字信号只有 0 和 1 两种。它是现代光纤数据传输的理想选择。虽然概念可能是相同的，但使用日光反射信号器时，脉冲频率为每分钟几次，使用光纤时，脉冲频率提高至每秒 10 亿次以上。对光纤进行的部分改进在于，可以用多种不同颜色的光发送信号，因此波长选择性编码意味着在一根光纤上可以有 100 个不同色彩编码的通道，从而使信号容量进一步增加。表 7.1 展示了历史上的信号传输案例。

表 7.1　历史上的信号传输案例

发明者	时期	方法	传输效率
	公元 400 年左右	山顶烽火	每分钟几次
克劳德·查普（Claude Chappe）	1792 年左右	可视信号传递系统	每分钟 3 个字母
亚伯拉罕·埃德格兰茨（Abraham Edelcrantz）	1794 年	视觉电报	
塞缪尔·莫尔斯（Samuel Morse）	1838 年	电脉冲代码	每分钟约 200 次
	1865 年	横跨大西洋的海底电缆	

续表

发明者	时期	方法	传输效率
亚历山大·贝尔（Alexander Bell）	1876 年	电话	语音
伽利尔摩·马可尼（Guglielmo Marconi）	1895 年	无线电通信	
	1956 年	跨大西洋电话电缆	72 个语音信道
	1976 年	更换改造电缆	8400 个语音信道
	1965 年	卫星通信	
高锟、G.A.·霍克汉姆（G.A.Hockham）	1965 年	首次光纤试验	短距离
	1988 年	跨大西洋海底光缆	
	20 世纪 90 年代	多波段	
	2000 年	100 个通道	每秒脉冲数为 10^{13} 以上

在拐角处弯曲的光

在美国的平原上可以看到远在印度的烟雾信号，通过日光反射信号器反射太阳光也可以在数英里内被别人看到，但它们有一个缺点，那就是依赖直线视野（而且只能在天气晴朗的白天进行）。为了对其进行改进，并使光学传输达到通过电线传输电信号的便利性，需要三个基本组件。一是定向强脉冲光源，二是引导光线绕过拐角的系统，三是灵敏的探测器。光纤两端都需要用信号处理设备对信息进行编码和解码。这些都是巨大的挑战。但很显然，我们成功了，因为每天都有数十亿条信息和照片通过光纤传输。只有具备上述所有条件，从信号编码到解码的速度才能提高。

如前文所述，如果入射光与玻璃表面接近平行，光会在玻璃片内弹跳，从而形成光波导。在钓鱼或在水下游泳时，我们都能看到这种表面反射。能将光线限制在光波导管中的临界角由光波导管和相邻介质的折射率决定。表7.2 提供了一些常见介质的折射率。

表 7.2 一些常见介质的折射率

材料	折射率	真空中的传播速度（米/秒）
真空	1	3×10^8
水	1.3	2.3×10^8
玻璃	1.5	2×10^8
红宝石/蓝宝石	1.79	1.67×10^8
金刚石	2.4	1.25×10^8

注：一种介质的折射率是光在真空中的传播速度与光在该介质中的传播速度之比（折射率 = 真空中的传播速度 / 介质中的传播速度）。表中列出了从真空（约相当于空气）到金刚石的相关数值，金刚石是折射率最高的透明天然材料。

当光以一定的角度射向玻璃表面时，会因其速度的变化而改变方向。学校教科书中用斯涅尔定律（Snell's law）来解释这一现象，即 $n_1/n_2 = \sin\theta_2/\sin\theta_1$（即 $n\sin\theta$ 是一个常数），如图 7.1 所示。

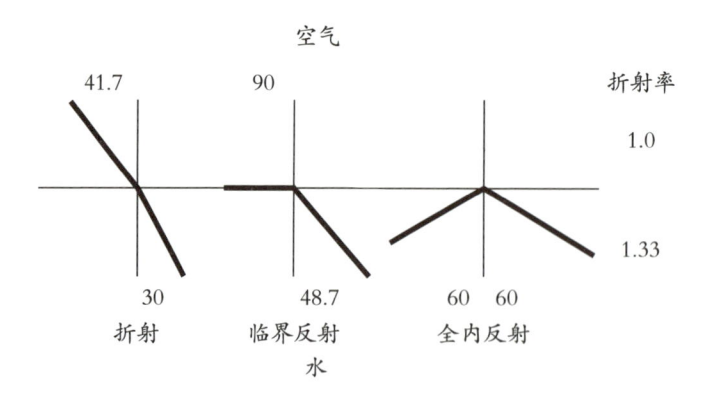

图 7.1 折射和全内反射

注：以光穿过水–空气界面为例。当光线的入射角为 48.7° 时，光线不会穿过水面进入空气，它被反射并困在水中。从一个极小的角度向水中看，也会出现类似的情况。这幅图可以描述光如何被限制在光波导管中。

我们假设空气的折射率非常接近 1，如果讨论入射到棱镜或水面折射的光，我们往往只标记 n=sin（入射角）/sin（折射角），但对于玻璃纤维和低折射率包层，我们需要用这两个指数来确定光在光纤中被限制和反射的临界角。

斯涅尔定律已经足以达成我们的目的，但要再进一步则需要用更加详细的麦克斯韦方程组进行计算。原理是相同的，但对光纤来说，折射率可能更接近于在光波导中的 1.48 和在包层中的 1.46。此外，在导光层内，能够通过多次反射，使光沿着导光层弹跳的角度非常有限。这些成功条件称为波导模式，如图 7.2 所示。

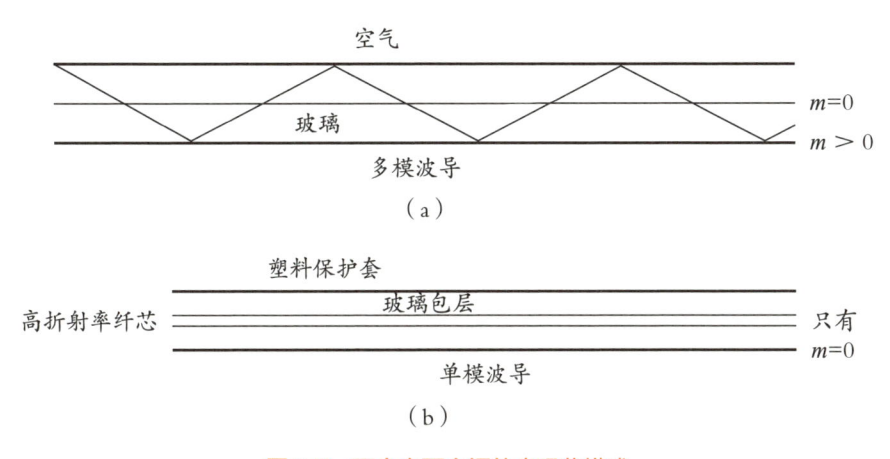

图 7.2　两个表面之间的光吸收模式

注：光可以在一块玻璃或光纤内弹跳。如果与光的波长相比，光纤的纤芯较大，则有多个可行的弹跳角度，称为模，写为 m=0、m=1、m=2 等。此处为了显示效果而夸大了角度。对于通信光纤，高折射率纤芯往往非常小，因此实际上光只能以一种模式沿光纤直线传播。

裸露的光纤表面会出现污垢和划痕等问题，因此解决办法是使用折射率较低的另一种玻璃包裹。这在光纤系统中非常重要。听起来似乎只是一个平平无奇的想法，学校里的理科学生都可以在没读过现代文献的情况下想出这个解决办法。但事实上，即使是顶尖科学家也有不完美之处，他们并未及早发现这个问题，也没有想到加保护性玻璃覆层这一简单的解决方案，这不仅阻碍了光纤的发展，还意味着一些主要的工业实验室放弃了这项研究。

喷泉中的光陷阱

为了证明在将光限制在材料中并不是一个新想法,我们可以列举许多早期的例子。事实上,在19世纪40年代初,丹尼尔·柯拉登(Daniel Colladon)和雅克·巴比内特(Jacques Babinet)在法国使用同样的方法来限制光线。柯拉登用一束阳光照射水柱,水柱从水龙头里沿曲线流出然后向下流向地板,而巴比内特则使用了一根玻璃棒,并且这根玻璃棒可以弯曲以引导光线拐弯。几年后,他们在喷泉下用强光源进行了第一次公开演示。他们在法国和1851年英国伦敦第一届世界博览会上都进行过演示。光线发生了弯曲,它被困在喷泉的水柱中。当水流破裂时,光线得以逃逸,人们才能看到它。

这个设想有很多种演示方法,我曾设计过一个现代版的方案,在一个装有葡萄酒的容器中装入一根发光二极管(LED)。在有些国家,餐厅服务员会从一定距离之外将葡萄酒倒入杯中,葡萄酒液体会沿弧线倒入玻璃杯。在我的装置中,光被困在酒柱中,然后随着液体破碎而逃逸,并射向玻璃杯壁,产生相应的闪烁。光的颜色取决于发光二极管,我选择了葡萄酒不会吸收的光。

如果采用玻璃棒,可以清晰演示光波导的作用,因为在玻璃棒末端施加一个小光源,光将从另一端射出,如果玻璃棒弯曲,光信号也会转弯,因此我们也可以对葡萄酒装置进行改造,用一个绿色激光指示器从一杯红酒的下面进行照射。葡萄酒会吸收绿光,因此从酒杯上方垂直向下看时,完全看不见绿光,但困在酒杯中的光会沿着酒杯的曲线和光波导向边缘传播。玻璃边缘发出一束明亮的绿光。本示例的另一个版本是派对玩具,它是一种位于玻璃底部的发光器,当玻璃被抬高时发光。这些小例子只是表明,光波导是一个非常好理解的概念,在最初的一百年里,这种用途主要局限于类似的玩具和派对把戏。

较短的玻璃棒和玻璃纤维的用途

我们现在制造的光纤长达几十千米或几百千米，但仅仅在50年前，我们还只能制造长度为几米的光纤。从技术上讲，即使是中等长度的光纤，其制造难度也很大。如果那些又短又薄且具有柔韧性的玻璃棒毫无用武之地，人们对光纤系统的热情很快就会消失殆尽。幸运的是，医学界在这方面给予了巨大的鼓励，因为医生不仅希望检查患者身体表层的状况，也希望检查其内部器官。在医生首次尝试窥视脏器（如胃）内部时，采用的是类似于吞剑的方式，通过口腔将一根管子和光源插入患者体内。使用直径较大的硬管来获取内部图像，往往会造成灾难性的后果，许多患者在这个过程中受伤或死亡。因此死亡的病患比吞剑者还要多。令人惊讶的是，医生们一直没有放弃，因为在那个年代，即使这种方法存在明显的医疗问题，医生们也找不出其他外科方法帮助他们进行诊断。

人们需要一种直径小且能弯曲的内窥镜，许多研究者投入相关研究，试图攻克这个难题，既尝试用更加柔韧的管子和一系列透镜来传输图像，也使用玻璃纤维束。加上这些器材以后，透镜系统变得非常笨重，且直径大得惊人。在一根管子中使用直径半英寸（1英寸=2.54厘米）的玻璃透镜系统来检查前列腺问题，这光景听起来比病情更糟糕。玻璃纤维束更加柔韧，直径稍小。如果纤维可以光学分离，那么每根纤维只从一个观察点发送信号。比如说，50根纤维可以提供50个点的图像，与现代几百万像素的相机相比，这样的成像效果极其糟糕，但它的确在硬管和透镜方面做出了改进。

先驱们意识到，他们不仅需要非常透明的玻璃来传输光，还需要添加包层材料，将光限制在纤维内，并且避免玻璃纤维/玻璃棒相互碰触时出现光泄漏。如果人们用手触摸过玻璃，光损耗会非常严重，因为手指上的油脂会导致玻璃表面发生散射，并形成去耦点。最初，人们发现，在玻璃表面涂一层金属似乎是一个限制光线的好方法，但随着光线多次弹跳，即使从胃部反射回玻璃棒中，大部分光线也会损耗，金属镜面在每次反射时都会损耗15%

的信号。对只有 10 次反射的短纤维来说，光的强度会降低 80% 以上（只剩下 20%）。

后来人们开始尝试使用塑料外层而不是金属镜面。这些塑料涂层比金属的吸收率低，但其结合的牢固度较低，且一些废弃物会滞留在玻璃与塑料的交界面上，导致信号大量散射和损失。第一次真正的成功是使用非常干净且经过打磨和火焰抛光的玻璃棒。将其插入同样干净且经过打磨的低折射率玻璃管中。对这一套装置进行加热、软化，然后将其拉成一根玻璃棒，最后得到一段半柔性的"纤维"，它可以将光线限制在玻璃内芯中。将许多光纤的一端对齐，固定成一个光纤束，以此来传输图像信息。这些设备非常受欢迎，因此形成了一个巨大的医疗市场，使人们对光纤的热情始终不减。

医学界和公众所使用的语言并非全然相同。使用光纤来检查身体内部不需要手术，因此这个过程被委婉地描述为"非侵入式"。但经历过这种检查的朋友则用截然不同的词（这里不便引用）来描述。非侵入式检查也经常会引发感染，这可能是因为纤维系统很难进行彻底消毒。

一端错位的光纤束

要使光纤束的一端完全对齐并不容易，如果光纤被打乱，图像信息就会丢失。这个现象引起了美国政府的注意，他们投入大量资金，以制作一种扰码光纤束，它可以分成两部分。他们希望制作一个安全编码系统，通过扰码记录（拍摄）文件，但图像只能由一个人通过与发送端一致的解扰序列才能解码。可惜这项安全应用并未实现，但这对光纤发展来说是一件幸事，一段时间以后，人们才意识到，即使在 20 世纪 50 年代，不变的扰码也很容易被破解。

一端对齐的短光纤也能用于非常敏感的光子成像管的面板，因为光纤可以将图像分割成一系列点（即像素），像素化的图像信号可以与将光信号转换为放大电流的探测器兼容（如光子成像管）。

致密光纤束编码虽然不适用于国家机密，但在个人安全编码设备方面，它的市场仍然具有相当大的潜力。人们很容易就能想到汽车、房屋或类似的简单安全系统中的数字编码点火装置。

弓弩与首次光纤制造的尝试

第 2 节

最初尝试以纤维的形式制造可控超薄玻璃丝，可能是因为 19 世纪需要用非常薄的玻璃纤维来制造电气测量仪器的扭丝。其中一种仪器是非常灵敏的移动点电流计，用来测量微小的电流。安装在系统上的反射镜可以使光束偏转，从而使电子线圈上的扭转变得更加明显。一种可以用于支撑"金属丝"的反光镜是玻璃纤维。尽管熟练的玻璃工匠可以制造长度短、直径大的玻璃纤维，但直径会随长度而变化，而且这种方法不易重复。真正的技术进步出现在 1887 年，当时查尔斯·弗农·博伊斯（Charles Vernon Boys）设计了一把微型弓弩，将一根加热的玻璃棒放在弩上。发射这支玻璃弓箭，形成了一条细长的熔融玻璃，冷却成为均匀而坚固的玻璃纤维。从机械上来说，这种玻璃纤维比相同直径的钢更加坚固。它比手工拉制的玻璃纤维更细、更透明，即使长度达到数米以上，直径也几乎不变。这支弓弩的射程只有几十米，但它使人们意识到了玻璃纤维的一些性质，并对其加以测量。光纤因此得以在实验室内变为现实。

灵敏的移动点电流计是跨大西洋海底电缆系统的重要组成部分，用于检测摩尔斯电码信号的电脉冲。现在我们已经看到，衍生技术完全掩盖并取代了原来的系统。

从简单的玻璃纤维生产的相关方法来看，玻璃甚至被纳入服装材料中，用来制作色彩斑斓的衣服。这一度成为时尚，被广泛用于 19 世纪的装饰性服装。这样的服装实际上利用了玻璃纤维接触其他物品或其他玻璃纤维时发生的光散射，因此无论是扭丝还是服装，都不需要用包层来限制光。

更长的光纤

到了 20 世纪 60 年代，内窥镜检查的主要难题是对光纤包层，从而防止传输信号丢失。后来人们逐渐认识到，可以制造一种精密控制的光纤，纤芯具有较高的折射率，用来传输光线，同时外部包层的折射率低于纤芯的折射率。包层使光纤更坚固，防止表面与水蒸气发生反应，更重要的是，当光纤弯曲时，光不会逃逸。

使用光纤进行远程信号传输的可能性仍然遭到大多数美国大公司的完全否定。部分原因在于现有的光纤性能太差，但与此同时，这些公司正致力于信号塔之间的微波和无线电链路。他们认为可以在铺设于地下的金属管道内建造微波系统。由于战时需要以及军方对雷达的兴趣，人们对微波已有充分的了解，并建造了微波源和探测器。微波本身的问题是：（1）金属波导会造成极高的损耗，因此信号强度会衰减；（2）信号不能在急转弯处弯曲。为了解决这些问题，人们需要在许多阶段进行检测，放大信号或采用其他方式，每隔几百米对信号进行重复和增强。微波波导对失真、热效应和天气条件也很敏感，这些因素会影响传输微波信号的管道内的空气（和水蒸气）。从现在的角度来看，我们可能会感到奇怪，这种方法有这么多明显的问题，为何当时的人们依然对它热情高昂，坚定不移，并投入大量资金。

早期光纤中的光损耗

最初几乎没有科学家认真研究与光纤相关的问题，更不可能相信光纤可以远距离传输信号。最显著的问题是，那个时期的玻璃纤维会非常迅速地降低信号强度，而且当时人们也不清楚如何制作长纤维并将它们连接在一起。人们认为，接头的制作极其困难。的确如此，现代光纤的直径几乎与人的发丝直径不相上下，传输信号的纤芯只有发丝直径的十分之一。电话工程师有时需在恶劣的天气下在室外进行维修，要精准对齐这样的两块玻璃纤芯，并且误差要低于1%，似乎是不可能的。如今，这项任务依然不容易，只不过有了更加可靠和常规的方法。

引导光通过光纤，这个想法很简单，但在1960年，在人们能够制造出的第一类光纤中，光的吸收和散射会造成非常严重的损耗。即使使用质量最好的玻璃材料，每一米纤维都会导致信号强度降低50%。对实验室演示来说，这是一种进步，但即使使用10米光纤在房间内进行通信，从光纤中射出的光也比输入光弱1000倍。当时还没有能够制造数千米光纤的技术，但这无关紧要，因为光在玻璃中大量损耗，根本无法传输信号。总的来说，人们需要一种光吸收能力是窗玻璃的100万分之一的材料。

通过窗玻璃也能看到光损耗现象，从玻璃较薄的方向（厚度为几毫米）进行观察，我们可能会认为，出现损耗仅仅是因为灰尘和表面反射。玻璃的折射率为1.5，可见光在玻璃与空气界面的反射损失约为4%（因此，在没有光吸收的情况下，约92%的可见光可以透过玻璃）。如前文所述，如果我们从边缘观察一片窗玻璃，会发现它的透明度明显降低，且略微呈现出绿色（因为玻璃中含有铁杂质）。反射损失并未增加，但即使玻璃的长度只有十几厘米，我们也能看到光吸收效应。对于信号传输所需的数千米光纤，这意味着信号会遭到破坏。

比窗玻璃（由多种金属氧化物组成的硅酸盐）更透明的材料是纯二氧化硅（SiO_2）。但人们最初拒绝用它制作任何纤维材料，因为它虽然是可用的最透明的材料，折射率却非常低（约为1.46）。人们尚未想到如何将它制作成纤芯，因为它需要一个折射率更低的玻璃包层。此外，许多实验主义者面临的一个限制是，要将一块接近熔化的硅棒拉成硅纤维，需要非常高的温度。

二氧化硅的熔点是 1713 摄氏度左右。1960 年，能够实现这种温度的熔炉和坩埚材料较为罕见，相对简单的加热方法是使用氢氧气炬。

光散射

不幸的是，当时的玻璃行业尚不了解限制玻璃传输的因素有哪些，因为人们并没有解决这个问题的需要。人们认为玻璃会吸收一定的光，这是因为制造玻璃的沙子中存在杂质，例如铁或其他金属，这一点没错。然而，二氧化硅等材料的一个优点在于，它只有一种简单的组成成分，即二氧化硅。这意味着它的成分或密度不太可能发生显著的变化，也就是说，不会出现散射位点。

散射与光的波长有关。这一点非常直观，成年人在铺满石子的路面上也能基本保持直线行走，但腿较短的孩子会偏离预定路线。在光学上，散射强度与波长的四次方成反比，因此波长为 400 纳米（即 400×10^{-9} 米）的蓝光的散射强度是红光（波长 700 纳米）的 9.4 倍。蓝光和红光在散射强度上的差异符合我们所熟悉的日常现象，也解释了为什么天空是蓝色的。直射的阳光混合了太阳发出的所有辐射波，朝太阳的方向望去，可以看到强烈的、没有散射的黄光和红光。但从其他方向看到的光都已经过多次散射。由于波长较短的蓝光散射强度大于红光，因此天空的其余部分都是蓝色。

在长波光（波长大于能透过二氧化硅的波长）下，二氧化硅是透明的，散射程度较低，这也促进了对重金属氟化物玻璃的研究。人们投入大量精力来制造各种名为 ZBLAN 的材料。ZBLAN 玻璃是锆、钡、镧、铝和钠等氟化物组成的复杂混合物。虽然它们对长波光的吸收确实比二氧化硅好，但由于密度/成分不均匀而导致光散射，从而造成严重的损耗。对这种复杂材料进行研究，目的不是在接近 1.5 微米的波长下操作，而是移动到更长的波长下进行操作，例如 10 微米，这将使原本的散射损耗降低约 250 倍。事实上，ZBLAN 的成分变化很大，而且易碎，所以我们一直使用二氧化硅。

硅基纤维与利用杂质取得的进步

当时的现实与我们现在的认识截然不同，并且在20世纪60年代，人们关注的是如何制造和使用最透明的材料。为了减少光的吸收，必然需要清除金属和水等杂质。备选的最佳透明材料是二氧化硅，但正如前文所说，它的熔点极高，且折射率低于所有玻璃。解决这个问题的重点是去除所有杂质，然后再考虑后续的熔化和包层问题。这是一种明智的方法，因为它可以让我们看到材料透明度的提高。更重要的是，即使成功的可能性有限，它也有可能吸引一定水平的研究资金和支持。与以往一样，杂质有两种形式，有利的杂质与有害的杂质。这些有害杂质会吸收光，但如果只关注它们，就会忽视其他杂质的好处。

窗玻璃制造商在硅酸盐玻璃中掺杂大量其他氧化物（如硼、钠、钙等，以降低熔点或充当稳定剂以制造非脆性玻璃）或铅（以提高折射率）。这些都是众所周知的事实，因此对二氧化硅纤维也可以采用类似的方法。令人惊讶的是，人们并没有立即接受这一点。并非所有标准的玻璃掺杂剂都能与光纤用途兼容。例如，对于现代光纤所传送的红外线（波长1.54微米），硼会产生光吸收，但它适用于早期所传输的红色激光信号（波长接近800纳米，即0.8微米）。对于可见光，我们以纳米为单位，因此蓝光到红光的波长范围为400纳米到700纳米。对于更长的波长，我们使用微米（百万分之一米）。1.54微米是1540纳米，约为可见红光波长的两倍。

由于数值范围非常大，图7.3显示了光纤中衰减损耗的模式。最低损耗值出现在波长接近1.5微米的位置，此时曲线出现最低波谷。早期的光纤只传输波长接近1.3微米的光，这受限于当时的光源和探测器选择，这个波段的光损耗也出现了一个波谷。现代材料比这里使用的示例更加透明。两个波谷之间出现吸收波峰，源于纤维中残余水的作用。图上的曲线变化很明显，但我们需要记住，影响因素是杂质（比如水），它可能只占玻璃的百万分之几。即使在损耗最大的波长下，它仍然是一种非常透明的玻璃，但我们要研究每千米的损失，而不仅仅是窗玻璃的厚度。

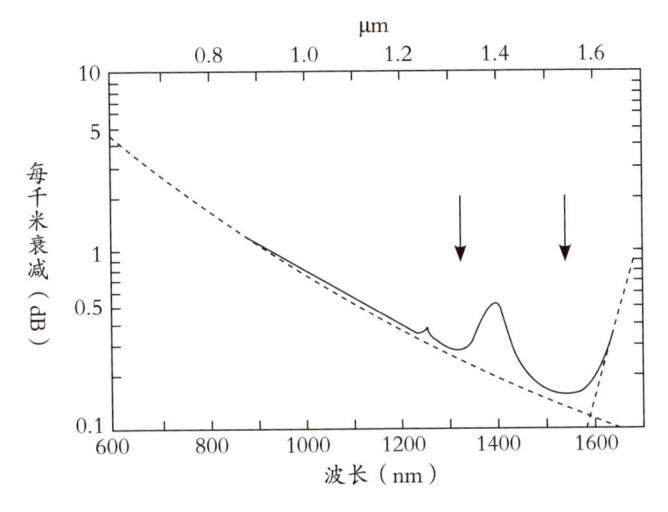

图 7.3　光纤中衰减损耗的模式

注：光纤损耗是散射（下部虚线）与吸收之和。有两个明显的波谷，代表对这两种波长的传输效率较高。最初使用的波长接近 1.3 微米，但接近 1.54 微米的波长传输效果更好，现代光源和探测器均受益于此。有三个吸收波峰，由微量的杂质（比如水）引起。对更长的波长吸收来自硅-氧键的振动。从波长 600 纳米（橙色）到波长 1540 纳米（波谷），吸收强度下降约 25 倍。

二氧化硅中的硅可以用其他四价元素替代，例如钛或锗。较重的原子带有更多电子，这些电子会与光产生更多相互作用，从而使光的传播速度变慢，并提高折射率。一家美国公司早期生产的玻璃纤维中包含了一些钛，以提高玻璃的折射率。然而，用锗离子代替部分硅离子，尺寸更合适，离子键更匹配。锗也提高了折射率。因此，以锗硅酸盐玻璃作为纤芯，以纯二氧化硅作为包层，这样的光纤能够满足高折射率纤芯与低折射率包层的需要。我们认为锗是一种有益的掺杂剂，而非有害的杂质。

同样，熔点问题可以通过添加低熔点材料来解决。这些材料的化学性质可能与四价硅不同，因此未必能完全满足所有化学键。如果使用三价铝，则有必要再添加其他材料进行补偿，比如磷等五价材料，从而纠正材料中的电子态（也就是说，5 和 3 的平均值为 4，这与硅原子的共价键相匹配）。如果结合过程中出现错误，可能导致玻璃变色与光吸收。其中的具体细节可能有所不同，但这个例子说明了降低锗硅酸盐玻璃熔点的原理。

去除导致光吸收的水与金属杂质至关重要。我们需要认识到的关键事实是，只要不影响在应用中所需要的玻璃性质，就可以添加大量杂质。如今光纤中的"有害"杂质已被降至十亿分之一，这是宣传炒作和营销中所用的数字。对于为提高折射率而加入的大量锗或为调节熔化温度而加入的钠、铝或氟等只字不提。如果光纤中有光放大器和激光器，还需添加其他杂质（比如铒）。

虽然前沿科学可以描述长距离透明光纤的结构，但在限制与困难方面的细节和要求也在迅速升级。例如，纤芯和包层的折射率非常相近，例如 1.48（纤芯）和 1.46（包层）。较大的纤芯更容易导致信号激光耦合，但直径越大，产生的光学模式就越多，从而产生不同的传输速度，因为光的弹跳会增加路径长度并降低信号速度。对于脉冲编码信号，较大的纤芯直径会限制可用的脉冲速率。因此，解决方案的目标是缩小纤芯和使折射率在边界处呈阶梯变化。

光纤科学中的缺陷小结

对缺陷的作用进行总结，我们可以发现，在光纤材料的发展过程中，需要将玻璃的透明度提高至少 100 万倍。从很大程度上来说，这意味着要清除玻璃中的许多金属和水蒸气，这些金属和水蒸气都会吸收被传输的光，并造成光的衰减。同时，添加其他杂质（有用的杂质，即掺杂剂）可以控制折射率、熔点和拉伸温度，也有助于形成抗拉强度大的玻璃。

许多知名人士和实业家未能理解光纤通信的潜力，对超前的技术和已牢固确立的技术存在严重偏见，资金不足，企业竞争，企业破产和极具破坏性的专利诉讼（参见杰夫·赫克特的《光之城》一书），上述这些都导致了一系列完全不同的社会缺陷。尽管我从事的是学术研究，但深入了解企业竞争、蓄意打压竞争对手、偏见和明显缺乏智慧的决策,也给予我极大的启发。这些问题当然也存在于学术界,但在平常的文献或科研教学中很少提及。对此我能得出的最积极的结论是,如果有足够多的人具有远见、魅力、销售技巧,并且勤奋工作,虽然需要付出巨大的努力,但终究会取得进步。

我常常在想,有多少同样了不起的概念因为没有在合适的时机出现而彻底消失。因此,我认为,阅读 20 世纪那些未被引用的文献(包括已发表的文献和专利文献)或许也有一定的价值。毫无疑问,由于技术和理解的进步,过去被抛弃的一些想法如今或许有了可行性,这些想法可能会复兴并被人们接受。例如爱尔兰人爱德华·哈钦森·辛格(Edward Hutchinson Synge)的预言,他在文章中提到的理念被多年后的人们实现,制造出多镜望远镜、激光测距和近场光学显微镜。另一个稍晚于他的例子是好莱坞电影女演员海蒂·拉玛(Hedy Lamarr),她在 20 世纪 40 年代提出水下信号的跳频技术,曾一度被视为天方夜谭,但该技术如今已成为智能手机和蓝牙等现代通信技术的基础。科幻作家的想象也同样可能变成现实。

为了证明如何从缺陷中获益,我会引用一个最近发生的光纤传输的例子。当被掩埋的光缆发生变形时,例如由于重型车辆通过,地震、滑坡或地面撞击所造成的地面震颤,微小的光纤也会发生弯曲,致使光线向光源的方向折回,从而导致部分信号损失。显然,这个缺陷会干扰光通信。

然而,由于对通信容量的需求不断提高,光纤经常被淘汰和替换。但被淘汰的光纤系统仍会被保留。人们意识到,这些信号反射可以用来定位地壳活动。例如,一名地质学研究生塞莱斯特·拉贝兹(Celeste Labedz)发现了阿拉斯加光纤中的"噪声",由此检测到一些冰川地震。拉贝兹并不是在阿拉斯加装设一个局部的地震传感器,而是利用光纤增设了多个传感器。此外,人们还利用光纤绘制海底断层带和地震图,收集有关大地震和火山爆发的预测信息。

8

缺陷之美

8

矿物与宝石的吸引力从何而来

第 1 节

不需要成为科学家，我们也能欣赏矿物和宝石等自然材料的魅力。我们可能并不清楚其形状和颜色与其物理性质上的缺陷密切相关。地质学家和矿物学家投入巨大的精力，考察众多荒凉之地，只为收集大量样本，研究各种颜色的石头和岩石碎块的性质。有些幸运儿发现了新的商业矿床，或者发现了一种新的矿物。新矿物可能会以发现者或当地地区的名字命名，这会带来声望。以这种方式出名确实不容易，因为实际上，矿物的种类只有 4000 到 5000 种。相比之下，天然碳化合物多达 50 多万种。在外行看来，地球上的矿物种类似乎无穷无尽，这主要是因为，即使是一种矿物，也会因所含杂质而呈现颜色的变化。矿物也可以通过多种方式组合成不同的岩层。因此，天然矿物只有 5000 种，这个数字可能令人吃惊（它比标准汉字的数量还少）。然而，对天然材料的了解帮助人们开发出数百种合成晶体，它们的性质更加理想或更易控制。合成晶体与天然矿物的主要区别在于，合成晶体更加纯净。科学家们还制造出许多无法在自然条件下形成的新材料。图 8.1 展示了一些迷人的天然矿物。

缺陷之美
自然、科技与
生存之钥

(a)

(b)   (c)

图8.1　迷人的天然矿物

注：(a) 中展示了各种颜色和图案的天然矿物，这些颜色和图案仅存在于极少数矿物中。(a) 中所示为玛瑙钟乳石与紫水晶钟乳石。(b) 和 (c) 是两种不太常见的矿物，常用于制作桌面和珠宝，(b) 为绿色的磷铝石，(c) 为淡紫色的紫硅碱钙石。这三张图片均由我的朋友——在西班牙国家自然科学博物馆工作的哈维尔·加西亚·几内亚博士（Dr. Javier Garcia Guinea）提供。

合成宝石

合成宝石的出现，最初可能是基于对利润与大尺寸天然石材的综合需求。典型例子是合成红宝石与蓝宝石的开发，100多年前人们就发现，通过氢氧火焰将宝石组分的粉末熔融，可以合成宝石。基本材料是氧化铝，纯氧化铝晶体非常坚硬且透明。它的切片可以制成极好的防刮手表表面，而且大多数情况下，我们会认为它只是一块普通的玻璃。如果在混合物中加入一些氧化铬，铬离子很容易取代晶格中的铝离子（它们具有相同的化学键），晶体变成宝石，我们称之为红宝石。这项技术相当简单。熔化的液滴从火焰的加热区域落下，生长成一个微小的子晶。子晶决定了晶体的生长模式，通过精密的控制，它可以形成一个大晶体，比如长12英寸，直径几英寸。我们可以从这些巨大的块状物（称为刚玉）上切割出一部分，用来制造珠宝或激光器等。事实上，1960年，世界上第一台激光器诞生，它所使用的材料就是红宝石。

在同样的主体材料中加入不同的掺杂剂，会产生不同的颜色，在氧化铝中添加镍会产生黄色蓝宝石。蓝宝石呈现出蓝色是由于其中掺杂了钛，但这相当困难，因为钛的化学性质决定了它需要与四个氧原子形成四个共价键，而铝和铬只需要三个氧原子。铝离子和铬离子都是三价离子，而钛离子是四价离子。要解决这个问题，需要再次添加杂质，然后生长高质量的蓝色蓝宝石。

珠宝行业可能不太关注合成宝石和大颗天然红宝石或蓝宝石之间的竞争，因为仔细检查就会发现，与天然宝石相比，合成材料通常过于完美。因此，珠宝商是少数喜欢缺陷的群体之一。在珠宝之外的应用领域，蓝宝石结构的真正价值在于其极高的硬度及其化学惰性。天然宝石与合成宝石之间的质量差异往往非常明显（图8.2）。紫水晶只是掺有杂质的石英（晶体二氧化硅）。

图 8.2　天然宝石与合成宝石的对比

注：图中展示了用天然紫水晶与合成紫水晶制成的珠宝。看上去完美无瑕的水晶其实是人工合成宝石。天然材料往往有明显的缺陷，其价值也更高。图片由哈维尔·加西亚·几内亚博士提供。

加热对宝石颜色的影响

将晶体放在中等温度下进行热处理，其结构变化很小，但晶体中的电子获得了足够的能量，开始四处移动，可能会形成新的化学键，从而改变材料的光学吸收性质。如果吸收带出现在可见光区域，我们就会看到有色晶体。目前市场上售卖的矿石中，有许多矿石的颜色并非天然形成，黄玉和锂辉石便是两个典型例子。

黄玉（topaz）得名于红海中的一个岛屿，在梵语中是"火"的意思。自然界中的黄玉颜色包括无色、蓝色、黄色和红色，颜色取决于杂质及其晶格中的电子成键方式。有些颜色非常受欢迎，因此人们通过各种热处理进行颜色转换。每年约有 300 吨矿石接受这样的处理。

锂辉石，即硅酸铝锂 LiAl（Si_2O_6），通常情况下，它是灰色或不透明的晶体，颜色相当单调。但有两种透明的宝石级锂辉石，分别是紫锂辉石（kunzite）和翠绿锂辉石（hiddenite）。两者的英文名称都是典型的矿物名，粉色或紫色锂辉石以纽约珠宝商的名字命名，而绿色/黄色锂辉石则以这种材料的发现者希登（Hidden）的名字命名。毫无光彩的石头没有多少市场价值，而它们的颜色往往源自锰杂质。从性质上来说，这些杂质锰是三价离子（Mn^{3+}），如果材料受到 X 射线或伽马射线照射，它会转变为四价离子（Mn^{4+}），晶体就会变成一种诱人的亮绿色，这种颜色很受消费者欢迎。

翡翠是一个通用名称，它涵盖了一系列不同颜色的类似材料，从绿色到白色或棕色。绿色翡翠往往具有更高的价值，它的颜色与铁杂质有关。人们再次尝试用科学手段来改变颜色，从而提高其价值。表面化学反应可以实现这一点，通过离子交换，可以使铁离子进入表面。也可以采用离子束注入的方法。这种处理在商业上并未完全成功，因为材料只有表面发生了性质改变，它很容易被刮伤，从而暴露出内层真正的颜色。

要进行矿物勘探，我们需要充分认识各种矿物，不仅是博物馆和商店中展示的形式，还有当矿物处于地下或矿井时所呈现的完全不同的形式。我们知道，珍贵的宝石可能隐藏在看起来平平无奇的晶洞中（如紫水晶），或与其他矿物结合。很多人可能还不知道，与我们之后看到的宝石相比，它们在矿山中可能呈现出完全不同的颜色。一个典型的例子是方钠石。这种矿物不适合晶体学的初学者，尽管基本的外形是立方体，但具体的结构单位是氯化钠在钠铝硅酸基质中的混合物。化合物方程式为 $(NaAlSiO_4)_6(NaCl)_2$（即晶胞的结构单位大约有 46 个离子）。氯的存在意味着它的反应方式与摄影所用的卤化物相似，在摄影所用的卤化物中，曝光后原子可以四处移动。因此，在矿井中，光线昏暗，晶体看起来苍白无色，但如果将它们带到阳光下，接受紫外线的照射，晶体会发生光化学反应，由于晶格空位缺陷，矿物变成深蓝色。这些缺陷提升了矿物的价值。

金刚石——最佳宝石

从机械方面来说，金刚石比蓝宝石更加坚硬，因此它在工业上主要用作切割和磨削工具，如采矿用的钻头。在这种用途中，石头是否有颜色或瑕疵都不重要，只需要保证低价格、大批量的产出。我们可以合成金刚石，但这是一个比合成蓝宝石更加困难的挑战。合成金刚石的目标是将任何形式的碳（如石墨）转变为致密的金刚石晶体结构。我们不仅需要较高的熔化温度，还需要复杂的冷却方法，因为简单的熔体冷却无法形成金刚石，反而会得到柔软的黑色石墨。石墨当然不是坚硬的材料，也不具有宝石的价值。其中的问题与前文所说的石英相同，从熔体冷却到室温的过程中，会出现多个不同的结构相。人们熟悉的天然金刚石之所以会形成这样的晶体结构，除了高温的作用外，还有地幔内高压的影响。要合成金刚石，就需要复制这种高压的环境。

科学家是相当执着的一群人（用固执来形容可能更加恰当），他们会被这类极具挑战性的问题吸引。如今，科学家已经可以合成宝石大小的金刚石，只是成本昂贵。大颗宝石的生产经济效益不高，但对较小的变色金刚石来说，合成是一种现实的商业选择，并且在工业方面确实有广阔的市场。

金刚石的吸引力在于其极高的折射率，因此可以通过切割使它散射光线。它们质地坚硬且化学性质稳定，所以用浪漫的话语来说，钻石（经过雕琢的金刚石）象征纯洁持久的爱情。不幸的是，它们本身并不纯净。金刚石形成于地球深处，这意味着它不仅具有高度有序的碳原子结构，并且在地幔中处于熔融状态时，它已将各种微量杂质囊括其中。我记得一位来自钻石公司的朋友曾说，他分析的每一颗钻石至少都含有 40 种微量杂质元素。就像红宝石一样，人造金刚石也比天然金刚石更加纯净。但它添加了一种杂质，那就是合成时使用的促进晶体生长的微量化学催化剂，在某些情况下这种催化剂是镍。

最近人们开始尝试控制合成金刚石中的氮杂质，在无法使用硅或其他标准半导体的情况下，合成金刚石可以作为高温半导体使用。

低价高仿钻石的市场相当可观。基本上人们只需制造一种折射率非常高的材料（以提供与金刚石类似的光学性质），并且对可见光是透明的（像金刚石一样）。事实证明，这是一种强有力的激励，刺激晶体制造取得巨大进展，不仅生产出高折射率的金刚石替代品（如所谓的立方锆石和钛酸锶），还制造出其他许多具有有趣性质的化合物。这些化合物被用于现代光学系统和激光器。

特大天然水晶

宝石的价格往往会因尺寸大小而变化，因为与小颗宝石相比，人们发现的大颗宝石非常稀少。对大多数材料来说，颜色均匀的大尺寸天然水晶（例如几厘米宽）是罕见的，但也有一些经典的巴西石英，其质量能达到一吨。这样的水晶大多无法保证完全透明与完美，总会包含变色区域。一种常见的石英杂质是铝，它会使石英呈烟熏似的棕色，但与其他矿物相比，大多数石英是纯净透明的。石英矿脉中几乎没有可溶的杂质。但也有例外，比较典型的就是紫水晶形成过程中掺杂的石英（图 8.2），其晶体结构中包含铁、锰或钛。野外地质学家知道，紫水晶可能隐藏在看起来平平无奇的晶洞内部。这些晶洞是晶体生长的压力容器，因此在内壁上形成的材料颜色和等级取决于起始材料的浓度，再加上化学反应与晶体生长时的高温。有一些盐会被优先吸收，因此在大晶洞内形成的指状物的颜色会沿着长度发生变化。晶体矿物总是生长在岩石的内壁上。图 8.3 是不同类型的晶洞，不仅有常见的紫水晶（标本长度超过 2 米），还包括一些巨大的石膏晶洞。这些紫水晶晶洞可能是目前发现的最大的晶洞。我有两位来自西班牙的朋友，他们是地质学家，在图 8.3 中，他们舒服地坐在于巴西海岸发现的一个巨大石膏晶洞内。这些还不是目前发现的最大的石膏晶体。实际上，超大晶体是来自墨西哥奈卡矿（Naica）的亚硒酸盐晶体（selenite），那里有长 11 米、宽 4 米的单晶。非地质学家可能对此感到困惑，其实亚硒酸盐只是石膏的另一个名称。两者都是二水合硫酸钙（$CaSO_4 \cdot 2H_2O$）。虽然名称中含有硒，但实际上亚硒酸盐一般不含硒。这个名称来源于希腊语中"月亮"（selene）一词，因为这种半透明矿物的外表会让人联想到月光。

缺陷之美
自然、科技与
生存之钥

图 8.3　巴西晶洞内的天然石膏和紫水晶

注：（a）是哈维尔·加西亚·几内亚与马丁·费尔南德斯（Martin Fernandez）坐在他们发现的一个晶洞内。（b）是罗伯托·阿尔马扎（Roberto Almarza）站在几个大型紫晶洞前。（c）是石膏晶洞内部。图片由哈维尔·加西亚·几内亚博士提供。

是否存在如此大尺寸的金刚石？

相比之下，即使是目前已知的最大金刚石，其尺寸也远不及上面提到的这些天然水晶。例如，最初的"光明之山"（Koh-I-Nor）钻石重约 280 克拉（1 克拉 =0.2 克）。由于其中一个部分变色，它被琢磨到只有 109 克拉。除了"光明之山"，还有几颗有记载的大钻石，但它们都存在严重的问题，比如库利南钻石（Cullinan）中心有一个大黑点，或者原石尺寸很大，但质量太差，无法琢磨成优质宝石。库利南钻石重达 3100 克拉，可能只是一个大矿石的部分碎块。它被切割成 9 颗大宝石，其中最大的一颗被称为"非洲之星"（Great Star of Africa，重 530 克拉）。原石的价值已无从考证，但据估计，目前"非洲之星"的价值远远超过 5 亿美元。

克拉这个单位可能难以让我们直观感受石头的大小，但一个 621 克的金刚石体积约为 177 立方厘米。如果是球形，其直径约为 7 厘米（大致相当于一颗网球的大小）。

决定天然矿物尺寸与形状的因素

第 2 节

从欣赏和收集天然矿物，到出售宝石，我们自然而然地就会考虑到原子如何组成矿物的结构。基于这样的想法，在过去 130 年里，人们对晶体生长可能形成的形状及其原子在化学与物理上的结合细节都有了更加深入的了解。如今这些认识形成了专业的晶体学、物理学或化学，但从很大程度上来说，它并不比组装儿童积木难多少。

许多矿物和实验室晶体的结构单位都有一些常见的基本形状。方解石（$CaCO_3$）破碎后只会形成相同形状的棱柱形小碎片，各个主要表面之间的夹角相同。类似地，食盐（氯化钠 $NaCl$）颗粒是各边成直角的立方体。所有矿物都有类似的情况，除非纯度特别低，否则其结构单位都会呈现具有一定特征的形状。

去北爱尔兰旅行，总免不了要去"巨人之路"（Giants Causeway）上拍几张巨型玄武岩柱的照片，它们由流入安特里姆郡（County Antrim）的熔岩流结晶而成。这些玄武岩显然包含杂质，但仍然形成了类似大小的柱体（许多混凝土路面复制了这种模式）。玄武岩柱的形状并不完全相同。大约 50% 的解理面是六边形，另外 35% 的解理面是五边形。1694 年，理查德·巴克利爵士（Sir Richard Bulkeley）在一篇论文中对玄武岩进行描述，称其直径约为 18 至 20 英寸（约 50 厘米），节理面的形状既有正五边形，也有正六边形。有趣的是，这正是现代足球设计中皮革补丁的形状，也是建筑师巴克敏斯特·富勒（Buckminster Fuller）网球格顶中所用的设计。在碳原子构成的分子中也有同样的五边形和六边形混合模式，例如由 60 个碳原子构成的球形分子，名为"巴基球"。20 世纪人们发现了这种材料，它是一系列"富勒烯"材料之一。

早在认识原子结构和化学键之前，人们就热衷于研究如何以最高效的方式堆放物体。早期人们考虑金属炮弹的堆放问题，采用的解决方案类似于果蔬店摆放苹果的方法（那是在超市出现以前）。第一层原子（苹果）彼此挨在一起摆放。第二层不是垂直放置于第一层之上，而是错位摆放于空隙中。这种堆放方式十分稳定，并且节省空间，几乎没有留下多余的空间。只需小心地将原子（或苹果，或炮弹）一个接一个地放置在正确的位置上。我们无法在肉眼可见的范围内将一个个原子构建成晶体，因此更接近真实晶体生长的模型是将球形糖果或弹珠放入一个大罐子内，使其密度达到最大。如果将它们倒入罐子里，会形成一个随机的玻璃状网络，有些地方的糖果或弹珠紧密堆积在一起，另一些区域中的糖果或弹珠则以其他方式排列。加入热能可以模拟接近熔融温度的条件（即轻微晃动罐子），让"原子"间的多余空间最小化，并形成三维的完整有序结构。

球形物体密集堆积未必都是好事，球磨机偶尔会遇到这种情况。它将金属球体放在一起研磨，以制造尺寸均匀的球轴承。如果球体从一个随机的松散模式变成致密的晶体模式，球磨机就会停止运转。为了避免这种情况，磨机中往往要放入一些较大的球体，防止形成完美的晶体堆积模式。

有一种非常简单的堆放方式是，第一层仍按上述方式摆放，但第二层也按照相同的方式摆放，即每个球体的中心位于下一层球体中心的正上方。这就是所谓的简单立方结构。这种方式不太适合固体的摆放，如苹果或炮弹，需要在边缘施加一定的力才能将其固定在一起。在重力的作用下，这样的结构会侧向坍塌。但是加上电子键施加的力，这个结构也可以保持稳定。对于相同大小的球体，如原子/苹果等，这种模式下物体之间未使用的空间远大于第一种模式。简单的原子排列组合如图 8.4 所示。

图 8.4（b）中模型的堆叠更加紧密，上一层平面的中心位于下层的空隙之上。类似地，第三层平面又填补了空隙位置，或复制第一层平面。该模型的结构可能是 ABCABC 或 ABABAB。如果杂货商堆放苹果的地方没有侧向支撑力，且唯一的力来自重力，那么苹果的堆放采用 ABCABC 结构。古代海军手册中也有类似的描述，用于在船上堆放炮弹。

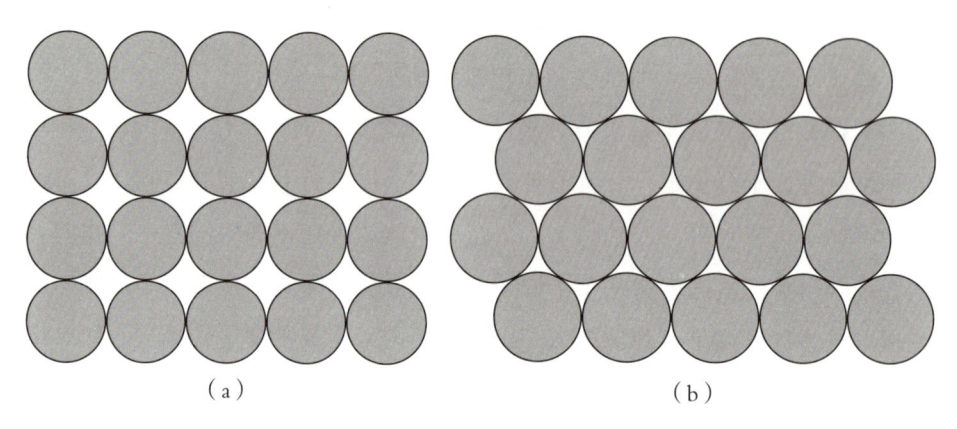

图 8.4　简单的原子排列组合

注：对于晶格中原子的堆叠方式，存在几个值得思考的观点。在一个平面内的原子，其球体可以按规则的棋盘式排列，或者更加紧密地排列，如（b）所示。将此平面视为平面 A。如果在上层增加平面 B、平面 C 等，会出现更多可能性。一种情况是，平面 B 在下一层平面的正上方保持平衡，如果存在将原子连接在一起的力，那么这个结构可以保持稳定（称为简单的立方结构）。

在金属中，所有原子之间都有吸引力，因为它们通过共享电子形成化学键。相比之下，对于绝缘材料（如盐），晶格的离子通过带正电荷的钠离子和带负电荷的氯离子之间的静电引力结合在一起。这样形成了两种离子的三维棋盘式布局。实际上，在氯化钠晶体中，钠离子和氯离子交错排列。氯离子总是位于钠离子立方体各面的中心（反之亦然）。因此，这些结构被称为面心立方晶格。

原子结构以及由此产生的化学反应

出于某些原因,科学家未必总能成功地将他们的知识传播给公众。因此,我在这里讨论的材料科学对非科学领域的一般读者来说可能非常复杂且难以理解。这真是令人遗憾,因为这些概念非常简单,我们只需要一些关键的事实来辅助理解基本的化学和物理原理。研究这些基本概念,有助于理解化学、晶体生长和固体中缺陷的结构。

原子模型不同于炮弹和苹果的堆叠模型,因为我们已经知道,原子是由一个非常小的致密原子核和大量带负电的电子组成,原子核带正电,电子则围绕原子核转动。一个世纪前,人们认为原子结构和太阳系有相似之处。大质量的太阳相当于带正电的原子核,电子就像行星、彗星和小行星一样围绕太阳在固定轨道上运行,如表 8.1 所示。太阳和行星等天体之间的引力随着距离的增加而迅速减少(随距离的平方递减)。

表 8.1 行星围绕太阳运行的模式

	质量	距太阳的距离	公转周期(年)	自转周期(天)
太阳	333000	—	—	约 27
水星	0.05	0.4	0.24	59
金星	0.89	0.7	0.62	244
地球	1	1	1	1
火星	0.11	1.5	1.88	1
木星	320	5.2	11.9	0.4
土星	95	9.5	29.5	0.43
天王星	17	19	84	0.75
海王星	17	30	165	0.8
冥王星	0.002	40	248	0.3

在早期人们理解的简单原子模型中，电子围绕原子核运行的方式与行星围绕太阳运行的方式大致相同。例如，在太阳系中，太阳的质量占 99.85%，行星的质量占比极小。同样，原子核决定了原子的质量。在太阳系中，行星的间距没有明显的规律，只是行星的公转周期会随着距离的增加而增加。行星质量，甚至它们的自转周期，都没有呈现出任何模式。表中列出的是太阳系各行星相对于地球的数据。

与之类似的是，在距离原子核更远的轨道上，原子核和电子之间的静电力也会下降。因此对固定轨道的能量而言，存在能量阶梯，从内部轨道跳到外部轨道需要一定的能量。最终电子有可能逃离系统。化学家将这种逃逸能量称为"电离势"（因此外层轨道上电子逃逸所需要的能量减少）。

我们还需要考虑一个原子中有多少负电荷（即电子）在周围转动。总的来说，这与原子核中正质子的数量相同。因此，由于碳原子核内有 6 个正电荷，因此核外必须有 6 个电子才能使其保持中性（氮有 7 个电子，氧有 8 个电子）。在针对原子结构最初的猜测中，我们假设电子在固定轨道上绕核运动。早期的电子轨道模型与行星运动模型一致，其主要缺点在于，真正的电子需要用量子力学来描述它们的运动。实际上，它们在某些反应中具有类似波的性质，并非沿着确定的行星轨道运行的坚硬固体。相反，我们必须从概率或平均值的角度来考虑它们可能的位置。这个问题类似于在足球场上安排每个球员的位置。在比赛开始时，他们可能站在固定的位置上，但其跑动范围可以覆盖球场的大部分区域。左路球员可能大部分时间都在场地的左侧。后卫的跑动范围比前锋更靠后，但用平均值会掩盖他们实际的跑动范围。图 8.5 揭示了原子核周围电子轨道的概率。

电子如何决定化学反应？

这个简单的模型具有一定的优势，因为它体现了电子在与原子核距离不同的各个轨道上绕核运动，但没有说每个轨道上可以容纳多少电子。这一点

轨道模式

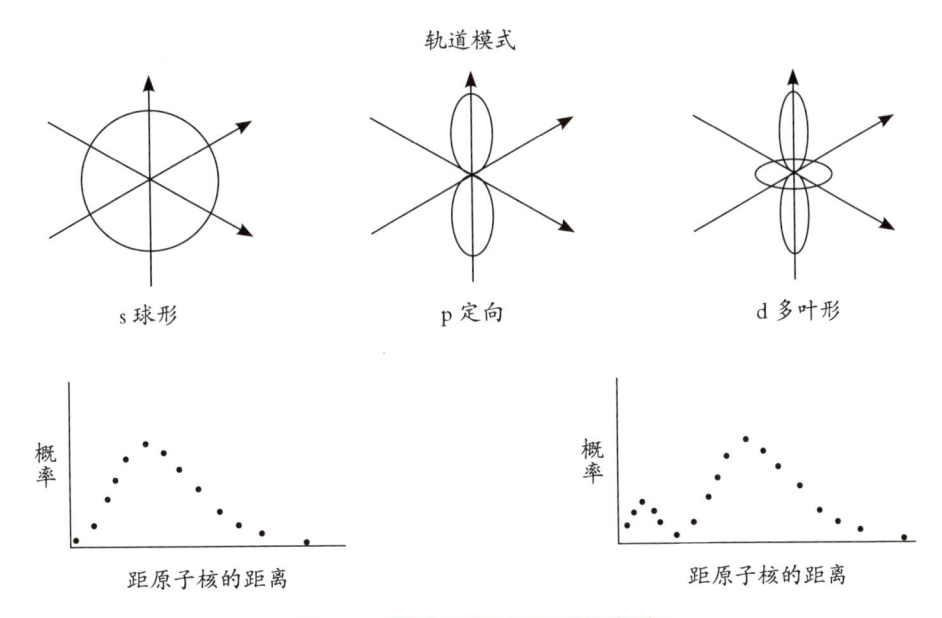

s 球形　　　　　　p 定向　　　　　　d 多叶形

概率 — 距原子核的距离　　　　概率 — 距原子核的距离

图 8.5　原子核周围电子轨道的概率

注：即使是那些看起来处在圆形轨道上的电子，实际上也没有固定的轨道距离，只有最可能的距离，因此哪怕是最简单的电子绕核运动模型也相当复杂。许多与某一特定轨道相关的电子不会做圆周运动，而是来回移动。它们的平均位置仍然与原子核有一定的距离，但在某些时间内，它们可能距离原子核非常近。因此，我们必须考虑电子处于任一距离的可能性，它并非像行星那样与太阳保持恒定距离，有规则、整齐的圆形（或椭圆形）运行轨道。行星的轨道概率图是一条垂直线，在固定距离（忽略略为椭圆的轨道）的概率是100%。如上所述，电子并非如此。如果说行星运动与它有何相似之处，那就是在一些时间里，我们会接近太阳，但在其他时间，我们会远离太阳。s、p、d 等标签通常用于表示电子的运动更接近哪种类型的轨道。

至关重要，因为最外层轨道上的电子数决定了原子的化学性质，以及原子堆积成分子和晶体的方式。打一个简单的比方，不同的原子就像酒店。一家酒店有很多楼层（轨道层），每层有不同类型的房间（s、p、d 等轨道）。为了经济效益，酒店经理希望房间和楼层都能住满客人。因此，经理先从最底层的房间开始安排客人入住。当这一层房间客满时，下一位客人会住到楼上的房间。如果有一位落单的客人，或者一层只有一两个空房间，他们会与邻近的酒店进行交易，并在两家酒店间转移客人。最终希望两家酒店的每一层都能客满，酒店经理心满意足。

量子力学的不同之处在于，每个原子的"一楼"只能容纳两个电子，"二楼"和"三楼"都能容纳 8 个电子，并且有两种类型的"房间"，"四楼"能容纳 18 个电子，"楼层"越高，"房间"类型也越多。层与层之间可能也有夹层。这些酒店的形状很有趣，像一个倒锥形，向上移动，房间的高度（即楼层之间的能量距离）也随之降低。如果楼层正好客满，那么就不需要与邻近的酒店交换客人，它们相当于氦气、氖气、氩气等惰性气体。如果客人太多，相当于碱金属（锂、钠、钾……），因此它们要与邻近的酒店交换客人。另一种相反的情况是，楼层中只差一位客人便可住满，氟、氯、溴等原子就是这种情况。因此，电子交换产生钠离子和氯离子以及一对名为氯化钠（NaCl）的连锁酒店，如图 6.1 所示。

构建盐晶体

原子实现电子转移后会生成离子，并且带正电的离子与带负电的离子之间存在吸引力，因此我们可以设计晶体。如第 6 章所述，盐晶体（NaCl）的离子排列如同一个棋盘，有黑色和白色的正方形，每个钠离子周围都有氯离子包围。放在三维模式中，意味着我们必须在垂直方向上保持棋盘的格局。因此，我们设计了氯化钠（以及 16 种其他可能的碱金属卤化物）的立方结构。钠离子 Na^+ 和氯离子 Cl^- 的半径分别约为 0.102 纳米和 0.181 纳米（类比来说，相当于苹果和小甜瓜）。因此棋盘的模式和重复单元的尺寸主要取决于体积较大的氯离子。较小的钠离子正好插在卤离子之间的空隙中。两者体积之比约为 5.5∶1，因此当钠离子填充间隙后，几乎没有多余的空间。这个离子结合模型非常了不起，它形成了一个稳定的结构，通过离子键结合，氯离子和钠离子拥有完整的最外电子层，实现最紧密堆积。

但如果碰到非常大的离子，特别是当它们的大小相似时，这种方法就会遇到麻烦，最后失败。一些碱金属卤化物，如氯化铯，就是这种情况，其中铯离子的半径是 0.170 纳米，与半径 0.181 纳米的氯离子大小相近。棋盘模式不适合这种体积几乎相等的大球体，它会导致空隙过大。因此它们会重新排列，形成一个新的结构（称为体心立方结构）。

这种将球体堆叠成正方形结构（简单的立方体）或像炮弹那样堆叠成三角形（面心立方结构）的模型不需要任何现代物理学的理论，1611年，牛津大学的哈里奥特（Harriot）[①] 在给天文学家开普勒的信中讨论了这个问题。考虑过球体的堆积后，下一项任务是堆叠包含其他物质的单元格。这也是营销公司经常要面对的问题，比如牛奶盒和饼干罐的堆放，再比如砖墙上的图案。从许多方面来看，用于储存蜂蜜和蜜蜂幼虫的天然蜂巢的设计也体现了这一点。

增加结构复杂性

对于元素和碱金属卤化物，我们只需考虑球形的结构单位，但大多数材料的结构更加复杂。与氯化钠结构大致相似的材料是叠氮化钠（NaN_3）。其结构类似棋盘，但三个氮离子取代了氯化钠中氯离子的位置。但我们现在需要考虑如何紧密堆积，因此三个氮离子不能排成一行，而是按一定的角度排列。下一个问题是确定每个位置上，氮离子所成角度是否始终相同。我们可能对叠氮化合物感到陌生，但叠氮化铅［$Pb(N_3)_2$］是一种常用的初级炸药，当它不稳定时会释放能量（爆炸）。叠氮化合物的处理有一定的困难，因为它们很可能变化无常。与叠氮化铅相比，叠氮化钡非常稳定，即使从高处掉落也不会有任何危险。我记得几位同事改进了它的合成过程，去除了杂质（主要是微量的水），得到良好的大晶体。但是，这些晶体与叠氮化铅一样危险且不稳定。有人认为，水杂质稳定了晶格，从而消除了爆炸的可能性。

在结晶学的球体模型中，我们还需要考虑化学基团（如氮叠氮化学链、

[①] 托马斯·哈里奥特（Thomas Harriot，1560—1621），英国著名的天文学家、数学家。——译者注

碳酸盐、硝酸盐、硫酸根等）和许多离子团形成的更加复杂的结构。圆形的球体模型已经不再适用，需要包含其他形状。结构单位不再是足球状的球体，而是橄榄球形状、杆状和其他各种形状的结构单位。这些因素减少了我们构建晶体结构的可能方式。人们发现，晶体的周期性三维结构［布拉维点阵（Bravais lattice）］大约只有 14 种。早在 1848 年，布拉维就提出了这一解释，他的命名法（简单立方结构、四方结构、正交结构等）一直被矿物学家和物理学家沿用至今。X 射线晶体学和后来的结构分析方法的发展为他的模型提供了丰富的证据。

蜜蜂与蜂巢

如何用最少的材料将空的巢房尽可能高的密度堆叠在一起，这显然是蜂巢技术所面临的一个问题。蜂巢需要用蜂蜡建造，并且在较小的结构中能够更好地保存热量。因此，将巢房筑成六边形，所用到的蜂蜡最少，同时能够保持结构牢固和稳定。这个解决方案令人赞叹，适用于巢房的二维排列。但是，如果蜜蜂要建造一个三维立体蜂巢，这未必是最佳设计。不同于那些在养蜂人所建造的蜂箱中生活的蜜蜂，自由放养的蜜蜂可能不会选择三维的蜂巢，而是建造两个背靠背的巢脾，从一面可以进入另一面。这些巢房不在一条直线上，因为这需要一堵完整的厚蜡墙来增强巢房之间的连接强度。相反，这两组六边形是错位的，因此一个六边形的中心位于另一侧相互结合的六边形的交叉点上。这是一个让科学家们着迷许久的结构，数学家似乎比蜜蜂更聪明一点，匈牙利数学家费杰斯·托斯（Fejes Tóth）提出了另一种堆积结构，可以减少 0.4% 的蜂蜡。他将后面的巢房横向移动，移动幅度是巢房边缘长度的一半。我对这个解决方案进行了一段时间的思考，但现在我怀疑，我们可能仍然没有找到小蜂巢的最佳设计。费杰斯·托斯的结构取决于如何处理一个完整蜂巢的最后一条边。我认为，他的模型使两个巢脾中一面的周长略长于另一面，并且需要额外的结构强度。因此就这一点而言，可能只有蜜蜂最清楚。

  我所选用的晶体学模型非常简单，只是希望通过它们证明，即使不是物理学家（甚至是玩积木的婴儿）也能理解离子堆积成晶体结构的原理，同时也体现了本书的主旨，即构建过程中可能出现错误。此外，这也为非科学家的一般人提供了一定的安慰，因为，即使是专业的生物学家、化学家和物理学家，面对比上述例子更加复杂的东西时，也常常陷入困境。

9

珍贵的晶格缺陷

晶格的
形成

第 1 节

　　用砖块和砂浆盖楼比晶体生长简单得多。尽管我们心怀这样的希望，但只有最天真的人才会期望建筑的设计、建造和性能完美无缺。因此，如果我们在用几千块砖建造楼房和改造房间时会出错，那么涉及数十亿个原子的晶体生长同样会遇到一些问题。科学家们往往将晶体生长视为一个技术上的小问题，而不是数学或哲学上的挑战。学术界和技术界之间存在着明显的分化，这是完全不合理的。在现实中，晶体生长需要相当强的技术，却很少获得声誉和认可。工业类企业可能会稍好一些，因为材料质量与经济效益息息相关。事实上，如果没有晶体生长技术，就没有我们现代的尖端技术，如电子、计算机或高功率单晶喷气发动机。

　　可能出现的各种各样的问题会令人气馁。首先，我们通常希望精确控制成分，然后再考虑添加一定数量的其他元素。我们需要应对的不是几块砖，而是数十亿个原子，同时将不需要的杂质保持在十亿分之一的水平，并在特定位置将掺杂剂控制在低至百万分之一的水平。这种精度超出了我们的正常经验。不同于一砖一瓦的建造楼房，我们无法看到或控制局部的晶体生长条件，必须依靠原子自行排列，并期望它们不会以我们不希望的方式排列。

　　如果我们使用任何一种天然矿物作为参考，我们都能清晰地看到，它们的外表看起来很迷人，可是从技术和晶体学的角度来说，它们的质量可能非常差，并且不可复制。即使以完美的比例混合，许多晶体也有可能生长成截然不同的结构。就像建筑商可以用相同数量的砖块建造一座高塔或一组车库。从技术的角度来说，碳原子可以组合成金刚石，也可以组合成石墨。

晶体学与墨菲定律

爱德华·阿洛伊修斯·墨菲（Edward Aloyius Murphy）提出过一条著名定律：如果事情可能会出错，那么它们就会出错。从晶体学的角度来看，即使没有添加杂质，也会出现构造错误。我们马上就能猜到可能会出现的一些简单的错误类型，表9.1与图9.1列出了晶体生长中最常见的一些缺陷。我认为这是一个初学者入门时需要了解的内容，它包含了各个晶格格位的常见缺陷。相比之下，图9.2和图9.3描绘了在更大范围内可能出现的生长缺陷。在建筑商看来，这些问题就像是街道布局的错误。

表9.1 晶格形成时出现的典型基本错误

点缺陷有多种形式，例如：

空位：晶格格位缺失原子
填隙：一个原子位于正常的晶格格位之间
反位：化合物AB的原子中，A位于B的格位，或B位于A的格位
杂质：晶格中包含错误的原子
非化学计量：总成分不符合化学计算的预测
成对与成簇：将应变或电荷问题降至最低的一系列缺陷
夹杂物：不同化合物的沉淀
纳米粒子：通常是不溶于主体晶格的原子簇

注：常见缺陷有两种基本类型。一种是主要影响晶格周围小区域的缺陷。假设只有一个晶格格位有缺陷，被称为"点缺陷"。事实上，它也会改变附近其他许多晶格格位。另一种是影响大范围原子的缺陷，被称为"扩展缺陷"。

9 | 珍贵的晶格缺陷

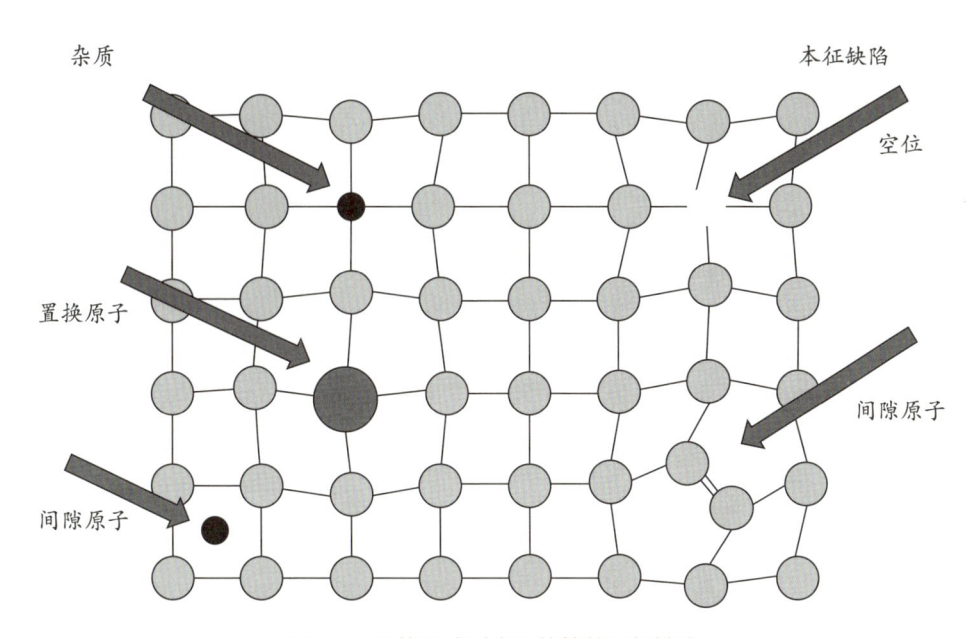

图 9.1 晶格形成时出现的简单局部缺陷

注：图中展示了一个简化的原子晶格，其中包括置换原子或间隙原子等杂质，它们小于或大于主体晶格格位。这里显示的本征缺陷包括空位和一对间隙原子。

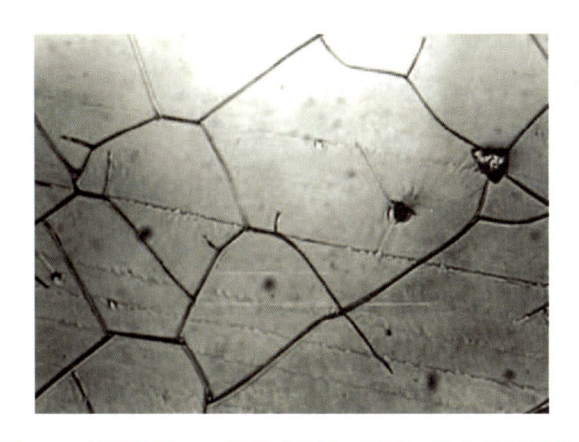

图 9.2 扩展缺陷——晶界（类似于铺路石边缘处的接缝）

注：在晶界中，化学键被扭曲，组合方式可能发生变化。其格位既可以吸引杂质，也可以优先让溶剂进入。我们可以将它类比为铺路石板。这些边界具有明显的问题或优势，比如边界线脆弱且化学活性改变，容易发生机械断裂。从积极的一面来看，晶界可以促进催化作用，也是制造石器时石头发生断裂的地方。

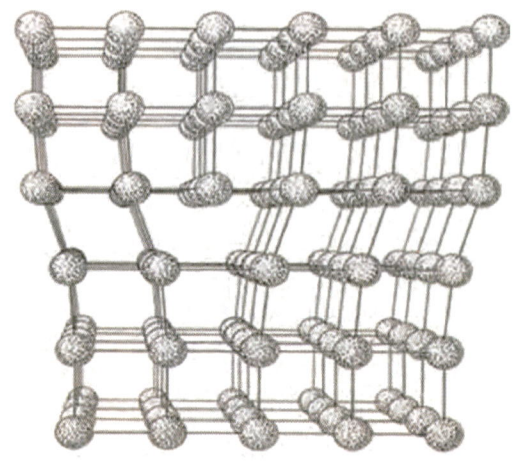

图 9.3　位错型扩展缺陷

注：位错发生在晶体的局部，这部分的原子平面多于相邻区域。在左图中，假设上面一行有 6 个原子，但在下面一行只有 5 个原子。在图中左起第三列出现了这种失配的情况。外围边界处的原子仍然结合在一起，但第三列附近的几行出现了扭曲变形，并延伸至晶体。位错改变了原子的结合，对化学加工而言是一种弱点。佛罗里达大学的罗尔夫·胡梅尔（Rolf Hummel）指出，位错类似于玉米表面的结构。右图是一张玉米图片，展示了种子的不规则排列。

就算不能生长出大尺寸且完美的晶体，我们也不必感到羞愧，因为通过对热力学的了解，我们马上就能明白一个残酷的现实：要制造出完美的材料是不可能的。缺陷是符合物理规律的必然结果，这些物理规律左右着我们的生活。如果将缺陷视为晶体的特征之一，那么我们也许会对自己更加宽容，并认为个人的错误可能也是由遗传基因决定的，而基因的一部分就相当于热力学因素。

在一种由单一化学元素（如铜、锡、硅或碳）组成的简单材料中，我们可以先考虑一个问题：所有的晶格格位是否都被填满？从这里开始，逐一对照晶体学中的缺陷列表。这个问题的答案必然是否定的。缺失原子的格位被称为"空位"，在室温下，通常有大约百万分之十的空位。从工程的角度来看，这还不赖。例如，我们在进行打字等熟悉的重复性任务时会出现失误，假设每敲击 1000 次键盘出现一个错误，这样的失误率已足够低。经过检查和校正之后，错误率可能只有百万分之一百。银行交易以"百万分之一"的错误率作为最低质量标准。大多数人至少都能回忆起一个银行对账单错误，这也验证了这样的错误率。但是，考虑到每小时银行的交易量，即使错误率只有百万分之一，错误的数量也是相当大的。

随着空位的出现，有些原子可能会离开它们应在的格位，落入"正常"格位之间，这种缺陷被称为"填隙"。即使对于金刚石或硅，我们也难以得到完全纯净的材料，因此所有材料中总会存在杂质离子。杂质有几种可能性，它们可能会沉积在晶格格位以取代主离子，落入空位，结合在一起形成纳米粒子，或者形成微小且彼此分离的不同化合物的包裹物等。这些特征都是热力学定律的结果，它们试图将原子组合所需的总能量最小化。在房屋建设方面，我们也在努力降低成本，但这往往意味着走捷径和犯错误。

对小规模的几百万个原子来说，有序地排列成雏晶可能并不难，特别是从一个晶种点开始生长的时候。在大多数情况下，晶体生长将在整个熔体内随机开始。这意味着我们最终将得到相对于彼此略微倾斜的雏晶块，并且不同晶粒之间存在边界。边界区不仅比晶粒更加脆弱，而且化学键的稳定性也有所不同。因此，材料往往会沿晶界断裂。这可太棒了，如果没有晶界，人类不可能步入石器时代。但强度和化学反应性的变化可能是有价值的，也有可能带来问题。

即使在单个晶粒内也常发生一种线缺陷，名为"位错"。如果晶体中某一行的原子数量与相邻行的原子数不同，就会出现这种情况。原子间的结合方式发生扭曲，从而导致尽可能多的原子在失配平面上结合，但仅靠扭曲无法解决失配的问题。于是会出现一系列错误，这就是位错。位错有多种类型，图 9.3 展示了位错型扩展缺陷，在很多玉米上也会出现的类似问题。

位错化学

图 9.4 展示了位错表面的化学变化，该表面出现了位错，可能增加结构

的复杂性。在这个例子中，位错导致的化学变化吸引了杂质原子。这会在化学或机械侵蚀下产生三种不同的蚀刻速度。这些速度也会因所用化学溶剂的类型而变化。与富含杂质的位错核相比，"完美"材料的正常蚀刻速度要慢得多，但远远高于位错周围较弱的原子键的蚀刻速度。在这个例子中，由于位错吸引了一些杂质，因此与原材料相比，它的蚀刻速度大幅下降。因此，我们看到刺突的尖端受到保护，并保留在原晶体表面。在三种蚀刻速度下，分别形成了一个保护区（刺突的尖端），一个因快速蚀刻而形成的深坑和一个中间速度的正常材料。从许多方面来看，这个过程就像软岩和硬岩遭到风沙侵蚀。典型的例子是布赖斯峡谷（Bryce Canyon）的石柱（在一些柱状结构中，硬岩甚至会平衡地处在砂岩顶部）。

图 9.4　位错和表面的化学变化

注：位错线的一系列化学变化可能导致复杂的表面图案。在左图中，晶体表面最初出现一条位错线，吸引杂质离子。当表面受到侵蚀时，会出现三种蚀刻速度。第一，主体的溶解速度提供了一个背景平台；第二，位错周围的扭曲晶格强度较弱，蚀刻速度加快，但在含有杂质的位错处，几乎不会受到任何侵蚀，由此形成一个刺突，它位于一个蚀刻程度高于主体材料的深坑中，顶部仍会保留在原始表面。第三，右图显示，位于软砂岩上的硬岩层经过风沙侵蚀后成为石柱。布赖斯峡谷就是典型的例子，那里的石柱高达 100 米。

红宝石晶格生长中的杂质和应变

在红宝石中，铬替代氧化铝中的部分铝离子，从而使晶体呈现红色。从化学的角度来说，这种替代没有问题，因为铬离子（Cr^{3+}）和铝离子（Al^{3+}）都是三价离子，因此正好可以与三个氧离子结合。但从离子的尺寸来说，则存在一些问题，因为铝离子和铬离子的半径分别为 0.054 纳米和 0.062 纳米。看起来似乎只是微小的差异（半径只相差约 15%），但就离子体积（$4/3 \pi r^3$）而言，铬离子比铝离子的格位大 50%。晶格生长需要大量的应变能。但是，如果在相邻格位插入成对铬离子，那么更大范围上的晶格可以松弛下来，从而分散和降低了这对铬离子的总应变能。重要的是，这种情况下所需要的应变能小于两个单独的杂质离子所需要的总应变能。当材料生长或随后被高温加热时，应变晶格也会影响离子的运动。

如果用社会来打比方，我们可以想象一列拥挤的通勤地铁，体型不同的人或携带行李的人都乘坐这列地铁。不同离子尺寸的影响，相当于车上有行李箱（空位中的杂质）、抱着婴儿的父母（婴儿占用的空间较小，因此是一种微量杂质，但不在空位中心）或体型较大的运动员（填隙杂质或较大的格位杂质）。这不仅会挤占邻近乘客的空间，也会影响远处一些乘客的拥挤程度。这样拥挤混乱的车厢也会影响乘客在列车内的移动或下车。这些特征与晶格中离子扩散和迁移完全类似。将非标准尺寸的杂质配对，可以缓解列车和晶体中的问题。

令人惊讶的是，如果将极小的杂质离子放入一个空的晶格格位，这些离子不会处于格位中间，而是偏离中心向侧面移动。同样，这也与人们的行为相似。如果一个人进入有很多椅子的空旷空间，他基本上不会走到中间，而是选择靠边或角落的地方。物理学家从数学的角度给出了更令人赞叹的解释，称之为姜泰勒畸变（Jahn–Teller distortion）（如果你想成名，一定要和一个名字具有异国情调的合著者联合发表你的简单方程或想法。如果一个新的科学定律由两个人的名字来命名，这比用一个名字命名的科学定律更容易被记住，除非你真的很有名）。

最后，还有许多晶体存在简单的缺陷，如用于发光二极管和激光光源的砷化镓，其中一些镓离子可能位于砷离子的位置，或者砷离子位于镓离子的位置。这些缺陷被称为反位。

生长缺陷与非标准的组合方式

我在前文提到，氧化硅是一种标准且简单的稳定硅氧化物，由一个硅离子与一对氧离子结合，但我们不需要这种理想化的完美组合。利用氧化硅可以生长或改进材料，这些材料从单纯的硅，到氧原子个数不同的氧化物（SiO_{2-x}，$0 < x < 2$），再到二氧化硅。其中缺氧的缺陷被称为非化学计量。它存在于许多氧化物中。典型的例子是白漆，其中的白色来自二氧化钛。经过与空气的反应，氧浓度发生变化，破坏了原本正确的组合方式，而当材料缺氧时，它开始吸收蓝光。因此，白色的油漆涂层开始泛黄、褪色。从原则上来说，添加杂质可以抑制这样的化学反应，提高油漆品质。从用户的角度来说，这听起来似乎很有吸引力，但油漆制造商对此并不感兴趣，因为它会降低产品的复购率。

这个二氧化钛发黄的案例能够提供一定的佐证，但不能作为通用的解释，因为醇酸树脂涂料在没有光的情况下也会发黄。通常，水汽和氧气反应会导致某些树脂的颜色变化。材料缺陷及其表面化学反应中的变化错综复杂。

铌酸锂——一种重要的工业材料

第 2 节

光电工业中最重要的合成晶体之一是铌酸锂（$LiNbO_3$）。它的晶格布局类似于蓝宝石（Al_2O_3），但交替的锂离子和铌离子（而不是两个铝离子）会增加结晶轴的摆动。铌酸锂不是一种天然材料，需要人工合成，现在已得到广泛应用，例如在电视、手机和光纤通信系统中。从本质上来说，它是氧化锂和氧化铌的混合物。不幸的是，将这两种材料熔化在一起时，氧化锂和氧化铌并非各占一半，其中锂的含量偏少。这样生长出的晶体性质明显不如预期，因此，人们投入大量精力来克服由此产生的困难。这一领域问题重重，因为在光学应用方面（例如制作光波导），我们需要制作高折射率的区域来限制光束。从商业上来说，可以通过对钛（Ti）离子或质子（H）等杂质的处理来实现这一目的。化学掺杂和取代反应可以引入新化合物的多个相和扭曲的铌酸锂结构。控制铌酸锂的折射率能带来丰厚的商业利益，因此这些年有关它的研究成千上万。之所以会有如此大的精力与财力投入，最显而易见的原因就是光电子产业能带来巨大的商业回报。

但是，改变铌酸锂折射率的种种化学方法往往会降低其光电性能，并且对结构相同的晶体（如钽酸锂）无效。我个人对这个问题很感兴趣，因为我看到了利用完全基于缺陷的方法来克服这些困难的机会。这种方法不仅在铌酸锂（和钽酸锂）上取得了成功，也可用于其他数百种材料，制造光波导、波导激光器和其他光电器件，而且我们尚未找到在这些材料中制作光波导的化学途径。如今这种方法已得到广泛应用。

制造缺陷，形成光波导

制作光波导的关键步骤是将光限制在比周围介质折射率更高的路径内。铌酸锂所采用的方法非常特殊，通过掺杂钛或氢来提高折射率，但是，如前所述，这些技术降低了铌酸锂的光电性能，并且不适用于其他结构类似的材料。我所采用的另一种方法是利用缺陷，不是提高光波导材料的折射率，而是降低与光波导相邻层面的折射率，从而确定低折射率的边界。这种方法保留了光波导材料的理想特征，如果边界也是透明的，则不会降低光波导的质量。这个概念很简单，但我选择了一种几乎适用于所有光学材料的技术，它的基础是离子注入对主体晶格造成的损伤和破坏。

在注入过程中，高能粒子在沉积能量的同时开始减速。起初由于能量较高，会先出现晶格电离（对晶格造成轻微损伤，随后可以通过适度的热处理予以消除）。但在粒子运动轨迹的末端，能量传递更加高效，形成核碰撞损伤，它会破坏目标晶格。对于石英一类的透明晶体，损伤区域会变成无定形二氧化硅，折射率下降约5%（对光波导技术而言，这个下降幅度已足够大）。因此，注入离子（如氦）并造成晶格损伤，这是一种简单的方法。它不会改变近表层的高折射率，而是在离子射程的末端形成低折射率的基底，由低折射率的基底将主体分隔（图9.5）。为了确定光波导的边界，我们只需另外注入低能离子。

图9.6显示了离子注入形成的石英光波导，其注入能量为2.2MeV（百万电子伏特）的氦离子。在引导区域造成轻微的电子损伤，但氦离子造成的核碰撞损伤将石英转化为无定形二氧化硅。通过折射率分布图可以看出，小剂量的离子造成损伤和穿透，但高剂量的离子会使一个较大区域的折射率降

低，从而限制光的传输，形成光波导。适度的热处理可以消除电子损伤，这是一种非常优秀的、损耗极低的波导。在图 9.6 中，我选择将折射率的降低率作为纵轴，它可以形象地体现一个限制光的光陷阱。在损伤区域，氦（或其他）离子不会污染波导，意识到这一点，你就会发现，这种方法的成效显著，令人赞叹。此外，这些离子仅占整个波导结构中离子总数的 0.1%，甚至更少。如果使用质量更重的离子，所需浓度会更小。

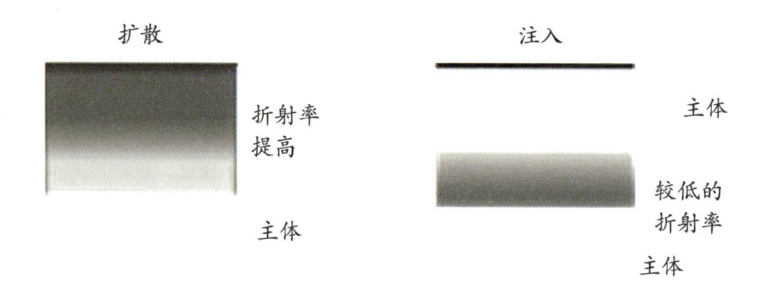

图 9.5　制作光波导的方法

注：掺杂剂扩散提高了引导区域的折射率，而注入所形成的"损伤"则降低了引导区域之下的折射率。在铌酸锂中，钛的扩散需要在高温下经过数小时才能完成，并且它会降低其光电性能。相比之下，离子注入非常迅速，甚至可以在室温下进行，并且不会改变晶体性能。

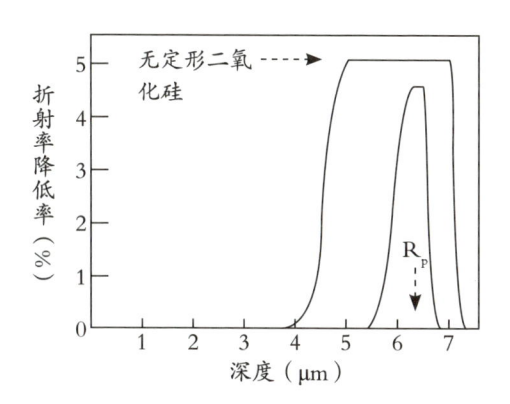

图 9.6　离子注入形成的石英光波导

注：从晶体石英光波导向下延伸到核损伤区域，该区域已转化为无定形二氧化硅。注入能量为 2.2MeV 的氦离子。当离子剂量较小时，即每平方厘米 10^{16} 个离子，离子的投影射程（Rp）清晰可见。剂量为 8×10^{16} 个离子/平方厘米时，低折射率的体积会扩大。

我最初的目标已经实现，使用铌酸锂的试验取得了成功。其反应基本上与石英相同，但对于更加复杂和非化学计量的目标成分，电子能量传递会导致一些永久性的微小变化，这些变化因沿不同结晶轴的光的折射率差异而有所不同，但它不会降低材料的品质。如图 9.7 所示，在表面以下不同深度制作光波导都很容易，但通过化学扩散制作光波导则无法做到这一点。此外，许多重要的光电子材料具有相变，因此无法使用高温扩散掺杂的方式。

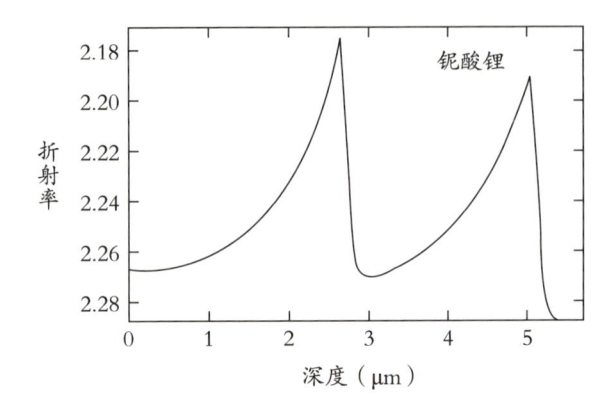

图 9.7　铌酸锂中一对掩埋式光波导

注：用两种不同的氦离子能量来制作一对掩埋式光波导。中间的阻隔是可控的，从而使两个光陷阱在引导时发生耦合。

该方法真正的重要价值在于，我们可以在数百种材料中制造光波导，而人们尚未找到或开发出在这些材料中制造光波导的其他途径。这些材料已被用于众多光电器件中，如波导激光器、用于使激光器频率加倍的系统（产生二次谐波）、路由交换，以及许多更加复杂的光电器件。总的来说，基本原理并不复杂，重要的是控制缺陷。

现在用离子束治疗癌症也遵循了同样的策略，在高能离子运动轨迹的末端，即肿瘤埋藏的深处，离子积蓄了大量破坏性能量。但在这个过程中，组织的电离会造成一些问题，我们需要权衡利弊。

10

杂质与半导体生长

改变世界的杂质

第 1 节

10 | 杂质与半导体生长

本书一直在强调,控制缺陷可能带来机遇,而半导体似乎是我们这一代人最引人注目的例子。到 20 世纪 60 年代,半导体已经从物理学中一个有趣的学术话题,发展成可以在商业上制造出来的实体。作为一个优势产业,半导体的发展几乎有力地改变了我们生活的方方面面。如果没有半导体,我们就没有计算机、智能手机、卫星、互联网,以及从玩具到汽车和飞机等一系列设备。这样的例子不胜枚举。这一切之所以成为可能,是因为我们能够精确定位进入锗和硅等元素表层的杂质,将其含量控制在百万分之一。该方法已延伸至各种用于电子和光学用途的半导体材料,如发光二极管和激光器等。

都是好消息吗?

这些神奇的技术不仅改善了人类生活的各个方面,现在也完全控制了这些方面。没有这些技术,我们现在所知道的文明就不可能存在。我们对这些电子设备充满热情,但对它们给生活其他重要方面所造成的破坏却视而不见。我将在后面的章节中讨论其中的部分问题,但在这里,我想简要提供几个负面例子。首先,对电子产品的重度依赖严重影响了我们观察周围世界以及与真人交流的能力。这常常会破坏亲密的社交关系、同理心和真实世界里的人际互动。这些定义和改变人类生活的电子产品包括电子音乐、广播和激光唱片（CD）。即使是音乐厅也不能幸免，因为据说现代观众希望音乐听起来更接近激光唱片的音质，而不是现场演出。声学工程师正在重新设计电子设备，让音乐厅内现场演奏的古典管弦乐失真，使其接近广播和录音那样的低音质。作为一名音乐爱好者，我觉得这种做法简直匪夷所思。

第二个特点是，能够即时访问包含了海量信息的数据库，会削弱人们的记忆能力，导致人们在发挥创造性想象力时变得迟钝。此外，人们难以区分事实与虚假消息或偏见信息，从而导致了越来越多的问题。我在《技术的阴暗面》中探讨了最初对新技术的渴望如何导致我们忽视了技术的负面后果。在书中，我对人类的这种"降智化"进行了一定程度的总结。它彻底改变了我自己的观点。举一个简单的例子，我们在卫星导航、云存储、光纤信号传输的各个方面以及其他远程通信等各种项目上完全依赖电子技术。关键问题是，我们可能因一个自然事件而失去这一切。早在1859年，卡林顿（Carrington）[1]就描述了一场袭击地球的太阳风暴，它不仅给高纬度地区带来了美丽的极光，连位于南部的古巴都能看到极光。大气的电离产生了严重的电磁干扰，在当时使用的最基本的电报系统中出现感应电压。后来发生的一些小规模太阳活动还导致发电站起火、卫星连接中断、飞机导航失灵。幸运的是，自从进入电子时代以来，还没有一次太阳活动达到1859年的水平。如果现在出现同等程度或者更加猛烈的太阳活动，我们可能会立即并永远失去卫星、地面通信，且电网遭到破坏（电网电缆提供超长的天线系统，可以接收来自极光的电磁信号，足以摧毁电网的主要部件）。太阳表面有无数大规模的强烈太阳活动，但幸运的是，其大部分活动都没有影响到地球。当前持续的极光信号只是众多方向随机的小型太阳风暴之和。1859年的太阳活动

---

[1] 理查德·卡林顿（Richard Carrington，1826—1875），他是一位英国的业余天文学家，曾于1859年观测到太阳闪焰，成为最早的太阳闪焰记录。——译者注

（或更强烈的活动）必然会重演。观察太阳耀斑发生的频率及其角展度，我们可以预测出，通常每100年左右，太阳会发出一次超级耀斑。我们不可能预测其发生的时间，但它发生的概率是100%。

直到20世纪末，主要的电气灾难是大规模的无线电干扰以及局部的发电站火灾。事实上，这些都发生了。电力系统失灵会对北半球地区产生尤为重要的影响，然而，通信失灵可能无法修复。即使是全球定位系统（GPS）失灵这个更简单的问题也未得到严肃的解决。GPS很容易受到蓄意干扰，据报道这样的事件已有约10000起。2004年，美国总统布什要求设计一个备用系统，并在军事上加强防御，但截至2019年，这笔预算始终没有启用。没有人考虑到民事方面的损失。这个提案的目的是防止恐怖活动干扰信号，而不是避免卫星和地面站失联。

对电子产品的依赖意味着我们可能不再保存书面记录，而是使用计算机或所谓的云存储。对许多应用程序来说，这样的存储方式很有用。但是，倘若你想找一个历史上的案例来证明将所有信息保存在一个地方的危险性，那么典型的例子就是亚历山大图书馆。2000年前，在地中海文明的鼎盛时期，人们在亚历山大城建造了一座巨大的图书馆和仓库，将所有的文献和伟大著作集中保存于此，便于交流。它吸引了来自各地的学者，直到一场大火摧毁了一切。有趣的是，关于图书馆被焚毁的时间众说纷纭，有一种说法是它在公元前48年被烧毁，还有一种说法是它在公元641年被烧毁。我认为，亚历山大图书馆可能经历了两场不同的火灾。

电子技术的爆炸性冲击

提出技术进步本身可能存在缺陷的警告之后，我们再回到技术发展的积极方面，尽管其中不可避免地涉及许多获得资助以开发战争武器与核弹的项目。几千年来，冶金和玻璃科学逐渐成熟，但电子技术彻底改变了世界。20世纪上半叶，热离子电子阀（或电子管）的发展为电子电路系统奠定了基础。它们只是被抽了真空的玻璃瓶，却能使电子在两个部分之间传送。在最早的热离子阀中，加热的细丝发射电子，这些电子被集电极上的正电压吸引。大约在 1904 年，英国发明家约翰·安布罗斯·弗莱明（John Ambrose Fleming）首次演示了这一装置。他的装置只有两部分，一部分是发射电子的热阴极（−），另一部分是吸引电子的阳极（+）。这两个部分组成的装置被称为二极管。这听起来是一个非常简单的想法，但它可以控制电流，使其只向一个方向流动。

1907 年前后，美国发明家李·德·福雷斯特（Lee de Forest）对二极管进行了简单的改造，他在靠近细丝的电子路径上添加了一个栅极，从而制成三极管。由于栅极更靠近阴极，所以栅极上微小的电压变化，就可以控制电子从阴极流向阳极。微小的电压变化也会影响从阳极流出的电流。电流通过电阻器，产生明显的电压变化，因此三极管的几何结构意味着它可以充当放大器。图 10.1 是简单的真空三极管。

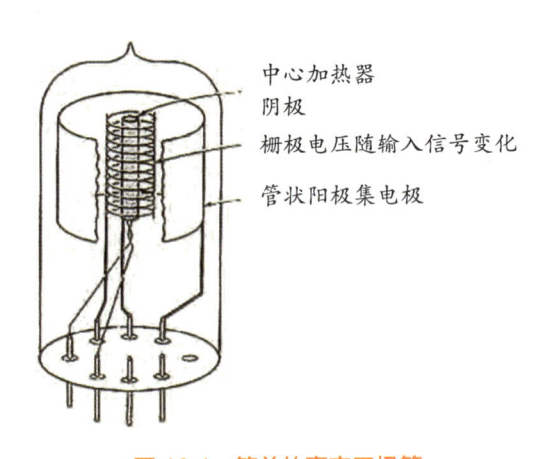

图 10.1　简单的真空三极管

注：加热器（阴极）发射电子，金属板（阳极）收集电子。两极之间存在电压差，阴极是负极，排斥电子，而阳极是正极，吸引电子。这是一项重要特征，因为它是一个阀门，使电子只能沿一个方向流动（需要真空来防止电子被空气分散）。三极管阀包含一个靠近阴极的栅极，因此只需要微弱的电压就可以改变电子发射。施加到该栅极的信号电压发生变化，从而控制电流的流动，栅极电压的微小变化会对电流产生极大的影响。这意味着一个微弱的电压信号，如无线电信号，就可以在电流中产生极大的变化，因此三极管是一个信号放大器。

电子设备的尺寸

这些原理很容易理解，而且非常实用。三极管可以接收一个微弱的话筒信号，将其放大后驱动扬声器。随着后续的发展，三极管的控制元件增加，且性能得以提升，但从根本上来说，这样的设备开启并推动了此后60年的电子学发展。电子管的缺点是，它们通过细丝产生大量热量，消耗大量电力，且体积庞大，工作寿命相对有限。这对收音机、放大器或留声机来说并不是严重的问题，但它对复杂信号的使用造成了限制。在第一台可编程计算机"埃尼阿克"（ENIAC）中，电子管寿命极限的影响非常显著，该计算机有17500根真空管，每天至少会发生一次故障。后来人们注意到，与灯泡一样，大多数故障都出现在机器开启或关闭的时候，因此让机器连续运行可在一定程度上避免故障，但仍然不够可靠。

对离不开手机的现代人来说，我们需要了解一下这类电子设备的尺寸和质量问题。在第二次世界大战期间，英国情报人员空降法国，试图用"便携式"无线电发射器与英国通信。1942年，最先进的是一台无线电设备的覆盖范围接近500英里，其质量只有30磅，恰好可以装进行李箱，当然，还需要一个6伏特的汽车电池为其供电。但它并不像手机那样便利，因为它还需要设置一根好几米长的天线，然后仔细调整发射器频率。别忘了，在当时的情况下，无线电设备其实相当于一台莫尔斯电码发射器，尚不能直接语音通信。为了改变频率，避免在长时间传输过程中被敌方检测到，人们还需对设备上的某些组件进行调整。显然，在早期，要检测到一位使用发射系统的特工并不难。因此这些特工的平均职业寿命只有几个星期，然后就会被敌方发现。1943年，人们开发出一个20磅重的"微型"设备。尽管这类仪器越来越先进，但即使到了20世纪50年代，一台秘密无线电发射器的尺寸仍有一个大公文包那么大，质量大约20磅。它不再需要电气干线，有一个语音频道和一个莫尔斯电码发射器。一个主要的进步是将覆盖范围提高至2000英里。

便携式无线电发射器的例子足以解释人们为什么亟须缩小设备尺寸和完

善电力需求，同时提高其性能和可靠性。这个问题通过半导体二极管与三极管元件得以解决。从概念上来说，半导体二极管或简单晶体管的功能也是让电流在一个方向上流动，或者向中央施加电压，从而通过来自信号的微弱偏置电压控制大电流的流动。一个相当简单的观点是，当我们了解了半导体器件中的这些初始过程后，就掌握了理解现代计算机芯片的原理与操作的关键知识。

令人惊讶的是，现代电子技术的各个方面完全依赖于对半导体材料缺陷的理解和控制。早期的例子是围绕锗半导体性质设计的单一化学元素系统。不幸的是，以锗为基础的装置很容易过热和烧毁，因此人们转而使用硅元素。随着需求和应用范围的扩大，又出现了数十种化合物半导体，从而拓展了这类装置的范围。许多半导体由两种或多种元素构成［例如，镓与砷（砷化镓），或镓与铝、砷与磷等］。另外，与真空阀中的单个单元不同，现在数百万个单元被封装在单个电子芯片的表面层中。

电传导

对于绝缘材料，我们发现原子更倾向于通过电子转移结合在一起，从而将最外层的电子壳层填满（即形成钠离子 Na^+ 和氯离子 Cl^-）。相比之下，其他材料如铜或铝具有金属导电性。因为它们的最外层电子层中只有几个电子，此外这个电子层中有许多未填充电子的能级。如果与其他相同的原子相互作用，每个价电子就不可能拥有相同的电子能量（这个基本事实被称为泡利不相容原理）。因此，各能级之间的差距非常小。在一个晶体中，有数十亿个相互作用的金属原子，从而出现数十亿个极为相近的能级，它们会模糊成一个能带，如图 10.2 所示。对于这样的金属，最外层的能级比电子多，所以同样的情况也会继续存在于晶体的能带中。这有利于传导，因为如果电子被激发，就会出现空的能级，电子便可以在金属中移动。传导既需要电子也需要能够让电子移动的空的能级。

10 杂质与半导体生长

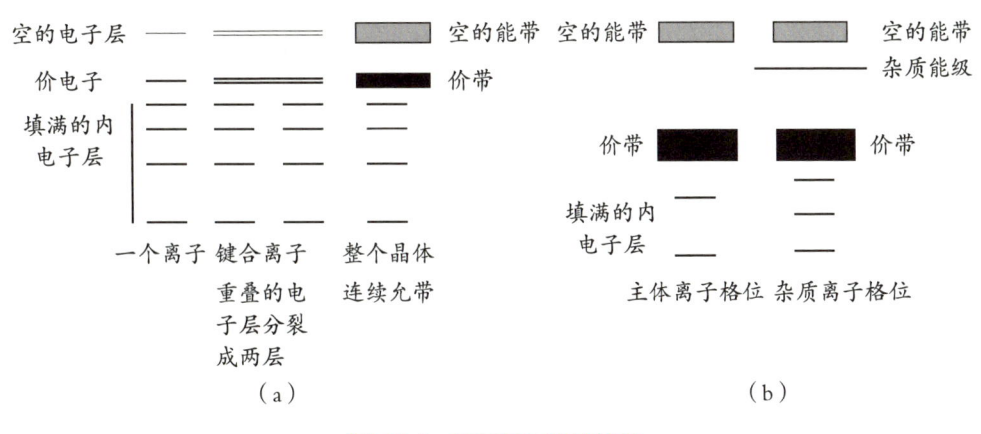

空的电子层　　　　　　　空的能带　空的能带　　　　　空的能带
价电子　　　　　　　　　　　　价带　　　　　　　　　杂质能级

填满的内
电子层　　　　　　　　　　　　　　　　　　价带　　　　　　　价带

　　　　　　　　　　　　　　　　　　　填满的内
　　　　　　　　　　　　　　　　　　　电子层

一个离子　键合离子　整个晶体　　　　主体离子格位　杂质离子格位
　　　　　重叠的电　连续允带
　　　　　子层分裂
　　　　　成两层

　　　　　（a）　　　　　　　　　　　　　　　（b）

图 10.2　原子和晶体的能级

注:(a) 围绕原子运行的电子具有能级阶梯,因此任意两个电子的能量都不相同。当两个原子结合在一起时,外层电子(价电子)相互作用,因此外层电子能级分裂成两个十分接近的新能级。如果是三个原子结合,则分裂成三个能级,以此类推,因此在晶体中有数百万个彼此靠近的能级,它们会连成一条能带。在这个绝缘体示意图中,价带被填满,下一组能级是空的。
(b) 如果价带被填满,而下一组更高的能级是空的,那么电子就不能穿过晶体。如果带隙足够小,电子可以利用热能向空的上一个能级跃迁,但对石英或玻璃等绝缘体来说,带隙很大,电子不可能跃迁。在低温下,硅也会成为绝缘体。为了控制电学性质并制造半导体,可以添加一些杂质,这些杂质有一个被填满的能级,位于上能带附近的带隙中。这样一来,带隙缩小,电子可以利用热能跃迁,材料因此具备了一定的导电性。

教科书中会用高速公路的交通流进行类比。拥挤的高速公路上有很多汽车,但没有可移动的空间(交通堵塞)。这就像一个已填满电子的价带,因此它是一个不能进行传导的绝缘体。下一个价带没有汽车,意味着这只是一条空旷的高速公路,没有车流(即绝缘体的情况)。相比之下,金属(比如钠)充分体现了极高的流动速率,因为它既有高密度的电子,也有高密度未填充的能级。高速公路上只有几处空地,或者车辆较少,都会产生微弱的电流流动,这就是半导体的情况。

半导体传导

除了离子键或金属键之外,还有第三种选择,称为共价键。这种情况发生在碳、硅或锗等材料上。这些原子的最外层有四个电子和四个空能级。转移四个电子以生成离子是不现实的，因此折中方案是它们与相邻原子共享电子。电子配对形成化学键，这意味着四价元素的最外电子层被填满。这种化学键叫作共价键。由此产生的最终结果是，最外电子层看起来好像已被完全填满，并且在这个能带内不能导电。

但这并不意味着共价材料是绝缘体，因为它不仅有含电子的能带，还有更高的空能带。如果我们能将电子从已被填满的能带移动到空能带，就会发生导电。经过如此处理的材料导电效率不高，因此最终形成一个导电不良的导体，称为半导体。

在纯净且完美的晶体中，电子可能会利用热能从被填满的价带移动到更高但是空的导带。这种情况能否发生，取决于带隙和温度。如表 10.1 所示，如果带隙很宽，碳原子会形成金刚石，硅原子的带隙较小，锗原子的带隙更小，表 10.1 中所列材料的电导率跨度达到 10^{20}。纯金刚石是一种绝缘体，室温下的硅是一种不良导体，如果加热锗，它可能会变成一种不良导体。这是早期晶体管的一个弱点，其中的锗功率晶体管会变热，只因受热就开始导电，然后进一步被加热并烧坏。硅在普通电子器件中没有这个问题，因此成为室温下设备的首选半导体。

表 10.1　碳、硅、锗、铜的带隙和电导率

元素	带隙（电子伏特）	室温下电导率（西门子/米）
碳（C）	5.5	约 10^{-13}
硅（Si）	1.11	约 1.56×10^{-3}
锗（Ge）	0.67	约 2
铜（Cu）	不适用	约 6×10^7

从绝缘体（碳）到半导体（硅和锗），再到金属（铜），电导率的变化幅度很大。电导率与每秒跃迁到空导带的电子数成正比。电子每秒的跃迁速率（dn/dt）取决于可跃迁的电子数量（n）、尝试跃迁的频率（f），以及它们向上

跃迁的成功概率（P）。因此在数学上，电子跃迁的整体成功率为 dn/dt=nfP。其中 n 是较低能级中的电子数，f 是晶格中原子固有的振动频率。

我们可以对成功概率进行推测。关键因素是所需能量与可用能量的比率。在整个化学、物理学和生物学中，一般规则是，如果施加少许能量，如热能 $E_{热能}$，而电子需要一个跃迁或反应的能量 $E_{反应}$，那么发生活动的可能性与两者的比率成对数下降［即成功概率 P=exp（$-E_{反应}/E_{热能}$）］。例如，如果比率为 2 比 1，则概率为 exp(−2)，即 13.5%，如果是 4 比 1，概率降至 1.8%，如果是 8 比 1，概率降至 0.034%。这同样适用于化学反应的速度变化，或温度变化下的植物生长。固体中电子的热能取决于热力学温度，单位为开尔文（例如 27 摄氏度为 27+273.15 = 300.15 开尔文）。因此热能 $E_{热能}$ 为 kT（其中常数 k 称为玻尔兹曼常数）。对电子来说，大约在 $E_{反应}/E_{热能}$ 小于 25 时，电子跃迁才有发生的可能性。

向硅中添加掺杂剂可以在带隙内提供包含电子的能态，电子利用热能跃迁至空的能带，并产生导电性。乍一看，热能似乎没有价值，因为室温下的热振动能大约只有 0.027 电子伏特。能量单位是电子伏特，如表 10.1 所示，硅的带隙约为 1.1 电子伏特，因此如果导带内杂质含量不超过 10%，势垒仍为 0.11 电子伏特。如果我们凭借自己的体力和肌肉力量跳到一个特定的高度，那么这个高度就是我们的极限，即使我们是在一群人中，也不会超越该极限。对于硅中的杂质电子，我们可以做这样的类比，它试图跳到 1.1 米，这样的高度是不可能达到的，因为我们实际上只能跳 27 厘米。

然而，对电子来说，几个随机振动能量包可能会同时到达，而且电子偶尔能获得必要的能量。这是一个极不可能发生的事件，但基本上，即使是极不可能的事件，经过多次尝试也有可能成功。当我们意识到振动能量包每秒到达 10^{13} 次以后，就可以看到概率的变化。此外起始电子有数十亿个（经过如此大量的尝试，必然会有一次中奖）。我们可以用橄榄球比赛中的争边球作类比，这是一个队友互助的例子，跳起争球的队员得到其他队员的帮助，所以他能跳得更高，在那个高度停留的时间也比他靠自己所能维持的时间更长。

我们可能会认为，自己无法通过很多人输入能量，但事实上，有一些方法可以增加能量输入。例如，人们穿过泰晤士河上新开通的千禧桥（Millennium Bridge），每走一步都会向桥梁输入少量的能量。当越来越多的人步调一致，桥身开始摆动。更糟糕的是，当大桥开始摇晃时，人们改变了行走方式，与大桥的晃动保持同步。幸运的是，这个问题没有塔科马海峡大桥（Tacoma Narrows Bridge）那么严重，当时，风吹动桥身摇摆，产生了共振，导致这个处于悬索桥设计前沿的结构发生了灾难性的坍塌，震惊世人。这两个有关桥梁的例子表明，所有微弱的能量结合在一起，将产生惊人的结果。晶格振动能也是如此，它能够实现关键的高能电子能级变化。

通过缺陷控制半导体中的电子流动

第 2 节

半导体值得考虑的理想杂质是磷和硼。它们在元素周期表中接近硅，原子大小相似，但磷原子有五个价电子，因此很容易进入硅的导带。而硼原子只有三个价电子，因此它可以充当电子陷阱，使掺杂区域看起来像正极。半导体相当于一个二极管邻近区域掺杂了磷离子和硼离子，因此如果我们施加一个电场，电子就只能朝一个方向流动。不同的区域以符号 p 或 n 来加以标记，其中 n（负极）表示电子过剩，p（正极）表示电子缺失。对应到三极管（即晶体管），我们只需要一个 n-p-n 结构。

杂质掺杂剂不仅可以用于生产这些非常简单的半导体器件，还可以生产所有已经开发的复杂电路装置。没有复杂的基础科学，只有大量的制造技术。我要传达的信息是，半导体中所有导电与处理完全由两个因素综合控制，即局部改变杂质的浓度和类型，以及有控制的电压变化，后者为电子的移动和空穴提供能量。这些工具相当于书写所用的字母、笔和纸。晶体管是文字，现代芯片是书籍，计算机是图书馆。

对于 p 掺杂区中的电子运动，我们通常用正"空穴"的移动而不是电子的移动进行描述。这很合理，因为每种杂质周围有数千个硅离子。我们可以从电子运动的角度来思考，重新排列空置空间及其运动，例如从左到右移动。或者，我们可以关注更简单的空置空间的移动，出于实际目的，空置空间朝着相反的方向从右向左移动。我们更喜欢这种描述，其中的"空间"就是所谓的正空穴。两种类型的电荷转移方式与在高速公路上行驶的汽车相似。在一条几乎空无一人的高速公路上，汽车（电子）可以轻松快速地行驶，它是运动中的物体。相比之下，在交通拥堵的情况下，车辆几乎静止，每辆车只有在前一辆车向前移动以腾出空间后才能前进。从远处看，人们几乎看不到一辆汽车的移动，只能看到空间在向后移动（即缓慢移动的带正电的空穴）。

与空穴相比，电子在几乎为空的导带中更容易运动（许多电子必须重新排列，从而为空穴运动腾出空间），因此电荷在两个能带中的流动性不同。这一点已经过实验验证，因此我们用一个小模型就可以充分展示。实际上，半导体利用了这两种过程。到这里已不再是物理学的领域，但从技术的角度来看，问题才刚刚开始。我们必须在器件的每个区域中精确地界定掺杂剂的浓度。没有用的杂质以及硅晶格的缺陷可能影响可用的电子数量，或者损害电子的自由移动，因此必须清除这些杂质。目前的控制水平旨在将杂质浓度降至十亿分之一。从技术上讲，这是一项惊人的成就。但是，即使为消除不必要的缺陷付出了巨大的努力，我们的观点也不应该改变，即半导体物理完全依靠对有价值的缺陷的控制。

电子学的发展——摩尔定律

在过去 70 年里，电子学与相关技术实现了前所未有的惊人发展。衡量标准之一是一个半导体芯片上能够容纳的晶体管数量，其增长规律通常被称为"摩尔定律"（Moore's Law）。摩尔指出，芯片上能够容纳的晶体管数量每两年便会翻一番。随着芯片设计的改进，可以达到每 18 个月翻一番。这不能算一条"定律"，而是一个呈对数增长的大致趋势。尽管如此，半导体行业还是将其作为发展速度的一个目标里程碑。从 1947 年诞生于贝尔实验室开始，晶体管和半导体芯片的发展趋势如图 10.3 所示。

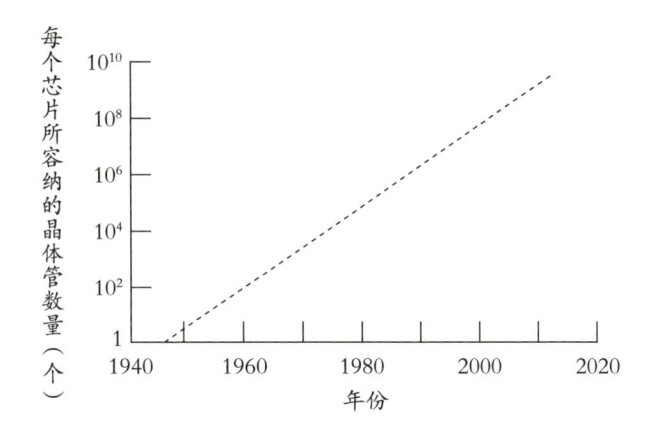

图 10.3　每个芯片所容纳的晶体管数量随着时间的推移而增加

注：自 1947 年人们发明晶体管以来，晶体管数量随着时间的推移呈对数增长，现代芯片所能容纳的元件数量已超过 10 亿个。如图所示，芯片所容纳的晶体管数量大约每经过 18 个月到 24 个月便会增加一倍。

许多技术的发展都会呈现这样的对数模式，但我认为这种模式并不令人吃惊。公司之间存在激烈的市场竞争，新想法需要经过逐步测试和推广，因此从现实的角度来说，我们可以预测，性能更好的产品会年复一年地出现。如果一家公司做出重大创新举措，同时决定摆脱这种模式，那么在看到公众喜欢上这个新产品之前，该公司可能就已倒闭。因此，逐步改进才是正常模式。尽管如此，我发现许多产品的趋势非常鲜明。我们是自愿做出改变的吗？如果不是，又是谁或什么东西在控制着产品的变化？

对早期的电子设备而言，我们可以在更长的历史时期内观察到类似的对数增长模式。雷·库兹韦尔（Ray Kurzweil）展示了 20 世纪中类似的对数发展速度，从开关和机电继电器设备的出现到真空管、简单晶体管和早期的计算机芯片，这些装置都被用于制造计算机和开关装置。这种模式已经持续了 100 多年，其发展模式呈对数增长，如图 10.4 所示，从机械设备发展到电子设备的过程中，增长速度也在持续提高。库兹韦尔采取了另一种更加商业化的方法，将成本换算为每一美元所能处理的活动数量。这是一项重要功能，如果不能降低单位成本，处理速度提高 100 万倍也不会有销量。

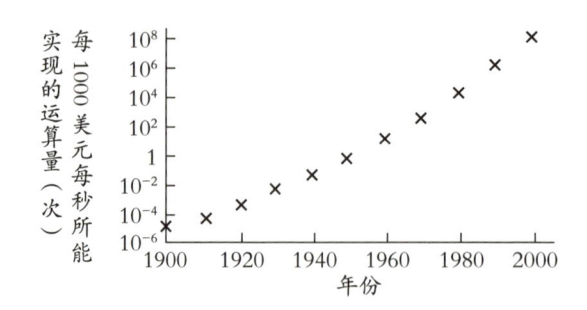

图 10.4　20 世纪内运算成本的变化

注：图中所涉及的技术从纸卡控制到电气开关装置、机械继电器、真空阀和半导体器件等。其发展趋势呈对数增长，但随着半导体的出现，斜率明显增加。

人们已经注意到许多类似的趋势。亨迪（Hendy）所绘制的图 10.5a 描述了在数码相机上，每一美元所能实现的像素分辨率。同样令人关注的是硬盘容量的增加（图 10.5b）。公司利用这种进步来打广告，但发展并不总是可持续的，广告也要不断更改，以掩盖其局限性。对于相机使用的电荷耦合器件（CCD）芯片，现代营销关注的是像素的大小，而不是每个芯片上不断增加的器件数量。对应到计算机中，则是处理器的数量，因为从处理连接和布线电容上来看，它们具有局限性。总的来说，这意味着摩尔模型已经达到了上限。

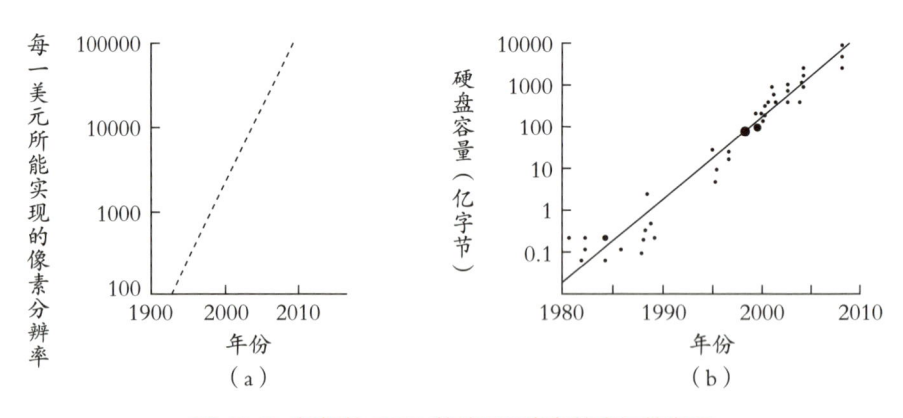

图 10.5　相机的 CCD 芯片和硬盘存储空间的发展

注：(a) 展示了 CCD 芯片上每一美元所能实现的像素分辨率随时间的变化，(b) 总结了硬盘在 1980—2010 年的发展中，容量增长了百万倍。CCD 芯片的像素与硬盘容量都随时间呈对数增长，但所使用的技术发生了相当大的变化。

10 杂质与半导体生长

能否预测并保持增长率？

发展速度是一种趋势，而不是规律，因此难以准确预测。元件的大小通常会造成一定的物理限制。在硅片中，如果电流产生的热量过高，就无法进一步减少电互连。新型芯片和电子产品所营销的诸多"进步"都微不足道，它们只是一种广告工具，以吸引人们用新设备替换现有设备。这在商业上至关重要，制造商必须为一件产品找到过时的理由，而消费者不必这么做。一个典型的例子是智能手机的营销，人们仍然有购买最新版本的热情，通常是将其作为时尚配饰。就性能而言，用户很少会用到其系统的内在功能，因此系统的更新与否也无关紧要。

鲜为人知的是，进步往往需要全新技术解决方案。新的方案与早期工艺完全不兼容。图 10.6 展示了光通信速率的演变，通过技术的变革，信号传输速度如何呈现稳定的对数增长。图 10.7 则体现了光纤类型和传输波长的改进过程，并且人们必须在不干扰用户的情况下用全新的处理技术无缝替代。

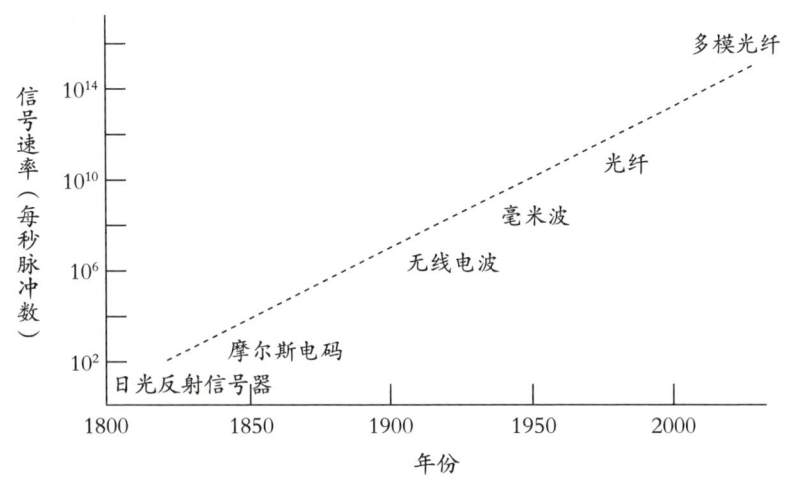

图 10.6　光通信速率的演变

注：这幅图展示了 200 多年来通信速率的变化，从日光反射信号器和莫尔斯电码等技术到现代光纤。其发展模式符合对数曲线图。最值得注意的是，通信速率增长了将近 1000000 亿倍。

图 10.7　光纤通信

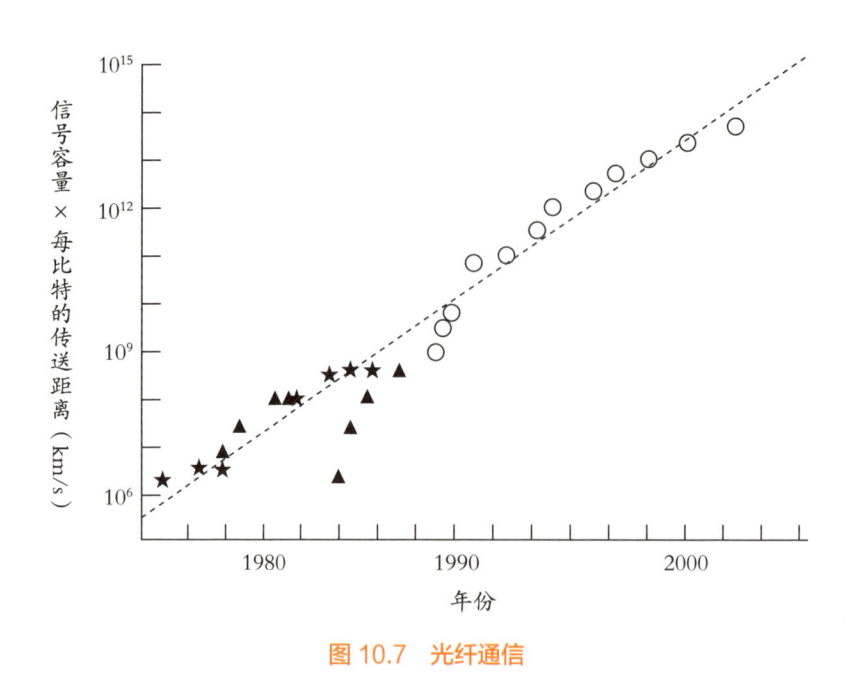

注：信号容量乘以单位数据在单位时间内的传送距离，后者只有通过全新的技术（用不同的符号加以表示）才能提高。细节并不重要，但在几十年的时间里，其提升幅度将近 10 亿倍。

能否预测出哪些产品会有极高的需求和广阔的市场，可以决定一个行业的成败，但要做到准确预测极为困难，尤其是对创新产品来说。即使是走在前沿的技术专家和富有洞察力的其他人，也常常会对未来的技术市场做出误判。我在前文曾提及人们忽视光纤而重视微波系统的例子，在此我还要再引用其他几个案例，以证明这种误判是多么常见。

……通过导线传输语音没有实际价值（1865 年）；总有一天，美国的每座大城市都会有一部电话［1880 年，贝尔（AG Bell）］；全世界对计算机的总需求量可能只有 5 台［1943 年，国际商业机器公司（IBM）董事长］；个人家里不需要电脑（1977 年）……

同样，汽车的使用最初也未受到重视，人们认为它永远无法取代马车。

我怀疑，现代的预测，即通过核聚变反应堆实现低成本高效率的发电，也同样是错误的。我们已经在这方面取得了科学上的进步，目标也十分明确，但半个多世纪以来，我们对一个系统的预测至少涉及它未来 25 年的影响，而如今它的规模和成本已经超出了预期。要想在经济上取得成功，需要一种全新的方法。

预测难度更大的是以量子位（量子比特）为单位的计算机的前景。实验室级别的设备显示，它们在计算中具有真正的潜力，但在现阶段，要使其复杂性和可靠性达到一般用途的水平，还需要十年的时间（也许我所说的话也会被加入前面的失败预测列表中）。尽管如此，积极的宣传有利于吸引资金，维持其研发，而它背后的科学研究也的确很有趣。

11

微小的异常与长远的后果

直觉与缺陷结构

第 1 节

对半导体芯片来说，当互连开始接近原子的维度，要提高表层堆叠的晶体管密度显然会遇到障碍。同样，它们的可靠性达到了掩膜和制造技术的极限。但对电子设备来说，掺杂剂的影响似乎仅限于局部，因此可以将如此多的掺杂剂紧密封装在芯片上。绝缘响应的情况并非如此，其中能够控制光学性质的缺陷的相互作用范围更大，因此可能更加麻烦。多年来，我一直在思考如何理解绝缘体的缺陷，现在我想试着来总结这些特征。

原子核周围有电子层，这样的原子结构基本原理相对简单，使人们对化学和晶体学有了初步的理解。当然，真正的晶体从来都不是完美的，即便如此，我们也无须动用过多的想象力，就能猜出很多熟悉的简单缺陷类型，例如矿物和宝石中的杂质决定其颜色，或者杂质对热处理的反应。即使我们理解了这些概念，要理解缺陷的作用也是一个缓慢的过程。一个关键原因在于，缺陷的影响可能非常广泛，而人们花费数十年的时间才能开发出可以揭示其作用的实验和理论建模技术。

如何找到缺陷?

我要举的例子虽年代久远,但有据可查,它可以说明碱金属卤化物氯化钠晶格中一个非常基本的缺陷——空位。教科书为学生做了简化,在讨论这些缺陷时,空位好像完全局限于晶体中的一个晶格格位,且只会影响它的近邻格位。事实上并非如此,但这种观点一直存在,其中有历史性原因,也牵涉到量子力学问题。20世纪30年代,人们发现,如果用X射线照射氯化钠晶体,它们就会变色。或者,只需通过一点化学反应,就可以制作出钠含量较高的盐,它所产生的颜色与晶体吸收蓝光(约450纳米)后所呈现的颜色相同。为了理解这两个实验,我们可以将卤素(氯)离子从氯化钠晶格格位中移除(图11.1),并在相邻钠离子的小空格里留下一个电子。电子维持晶体中的电荷平衡。这只是一个实验的结果,因此并未引起多么大的反响。

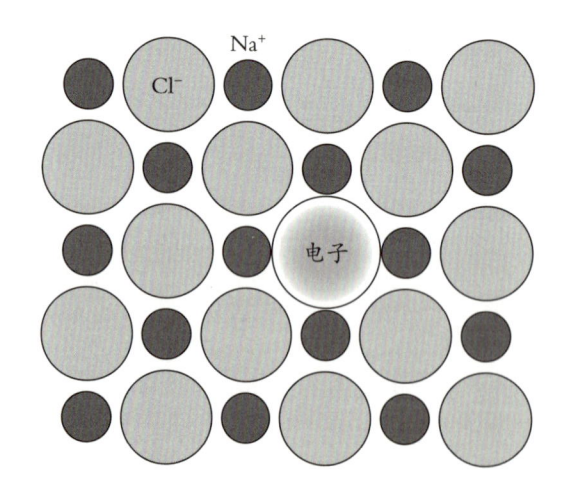

图 11.1　氯化钠晶体中的一个空位

注:氯化钠晶体F心模型表明,如果去掉一个氯离子,然后空位捕获一个电子,就能保持电荷平衡。事实上,电子波动的影响会超出原本的空位,传播到更远的格位,但大致来看,这就像一个电子被限制在空位里。

1937年,一位名叫罗伯特·波尔(Robert Pohl)的科学家发现,对当时刚刚提出的量子力学来说,空位里的电子是一个完美的检验模型。像波一样运动的电子会被空位的内壁反射。就像小提琴琴弦一样，几个相关的波长可能会被捕获。对空位中的电子来说，没有连续的选择范围，只有与空位大小相匹配的特定能级（与末端固定的小提琴琴弦的音符和谐波数量相似但不相同）。

电子从较低的能级跃迁至下一个能级所需要的能量决定了它将吸收的光的能量。对特定能量（如蓝光）的吸收会导致氯化钠晶体呈现一定的颜色，这种晶体中包含"空位电子"缺陷。这个模型非常简单，因此效果显著。波尔预测了光子能量（以及吸收波长），偏差在百分之几。他的预测已经足够精确，电子的波状运动意味着它会稍微透过邻近的区域，但根据晶体学，一个完美氯化钠晶格的空位尺寸不会出现这种情况，且这种晶体空位过小。该模型非常精准，与其他16种具有相同晶体结构的碱金属卤化物相比，它的比例最准确（几乎完美）。1937年，量子力学成为物理学中一个令人兴奋的新面孔，其结果引起巨大关注。这种缺陷被称为点缺陷。最初人们忽视了它与距离较远的离子相互作用所产生的缺陷。当时无论是量子力学还是实验技术，都难以发现这一点。

年代与重复导致错误永存

模型和"点缺陷"这两个词语如同事实一般深植于我们的课本和脑海中。从此便影响并阻碍了这一学科的进展。随着实验方法与设备持续改进，人们发现了晶格在更远距离内的相互作用。人们看到，缺陷的影响不仅限于最近或较近的相邻格位，在极端情况下，人们可以定量描述出五六十个相邻壳层（即超过100000个邻近离子）的反应。量子力学已取得进展，这种实验在很大程度上得到了理论的支持。我们现在可以理解结构中存在的一些杂质或缺陷会对多少原子造成影响。我根据这些数据绘制了一幅图（图11.2），随着时间的推移，我们发现了越来越多会受到缺陷影响的离子，其数量呈现平稳的对数增长。我们似乎已经逐渐确定了受缺陷影响的离子数量，且这个数字大约每5年翻一番。通过这幅对数图可以推测，大约80年后，我们必须接受这样一个事实：一个简单的小缺陷可能会波及晶格中的10000多个离子，对它们造成可度量的影响。从实验的角度来说，我们需要大量的技术才能检测它们所受到的影响和变化，但这并非不可能。这种远距离的相互作用意味着晶体的任何部分都会受到缺陷（杂质、空位和位错）的影响。因此，不可能存在完美结晶！

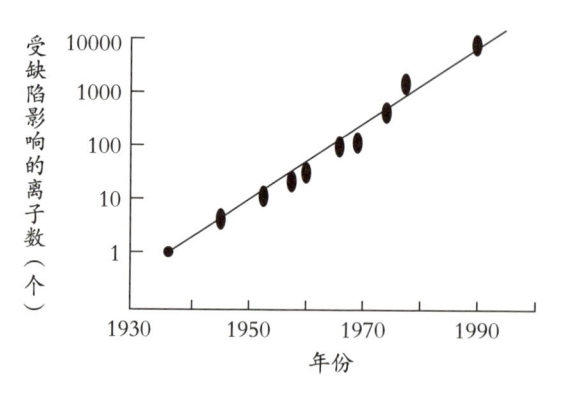

图 11.2 受缺陷影响的离子

注：随着实验技术的进步，我们能够在晶格中发现越来越多受结构缺陷影响的相邻离子。这幅图依据碱金属卤化物缺陷的数据绘制而成，但随着对其他材料的研究，类似的模式也出现在其他材料中。如果杂质或缺陷的含量达到百万分之十或百万分之一百，那么我们必须承认，晶体中的每个格位都会受到影响（即不存在完美的区域）。

哲学上有一个有趣的观察，那就是这种稳定增长的对数模式与摩尔定律和第11章所提及其他技术案例中的对数模式完全相同。我认为这一趋势很有吸引力，并尝试就学界对石英晶格和二氧化硅玻璃缺陷的研究结果，绘制类似的图表。不出所料，根据文献可以得出非常相似的模式，人们所发现的缺陷的影响规模每5年翻一番。然而，1960年左右才开始出现与石英相关的文献，二氧化硅玻璃相关文献的出现时间则更晚。两个领域的从业者似乎都没有意识到，如果能超越当时的流行观念，考虑到缺陷对远距离晶格造成的影响，行业的进步可以提早二三十年。同样，也有数据表明，永远不可能有"完美"的晶体。建立在完美晶体上的理论模型比我们大多数人所想象的更加简单。缺陷不会破坏局部晶格结构，而是将其扭曲。这里我忍不住想套用邦德（Bond）的经典台词："摇匀，不要搅拌。"①

光学材料中有价值的缺陷

对绝缘体来说，光吸收和光发射是最突出的光学性质，这不仅限于可见光，而是材料本身能够传送的所有光。晶体从外界以光的形式吸收能量后，电子被激发，从价带移动至导带。同样，在局部缺陷格位内，或者从缺陷到导带中，都会发生跃迁。类似的模式也出现在分子中。当能量衰减时，晶体发射光线（称为冷发光或磷光）。光吸收和光发射如图 11.3 所示。为了实现跃迁，光的吸收和发射都要有确定的能量。然而，在分子和固体中，热能可以使离子振动并调节原子间距。不同于围绕一个原子核运行的电子的清晰能量阶梯，由于额外的热能，能级在容许能量的抛物线状势阱内具有一定的灵活性。这类图表的正式标题是"构型坐标图"。

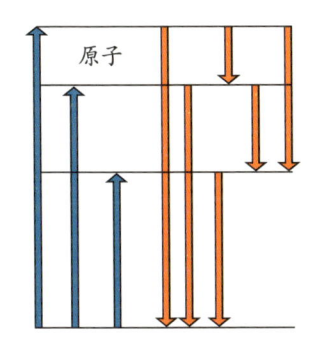

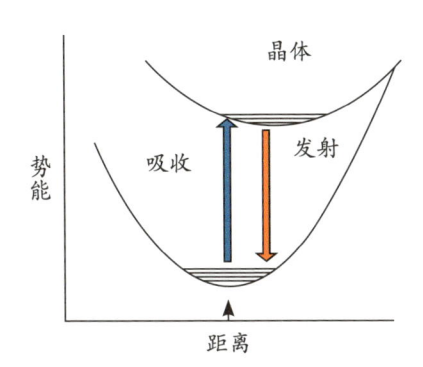

图 11.3 光吸收和光发射

注：线形图表示单原子的跃迁。在分子或固体中，热能增加了势阱内能级的宽度，且能量随位置变化。能级越高，对电子的束缚越小，距离原子核越远，且势阱越浅。热能使被激发电子的分布范围更广泛。因此，人们预测，晶体光吸收的能量高于光发射的能量，且带上的能量分布更小。位于晶体中缺陷格位的电子，或者当分子被激发时的分子振动，也可以绘制出同样的图形。

---

① 这是《007》系列电影的主角詹姆斯·邦德（James Bond）的台词。——译者注

如图 11.3 所示，使晶体发光衰减的吸收能大于光发射所释放的能量，因为在更高的能级，势阱的底部发生了位移。一个常见的例子是，洗衣粉中添加的杂质能够吸收高能紫外线。处在较高能量状态下的分子会发生弛豫，随后发射出能量较低的蓝光，且发光强度逐渐衰减。刻意添加的缺陷会产生蓝光，我们预计更多的蓝光只能从干净的衣服（比如白衬衫）上反射出来。将能量泵入一个系统，如透明矿物或生物细胞，电子会被激发到更高的能级。电子的高能态总是呈现一条较浅的抛物线，因此会有一个小范围的可达到的能级。当电子返回到较低的能级时，它们发射的能量较少，且其扩散范围比向上吸收过程中的扩散范围更大。图 11.4 是溴化钾的光吸收和光发射模式。

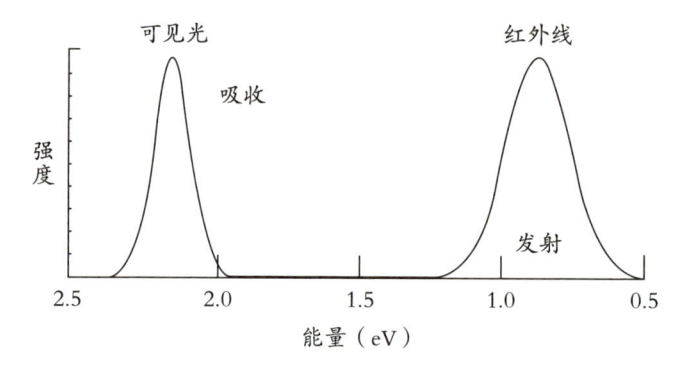

图 11.4 溴化钾的光吸收和光发射模式

注：如图 11.3 所预测的那样，发射的能量小于吸收的能量，且吸收光谱波长比发射光谱波长长。图中左侧曲线对应的能量较高，这与我们所认为的从紫外线到可见光和红外线的能量范围模式相吻合。

辐射剂量测定中的冷发光

第 2 节

　　冷发光的实际应用案例有很多，在此我只挑选一个，即辐射剂量测定中使用的冷发光信号。监测冷发光的设备非常灵敏，我们经常可以检测到远低于正常晶格格位百万分之一的杂质和缺陷状态。这保证了极高的剂量测定灵敏度。一个例子是监测累积辐射暴露（即来自X射线、伽马射线或宇宙射线，以及来自自然或人造来源的辐射）。日常生活中的辐射无处不在。辐射暴露不仅限于医用X射线、核反应堆或炸弹沉降物。不存在零辐射的环境。相反，花岗岩等岩石、陶器、建筑材料、宇宙射线、高空飞行甚至人体骨骼中钾元素等都能产生不同程度的辐射。甚至有些辐射与吸烟（例如，来自烟草上的放射性 α 颗粒可以到达肺组织表面）和大气中的杂质有关。乘坐飞机和采矿都会增加我们对自然辐射的暴露。

　　为了量化所受到的辐射，我们需要剂量计。早期商业上寻找真正灵敏的剂量计，其密度和原子质量特性与人体相似，主要使用的材料是氟化锂（LiF）。早在20世纪60年代，氟化锂的发光特性就引起了商业领域的兴趣，制造商试图通过纯化来提高产品的质量。然而，他们发现氟化锂的发光特性是由杂质引起的。经过这一伟大的飞跃，他们意识到这些杂质非常有用，并将其保留，在接下来的一年里，人们一直在研究这些杂质是什么，如何优化它们的浓度，如何优化它们被掺入氟化锂晶体结构的方式。主要的杂质是镁（Mg）和钛（Ti），再加上难以被分析出来的含氧量。

对杂质格位的实验方法与猜测

基本原理是用需要被监测的辐射从材料的正常格位激发电子，使电子移动并将其限制在杂质格位。如果我们希望读出累积的辐射剂量，可以对材料加热，从而释放被限制住的电子。在这些电子恢复到较低的正常能级的过程中，它们会将多余的能量以光子（光）的形式释放。释放光能需要热量，因此这个过程被称为热释光（TL）。镁离子有助于困住电子，而钛离子有助于随后光的产生。在杂质的选择上，杂质离子相对于原始锂离子和氟离子的大小至关重要。晶格可以接受大小相似的离子。让一个一价镁离子（Mg^+）直接在晶格格位上取代一个一价锂离子（Li^+）是不可能的，因为一价镁离子尺寸过大。但离子大小会随离子的电荷状态而变化，因此一个二价镁离子（Mg^{2+}）可以取代一个一价锂离子。就尺寸而言，这是可行的，因为一价锂离子的半径是 0.76 纳米，二价镁离子的半径为 0.72 纳米。

解决了尺寸问题后，二价镁离子还有电荷问题，因此需要去掉两个相邻的锂离子，插入一个镁离子，如图 11.5 所示。这样一来可以实现电荷和尺寸的匹配。这种缺陷使晶格中产生了一些微小的畸变，形成微弱的电子陷阱。然而，晶格中仍然存在应变能，并且可以通过热处理将其最小化，从而将三个单元聚集成一个环。

钛的问题与之类似，但更加复杂。钛的主要化合价是 +4，四价钛离子（Ti^{4+}）的尺寸适合替换相应格位上的锂离子，氧离子替换相邻格位上的氟离子，从而在不使晶格应变的情况下恢复电荷平衡（0.140 纳米的氧离子略大于 0.133 纳米的氟离子）。这样的组合非常高效且灵敏，在随后的 70 年里，人们尝试了其他杂质和热处理，这种剂量计也随经验的积累不断得到改良。事实上，我们尚不确定所涉及的格位的准确细节，而在日常使用中也有

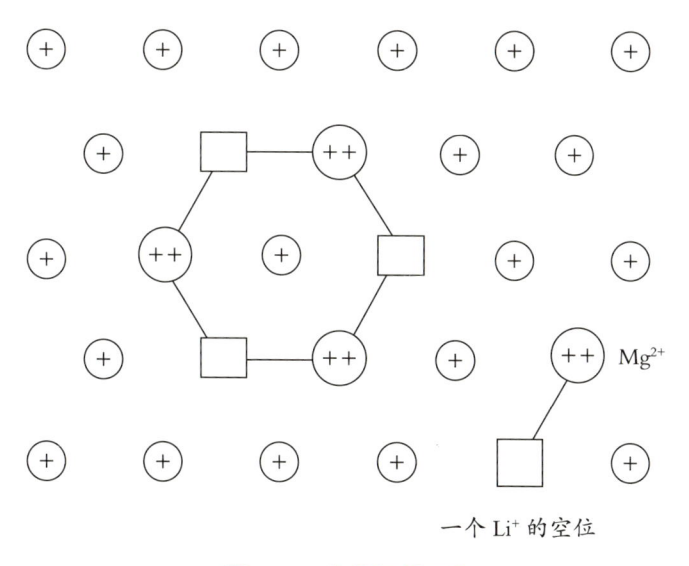

图 11.5　氟化锂剂量计

注：氟化锂中金属离子的平面示意图。一些锂离子被二价镁离子杂质取代。就尺寸而言，后者适合锂离子的空位，并能保持电荷平衡。进行辐射剂量测定时，我们需要一个比右侧示例更稳定且更深的陷阱。为此，可以将晶体加热到大约 150 摄氏度，保持几个小时，从而形成三个单元构成的环状结构。

很多替代材料。在应用时，使剂量计暴露于待监测的辐射中。之后对样本进行加热，剂量计在释放电荷的同时发光。冷发光信号的强度与辐射剂量直接相关。

古代陶器有多古老？

许多考古学家和博物馆馆长以及那些想要出售古董的人都面临一个重要问题，即如何确定一件陶器的年代。其中涉及的问题包括判断它是原件、后代仿品还是人为伪造的赝品。比如一件陶器，既有原件，也有后代仿品和人为制造的赝品，其市场价值也大不相同。从更加学术的层面上来说，数百年来，许多地中海陶器都使用了同类型的陶土、图案和着色颜料，如果只以风格为依据，专家也很容易做出误判。事实上，有一家著名的博物馆抛弃了

"专家意见"，转而采用热释光测年，结果发现，在某些类型的陶瓷制品中，75%以上的陶瓷制品的年代判断错误。单凭主观判断导致一些物品的年代被提早了2000年。

这种测年方法会利用热释光，其中的辐射剂量来自陶土本身所包含的放射性夹杂物。幸运的是，陶器烧制过程的高温会清除以前被限制住的所有电子，因此烧制将"里程表"型信号归零。这种方法有几种形式，虽然使用天然材料很复杂，但效果良好。熟练的专家往往可以通过这种方法确定陶器年代，偏差不到10%。例如对于公元1000年左右的物品，通过该方法确定的年代范围大约是公元900年到公元1100年。因此，要判断一件希腊陶器是2000年前的作品，后代仿品还是19世纪的赝品，这并不困难。

原件和赝品的价值有天壤之别，所以人们自然也在努力制造能够通过热释光等测年检测的赝品。如果没有值得怀疑的理由，或者物品本身的价值不高，那么这种尝试也有成功的可能性。然而，高价值的物品往往会接受更加复杂的检验，任何赝品都会暴露无遗。

你花园里的宝藏

苏富比拍卖行（Sotheby's）拍卖了一尊名为"跳舞的农牧神"（Dancing Faun）的花园雕像，这是一个经典案例，它从最初被认定为后代仿品，到后来经过热释光测年法确定为原件，价值发生了天翻地覆的变化。这是一尊小铜像（高32英寸），目前经检验为是阿德里安·德弗里斯（Adriaen de Vries）[1]的作品。起初它被认为是19世纪的仿制品，并非1600年左右的原件。幸运的是，青铜内部仍然包含模具残留的陶土，通过热释光可以确定这些陶土的年代。虽然无法精准地确定日期，但热释光清楚地显示，这些陶土制造

---

[1] 阿德里安·德弗里斯（1556年—1626年），荷兰著名的雕塑家。——译者注

于 1450 年至 1630 年间。这与该雕像制作于 1600 年左右的观点非常吻合，并完全否定了其为 19 世纪仿制品的可能性。因此，热释光测年法证明了这件作品为德弗里斯之作。这一事件成为当时的头条新闻，因为这尊"跳舞的农牧神"创下了此类青铜制件有史以来的最高售价。这尊雕像的售价从最初的 1500 英镑涨至 682 万英镑！此前它的主人在 20 世纪 50 年代以 7 基尼①（约合 7.50 英镑）的价格购入。

原子弹爆炸或核事故的辐射暴露

一般来说，如果我们能够检测到极弱的光信号，那么研究辐射源的冷发光就可以为灵敏的辐射剂量计奠定基础。前文的陶器、陶土和陶瓷制品的例子表明，我们可以通过后续多种非导电材料的热释光来估算累积辐射剂量。这种剂量计的市场广阔，因此人们一直在积极寻找能用于个人剂量测定的绝缘体。在失控的辐射事件中，人们使用现有的材料进行辐射剂量测定，而不是为这种测定进行材料优化。在这方面有两个经典案例，即评估广岛和长崎原子弹爆炸或切尔诺贝利核泄漏等辐射事故所产生的辐射模式和强度。热释光是大多数绝缘材料（如矿物和陶瓷）的常见特性，剂量测定的唯一要求是，在辐射暴露之前，陶土已经过高温加热，从而使热释光信号归零。陶土是一种理想材料，它在加热过程中可以将热释光信号全部释放。在这三起核辐射事故中，我们可以通过对浴室中的陶瓷（洗脸盆或抽水马桶）进行热释光检测，以评估辐射剂量。

---

① 基尼，英国金币名。初铸于 1663 年，1817 年英国采用金本位制，停铸基尼。——编者注

瑕疵带来的晶体色彩

前文提到，在玻璃中添加杂质会产生颜色，而相同的杂质也会产生不同的效果，这取决于它们的电荷状态、化学性质以及与主体材料的结合。经典案例是在氧化铝中加入氧化铬和氧化钛以制造红宝石和蓝宝石。需要注意的是，颜色并不是晶体自身产生的，而是未被吸收的残余白光。铬会吸收蓝光（和紫外线），所以宝石呈红色，我们称这种掺杂铬的氧化铝为红宝石。但鲜为人知的是，红宝石吸收紫外线和蓝光，从而使铬发射出窄线宽红光。因此，世界上第一台激光器也是利用红宝石制成的。

对于金刚石来说，要产生颜色就困难多了。一些天然金刚石呈现彩色，但它们往往不够漂亮和均匀，难以提升其价值。金刚石中的杂质通常存在于局部，因此彩色斑点会降低石头的价值（比如前文提到的"光明之山"）。对宝石进行热处理或许可以有效地改变它的颜色，但就金刚石而言，这个过程非常危险，因为高温加热可能会导致金刚石晶格坍塌成黑色的石墨斑点。这种情况可能发生在材料的局部，破坏宝石的质量。早在20世纪20年代，人们就发现一些金刚石经过X射线照射后，品质能够得到提升。这个结果出人意料，我原本以为金刚石会因此变得暗淡或变色。改良后的宝石价值上升，但不能在明亮的阳光下佩戴，否则它们就会褪色，变回原来的状态。最近人们尝试用其他方法更持久地改变金刚石的颜色，其中包括利用高能电子或中子（在核反应堆中）照射，从而将单个碳原子从晶格格位中置换出来。如果我们能将置换原子的浓度保持在较低水平上，就不必担心会形成石墨。通过辐照，再加上进一步的热处理，人们成功获得了绿色和蓝色的钻石。

辐射，包括来自阳光的紫外辐射，都可以激发金刚石中的电子，将它们从一个杂质或缺陷格位转移到另一个格位。辐射暴露越多，意味着被转移到新格位的电子数量越多。随后对材料进行加热，电子会离开这个不稳定的格位，返回到尽可能低的能级，并在这个过程中以光的形式释放多余的能量。光的强度与它所接收的辐射量有关。这就是热释光，但金刚石在这方面很有趣，因为它是第一个记录在案的热释光案例。早在1663年，罗伯特·波义耳（Robert Boyle）①就向英国皇家学会（The Royal Society）报告称，一颗钻石经过阳光照射后，发出了"微光"。

金刚石通常被视为绝缘材料，但就像硅或锗一样，添加杂质可以将这些材料转化为半导体，由于金刚石的带隙很宽，因此可用于紫外线、蓝光或可见光半导体激光器。自然界中也存在半导体金刚石，但较为罕见，其成因可能是宝石中含有氮杂质。

---

① 罗伯特·波义耳（1627—1691），英国物理学家、化学家，近代化学的奠基者。——译者注

12

21 世纪的光子学

光子的相关概念

第 1 节

在 20 世纪，随着电子技术的发展，信息处理、数据存储和通信都取得了惊人的进步。与此同时，人们也开始处理光纤和光波导中包含的光信号。"光子学"一词体现了这两种技术的结合，包括制造以光学性质为核心的设备。未来人们可能通过光学计算取得商业成就。光学技术在诊断医学和治疗中已经取得成功，但其应用仍未普及。不幸的是，医学界在接受新方法方面存在相当严重的惰性，尤其是在涉及新的专业领域或不熟悉成功疗法的相关知识的情况下。但是，一旦其商业价值与医疗价值得到认可，未来的光子技术将蓬勃发展。

表 12.1 简要概述了光子学的技术应用。光纤、卫星无线电通信和高密度发射机的出现改变了我们对电信技术的应用，其影响涉及电子邮件、电视、电影、互动游戏和监控等。大多数情况下，这些改变都被视为积极的进步，但不容忽视的是，这些技术也带来了诸多社会影响，它们侵入我们的生活，甚至有可能控制我们的生活。它们从多方面侵犯人们的隐私，为计算机犯罪和网络犯罪的升级提供了技术支持，同时也被积极地开发成破坏和战争的工具。

表 12.1　光子学的技术应用

应用	主要概念与用途
光纤	光脉冲通信 不同波长的极高数据速率。努力满足当前不断扩大的信号容量需求
激光源	从半导体的低连续功率到高功率脉冲，再到可用于焊接金属和造船的气体激光器
光子型探测器	主要基于半导体，包括 CCD 成像 效率非常高，但仍有很多需要改进的地方 也存在低能光子计数成像
光波导开关与信号路由	通过电光晶体的掺杂和处理形成光波导 重点项目
直列式光纤放大器	主要含铒杂质，用于 1.54 微米的通信光波段 用于多波长光纤，可在波长相近的情况下将容量提高百倍
太阳能转换	带光子能量转换器的半导体 提高效率且潜力巨大，甚至可用于未来电动汽车的车身
光学遥感	从视力到矿产勘探，无所不包 一个非常重要且不断扩展的主题领域
光纤传感器和控制电路	在人类无法进入的区域测量压力、应变、温度、湿度等 用于本地和远程医疗监控的传感器和服装
材料分析	从考古学、绘画、玻璃器皿、葡萄酒到纸币、辐射剂量测定等 一个正在不断扩展的庞大主题
安全编码	从设备到家用监控，但也为犯罪活动提供了机会
光子纠缠	理解起来很复杂，但它为快速运算提供了可能性
医学诊断和光活检等	潜力巨大，是从医学分析到治疗的主要增长领域，但受到传统医药的阻碍
军事用途、光学和网络武器	战场安全通信和武器解密与网络战 需要大量资金支持，同时会有一些副产品

技术造成的错误并不是什么新鲜事，目前（2020 年）关于新型 5G 通信所用频段的争论是商业利益优先于国际利益的典型案例。在这种情况下，通信所用频段可能与用于天气预报和水蒸气检测等方面的频段重叠。这似乎很

荒谬，有研究显示，这会导致预报能力降至 1970 年左右的水平，而 5G 系统的主要作用只不过是提高那些社交媒体琐事的传送速度。

这些 21 世纪的思想进步可能存在争议，但可以肯定的是，它们会进一步改变我们的生活，此外，表 12.1 中提到的所有技术应用无一例外都通过某种形式，利用缺陷来实现这些组件。我们不可能做出精确的预测，而且许多技术仍然是商业机密。

光纤所需要的光子元件

光纤通信可能是光子学最常见的例子，很显然，我们不仅需要光纤生长和大规模生产的技术，还需要一系列紧凑、强烈和定向的光源，以及以极高速度工作的探测器。数据传输速率以每秒数十亿的脉冲数进行衡量。但幸运的是，以良好的稳定性连续运行的半导体激光器可以根据这样的数据传输速率对其输出进行调制，检测器也可以处理这样的信号。信号的交换、路由和混合充满了挑战性，因为我们需要沿着光纤发送电子邮件、互联网、电视频道和其他项目。要做到这一点，我们需要对所有重叠信息进行混合、分离、编码和解码。由于光纤的吸收损耗与散射损耗，信号强度会随光纤的距离而下降，因此我们必须在信号衰减时放大信号。很多元件可能需要进一步完善，但接下来我只会简要介绍一个简单的光开关、一个快速脉冲源和一个光纤放大器的操作。这些概念很简单，但由于材料的缺陷，其制造具有一定的挑战性。

光开关和光路由

从原则上来说，光纤信号的混合和路由与早期的电话交换机几乎没有区别——在早期的电话交换中，运营商用一根带插头的电线将来电者的电话线接入另一部电话的电话线。而现在，这类产品已实现全自动化，不需要移动部件，并且只需要通过光波导使光信号按一定的路线发送。它的速度提高了百万倍，而且更加安全。路由的改良被纳入基于铌酸锂等材料的光开关结构，其中光被限制在靠近晶体表面的光波导路径中。如前所述，引导路径的折射率高于周围材料的折射率。为此需要添加杂质离子，用掺杂剂来提高引导区的折射率，或者利用结构损伤和失调，降低引导区周围材料的密度和折射率。

光学特性未必符合我们对物体特性的一般经验，因为光可被视为小能量包（光子）或波。如果有两条平行隧道，中间用一个很薄的分隔物隔开，我们驾车行驶在其中一条隧道中，只有当障碍物被拆除时，我们才能驶入另一条隧道。相比之下，沿着一个光波导传送光子（光）的情况则完全不同。光具有类似波的性质，因此它并不会被完全限制，它的侧面露出一条光能尾巴，可以延伸到物理边界之外。如果这种光能可以穿过边界进入第二条光波导中，那么信号将隧穿出去。如果两条光波导是平行的，光子将在两条光波导之间跳跃，并来回振荡。然而，如果两条光波导短暂相交，然后分离，那么可以将相交的部分设置成从一条路径切换到另一条路径的开关。实际上，两条路径之间振动能量传递所引发的共振，与耦合摆之间的能量转换相同。这并不是一个新概念，因为早在 1673 年，克里斯蒂安·惠更斯（Christiaan Huygens）就探讨了摆锤效应。

为了使开关可控，我们可以利用一种折射率可通过电场改变的材料。许多光学晶体会因电场或压力变形，被称为电光材料或压电光材料等，例如铌酸锂。这种材料的主要特点是原子在一定方向上按顺序排列，因此端面会出现差异。如果晶体结构的平面序列是 ABCABC……这样的晶体可能是理想的材料。我们最初可能以为，铌酸锂有两种平面，即锂平面和铌平面（即 ABABAB……），但其晶体结构包括第三种选择，即有一组未被占据的金属格位。因此铌酸锂的平面序列是锂、空位和铌组成的 ABC 结构。每个平面都被氧离子层隔开，彼此的间距并不相同。结构的不对称意味着晶体具有方向性，一端可能带正电，另一端可能带负电。施加电场会使晶体变形并改变折射率。因此，它可以作为改变两个光波导区域间势垒的开关。这种效应可以被反向运用，通过挤压材料产生压电电压，形成电火花，燃气打火机就是利用了这一原理。铌酸锂对光子学非常重要，其晶体结构如图12.1所示。如第10章所述，该结构在尺寸和离子排列上与蓝宝石（Al_2O_3）几乎相同，但蓝宝石的每个金属格位上都有铝离子，且蓝宝石轴面上的所有金属离子都整齐地排列在一起，相比之下，在铌酸锂的结构中，离子会沿轴面轻微摆动，使它在压力或电场下更容易变形和起皱。

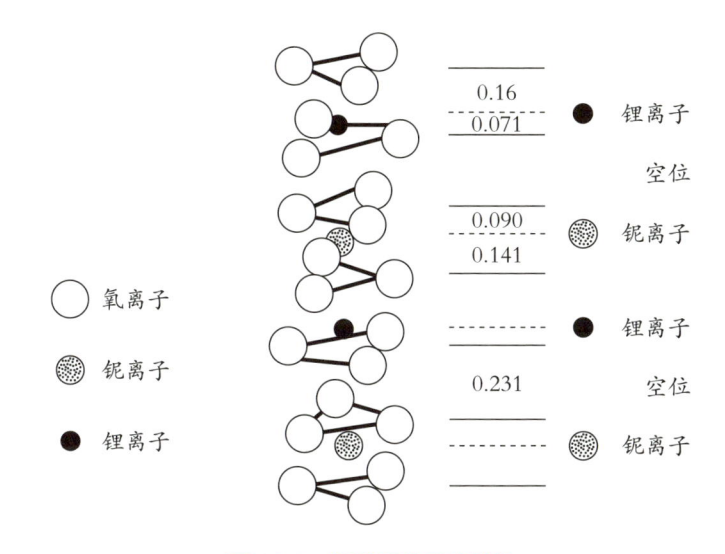

图 12.1 铌酸锂的晶体结构

注：铌酸锂与蓝宝石的结构非常相似，因为结构单位都有氧离子构成的三角形平面，由金属离子或空位的平面分隔。间隔距离以纳米为单位。氧离子决定了晶胞的大小，从顶部看，铌酸锂与蓝宝石都有三重对称轴。这在一些晶体中非常明显，比如星光蓝宝石。对于铌酸锂，锂、空位和铌按照ABC的顺序排列，这意味着顶部和底部存在电性差异，其中一端相对于另一端带有微弱的正电。这些氧离子与金属平面的间距不等，这种扭曲再加上未填充的空位，使沿纵轴的离子排列易发生起伏，从而扭曲晶格结构，改变折射率。

找到了对电场反应强烈的材料后，可以用电场来控制折射率，从而设计铌酸锂波导的光开关和光路由。方案是在铌酸盐表面制造两条高折射率的光波导。两条光波导之间的距离足够远，因此光无法隧穿。如果光波导与周围材料在折射率上差异巨大，那么这个间距可以缩小，因为它为光学隧穿制造了更大势垒。小心地分离两条波导后，我们可以在它们之间的区域施加电场，以扭曲晶格并降低势垒。这样一来，光将从一条波导隧穿到另一条波导（图12.2）。在一段很长的材料中，光会在两条波导之间来回摆动。电场为光信号提供了一个开关。铌酸锂并非独一无二的材料，但它是透明的，反应灵敏，而且已经过精心研发，因此就像硅是最受欢迎的电子学材料一样，铌酸锂也成为最受欢迎的光子学材料。图12.3展示了电光晶体中的光开关设计，其光波导取决于杂质。图12.4显示了光波导耦合，是施加电场与不施加电场时的折射率分布。我选择纵向绘制折射率轴，但折射率由下向上递减，这样可以体现限制光线的光陷阱。因此，你可以用通道中的水流来类比该模式。

图 12.2　无源光波导耦合

注：两条平行的光波导内置于材料的表面区域。光从波导A隧穿到波导B，然后来回摆动。如果长度合适，它可以充当一个耦合器，将能量从一条波导传递到另一条波导。

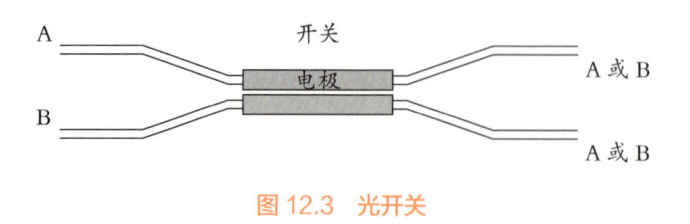

图 12.3　光开关

注：电场可以改变中间势垒层的折射率，并将两条光波导耦合，从而在两者之间实现能量转换。

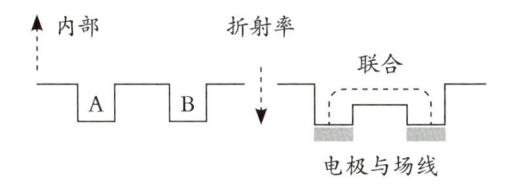

图 12.4　光波导耦合

注：左侧显示了两个相互独立的光陷阱的折射率分布。添加电极和电场来控制势垒层的折射率以及穿过更宽引导区的能量流动。在这个例子中，引导区的折射率高于主体材料的折射率。

产生稳定的光脉冲

如果从耦合到光波导中的激光光源开始，信号将流向检测器。对于数字通信，我们需要非常迅速地开启和关闭信号。但是，打开和关闭激光器会产生强度和频率（即波长）不完全稳定的脉冲。这将限制同时沿同一光纤传送的几个彼此靠近的载波速度和使用。因此，需要使各种激光器连续运行并产生断续信号。能做到这一点的设备是干涉仪。和往常一样，这个概念也基于我们所熟悉的例子，比如池塘中有一座小岛，我们可以观察池塘水面的波纹图案。将激光束分成两条相同的波导，将它们重新结合在一起后，这两部分仍然完全同步，因此它们只是重新叠加在一起，并继续以一个信号传输。但是，如果我们改变一条支路中的波导速度（即折射率），那么这两条波可能不再同步，并相互抵消。这两种情况分别为 0 和 1。在调制器的一条支路上施加电场，意味着我们可以在没有频率漂移或强度变化的情况下干净利落地控制光信号脉冲。该设计如图 12.5 所示。

波的干涉模式不仅限于小池塘，也存在于海洋中。在面积辽阔的太平洋上，最初的波浪可能是一系列直线（平面波）。海洋中的岛屿会造成驻波模式，波浪的强度和交叉方向由岛屿的位置决定，最初的平面波遇到岛屿后发生绕射。太平洋波利尼西亚群岛的人制作了条形图案来表示各种波浪的强度和它们的交叉模式，帮助他们在无法看清岛屿的时候也能继续在海上航行。它与平面波遇到障碍物发生绕射的数学原理相同，但比光学早了数百年。

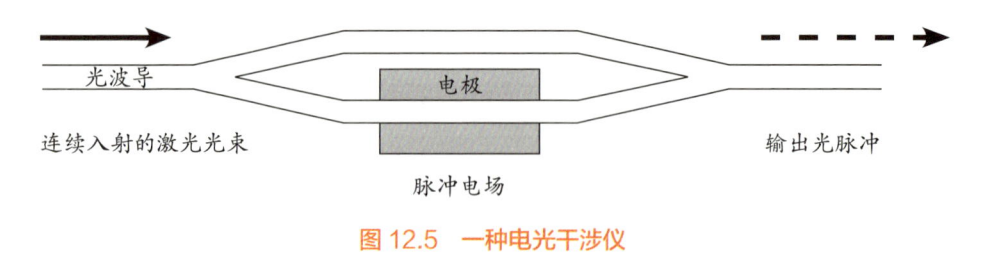

图 12.5　一种电光干涉仪

注：图中简要描绘了内置在铌酸锂等材料表面的光波导。其目的是将连续的激光信号转换为断断续续的脉冲。脉冲电极改变一条支路的折射率，使两个信号在重新组合时变成反相，两条波相互抵消。

直列式光纤激光放大器

当信号沿着光纤传播时，光纤的吸收和散射会造成微小的信号损耗。此外，即使是来自激光源的脉冲也会因波长不同（因此传播速度也不同）而产生微小的频谱展宽。这在光通过棱镜时或在彩虹中非常明显，蓝光的传播速度比红光慢，因此光通过棱镜后被分离成光谱。展宽会使脉冲彼此难以区分。这两个问题都限制了光纤的可用长度。早期人们通过设备在光纤内放大和再生清晰的脉冲，试图将光学数据转换为电信号，从而使用电子设备对其进行混合并重新定时，然后再重新转换成光脉冲。这种方法具有可行性，可用于低数据传输速率的光纤技术。但它的缺陷也很明显，所有元件都会增加成本，需要进行维护，而且由于复杂性提高，元件的使用寿命可能会缩短，并且偶尔会出现故障。故障未必会造成严重后果，但如果故障发生在跨大西洋或太平洋的光纤线路中，后果将不堪设想。在技术进步方面还有一个容易被忽视的问题，光纤现在可以传输 100 条或更多不同的信号通道，它们由近红外光谱中紧密相邻的波长进行颜色编码。如果每个颜色编码的信号都有单独的放大器，那么第一步必须将通道分离成紧密相邻的颜色（波长）通道，然后转换回电信号，经过放大后再转换成光信号，且波长保持不变。这是一个巨大的挑战，要在 100 个通道内完成是不现实的，而且每一个放大器都需要完成这样的步骤。这是不现实的。光纤内置光放大器技术的突破与成功，解决了这个问题。现代锗硅酸盐光纤在波长 1.54 微米左右的近红外区域尤为透明，并使用具有高达 100 个信号波长的透明窗口，光子能量分隔缩小至约 20 纳米（相当于在 1.54 微米左右的光谱区内有大约 0.01 电子伏特的能量）。

通过在光纤中掺杂铒离子，我们偶然得到了这样一个光谱区，即铒离子的发光波长范围与 1.54 微米左右的光纤传输窗口相匹配。用简单的局部激光光源激发一段掺铒光纤，被激发的铒离子发生弛豫现象，发射出我们所需要的波长。铒是所谓的"稀土"元素（镧系元素）之一。镧系元素包括 15 种元素，它们具有一种特别的性质，即在化学反应中三个外层电子的能级高于一些未被占据的内层电子能级。因此，这些元素在化学上具有相似性，但在能级间隔方面不同，光学跃迁波长也不同。对于不同的传输波长范围，我们可以使用不同的稀土离子。

同样幸运的是，普通光和激光之间也有根本区别。对普通光源来说，光子会向各个方向发射，并且各个光子相互独立。在激光中，一些光子会朝同一方向前进，其他光子受到刺激，也会朝相同的方向移动，并且所有光子都是同相位的，且具有相同的波长。这个过程需要极高的光强度，但当它开始以后，所有能量都朝向同一个方向，每个光子以相同的方式发挥作用。我们可以用非科学的事例来打比方，比如一群人随机朝不同的方向前进，然后一些重要的事件迫使他们朝一个方向步调一致。足球比赛中的墨西哥人浪也是类似的情况。最终，这样的光源可以实现随机个体之和不可能实现的事情。

一个简单、连续的局部光泵浦激光器可以激发掺铒光纤放大器。在没有任何外部刺激的情况下，电子最终会发生弛豫，发射出波长范围在 1.54 微米左右的光。然而，即使是微弱的激光脉冲通过该区域，也会在与信号脉冲完全相同的输入波长和相位上触发铒离子的发光衰减。这样可以重建数据脉冲并对其进行改造。此外，每个这样的信号放大都可以独立进行，并在所有载波波长下并行运行（图 12.6）。

图 12.6　一种光纤放大器

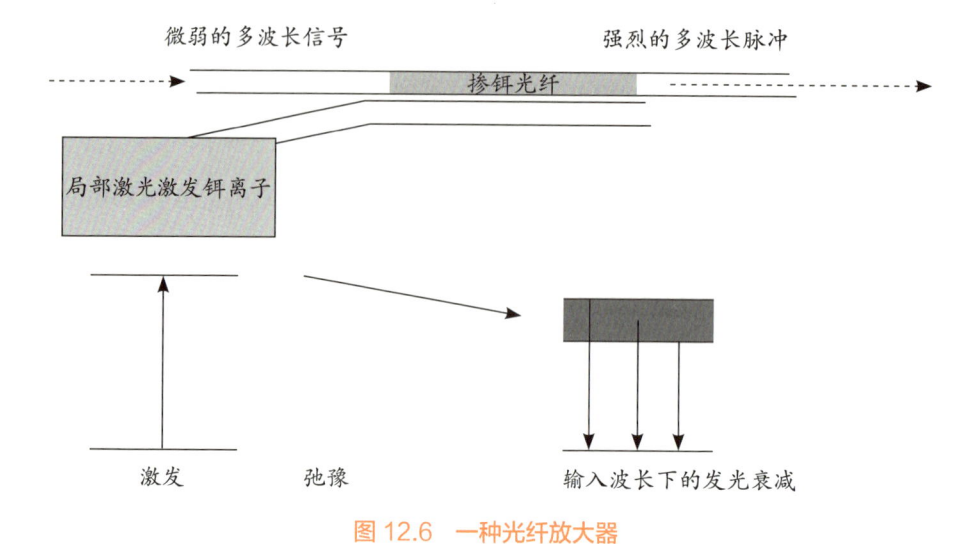

注：铒离子受到局部连续激光的激发。铒离子在 1.4 至 1.6 微米之间（与光纤的最透明区域完美匹配）自然衰减和发光。微弱的入射信号脉冲触发同波长的发光衰减，并重建出射激光脉冲的强度。每个信号通道独立工作，因此只要一段简单的掺铒光纤就可以根据需要选择性地放大 100 个信号通道。

半导体中的光波导

对制造发光二极管和波导激光器的半导体来说，光波导同样重要。半导体方法是在晶体的各个区域掺杂不同的杂质，通过控制杂质和缺陷来改变成分。激光输入能量来自进入材料富电子区与缺电子区之间的结区的电流。相比之下，在绝缘材料中，为了通过泵浦获得输出波长，输入能量也可以是另一种激光（通常波长较短）。无论使用哪种方法，泵浦能量都会刺激目标（半导体、晶体或玻璃）发光。只有当激发强度足够高时，才能从随机方向上的发光转换为单一方向上的紧密定向激光束。将发光限制在光波导中，可以使能量集中在一个方向上，并使整个光波导长度内的信号发挥作用。波导结构大大提高了激光作用的效率，降低了对泵浦功率的要求。因此，所有紧凑型激光源都含有光波导，无论它的基础是半导体还是光子机制。这又是一个通过控制缺陷来实现现代技术的经典案例。

光波导传感器与缺陷

第 2 节

　　光子设备包括多种类型的传感器，对光纤来说，在沿光纤的不同点上，这些传感器可能会发挥不同的作用。光纤传感器不仅可以用作固定位置的传感器，还可以提供信息，这些信息来自传感设备连续长度内的不同光纤段。这些传感器的设计制造需要通过加入合适的杂质或其他缺陷，使其性质能够随热量、压力、辐射、应变、化学变化或湿度等因素而变化。如果光纤的局部区域发生改变（如因受热而发生变化），则折射率将发生改变，因此，当我们用光纤传输光脉冲时，大部分光脉冲可以到达远端，但有一小部分光将从具有不同反射率的区域边界反射出来。只需记录发送反射脉冲与接收反射脉冲之间的时间间隔，就能知道到光纤变化部分的距离。反射信号的强度反映了变化的程度，通过改变波长，我们也可以探测出其他性质。从概念上来说，这就像蝙蝠声呐一样，回声、频率响应和强度都有助于确定反射器的距离、大小和类型。工程师们希望强调他们取得了全新的重大进展，因此针对光纤中与蝙蝠声呐原理相同的方法，他们发明了一个新名称，"时域反射计"（Time Domain Reflectometry）。

　　现在，在建筑物和桥梁中安装光纤传感器已成为惯例。这些传感器可以探测火灾，也能监测地震的影响，风导致的混凝土畸变或其他部件屈伸以及道路工程造成的损坏等。重大故障会破坏光纤，因此通过"时域反射计"可以找出断点位置，偏差只有几毫米。玻璃纤维会因应力而断裂，悬索桥的钢索也会断裂。近年来，人们已经意识到这一问题的严重性，并利用光纤探测器和传声器来记录每一次断裂事件，并试图找到它的位置。许多较旧的悬索桥已有多达10%的连续钢索断裂，人们担心更加沉重的交通荷载和日益脆弱的结构最终会导致坍塌。

使用了光纤的分布式辐射传感器非常适合在核反应堆堆芯附近的区域进行监测，因为这是人类无法进行操作的区域，许多电子系统会因背景辐射而遭到严重的破坏。近些年，光纤传感器也被用于医学，检测血流量和血氧量。我们可以将光纤内置于衣服中，使其通过相关的发射器发出连续的信号，不需要再将电缆和管道等物连接到患者身上。

光纤传感器可以提供不同类型的数据记录，可是人们常常忽视掉那些用不到的信号。这种疏忽的案例有很多。一个典型的例子是，早在地面测量发现臭氧耗竭问题之前，通过空气记录的数据就已经反映了这一问题，但人们未能意识到南极上空臭氧空洞的形成。

光子晶体结构

光子学的未来有许多可能性与奇特的潜在用途，包括隐形斗篷等话题。还可以通过许多意想不到的方式来引导光或选择性地阻挡或透射某些特定颜色的光。要实现这些目标，材料的构成必须均匀，包含一个在中心的固态核，四周为一系列平行的孔洞。如果孔洞与结构都达到光学波长的尺度，那么光波正好能感应到平均玻璃密度。打孔玻璃平均密度较低，因此折射率较低。这是制作光波导的一种途径。图12.7提供了一个示例。光的透射和反射由两列光波大规模的干涉决定，发生干涉的两列波的波长往往相同。这种吸收和着色效应的尺度与晶体中简单的"点"缺陷和吸收格位的纳米原子尺度截然不同。从性质上来说，这些光子晶体结构还有其他特异之处，比如它们可以阻挡或传输特定波长或使所有颜色的光以相同的速度传播（即恒定的折射率）。人们早已理解了其中的理论，但直到近 30 年才开始设计和制造这些作用于光学波长的光子晶体。我相信，新的想法和用途将源源不断地出现，光子晶体将进一步增加光子元件的多样性。

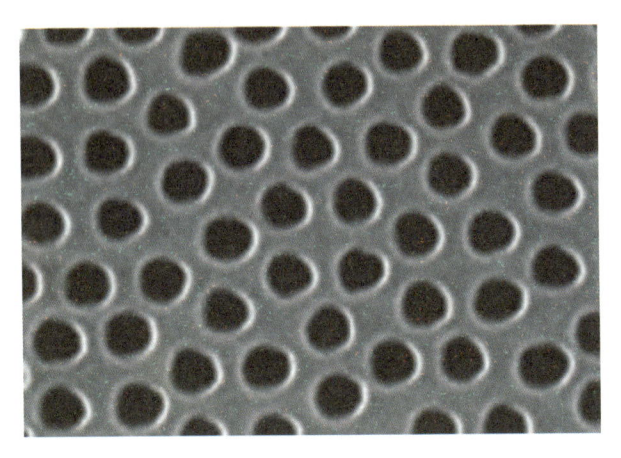

图 12.7　光子晶体结构

注：在光学波长的尺度上控制孔洞模式，使其可以传输、弯曲、选择或阻挡光线，或者使不同的波长以相同的速度传输。

隐形斗篷

科幻小说中所描写的隐形斗篷可能不会在现实中出现，但将物体包裹起来，使其不那么明显是绝对有可能实现的。早在多年前，多层抗反射涂层就已应用于光学领域，因此我们可以将透明物体伪装成隐形的。这一结果对多种光学器件都很有价值，从防眩光玻璃和不反光的电视屏幕，到狙击手步枪上的望远镜（这种望远镜并不会暴露狙击手的位置）。低反射率也有不利的一面，它可能导致人和其他动物难以注意到窗户或物体。

制作不透明固体的隐形斗篷虽然颇具挑战性，但在有限的光谱范围内并非完全不可能。人们在早期进行过一些尝试，比如设计制造与普通玻璃等具有反向色散的材料。因此，与波长越短折射率越大（就像玻璃棱镜一样）的情况相反，新材料的折射率随波长增加而增加。这种结果出人意料，就像看到一道颜色排列顺序相反的主彩虹一样。给一些较小的物体涂上这种涂层，光会在它们周围偏向并继续传播，就仿佛这个物体并不存在。目前的案例大多只在实验室内完成，但我认为这个话题领域仍会不断发展。其中一个重要原因在于，它获得了大量的军方投资。

  隐形斗篷不仅限于微小物体，为了强调这一点，我们可以留意一个事件，即2009年，法国和英国的核潜艇在大西洋发生的一次小规模碰撞。两个国家都具备非常先进的声呐隐形斗篷。声呐的波长比光的波长长，但这一事件表明，光学上的隐形也是可行的。

医学中的光子学

第 3 节

我曾提及医用光学传感器的例子，从通过发光光谱进行表面癌症原位检测到非侵入性的光学探针。人们同样可以使用光或者借助化学添加剂来触发身体的修复机制。这方面的进展十分缓慢，因为医学和光子学的专业内容重叠度较小，即使其中一个领域取得了成功，另一领域也未必会接受其概念。例如，光动力疗法（PDT）就是一种非常成功却未得到充分利用的光学治疗方法。这种治疗方法并不是新发明，其首次应用是在 1905 年左右。

这是一个利用缺陷的典型案例。与健康组织相比，癌细胞的化学与光学性质略有不同。从本质上来说，该方法的原理非常简单，大致如下。将一种乳膏用于需要治疗的区域（或通过注射或口服）。该乳膏中含有一种化学物质，如原卟啉 IX，它会优先附着在癌细胞上。经过片刻即可完成附着，然后用高强度的发光二极管或激光（通常具有红光波长）照射该区域。光激发原卟啉 IX 分子，从而启动氧的化学反应状态。这样一来，原卟啉 IX 所附着的细胞会被杀死。这是一种直接的细胞选择性治疗。它对治疗面部皮肤癌症具有特殊的价值，因为这种治疗留下的疤痕组织通常很小。这种光学方法在未来可能会得到更加广泛的应用。该方法可以与手术相结合，能够在较大程度上避免肿瘤切除后癌细胞向周围组织的转移。癌细胞经常会扩散到原发部位以外，因此，如果无须进行大面积手术就能解决这一问题，那么这种治疗方法必然具有极高的吸引力。

现有医疗实践的缺陷十分复杂。在一个成功的个体案例中，一名护士使用乳霜和光照，完成了一次对大面积皮肤癌的治疗。总治疗时间不到半小时，不需要使用麻醉剂，治疗区域没有留下永久性的疤痕。另一位会诊医师希望进行手术，手术需要完成大面积的皮肤移植（不能保证成功）。这种手术需要耗费几个小时，并且要靠经验丰富的医生才能完成，手术费用也十分昂贵，但这对一名外科医生来说是值得称道的荣誉。在难以进行手术或放射治疗的地方，如颈部和大脑，光动力疗法已得到非常成功的应用。只需发挥一点想象力，你就能明白如何拓展光动力疗法的应用范围，将其应用在肺癌表面、肠道表面或其他光纤探针可以进入的区域。无论哪种情况，都有一个关键方面值得注意：这些癌症通常发于上皮组织，因此可以在不需要手术的情况下通过光子学的方法治疗。

《星际迷航》(Star Trek)中的光子光学非接触式人体扫描仪也是一种未来的通用诊断探针，但现在已经有了与之相似的针对特定医疗情况的诊断方法。发光二极管（LED）和激光二极管（LD）单元可以测量血液流量，在不接触皮肤表面也无需穿透组织的情况下读取烧伤的深度和程度。在第 7 章中，我提到了对乳腺癌进行光活检的例子。通过改变波长，可以区分健康组织、癌性肿块和囊肿。它们对光的吸收与散射方式均有差异。健康细胞与癌细胞的组织荧光反应不同。也许你还记得，组织在近红外区域是相对半透明的，因此光子可以穿透到相当深的深度。我相信光子医学的未来是美好的。我对此充满期待，因为它的成本更低，对患者也更加友好，无需进行长时间的手术，同时也降低了院内感染的风险。

光吸收、探测器与视力提升

通过手机可以对光的吸收进行检测、记录和传输，从而提供远程医疗建议或进行患者监测。为此我们只需要一个用于光吸收或光发射的探测光子，这种探测光子针对医学应用所涉及的分子。这是遥感技术的一个关键特征，它已被应用于摄影、医学、艺术作品研究、农业和监控等领域。这些已不是什么新鲜事，因为早在 30 年前，我乘坐的汽车中就已安装了红外传感器、成像仪和平视显示器，这样人们在夜间驾驶时也能保持良好的视野，不需要明显的前灯。现在已经出现了许多更加先进的光子应用技术。有了这些技术，我们能够获得热图像（如蛇所见）和紫外线图像（如昆虫和鸟类所见），这些图像可以更好地帮助我们了解它们的行为。更具冒险精神的尝试是像素化传感器，将其结合到受损的视网膜中后，可以实现简单的成像。总的来说，原理很简单，也具备现实可行性，且我们对探索和帮助他人的渴望也会使这类设备不断增加。制造它们或许还能带来极高的利润。

13

化学与催化

化学中的杂质和缺陷

第 1 节

　　从物理学到化学只需跨出一小步,并且材料物理领域的边缘学科与化学也存在重叠的部分。从赞颂不完美的价值的角度来看,化学领域的话题非常丰富。早期技术缺陷的例子大多集中在物理学领域,涉及的材料从金属到玻璃和半导体,但在化学工业中,杂质和缺陷的作用同样至关重要。如果我是一名化学家,那么在接下来的章节里,我会阐述如何利用杂质、微量元素和缺陷。从化学的角度来看,在所有精选的有价值的杂质和缺陷中,最引人注目且可能最重要的是催化作用。催化是指因杂质或特殊的晶格格位,导致化学反应速率被彻底改变的过程。它是许多商业化学制造领域的绝对核心。即使在目前没有使用催化的工艺中,人们也在积极研究,试图通过催化方法来降低成本、降低能耗和提高加工速度。科学家开始对不熟悉的领域进行"深入"研究时,通常会在科学网站上阅读相关综述。从这样一个起点来看,催化作用的重要性显而易见,因为网络搜索"催化作用",能得到 500 多万个检索结果。

　　早在人们发现催化过程之前,它就已经存在于人类技术史中,比如它存在于葡萄酒酿制、醋的制造、肥皂的制造和面包发酵的过程中。依靠催化,工业领域实现了大规模生产氨、硝酸和硫酸等化合物的工艺。在生物系统中，催化活性位也同样重要，但人们通常不称其为催化剂，而是将其命名为酶。它们经常通过结构中的微量金属发挥作用。最重要的是，倘若没有它们，人类就无法生存。

许多基于化学的产品在制造过程中都需要某种类型的缺陷，这种产品数不胜数。在开始尝试生产胶水的时候，人们得到了好几种产品，其中有些产品的黏合能力太弱，还有一些产品对胶水的预期用途来说，黏合能力又过强。我使用了"缺陷"一词，因为就其最初的设计目的而言，这两种产品都是失败的。黏合能力"太弱"的胶水显然无法将纸张黏合到其他表面——这是胶水设计的最初目的，但当时它在商业上取得了重大成功，因为它可用于制作边缘有黏性且很容易从物体表面剥离的纸张。这是制作临时便条的理想材料，我们可以将便条贴在醒目的地方，并且不会破坏背景表面。如今我们仍在大量使用这种便条。

另一个"失败"的胶水产品是强力胶，它的黏合能力非常强，可以在几秒内将物体黏住并硬化。这又被视为一个问题，因为其作用速度太快。如今看来，强力胶是非常了不起的产品，因为它能黏合许多材料，非常适用于维修与建筑。但强力胶有一个明显的缺点，那就是它能牢固地黏附在皮肤上，这也可以作为一个经典案例，证明一种特性在某些情况下是缺点，而在另一些情况下又变成了优点。现代外科手术会大量使用强力胶，因为它们可以快速凝固，并且明显无毒，最终会溶解到身体组织中。它可以有效地替代缝合线，用于难以采用针线缝合或用针线缝合速度过慢的情况。强力胶的第二个好处是不需要拆线。在一些国家，警察在防暴中使用强力胶，将麻烦人物的双手暂时黏在一起，借此来驱赶他们。

如果要统计这类化学上的进步——相对于最初的应用目的，它们是失败的产物，或者由于偶然因素取得了其他成功的技术，那么由于化学上的偶然缺陷而获得的产品和应用实在是不胜枚举。

13 | 化学与催化

催化作用

催化作用是指一种可以加速化学反应的方法。即使没有任何化学背景知识，我们也能大致猜测到催化的过程。假设物质 X 与物质 Y 之间的化学反应会产生新的物质 Z，那么这个反应的速度在一定程度上取决于开始反应时所需要的能量。这并不比我们在厨房里做饭复杂多少。烹饪与许多化学过程一样，它通过加热获得所需要的能量。如果正常的反应过程只能在高温下进行，并且难以控制，或者反应速度慢且成本高，那么催化作用就很有意义。从商业角度来说，上述因素意味着这是一个昂贵的反应过程，且在较低温度下反应速度过慢。现在考虑催化剂 C 的作用，它往往可以进入反应，提供另一种低能量的反应路径。这样一来，反应成本下降，在较低的温度下也可进行，而且速度更快。重要的是，化学反应需要跨越能量屏障。我们可以轻松跳过一英尺高的栅栏，但难以跳过十英尺高的篱笆。这时如果有一把梯子，横杆间隔一英尺，那么我们就可以到达顶部。从本质上来说，这把梯子提供了一种催化路径，并且还能多次重复使用。

图 13.1 展示了简单的催化作用。催化作用具有一个极为重要的特征，即在反应过程中，催化剂 C 在完成其工作后会被释放。这意味着它没有被反应耗尽，可以一次又一次地重复使用。因此，对正在进行反应的化学物质来说，催化剂可能只占极小的比例，但它仍然能将反应速度提高数万倍。此外，即使是昂贵的催化材料也有极高的性价比。比如，将铂和铑加入汽车排气系统，可以减少汽车尾气排放量。催化剂推动了这一过程，且催化剂本身在化学反应中不会被消耗，因此无论是从化学还是经济学的角度来看，它们都具有优势。

我喜欢使用简单的类比，因此可以将催化作用的方式类比为学生们穿过校外一条车流量很大的马路的过程。学生们的穿行速度非常慢，因为马路中几乎没有空隙，或者当空隙出现的时候，学生们需要大量的能量才能快速穿过。学校交通管理员相当于一个催化剂。他会拿着一个标志走出来，让车辆

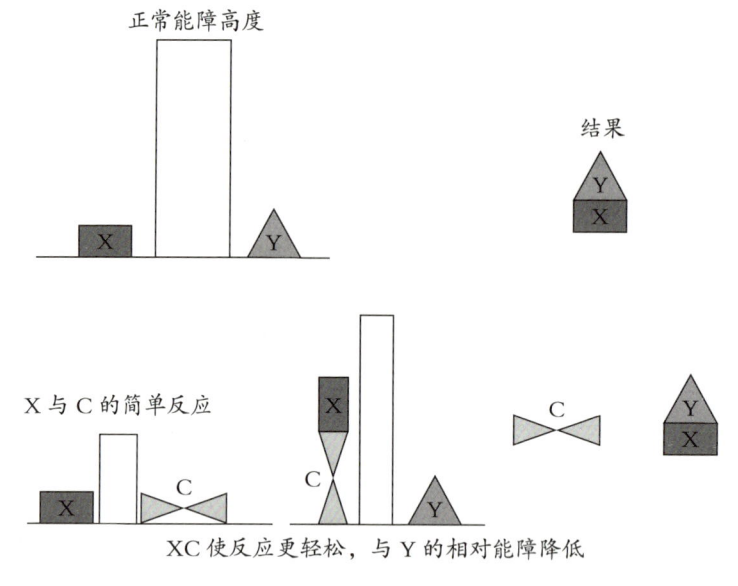

图 13.1　简单的催化作用

注：假设化学物质 X 和 Y 反应生成一种新的化合物 XY，但这个过程需要大量的能量，比如 1000 单位的能量。在低温下，反应速率极低。但是，如果催化剂 C 可以使 X 与 Y 在低温下反应，例如 X+C 形成 XC（比如仅需 100 单位的能量），并且 XC 可以轻松与 Y 发生反应，整体的反应速率将得到提升。理想情况下，XC+Y 生成 XY（我们需要的产品）并释放 C，使其可以被重复利用。第二种反应也需要能量，即使需要 200 单位的能量，也能改变整个反应的速率，使其大大快于没有催化剂的反应速率。

停止前行，从而使学生们可以低速（即消耗更少的能量）自由地穿过马路。然后交通管理员回到路旁，可以重复这个过程。尽管学生们所消耗的能量很低，但他们的穿行速率得到了提高。

该模型实际上还有另一种情况，可用于类比另一些化学催化。这种催化作用相当于学生们开始穿过马路时，即使没有管理员，车辆也会减速或停止。开始穿过马路的学生会促使这一过程变得更加容易，让更多的学生穿过马路（即他们自己减少了障碍）。一个常见的例子是将苹果或西红柿与已经成熟的苹果或西红柿放在一个抽屉里，对其进行催熟。这种影响并非心理作用。成熟的水果会释放乙烯，刺激其他水果成熟，从而加快所有水果的成熟速度。

请注意，只需一步的催化是一种最简单的催化作用。很多催化反应更加复杂，在起始物质与最终产物之间会形成多种中间化合物。实际上，每个步骤可能都需要加入不同的催化剂。就催化作用而言，人们往往会先怀疑微量杂质的存在，并将它与催化作用联系起来。这通常需要非常准确的直觉，以及高超的分析方法，才能找出其中的关键因素。可能需要极高的检测灵敏度，例如，在制备芳基硼酸时，含量为 0.24ppb（十亿分之一）的钯就能产生影响，而常规生产中使用的钯含量是 50ppb。如果用人口数量作类比，0.24ppb 的含量相当于世界人口中的两个人。

催化剂

化学家往往要区分两类催化剂：一种是与反应物不同相的催化剂，另一种是与反应物完全混合的催化剂。前者是一种"非均相"反应，一个经典的例子是在汽车排气系统中使用固体铂和其他金属（因为反应涉及固相和气相，因此这是非均相反应）。铂有助于分解汽车发动机的热气。相比之下，同相的催化剂，如液体中的液体，会引发"均相"反应。多相催化剂在两相界面上发生催化反应。我们希望制备颗粒尺寸极小的催化剂，从而增加界面面积。反应物（如汽车尾气）的分子暂时吸附在催化剂的表面，化学反应开始。事实上，这个过程并没有那么简单，因为一个完美的平面或光滑的表面可能完全不起作用。相反，具有台阶、角、空位和位错等各种晶体缺陷的表面才能提供较低的能量位点来暂时与反应物结合。许多优良的催化剂都离不开杂质和晶格本征缺陷。你可能会问："为什么有些金属是良好的催化剂，另一些却不是？"答案很复杂，但有些金属之所以成为良好的催化剂，部分原因是其表面的键能足够强，可以捕获将要反应的材料，但如果表面键能太弱，可能会使产物逃逸。就像《金发姑娘和三只熊》的故事一样，一碗粥太烫，一碗粥太凉，还有一碗粥温度刚刚好。

人造黄油

早期常见的一种催化作用是在多孔镍颗粒的作用下生产人造黄油。这个过程通常被描述为植物油的氢化。植物油含有碳原子链，长度通常是 10 到 20 个原子。如果将氢气与植物油混合，在适合食品加工的温度下，化学反应的速率非常小。氢气的分子形式含有两个氢原子（H_2）。两个氢原子的结合相对牢固，因此不会轻易发生反应。当氢气落在镍的表面时，气体分子松弛，分解成一对分离的氢原子。与此同时，植物油包含碳链，其中的碳原子相互连接，共享两对电子。这种结构称为双键。镍的表面削弱并破坏了这种碳碳双键，使两个氢原子附着在碳离子上，从而插入植物油。这种新的氢化结构会脱离镍表面，于是我们得到了一种新的材料。现在镍表面可以继续重复这个过程。图 13.2 展示了碳碳双键的氢化反应。

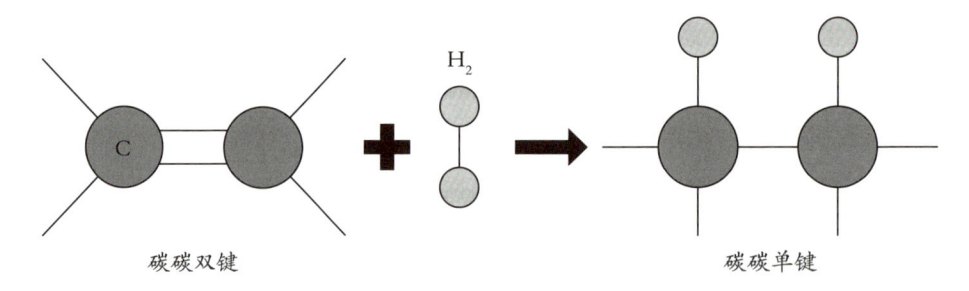

图 13.2　碳碳双键的氢化反应

注：左侧的两个碳原子共享两对电子，氢化后，这种双键被破坏，两个碳原子之间只共享一对电子，外加两个新的碳－氢键。

从历史上看，最初用于制作人造黄油的原料是植物油中的一些脂肪酸，但后来出现了各种类型的人造黄油，选用的原料包括葵花籽、油菜籽、棕榈油和大豆等。因为它们具有碳碳双键结构，所以是不饱和的（即不是每个化学键都能连接不同的原子）。双键在碳原子链上形成"拐折"，使它们很难堆积成晶体固体。总体结果是，它们的熔点非常低，不适合用于食品加工。用镍作为催化剂进行氢化，在大约 150 摄氏度下破坏双键，使碳链或碳原子排列变直，从而提高了熔点。催化氢化反应使更多材料得以应用，由于催化作用，我们每年大约能生产200万吨人造黄油。

1897年，保罗·萨巴捷（Paul Sabatier）[①]首次用镍作为催化剂制造了人造黄油，但这并不是当年催化作用领域取得的唯一进步。另一个进步是发现汞可以用来降低靛蓝染料的生产温度。显然，这是一个充满波折的过程，人们尝试了许多催化剂，但都不够理想。但有消息称，一位化学家正在用温度计搅拌并测量染料混合物的温度，结果不小心打破了温度计。随后，从温度计中泄漏出来的汞发挥了良好的催化作用。汞作为催化剂的用途不止于此，还包括荧光染料生产、聚氯乙烯（PVC）塑料和维生素B_2的制造。

石油与汽车工业中的催化作用

从炼油厂石油加工的每个阶段，到尝试从汽车尾气中去除有害残留物，催化作用一直是石油工业的一个关键组成部分。原油是由至少一百种化学物质组成的复杂混合物。其中大多数是碳氢化合物，因为它们只由碳和氢组成。每个分子的碳原子数可达数十个。原则上来说，不同的分子可以通过蒸馏分离，因为较重的分子会在较高的温度下沸腾。从汽车的角度来说，如果每个分子有15到25个碳原子，那么这种材料与柴油类似，而煤油的分子包含10到15个碳原子，汽油的分子包含5到10个碳原子，因此其质量更轻。化合物包含的碳原子越少，在室温下就越有可能变成气态。

将这些成分从原油中分离出来，称为裂化。为了降低该过程所需要的能量和节约成本，炼油厂会使用催化剂。其目的是将较大的成分分解为符合汽油的分子大小，并进行反应，获得8个碳原子组成的物质，称为辛烷。对我们的目标来说，这个过程的实际情况与细节过于复杂，其中涉及诸多化学反

[①] 保罗·萨巴捷（1854—1941），法国化学家，由于发现了痕量的镍可以催化有机物氢化过程，1912年被授予诺贝尔化学奖。——译者注

应。细节并不重要，但它可以清晰地体现出，这个工业过程大大受益于控制杂质含量的催化作用。

石油化工过程中使用的催化剂之一是沸石材料的细粉末（尽可能增加反应表面积）。这种化合物的结构非常松散，具有开放性，由水合硅酸铝加上钠、钾、钙和钡等离子制成（是一种复杂、多变的混合物）。从机械的角度来说，松散的开放结构是一种缺陷，但就像海绵能吸水一样，它可以让油渗透到粉末内部，提高有效的催化表面积。人们估计，一克（比如一茶匙）沸石粉末的有效反应表面积为一英亩（约等于4046平方米）。

要利用催化剂最大限度地减少有毒废气（如汽车尾气）的排放，通常需要相当昂贵的金属，如铂和铑。一氧化碳（CO）对人体有害。它清澈无味，但毒性很强，可能会致人死亡。在这种情况下，可以利用催化剂使一氧化碳和第二种污染物一氧化氮（NO）发生反应。污染物分子组合成二氧化碳（CO_2）和氮气（N_2）。用化学方程式表示，即：

$2CO + 2NO \rightarrow 2CO_2 + N_2$

氮气不会造成污染，它是大气的主要成分，在地面上，二氧化碳也不成问题。事实上，二氧化碳对植物的生长非常重要。人们之所以会对二氧化碳的排放感到担忧，并致力于减少其排放，是因为高层大气中的二氧化碳含量增加，将造成严重的后果，因为二氧化碳会吸收和反射长波光（即热量）。它就像是一个温室顶棚，导致地球不可避免地变暖（如第5章所述）。这与催化作用也有相似之处，因为微小的温度变化可以明显地改变反应速率。比如，大西洋中部水温上升约2摄氏度（约3华氏度），水汽压将呈对数上升，这反过来又会导致云的形成、龙卷风、洪水荒漠化。

并非所有的催化剂都是有益的，在开发出名为氯氟碳化合物（如CF_2C_2）的材料以后，出现了一个明显的问题。氯氟碳化合物具有优良的工业性能，被设计成制冷液，后来用作气溶胶推进剂。它们最初被视为制冷行业的基本原料。销毁旧的制冷设备或其他释放氯氟碳化合物的途径，使这类物质漂移至高层大气，在那里有效地推动与臭氧（O_3）的催化反应，最终破坏臭氧层。

由于它只是一种催化剂，因此单个氯氟碳化合物分子不只是附着在一个臭氧分子上，而是破坏成千上万的臭氧分子。通常情况下，大气中臭氧浓度很低，只能通过高层大气中的氧气受太阳辐射后缓慢形成。臭氧在吸收高能紫外线方面发挥着重要的作用。臭氧损耗会增加地表受到的紫外线辐射，不仅严重影响我们的视力，对其他动物的视力也会造成严重伤害，并干扰或破坏农作物与植物的生长。

制作塑料的催化剂

全球每年生产超过 3 亿吨塑料，其中一半是聚乙烯或聚丙烯。它们的商业价值极为突出。但人们发现并研制出它们的过程充满了意外、杂质和缺陷。聚乙烯最早由英国帝国化学工业集团（ICI）在 20 世纪 30 年代末通过向化学反应施加极高的压力聚合生成。有时在一定的压力下加热乙烯（$CH_2=CH_2$）会获得蜡状固体聚乙烯。这是因为乙烯中微量的氧杂质催化了聚合物的形成，使聚乙烯成为一种高利润产品。对聚乙烯而言，缺陷不仅至关重要（以催化剂的形式），而且它决定了材料的硬度和韧性。大约一半的固体塑料是由微小的（内部分子有序排列的）晶体组成，而其余的固体塑料是（内部分子无序排列的）非晶态材料。用独特的化学链穿过多个晶体和非晶体区域，将它们锁定在一起，形成由相互连接的硬区域和软区域组成的"纳米复合材料"。聚乙烯链由 $-CH_2-$ 单元组成，这些单元相对"光滑"。它们很容易结晶，但短支链和长支链的混合物（由于缺陷）决定了结晶程度并控制了机械性质。

炼油厂的副产物包括乙烯和高级烯烃，特别是丙烯（$CH_3CH=CH_2$）。丙烯聚合物的每两个碳原子上都有一个甲基基团（CH_3）。人们尝试利用乙烯聚合催化剂生产聚丙烯，结果大多以失败告终，因为链周围的甲基在空间中的排列对结晶至关重要。如果将聚乙烯的 $-CH_2-$ 链完全拉伸，我们可以看到碳原子之间的角度呈现水平的 Z 字形。用甲基替代碳原子，会产生不同的排列。

所有的甲基可能在同一侧（全同立构），也可能交替排列在两侧（间同立构）或无规则排列（无规）。只有全同立构或间同立构达到 99% 以上的聚丙烯链才能结晶。其余的聚丙烯目前都缺乏商业价值。

1953 年，德国化学家卡尔·齐格勒（Karl Ziegler）为确定乙烯与烷基铝化合物的反应进行了实验，以制造化学工业所需的低分子量产品。他敏锐地发现，先前实验留在反应器中的微量镍元素是乙烯分子发生偶联反应的催化剂。然后他发现，氯化钛和他的铝化合物组合可以轻松使乙烯聚合，生成有少量支化结构的聚合物。这些发现为一系列聚乙烯材料奠定了基础，从柔软、有弹性的塑料到坚硬、坚固的材料，再到用于传送带和髋关节置换的超高分子量聚合物。

优化催化剂的用量关系到反应效率、成本以及它们是否会残留在产品中。最初的尝试是成功的，但每克钛只能得到约 5 千克的产物，因为氯化钛晶体只能通过边缘和表面其他缺陷格位的反应来发挥作用。现代催化剂更加均匀，每克金属催化剂能得到大约 1000 千克的产物。意大利化学家朱利奥·纳塔（Giulio Natta）发现，齐格勒的一些催化剂可以聚合丙烯，得到一种甲基围绕链全同立构排列的材料，并结晶（所谓的立构规整聚合物）。齐格勒和纳塔因其研究成果获得了 1963 年的诺贝尔奖，同时也迅速发展了立构规整聚丙烯的制造工艺。全同立构聚合物比聚乙烯更加坚硬，熔点更高，在负载下不易蠕变。如今它已被广泛应用于汽车保险杠和其他零件以及体育场座椅、塑料筐和塑料盒等各种产品中。

微量金属和酶

人体许多生理过程的运转似乎都离不开酶的催化作用，酶会参与一种微妙的化学反应，其中往往包括一些金属成分。因此，微量元素的摄入对人体健康的各个方面都至关重要。这些杂质中最重要的成分可能是锌。大约 200 种主要的酶都含有锌，缺锌所引发的健康问题，加上使用锌酶催化的一系列过程，足以占据一整本书。在脱氧核糖核酸（DNA）与核糖核酸（RNA）合成，防御病毒、真菌感染和癌症，以及生长和生殖激素等方面，锌都是必不可少的。

看起来我们所需要的锌的摄入量很小，但相当一部分人并没有获得足够的锌，由此产生了许多问题，有人认为妄想症也是缺锌所致。一位诺贝尔奖获得者曾建议，在世界上某些饮食中缺乏锌的地区推广富含锌的食物，但食物中的锌过量也会给人体带来不良影响。这或许是一个极富洞察力的建议，我认为应将其作为一个实验来尝试，因为在正常情况下，锌的摄入似乎不会导致明显的问题，但在遭到工业锌污染的地区，人们摄入过量的锌可能会造成危害。

近50年来，医学界才真正了解了微量物质的作用，包括锌这样重要的微量元素，因此我们可以通过饮食控制来改善健康。第二种重要的微量金属元素是镁。镁与锌的化学性质相似，并积累成为人体内含量第四高的微量元素，它不仅存在于骨骼和红细胞中，而且对肌肉、神经和心血管的活动也有重要作用。在这种情况下，对镁的摄入量也有最低的基本饮食要求，但过量摄入镁会产生一些严重的副作用。在马的喂养中，微量的镁具有显而易见的重要意义，如果缺少镁，成年母马就无法产下小马驹。对人类来说，特定的微量元素与健康或生育能力之间未必有明确的联系，但恶性贫血是因体内缺乏维生素B_{12}所致，而维生素B_{12}中又含有钴元素。

我们经常提到的另一种微量金属元素是铅。目前的观点认为，铅中毒会导致灾难性后果，从不孕不育到精神错乱。因此，正如我们所知，它似乎是经济进步和文明所带来的副作用。据说铅是导致罗马帝国衰落的原因之一，因为城市铺设的铅管道造成了铅污染。在罗马，软水使铅溶解于水中。这种卫生的福利（与副作用）主要由统治阶级"享用"。同样的问题在19世纪的工业革命期间再次出现，即使是现在，许多旧建筑中仍然保留了铅管道。铅也是汽油中的重要添加剂，但由此产生的污染性气体会严重危害健康，因此许多国家都禁用含铅汽油。

物质的生物可利用度也很重要。例如，硫酸钡（$BaSO_4$）用于医学诊断，因为它完全不可溶，而氯化钡（$BaCl_2$）是剧毒物质。重金属，如铅或汞，往往对人体有显著的危害，并导致大脑损伤。过去，人们在制作帽子的过程中会使用汞化合物（硝酸盐或氯化物），由此摄入的汞元素会对人体健康造成危害。英语中用"mad as a hatter"（像制帽匠一样疯狂）来表示"精神错落"。这与制帽匠可能因摄入这些化学物质而出现神经系统问题有关。

不同的矿物质可以通过多种方式进入我们的饮食。有些途径出人意料。其中一种是20世纪末的无釉陶器，人们会用它来配制橙汁等健康饮品。不幸的是，橙汁是一种非常有效的酸性溶剂，如果盛放在未上釉的陶器中，会将容器中的重金属溶解出来。此外，它还有可能释放放射性矿物，这些矿物会释放 α 粒子，与之接触可能会诱发癌症。

我挑选了这几种微量金属元素的例子，借此强调它们对人体健康的诸多方面都有重要意义，但与此同时，摄入过量或错误的微量金属，也可能对人体造成严重的危害。

有时候我们会发现，一些伟大发明带有一定的讽刺性，比如制冷所用的氯氟碳化合物和汽油中的铅添加剂，它们由同一位杰出的化学家托马斯·米格利（Thomas Midgley）发明。这两项发明在当时都受到了高度赞扬，并创造了极大的效益，但直到他去世后，人们才意识到这两项发明的负面影响。但即使是米格利本人之死也很不寻常。因病卧床不起后，米格利设计了一个升降系统。1944年，他被该装置中的绳索缠住，窒息而亡。

催化作用
与窗户清洁

第 2 节

在化学催化的例子中，我提到它们通常需要热能输入。对窗玻璃来说，能量来源是太阳。窗户外部的一个问题是它们会变脏，尤其是倾斜的玻璃结构，如温室、暖房或摩天大楼覆层，窗玻璃表面会积聚各类污垢，比如灰尘和鸟类留下的污渍。与其依赖频繁的人工清洁，不如寻找一种能够进行表面自清洁的玻璃，但它们需要借助一些雨水和阳光。我们已经开发出一种能够满足这种需求的催化方式，这样的玻璃表面有二氧化钛（钛的氧化物）涂层。这种设计是可行的，图 13.3 解释了具体的科学原理。

化学反应的能量来自阳光，而清洁层来自雨水。二氧化钛不会因清洁作用而消耗或磨损，因为它牢固地附着在玻璃表面，但它是非常有效的催化剂。这项技术也被应用于涂料中，但生产一种不会侵蚀自身黏合剂的材料极具挑战性。在实验应用中，用光催化涂料涂覆在公路隧道的墙壁上，然后用少量紫外线照射墙壁，不仅可以保持墙壁清洁，还可以将车辆尾气中的氮氧化物污染减少 50%。

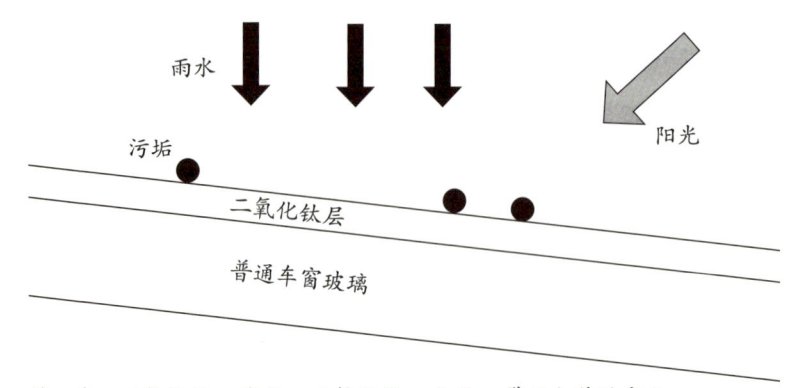

第 1 步　二氧化钛 + 光子→二氧化钛 + 电子 + 带正电荷的空穴
第 2 步　电子 + 大气→能够分解污垢的超氧化物
第 3 步　带正电荷的空穴 + 水→将水滴变为顺畅流动的薄片

图 13.3　自清洁窗玻璃

注：二氧化钛（氧化钛）包括一系列氧化物 TiOx，其中 x 值在 1 和 2 之间连续变化。作为窗玻璃上的涂层，它接近于透明的二氧化物。来自太阳的紫外线可以将电子从较低的能带激发到较高的空能带。在表面缺氧时，二氧化钛会对蓝光和紫外线产生额外的反应。温室适合采用蓝色玻璃屋顶，即使在雾蒙蒙的日子里，它也会给人一种蓝天的印象。但我怀疑除此之外还有另一个重要原因，即缺氧情况下二氧化钛呈蓝色（这是一个具有正面意义的缺陷）。经紫外线激发的电子（负电荷）和空穴（正电荷）会产生两种类型的化学反应。电子与大气中的氧气反应，普通的氧气被激发，变成一种具有杀伤力的超氧自由基。空穴与表面的水反应形成中性氢氧化物。超氧化物很容易发生化学反应，攻击、破坏和分解玻璃表面的微生物、细菌和其他污垢。中性氢氧化物改变了玻璃和水之间的一般吸引力水平，使其在整个表面上平滑地扩散（称为超亲水性）。光滑的液体表面没有阻碍液体流动的液滴或点，因此所有表面污垢都可以从表面流走，玻璃可以完成自清洁。

具有结构化表面的自清洁玻璃

另一种有助于保持玻璃表面清洁的机制正好相反。不是用超亲水表面来吸引水，而是用化学方法来排斥水——制造超疏水表面！果然还是要利用缺陷，但这一次不是通过化学催化反应，而是从平面玻璃表面转变为非常精细的结构化表面。结构化表面需要尺寸为几微米（即发丝直径的百分之几）的凸起。在表面不沾水的模型中，空气被困在凸起之间的空隙里。因此，在表面上形成的水滴会被推离表面。它们不会黏在表面上，而是在凸起处滚动，从而保持表面清洁。如果玻璃表面有污垢和水，那么污垢颗粒就会被水带走。

这个方法来自对荷叶自洁特性的原因研究，荷叶的表面结构使其具有不沾水的特性。这种结构方法并不局限于荷叶和玻璃，还可用于织物等各类物品的表面。它为未来的自清洁技术开辟了道路，可应用的产品既有服装，也有商店的遮阳篷和帐篷等。尽管现在已经有了自清洁材料，但有关结构化表面效果的研究非常新颖，未来市场前景广阔。

微量元素的开采和回收

虽然在我们发现的矿物中存在微量元素，但将它们用化学方式进行分离、提纯并不容易。对某些元素来说，一克的质量就有极高的价值，因此我们有必要思考如何用更加划算的新方法来提取这些有价值的微量元素。为了使读者了解提取微量元素需要付出的努力，我们以铂的提取为例。要提取1克的纯铂金，需要开采约40吨矿石，粉碎洗涤并加工。其他元素的提取甚至更加麻烦，并且只限于极少数地方。从经济的角度来看，这些杂质最终都成为极有价值的产物。铂和铑等贵金属材料可用于催化转化器（但由此导致的一个不幸后果是，许多汽车排气系统会成为偷盗的目标）。汽车排气系统内的催化转化器在使用过程中会出现老化、生锈和材料损耗，由此产生的污染物在高速公路上以灰尘的形式出现。从经济的角度看，对许多主干道来说，如伦敦周围的M25高速公路，可以用吸尘器吸走路边的灰尘，以提取昂贵的金属离子。这样做的成本比采矿更低！

我们也可以从其他产品中挖掘有价值的材料。有一位曾教过我光学的教授，他在第二次世界大战后购买了大量来自雷达系统的废弃速调管，并从中取出了铂电极。他由此获得了可观的利润，为刚刚成立的物理系提供了发展资金。

海洋中也存在低浓度的珍贵物质，如黄金或铀，但浓度仅为十亿分之几。这样听起来并不是划算的买卖，但由于开采成本极低，因此我们有必要考虑一些新的分离方法。更令人惊讶的是，在日本长野有一家污水处理厂，据报道，那里燃烧污泥所产生的每吨灰烬可提取近 2 千克黄金。这远远超过了当地金矿的开采效率，在金矿中，每吨矿石只能开采出 20~40 克黄金。这显然是一种极个别的特殊现象，其原因在于污水处理厂要处理贵金属工厂排放的污水。

即使没有科学或工业背景，我们也知道金、银等材料非常昂贵，但你可能没有意识到其他使金属价格波动的关键因素。铝或锡等金属的价格往往相当稳定，但铜、银或铟以及稀土等金属的价格在短短几年内上涨了 300% 至 500%，甚至更多。铟（用于制造智能手机屏幕）和稀土元素非常容易出现价格的波动，因为这些元素仅储藏于少数国家，因此这些国家占据垄断地位。在半导体仪器中，由于这类金属的含量很少，即使被淘汰的电子器件有数十亿个，对它们进行再处理的意义也不大。因此，保存和回收此类材料是一个有趣的问题，其中可能有丰厚的利润。

同位素性质的差异

第 3 节

在原子的简单模型中，最外层电子决定了分子和固体中原子的化学性质与结合方式。电子的数量与原子中心大质量原子核所含质子的正电荷相等。原子核的结构存在一个冲突，由于它有许多正电荷，这些正电荷相互排斥，本应导致原子核分裂。但它之所以能够保持稳定，是因为还有一些与质量有关的吸引力，以及其他更微妙的核结合力。为了使原子核存活下来，需要增加中子的质量。这样可以增加结合力并削弱电荷排斥。中子的质量与带正电的质子质量大致相同。

如果原子核中的正质子和中性中子的数量大致相等，那么原子核可以保持稳定。元素越重，需要的中子就越多。由于中子的主要作用是保持稳定，因此对于特定元素的原子数量，可能会出现几种情况。正如第 4 章中关于放射性碳测年的讨论，碳原子有 6 个质子，通常有 6 个中子。这种说法并不算错，因为 98.89% 的碳原子有 6 个中子和 6 个质子。这样的碳写作 ^{12}C。但是，大约 1.11% 的碳原子有一个略微不稳定的第七个中子（写作 ^{13}C）（此外还有一个 ^{14}C 同位素）。元素的化学性质与核质量无关，因此我们暂时还不清楚会出现哪些同位素差异，以及如何将同位素应用于技术或分析。在纯物理运动中，如二氧化碳分子的运动或分子通过细胞膜扩散，分子的质量非常重要。移动性取决于可用的热能（即热量）。简单的动能取决于质量乘以速度的平方（$E=\frac{1}{2}mv^2$）。在能量相同的情况下，质量较轻的物体比质量较重的物体的移动速度更快。在气体中，每个分子的平均能量相同，这是由温度决定的。在空气中，大多数氮气（N_2）的相对质量为28(即一对 ^{14}N 原子的质量）。有一种更罕见的氮同位素，相对原子质量为15，因此有一些氮气的相对分子质量为29（质量为30的可能性更小）。较重的氮气分子的速度会降低1.7%。

在大气中，较轻的分子可能会向高处移动，重分子和轻分子的分离程度取决于温度。同样，水蒸气从海洋向内陆扩散，较重的氢同位素（氘，相对原子质量为2）的移动速度明显比普通的水的移动速度更慢（相同能量下，氘水的平均速度较小）。普通水分子由两个较轻的氢原子（相对原子质量均为1）和一个氧原子（相对原子质量为16）构成 H_2O，相对分子质量为18。将其中一个氢原子换成氘后，相对分子质量变为19，速度降低2.6%。这会导致两种水蒸气与源头的距离不同，因为质量较轻的普通水蒸气可以扩散得更快、更远。这一比率反映了植物之间的差异，以及它们与海洋的距离。对这一比率的分析也可用于法医鉴定，以及对骨骼进行考古研究。

光化学

在涉及气体或液体扩散的化学反应中，同位素比率的变化会产生相似的影响。植物的光合作用对我们的食物至关重要，光合作用的途径主要有两种，分别是三碳途径（C3）和四碳途径（C4）。三碳途径第一阶段的产物是一种三碳化合物。欧洲和北美洲的植物生长主要通过三碳途径，而在更炎热和干燥的环境中，四碳途径占主导地位。表13.1列出了两种光合途径的正式定义。三碳途径和四碳途径在总质量上有明显的差异，因此对普通碳元素与较重的碳同位素的比例有明显影响。同一最终产物的碳同位素比例揭示了它在形成过程中的化学路径。

表 13.1 光合作用的三碳途径和四碳途径

三碳途径	四碳途径
只有碳十二，产物有 3- 磷酸甘油酸，含有 3 个碳原子 C3- 卡尔文循环	除了碳十二外还有部分碳十四，产物有草酰乙酸，含有 4 个碳原子 C4- 二羧酸循环

注：人们发现了两种将二氧化碳固定到陆地植物中的光合作用，分别命名为三碳途径和四碳途径。三碳途径或卡尔文循环，产生一种名为 3- 磷酸甘油酸（3PGA）的物质，该物质有 3 个碳。四碳途径或二羧酸循环，它的产物是草酰乙酸。

同位素效应来自饮食和地区间食物链的差异。在北美洲，通过四碳途径进行光合作用的主要作物有玉米、高粱、粟和甘蔗。它们是大部分动物的基础食物。相比之下，欧洲主要作物的光合作用以三碳途径为主。不同地区的居民体内的同位素比例也有差异。饮食显然会影响自然的生物过程，因此我们分泌的睾酮或其他物质中的碳同位素比例与食物来源有关，并且因植物光合作用的主导途径不同而呈现差异。运动员运动量较大，身体健康且饮食合理，他们的食物以碳四植物为基础。

食品添加剂和许多合成药物名义上可能生成"天然"化合物，但加工过程通常基于大豆等碳四植物。因此，通过仔细检查身体以及血液或尿液中的碳和其他元素的同位素含量，可以证明运动员是否在人工药物的帮助下取得运动成绩。运动员药物检验利用了这种同位素比例差异。这些分析可能会导致许多运动员被禁赛并归还奖牌。尽管我们可以分辨出这种通过药物提高成绩的隐蔽行为，但许多药物在一定限度内被认为是"合法的"。对于那些实际上只是通过药物而不是训练和天赋取胜的超级运动员，我感到失望。

碳同位素比例还有更加广泛的应用，如帮助人们直接区分塑料（和其他含碳化学物质）来自古代石油储备、现代农业还是其他作物生产方法。

同位素效应的分析与法医学应用

对于来源不同的材料，一切能够揭示其差异的性质都有可用之处，不仅可以用于传统的分析目的，还可以用于法医学。基本原理是，同位素含量的差异有助于推测谋杀的案发地或灾难受害者可能来自哪里。精确测量同位素比例的设备和技术一直在稳步发展，很显然，在21世纪，这些设备和技术将得到更广泛的应用。法医学方面的应用尤其令人瞩目，因为其可能性尚未得到充分展示。这种分析方法对材料会造成一定的破坏，但如果通过分析股骨或牙齿来追踪尸体的过去，这种破坏性可以忽略不计。这种方法对活着的患者来说难以接受，但头发或指甲也可以提供数月前的记录，血液或其他样本还可以更加直观地揭示其饮食或用药历史。

如果尸检（验尸）遭遇困难，问题很可能出在尸源的确定上。对骨骼等部位的同位素比例测定可以在这方面提供一些有价值的线索，有些骨骼内的原子会在一段时间内（比如10到20年）替换。因此，通过横截面分析同位素比例，进而得到有用的信息，这与树轮年代学的年轮测年非常相近。每年的温度变化率各不相同。尸体来源地区及其气候对同位素效应产生进一步的影响。在饮食方面也能提供一些信号。例如，如果一个人先后在俄罗斯、中美洲国家和英国生活过，这些信息也会经过编码留在他的骨骼同位素模式中。这种方法十分复杂，但很显然，它可以帮助我们判断一个人是新移民，还是长期生活在一个地方。

同位素比例的变化模式意义深远，已经讨论或目前正在使用的例子包括测试不同食物的来源，检查牛饲料的类型，检查特殊用品的真实性，检验是否存在故意用低价值产品污染或稀释高价值产品的可能性。这类材料包括橄榄油、香草、蜂蜜和蜂王浆，以及葡萄酒、龙舌兰酒、毒品和爆炸物。此类分析技术非常复杂且成本高昂，但我们非常需要这样的分析结果，因此这些常规且可靠的数据已经成为一种合算的选择。

第二次世界大战中的原子弹制造

从世界历史的角度来看，缺陷的好处可能并不明显，但事实上也有几个

13 化学与催化

相关的案例。其中之一是德国科学家尝试制造原子弹。他们当然具备智慧和决心。然而，在建造核反应堆的过程中，他们却遭遇了失败。科学家的设计是合理的，利用石墨作为慢化剂，控制具有合适能量的中子的产生，从而产生炸弹级的铀。其中的诀窍是减慢铀核裂变放出的中子的速度，但不吸收中子并将其从该过程中去除。然而，德国科学家所用的石墨相当不纯，其中含有硼。从含量百分比来看，硼只是一种微量成分，但在核反应堆内，硼会酿成灾难。就吸收慢中子的效率来说，硼是石墨中的碳的 10 万倍左右。因此它会导致中子通量大大降低，且核反应堆仍保持在亚临界。这种简单的杂质破坏了德国研制原子弹的努力。

化学中的缺陷与微量元素小结

本章开篇列举的几个例子非常相似，它们足以证明，许多化学和生物化学都由某种催化作用引起的反应所驱动。催化过程是所有动植物生存的必要机制，但对科学界之外的一般读者来说，其中的原理和方法可能不易理解。自然和技术中的催化作用对我们的生存和生活方式至关重要。其他与缺陷和杂质有关的化学例子则凸显了我们对化学技术的普遍依赖。

引入同位素分析不仅是为了强调它的应用领域，更是为了强调它还可以应用于哪些领域，以及它未来可能实现的目标。这些概念对于生物学和医学的发展至关重要。

同位素效应存在于所有技术中，不仅是这些化学技术，还有很多我们所熟悉的材料，只是我们没有注意到。尽管如此，同位素的变化对热导率这样的简单指标也会产生影响，因为同位素的变化会影响热量在材料中的传递。它们也是光子计算发展中需要考虑的因素，因为同位素差异可能会阻碍该技术发挥作用。

14

音乐中的缺陷

14 音乐中的缺陷

生命系统与非生命系统

本书的目标是呈现缺陷的积极作用，在前面的章节中，我集中讨论了支撑大量现代技术的无生命的例子。这些例子，如燧石易破裂、合金的制造、依靠微量杂质制造半导体和光纤，乃至杂质在宝石和一些固态激光器中的作用，都很容易获得认可。催化作用并不像它们一样显而易见，因为对其机制的解释往往是推测性的。我本可以到此为止，但包括人类自身在内的生命系统中的不完美之处也同样重要。但对这方面的解释存在一定的困难，因为这类缺陷往往是一系列特征的混合体，在某些情况下能带来好处，而在另一些情况下则会引发问题。

在本章，我将探讨一些有关声音、语言和音乐的例子。这些都是我们非常熟悉的东西，以至于我们可能没有意识到它们对生活的重要意义，也没有意识到我们喜爱它们的原因，或者为什么同样的音乐只会引起一部分人的兴趣。这种多样性在最后几章会变得更加明显。不存在绝对性。我认为，音乐的定义是"我们喜欢的声音"。我们不需要任何科学背景也能享受音乐；它的内容丰富多彩，在我们的生活中占据很大的比重，只是我们并未察觉。

不同风格的音乐存在巨大的差异，主要是因为它以声音和语言作为基础。两者都具有独特性，与我们的地理和社会背景有关，也在我们的一生中不断发展和变化。人类的声音具有多样性，这一点至关重要，因为它能体现我们想要表达的情绪，反映了我们的个性，并使我们能够彼此区分。两个人的声音可能相似，但不可能完全相同（法医学进行的声纹分析正是利用了这一特征）。地球上有近 80 亿人，但在言论、思想、背景、喜好和偏见方面，我们各不相同。这就是独特性，它并非缺陷，因为我们都想成为独立的个体。目前，在汽车导航系统中使用的机器人语音显然无法满足独特性，因为所有模型都会使用相同的语音，我们难以产生与真人交流的感觉。电脑"助理"更糟糕，当它们难以理解我们的要求时，总会让人火冒三丈。

口音和文化差异也有消极的方面，比如我们试图通过数千英里外的呼叫中心来解决问题，结果双方都难以理解彼此的口音和方言。总的来说，这种沟通上的障碍可能令人极为懊恼。这并不是一个新问题，以英国为例，在广播使口音统一之前，人们可以理解书面单词，但在用方言进行交流时肯定会出现理解困难。萧伯纳（Bernard Shaw）的作品《卖花女》（*Pygmalion*）可以生动地诠释这个问题。对我们的耳朵来说，真正的沟通就是一种音乐，它可以是演讲、演唱或乐器演奏。

缺陷与音乐的乐趣

音乐欣赏在很大程度上取决于我们自己，以及我们如何有效地专注于它所呈现的内容。在处理电子邮件等事务时，音乐经由耳机从手机传入耳朵，此时我们对音乐的专注度最低。在乘坐公共汽车或火车时，音乐可能会阻挡混乱的背景噪声，但在欣赏音乐时则不然。如果将音乐作为一种背景音，我们可能不会仔细聆听，因而无法获得音乐带来的乐趣。演奏音乐或者听现场演奏会则完全不同，因为在这两种情况下，我们需要 100% 关注音乐本身。如果做到了这一点，我们可以对这个活动、它所产生的刺激以及它在特定场合下打动我们的方式做出价值判断。它将随我们的心态以及环境与演出的不同而变化。即使在家里听同一张唱片，在不同的情况下也会产生截然不同的感受。

在写作本章时，我面临的一个挑战是，任何两场演出都会引起不同的反应，音乐流派有很多，我们也会因经验、聆听的环境和其他干扰因素而改变自己的观点和喜好，再加上一个不可避免的因素，即听力会随着年龄的增长或因周围嘈杂的声音（包括音乐）而退化。因此，我们没有衡量音乐欣赏的绝对标准。从前文那种简单的科学知识转入有关人际互动和主观认知的领域，这是一道难题。我的解决方案是回归音乐的科学基础，这样一来，我至少可以解释为什么人们更喜欢黑胶唱片或激光唱片，或者理解电子设备录音与播放的原理。同样有趣的是，我们可以认识到音乐如何随着支持性科技的发展而变化，以及那些不断被广播、讨论和录制的音乐对我们所造成的影响。我们可以自由选择演唱或演奏什么音乐，但是，受自身能力所限，对其他音乐家的需求，以及对乐器和音响的质量的选择也有其局限性。

从语音到声乐，这是迈入音乐世界的一小步。唱歌并不是人类特有的活动，鲸鱼、鸟类和昆虫等都会唱歌，唱歌既是一种求偶的手段，也是一种纯粹的娱乐方式。在像普通话①这样的语言中，同样的拼音往往可以搭配不同的声调。因此，同一个拼音的读法会因声调的不同而略有差异，其含义也会大相径庭。如果对一个字的发音不标准或者没有听清楚它的读音，往往会难以理解其含义。例如，拼音"nan"在不同的声调下可以是囡（第一声），男（第二声），也可以是腩（第三声）和难（第四声）。由于这种多样性，我们希望每个人都具备高超的发音能力，并听到不同读音的差异，且大脑能够处

---

① 关于普通话的这一部分，从原文来看，作者可能想表达汉语拼音会因声调不同而有不同的含义，但他说一个拼音有四个含义，这显然不符合实际（他可能以为一个拼音有四个声调，就有四个含义，但我们知道汉语中的同音字非常多），因此这里的翻译进行了一定的修正，包括后文以拼音"nan"举例，也按照我们的汉语普通话读音做了修改。——译者注

理和解释这些差异。许多人说自己没有音乐鉴赏能力，但事实上，我们的大脑一直在感知、分析和解释周围环境中的声音，并利用这些声音来控制我们的行为和情绪。这与我们对音乐的反应完全相同，只是我们没有意识到这一点。几乎所有的电视节目和电影都要使用背景音乐来引导我们的情绪，从轻松、期待、兴奋到害怕和惊恐。超市会用非常微妙的方式利用音乐来获得良好的营业效果，以促进销售额。这一天播放的德国音乐和另一天播放的法国音乐都会影响我们，对音乐播放当天的德国葡萄酒和法国葡萄酒的销量会产生显著影响。商店和购物中心也会利用舒缓的音乐使顾客放缓步伐，这样人们会在商场里逗留更长时间，购买更多东西。在拥挤的地区播放舒缓的音乐，可以减少紧张情绪和犯罪行为。人类并非唯一对这些音乐信号有反应的生物，在农业中，给动物播放平静的音乐也可以提高牛奶和鸡蛋的产量。

军乐、爱国歌曲和足球比赛中的曲调皆利用了我们对音乐的敏感性。成千上万的情歌深深影响着我们的情感生活。"音乐"并不局限于乐器，我们也可以享受微风与海浪拍打海岸的声音。即使是汽车或其他发动机，也有它们独特的"噪音"，出现问题时，我们会下意识地听出其声音的变化。

黑胶唱片、磁带、激光唱片和流媒体的热潮

如今，大多数音乐都通过电子方式销售，因此我需要简要回顾一下电子学与技术如何改变和塑造了我们听音乐的历史。大约 150 年前，人们就开始尝试录制音乐，在大约 100 年前开始尝试无线广播。因此它们成为我们听音乐的主要方式。我们无法对原声进行完美复制，也无法完美复制现场演奏，并且永远不可能做到这一点，因为室内声学和声音制作都不可能做到与原声完全一致。一个极端的例子是对比在大教堂里听管风琴音乐与在有软装的标准房间里通过耳机或收音机来听音乐。两种情况下的混响时间（即强音衰减所需时间）完全不同。事实上，教堂管风琴音乐的一个关键特征是声音的持久性，声音可能会在两秒内缓慢消失。相比之下，房间的混响时间远低于一

秒，声音听起来沉闷。另一个引人注目的特点是风琴低音的威力，在教堂里，人们可以通过身体而不仅仅是耳朵感受到低音的震撼。这种低音的频率远低于录音和广播所使用的频率。

这个例子足以证明，当我们通过电子设备听音乐时，声音质量会在一定程度上下降。所有类型的音乐传递系统都会如此，只不过下降的程度不同。其中有一种例外情况，那就是电子流行音乐，比如现场音乐会（通过电子设备）很有可能被广播或录音。这种方式可以为流行音乐"自动调谐"，它能校正音高。优秀的歌手会回避这一点，因为弯曲音高可以增加真正的冲击力，它在爵士乐中的效果非常明显。

对于非电子化的演奏，音乐的内容加上人类大脑会下意识处理的空间信息，都会在电子加工中丢失和弱化。同样，更为重要的是，在音乐会上，音乐吸引了我们的全部注意力，周围兴奋的观众，声音的背景及其指向性，都会刺激大脑的处理过程。众所周知，视觉、听觉和其他感官的结合提高了我们的敏感性，只依靠其中一种感官不可能做到这一点。例如，电视上的讨论节目比单纯的讨论声音更能吸引我们的注意力。

大多数时候，电子设备和录音成为音乐输入的一部分，因此我们必须接受这样一个事实，虽然我们选择了一种不完美的产品，但它可以让我们聆听来自世界各地顶级音乐家的演奏。毫无疑问，在 20 世纪，录音和广播技术不断进步，这也反映在所用媒体的类型上。1925 年之前的唱片时长较短，质量很差，但对舞曲来说，时间已经足够，这为唱片播放器及其销售奠定了市场。78 转 / 分的转速将唱片的持续时间限制在 5 分钟左右。美国的自动电唱机采用转速为 45 转 / 分的小唱片，后来又使用转速为 $33\frac{1}{3}$ 转 / 分的乙烯基唱片。由于唱片的结构，声音会被修改（即失真），避免在轨道的不同部分之间交叉连接。后来小型便携式磁带成为潮流，但在 20 世纪 80 年代初，乙烯基唱片和磁带都被激光唱片取代，即使是大型交响乐，激光唱片也能提供足够的录制时长，不受灰尘或划痕的影响，而且便于携带。在下载和流媒体出现之前，激光唱片在近 20 年的时间里一直占据统治地位。这些技术都有一定的缺陷，造成声音不同程度的失真，从而使声音各具特点。没有任何一项技术是完美的，我们可能只是在最初听音乐的时期形成了自己的偏好，并非意味着一项技术真的比其他技术更有优势。

在 21 世纪，音乐下载和流媒体迅速流行起来。它非常适用于流行音乐或仅作为背景音乐。因此，设备质量和信号信息需要被压缩，以满足一些无可厚非的需求。它使音乐质量倒退了半个世纪。对于那些真正聆听、专注于欣赏音乐的人来说，这一点难以接受。但对于其他人（大多数人）来说，这种处理无关紧要。最后要谈一下流媒体的一大缺陷，那就是音乐播放列表的使用，在播放列表中，其他人选出一段段音乐，将其串在一起，这样一来，我们失去了选择的自由。当你听过一首音乐，大数据会认为这是你喜爱的音乐，于是只会向你推送同种风格的音乐，你难以接触到其他风格。流行音乐和古典音乐都呈现出这一趋势。

随时随地都能听到音乐，这也未必是好事，我们淹没在通过电子传输的背景音乐中，反而不会专心地聆听音乐。这很遗憾，因为它破坏了生活中的一大乐趣。问题不在于音乐的质量，而是我们显然不在乎自己是否专注聆听，我们喜欢一边阅读邮件，一边通过低级系统或蓝牙和其他数据压缩设备来听音乐。人们可能也会说，使用智能手机与朋友聊天或分享电子图片，远不如真正地面对面交谈。但当人们真的坐在一起后，智能手机又会破坏这种现实的联络。我曾在咖啡馆里看到一群年轻人，他们围坐在桌旁，各自刷手机，没有人和其他人对话。我认为，这是一个巨大的社会损失，也是一种在电子化的社会压力下所产生的失真。

作曲与演奏之间的差异

音乐中存在一个不可避免的缺陷，即作曲家的意图可能无法通过演奏完美地展现。与其将它视为一个缺陷，不如重新加以审视，因为音乐的风格不断发展，乐器和礼堂也有所变化，而我们可以接触到其他音乐，这反过来又

14 音乐中的缺陷

影响了我们对音乐的鉴赏。我终于找到了一个具有积极作用的缺陷，它适用于过去几千年的作曲，也适用于近些年出现的通过音响合成器和现代技术生成的电子音乐。通过音响合成器和现代技术，我们听到的声音可能相当准确地体现了作曲家想要的效果，尽管电子效果和音质发展迅速，但结果基本上都能被作曲家所接受。如果它是一种时尚的音乐，我们也会喜欢。流行音乐领域的风格变化迅速，我们也接受了音乐的现代化。许多流行音乐的受众是年轻人，因此每个年龄段的人（跨度可能只有五年）都有自己的偏好，即偏爱某个时期和某种类型的音乐。

至于在高质量录制技术出现之前所创作和演奏的音乐，我们绝对无法听到完全符合作曲家要求的音乐，也无法了解创作这段音乐时听众的音乐体验。用同一时期的乐器演奏巴洛克音乐，配上作曲时可能使用的调音，或许能够还原当时的风格。但演奏者必须猜测原本的演奏方式，而且他们无法还原演奏者或观众的音乐期望和体验。对演奏者来说，这可能是一种乐趣，但乐器的变化，以及通过广播和录音聆听全球各地的音乐，已经不可逆转地改变了我们所听到的和期待的音乐。我们可能喜欢巴洛克音乐，但也必须认识到，我们不可能复制与音乐创作和首次演奏时相同的反应。无论是在情感上还是在音乐上，我们都处在截然不同的背景下，毫无相似之处。

巴洛克时期的演奏使用不同的调音，我发现歌唱家或鲁特琴等使用较低的音高也不会造成问题。但我发现，对小提琴演奏来说，将标准音A从440赫兹调至430赫兹，演奏出的旋律既不悦耳，还会走调。也许这是因为多年来我一直在演奏合调的小提琴。用现代音高演奏同样的音乐也相当不错。事实上，440赫兹的"标准音"只是19世纪初维也纳教堂管风琴的平均音。由于当时没有官方标准，因此A音有多种频率。"标准音"也会因时代和/或指挥的不同而有所差异。在19世纪末，美国将A音频率上升至461赫兹（几乎接近升A）。这对歌手的高音演唱来说的确是个坏消息。因为更高的频率意味着更高的穿透力（就像尖叫一样）。对于这个"缺陷"的利用，一个经典的例子是在一个拥挤的房间里，很多人同时说话，又高又尖的声音更容易被听到。在小提琴协奏曲中也可以采用更不易被察觉但有一定危险性的策略，比如与管弦乐队中的小提琴演奏相比，小提琴独奏的声音偏高。如果控制得当，小提琴演奏者也可以从乐队演奏中脱颖而出，但这样做很容易使小提琴的声音听起来尖锐且不合拍。因此，要运用这种缺陷，需要具备高超的技巧。

现代演奏的每一种乐器几乎都经过了改造。有些改造在视觉上不太明显，却提升了乐器的能力，比如小提琴，改造后的小提琴可以演奏更高音，使用更快的演奏速度并配合更优质的琴弦和琴弓。在19世纪，羊肠弦（是羊而不是猫）质地不均匀，很容易断裂。质地不均，且弦的一端逐渐变细，因此必须将变细的一端对准同一方向，因为这关系到音符的间距。现代琴弦可以避免这些问题。小号有了按键、全套音符，并提高了指法的灵活性；单簧管发展了一个多世纪；人们还发明了萨克斯管之类的新乐器。乐器（和音乐厅）的演变极大地改变了作曲与观众所欣赏的音乐。要知道，在莫扎特或贝多芬时代，许多管弦乐队都是随机组合，在未经任何排练的情况下聚在一起演奏（因为他们没有排练的经费）。因此，他们要在没有优质眼镜的情况下，在烛光下用手写的乐谱进行视奏。虽然音质比不上现代大型管弦乐队，但小型管弦乐队能够更加清晰地展现作品的内涵。音乐家海顿（Haydn）的雇主有一支小型管弦乐队，因此他们会进行排练。

众所周知，罗西尼（Rossini）在首演当天才写完序曲，誊写员则一边抄写一边等待下一页。帕格尼尼（Paganini）会带着小提琴协奏曲管弦乐总谱去演奏会，然后再将它们收集起来。这无疑削弱了他生前的成绩，也阻碍了后人对其作品的演奏。1936年，一个流浪汉发现了帕格尼尼的《D小调第四小提琴协奏曲》的管弦乐谱，这些乐谱被其后代混在其他文件中丢弃。后来，它与独奏谱重新结合，于1954年由亚瑟·格鲁米奥（Arthur Grumiaux）进行演奏，此时距离上一次演奏已经过去了一个世纪。贝多芬的《小提琴奏鸣曲》也有类似的轶事，在首演中，小提琴演奏家在视奏，而贝多芬还没有写完钢琴部分的乐谱。观众意识不到这种情况有多糟糕，除非住在维也纳这样的音乐之都，否则他们很少有机会多次聆听同一部作品。

新事物和新风格经常会遭到拒绝（新思想也是如此），因为这是人的本性，音乐中许多重大的突破性创新在最初的表演中都遭受到严厉的批评。随着时间的推移，它们已经成为歌剧、协奏曲、交响乐等主流音乐形式。之所以提及这一点，是因为创新也常常被视为一种不完美，但随着重复和了解，它可能会成为主流，也会抑制后来风格的发展。

技术的变化

作曲家一般没有固定的风格。相反，随着技术进步，人们可以制造不同的或更加强大的乐器，进一步了解声学和建筑科学，建造更好的音乐厅，当然还有能够录音和广播的电子设备，这些都为作曲家提供了机遇。事实上，录制音乐的尝试推动了电子放大技术。但作曲家们未曾料到，他们的作品不仅被录制，还会在录音和播放过程中由录音师进行平衡和"纠正"。

扩音技术提高了声音的穿透力，使声音能被更多人听到，这往往优于早期乐器的失真。对键盘音乐来说尤其如此，大约两个世纪前，这些作品经常在羽管键琴上演奏。羽管键琴的声音强度低，无法维持音调，会迅速走调。早期的钢琴在各个方面都取得了进步，可以保持适当的音强。这必然改变了作曲的目标。我们可能已经忘记，早期的钢琴与现代钢琴有很大的不同，所以在现代钢琴上演奏这些作品会产生截然不同的效果。例如，在1811年贝多芬创作的《大公三重奏》（为奥地利大公鲁道夫而作）中，他使用了三种强有力且相互匹配的乐器，分别是钢琴、小提琴和大提琴。三种乐器相互平衡。在现代的演奏中，即使由最优秀的钢琴家弹奏现代三角钢琴，其音强也会远远超过另外两种乐器。对钢琴协奏曲来说，技术进步已经将钢琴的声音强度提高了一千多倍！实际情况并没有看上去那么糟糕，因为人类大脑对音强的感知符合对数函数，所以如果音强提高了千倍，人们的感受可能是响度提高了十倍。

键盘乐器的使用存在一个意想不到的困难，即调音后，它们会变得不灵活。相比之下，歌手可以用微妙但可识别的方式改变音高，不同的文化使用的音阶也略有不同。以一个现代钢琴键盘为例，如图 14.1 所示，我们可以演奏一个标准的西方八声音阶（一个八度），用白键演奏，从一个 C 键到下一个 C 键。从不同的键开始，在一个八度内都有十二个半音。这种模式只是世界各地使用的八十多个音阶之一，连续两个乐音之间的音程可能各不相同。用音乐术语来说，升高一个八度（即从 C 到 C）意味着频率加倍，且所有音都是如此。在音列中包含一个五度音程，频率比为 3∶2（C 与 G 频率之比）。从历史上来看，大多数文化都从较少乐音的音阶开始，通常是五种不同的音（因此称为五声音阶）。简单来说就是只用钢琴上的黑键进行弹奏。这样可以得到一个音阶，比如从升 F（F#）开始，上行频率加倍到下一个升 F。不仅是五声音阶，还有十二个半音组成的音阶，在这些不同的音阶中，乐音的相对间距也各不相同。需要注意的是，尽管西方音乐采用的音阶有八个音，但一些 20 世纪的作曲家以及某些类型的爵士乐，对十二个半音进行了更精细的划分，通常称为四分之一音。

图 14.1　钢琴琴键

注：如果弹奏白键，从 C 上行至下一个 C，这种乐音布局可以定义一个简单的音阶。这个音阶使用了八个音，称为八度音阶。黑键，如 C 和 D 之间的黑键，对应升 C 或降 D，具体要取决于所使用的音阶。如果只用黑键弹奏一个音列，这种模式类似于五声音阶（例如从升 F 开始至下一个升 F）。

人类有各种各样的声音，从男低音到男中音、男高音、女中音和女高音，所以许多人发现在演唱一首歌的时候，自己的声音更适合其他调（例如 F 调或升 A 调）而不是 C 调。但若使用带琴键的乐器，则很难做到这一点，因为每首歌都需要在每次换调时重新调音。比如对调到 C 调的琴键来说，要

14 音乐中的缺陷

换成其他调就意味着许多音都会发生明显的冲突和不协调。对于现代西方音乐，我们使用十二个半音，对于固定琴键，如果要使用不同的起始音，则每对相邻半音的频率比必须相同（即刻意制造缺陷）。升一个八度后，频率会翻倍，因此将一个八度分成频率比相等的十二个半音，即半音之间的频率比是二的十二次方根（$\sqrt[12]{2}$，即 1.059），这从数学的角度来说是可行的。这种律制称为"十二平均律"。它有一定的作用，但从音乐的角度来说不够完美，并且对演唱者的灵活性等方面造成了限制。一般听力正常的人都可以识别出其中的差异。

对一架钢琴来说，即使使用十二平均律，仍会出现许多问题，再加上演奏时需要同时使用多个琴弦和多个乐音，从而导致问题更加复杂。较高的分量（称为泛音）不仅不适合整齐的音阶，还包含不在任何音阶中的频率，并且经常与正在演奏的其他音的频率相冲突。一个优良的钢琴调音器可以通过轻微失谐来减少失真。典型的模式是给较低的音降调，给较高的音升调。它会发出一种独特的钢琴声音，但较高的"音"会与人声或小提琴的高音相冲突。电子键盘可以识别这种问题，许多电子键盘可以选择"钢琴"声音，它不会像真正的钢琴那样失真。这种替代性方法有时被称为"拉伸"调谐（针对机械钢琴）或"降调"调谐（使用一组降低音高的纯电子泛音）。这种方法具有可行性，因为泛音含量取决于电子方式，而不是琴弦和声卡的振动。歌手和弦乐演奏者也更喜欢电子钢琴，但它显然不属于高品质的钢琴声音。原则上来说，电子钢琴的声音可以用更复杂的软件来开发，以提高质量，但由于许多电子键盘与合成器都应用于流行音乐，而流行音乐的长度通常较短，对音质要求不高，因此我怀疑这方面的软件开发可能缺少一定的市场需求。

弹奏一个音

在所有关于十二平均律的数理背后，都隐藏着一种假设，即我们以一个频率演奏简单的乐音。我们可以使用音叉，但发出的声音很枯燥，无法与任何声音或乐器关联。尽管一些电子设备可以提供类似的音，但我们不能只用一个频率的音歌唱或演奏。一个比较理想的古典物理学案例是，将一根琴弦（比如小提琴琴弦）两端固定，弹动它从而发出一组音。小提琴弓上有粗糙的马毛，上面涂着黏性松香，它可以抓住琴弦并稳定地将它拉向一边。在某个时刻，琴弦逃脱琴弓，并迅速弹回，开始做锯齿状运动，如图14.2所示，从数学的角度来看，可以将琴弦的运动视为一组频率较高的谐波，其频率是基音的整数倍（$1f$、$2f$、$3f$、$4f$……），如果只有一根琴弦，那么每一次谐波的频率都呈对数递减（1，1/4，1/9，1/16……）。一把真正的小提琴就是一个放大器，它的实际强度模式与一根琴弦的强度模式截然不同，放大系数取决于乐音和乐器。

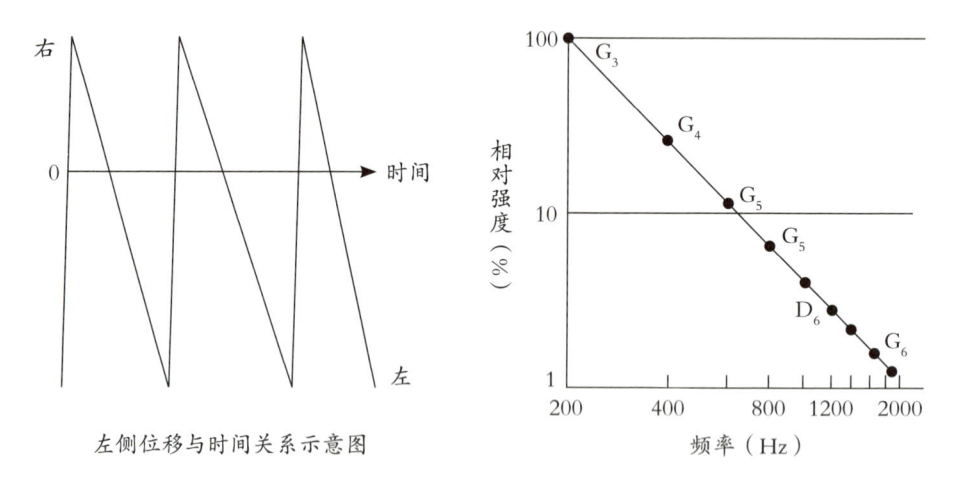

图 14.2　琴弦做锯齿状运动的频率

注：小提琴弓拉动琴弦产生锯齿状位移，可以将它们分解为一组等间隔的频率。除了一个基音频率外，其余为泛音频率。在强度与频率的对数坐标图上可以看到一个理想化模式。G_3是小提琴G弦的频率。

乐器产生的声音，以及我们认为自己听到的声音，都是大脑试图处理大量信息并找到可接受的快速简化方法的结果。大脑不仅会分析组成频率，还会通过交叉检查，通过频率差异分辨出基音。显然，对小提琴来说这没有问题，因为谐波频率是等间隔的（所以 $6f-5f=1f$ 等）。图 14.3 展示了对一把中档小提琴测量后的数值。对于 A 弦（频率为 440 赫兹），我们可以看到一组间隔 440 赫兹的频率，并且强度稳步下降（大致与预想相同）。G 弦（频率为 196 赫兹）很有吸引力，因为基音频率非常低，但也有一些强泛音，大脑可以从这些频率的差异中提取出基音（图 14.3）。在这些测量中，即使缺失基音，我与学生都认为自己听到了 G 音。同样的情况可能也发生在低音提琴上，最低音的强度很弱，因为要制作一把等效放大的小提琴，意味着其背部要接近 2 米高！此外，我们也很难听到那些低频率。我们认为自己听到的声音其实是大脑对数据进行的富有想象力的操纵。早期的电话使用了完全相同的方法，即扭曲听筒的声音，以提供不同的语音频率，而这些语音频率并没有通过电话线的有限带宽传输。

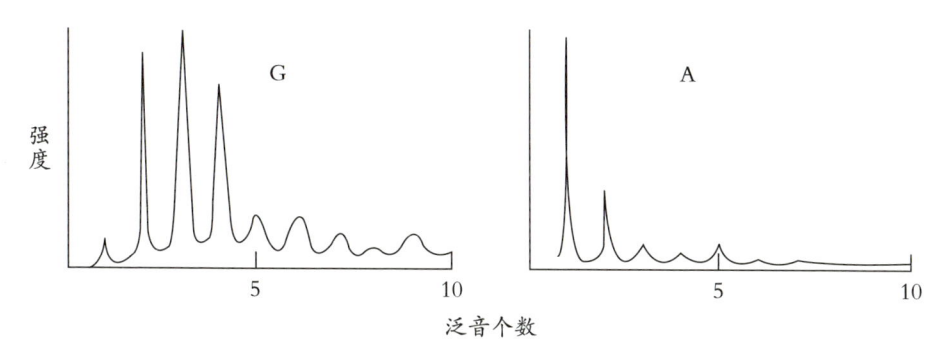

图 14.3 小提琴 G 弦和 A 弦的输出强度

注：对于这把小提琴，我们仍然认为自己听到了 G 弦的基音，因为大脑可以对频率进行处理，包括寻找泛音差频。对于 A 弦则没有这个问题。

钟声更令人难以理解，因为我们要分析的一组分音是非泛音，这意味着它们不符合小提琴那样等距、有序的模式。相反，它们包含一组范围较大且互不相关的频率。其中可能不包括主音或任何明显的泛音！我们从心理上分析钟声的频率，然后由大脑决定（猜测）这是什么音。这是非常主观的，所以不同的听众可能会"听到"不同的"基音"。

一把高品质的小提琴能在低音处输出功率。广播和录音系统不能传输低音提琴的基音,需要我们的大脑来填补被排除在外的部分。情人眼里出西施,但音乐是大脑选择的结果,让我们确信所听到的东西。我觉得自己的小提琴拉得不错,但有些人可能不这么认为。

通过测量琴弦随时间的位移与频率分量的强度之间的关系(称为傅立叶变换),可以进行声音分析,但对它的控制在很大程度上取决于小提琴制造师的技术,他需要制作一个木箱放大器。电子放大的难度更小,并且可以在更大的频率范围内降音,但由于它没有木箱设计的缺陷,因此音质可能会单调乏味。音乐工程欢迎缺陷。就成本而言,从一把普通的小提琴(售价130英镑左右),到斯特拉迪瓦里小提琴或阿玛蒂小提琴等顶级乐器(价格可能达到上百万),我们的看法可能也会有所不同。现代制琴师制造乐器时,电子设备也能发挥一定的作用,因为它可以用于分析不同成形阶段木材制成的小提琴板的频率响应。

第二个例子的分析更加困难,那就是观察古典歌手发出的泛音和其他杂散音。图14.4提供了基音的实时视图,以及专业歌手发出的大量分音。图中只展示了同一个音的两种情况。一种是抬高喉位,从而在更高的声区释放更大的力量——这适用于在大型音乐厅中传送声音。另一种是降低喉位,可以发出更加柔和、深沉的声音。我们都表示自己听到了预期的最低频率的"音",并意识到不同的音质。看到分析时,我们很难相信竟然有多达50个频率分量。它们的范围从预期的男中音(C音频率为130赫兹),加上一些直接泛音,到由发声系统决定的大量不相关频率。通过喉位、头部倾斜、舌位、软腭位置以及口腔和嘴唇的形状,我们可以在一定程度上控制这些频率。意识到其中涉及的变量后,额外的频率数量也具有了可信度。同样令人惊讶的是,在大约五个八度音阶上,有一些分量(甚至是男中音)可以延伸到5000赫兹,达到钢琴琴键上最高音的频率范围。

图 14.4 喉部的音调效果

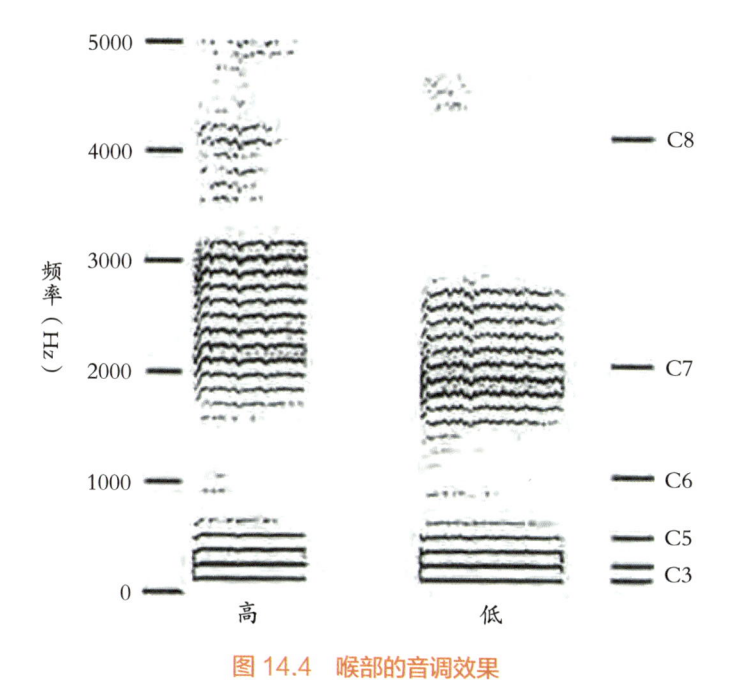

注：图中显示了一位男中音歌手演唱低音C（频率为130赫兹）后五秒内记录的数据。"高"和"低"分别代表相对喉位。

我们没有将它描述为一堆选定的频率乱七八糟地混合在一起，而是将它赞美为一种动听的、有力的男中音。这是缺陷的胜利。高喉位的音因为频率高，因而具有良好的承载力，而低音则更加平滑、深沉。

之所以将本小节的标题命名为"弹奏一个音"，是因为我想通过本节的内容证明这是一个不可能实现的任务。此外，即使是演唱最基本的音乐，也有丰富的深度和音调特征，正因如此，音乐才会令人兴奋并具有吸引力。

声音的定向性与座位选择

两只耳朵可以提供位移信号，从而产生方向感和距离感，因此，在音乐会中，我们不仅可以听出强弱变化与演奏者之间的平衡，还可以判断单个演奏者的位置，以及反射信号。无论是音乐还是大厅的环境，这些特征都为我们提供了一种现场感。要通过电子方式复制这一点非常困难，不仅因为扬声器或耳机和室内声学无法匹配音乐会空间的频率响应，而且我们听到来自各种麦克风的混合接收，这些麦克风可能悬挂在远离普通座位的地方。将在房间内说话的声音与电视或收音机的声音进行对比，也能明显感受到差异。

声音的定向性不仅是音乐录制的重要因素，对于音乐会的选座也很重要。如果你喜爱小号，管弦乐队中高频声音的前向波束基本会指向指挥家，因此你可以沿着这条轴线选择座位。如果你选择一个距离相同但靠边的座位（例如能看到演奏者的地方），音强可能会下降 100 倍，我们感知到的响度大约只有四分之一。在许多音乐厅，不同乐器标准音强范围内的座位价格相同。每个人的好恶不同，希望放大或抑制管弦乐队或合唱团的不同部分。多麦克风录音和广播则丢失、修改或伪装了这一现实情况（即使它在名义上是立体声），这也是现场音乐和录音音乐明显不同的原因之一。录音师平等地"调整"乐器音强，使之平衡，因此独奏者可以借由人为的方式从其他音乐中脱颖而出。我们会下意识地处理所有详细的信息，从而提升享受音乐的乐趣，但电子设备无法提供这些微妙的信息。

最近我读到一则消息，现代音响师正试图在高级音乐厅中添加电子设备，以降低噪声，使之更接近激光唱片的水平，他们认为观众希望听到这样的效果。但我对此持保留意见。

一些对音乐的思考

可以肯定的是，音乐是人类和许多其他动物生活的重要组成部分。我们喜欢音乐，因为每一次演奏都是独一无二的，即使是播放激光唱片，我们在听音乐时的感受与注意力也会有所不同。我们并非要追求完美，因为变化是生活的调味品，我们因此才能认同音乐、演奏者和我们自己。况且我们的音乐品位多种多样，并且会随时间的推移而变化。就本书的目的而言，反复倾听与演奏中固有的缺陷正是音乐令人愉快的原因。

需要补充的是，在《音乐随文化与科学演变》(*The evolution of music through culture and science*) 一书中，我对音乐的发展方式和原因进行了简要但更加全面的思考。

15

通过缺陷实现进化

物种变异
与进化

第 1 节

在过去的 150 年里，人类理解了生物过程的运作，认识到物种并非恒定不变的，而是每一代都有多种变异的可能，这是一项巨大的进步。这种能力和个人的独特性，强调了为什么我们应当重视曾经称之为缺陷的差异。达尔文和华莱士的天才之处在于，他们认识到，这些变异不仅使物种稳定进化，而且促进了新物种的发展。许多人有一种误解，认为这种进化都是进步的。事实并非如此，如果特定的关键特征不再具有优势，那么一个特定的变种乃至整个物种可能都会走向灭绝。考古记录表明，许多曾经的优势动植物如今都已灭绝。它们灭绝的原因多种多样，例如气候变化，主要体现在温度、降水、荒漠化或海平面等方面的变化。火山爆发，流星或小行星撞击等自然灾害也会对全球产生影响。疾病类型、捕食者和栖息地的变化同样会影响生存。

在过去的几百万年里，大多数植物和动物都在稳定地进化，以适应缓慢变化的气候环境。其中一些变化令人惊叹，例如澳大利亚与亚洲陆地分裂以后，出现了各种各样的有袋类动物。马达加斯加与非洲大陆分离后，也呈现了不同的进化路径。物种的生存并非一帆风顺，自然事件导致了大约五次大规模的物种灭绝。最著名的事件是小行星撞击墨西哥半岛，引发了成千上万的物种灭绝。幸存者寥寥无几，但幸运的是，主要捕食者已经死亡。化石记录能够为我们提供这些幸存者适应环境并分化形成新物种的证据。人类和我们的祖先开始进化的时间远远落后于其他物种。

第六次物种大灭绝已经开始了，但这一次的性质完全不同，它显然由人类引起。然而，人类仍在继续进行破坏，捕猎技术日益高效，物种逐渐失去栖息地，在农业中通过化学手段来清除那些破坏农作物的昆虫和地方种。例如，美国的数据足以证明蜜蜂数量的减少，美国农业部的蜂箱数量从1998年的500万个下降到2018年的280万个。

全球通航为许多地方带去了生物的破坏者。此外，我们还引入了害虫、疾病、外来动物和其他在本地缺少捕食者的生命形式。当然，物种也会"自然"灭绝，比如海平面变化，导致一些岛屿被淹没，或者气候变化导致沙漠化。已有的文献表明，在过去的250年里，大约500种植物和1000多种动物已经消失。然而，如果从更长的时间尺度来看人类干预，人类造成的灭绝速率大约是"自然"灭绝速率的500倍，而从动物灭绝的角度来看，前者的速率估计至少是后者的1000倍。

总的来说，有相当多的证据表明，在当前的生命周期中，物种灭绝已经开始了，但我们很难观察到人类的自然进化。部分原因在于我们无法同时对比几代人。尽管如此，从农场动物到宠物，通过选择繁殖所驯化的动物的进化是显而易见的。

人类从开始狩猎并开始有意识地发展农业和畜牧业以后，一直在干扰自然发展。几千年前，人们认识到，可以通过种子或动物幼崽的选育，从而繁育出能够满足我们需求的后代，它们具备对人类更加有利的特征。当时人们尚不清楚其中的科学原理，但其影响显而易见。体形更大的马匹与可控的农场动物，生长速度更快且产量更高的作物，以及产奶量或产肉量更高的动物，都是我们利用特定物种的自然变异进行选择繁殖的例子。人类实施干预的历史可能已有10000年之久，就地球的历史而言，这是一段相对较短的时间。在大多数农业案例中，即使现在已经培育出了早期的特征，人们也能看出变化。我们可以引导家畜、作物和宠物的发育（包括积极和消极的发育），因为我们可以控制其繁殖，并在后代出生后几年内开始对新一代的繁育。对植物来说，可能需要每年进行一次选育。在实验生物计划中可以看到更明显的例子，试验物种，如小鼠或果蝇，其繁殖生命周期以周为单位。因此我们可以快速观察它们在几代内的进化变化。

语言的演变

在19世纪，物种进化的假说带来了文化上的巨大震动，但如果能认识到动植物进化与语言变化之间的相似性，那么人们或许早就提出了有关物种进化的理论。语言的演变非常明显且迅速。老一辈往往难以理解当前青少年的语言，即使使用相同的词语，其含义与韵味也可能完全不同。通过看老电影或过去的电视节目，我们能够较为容易地看出语言、文化和社会态度在人的一生中发生了哪些变化。如果扩展到20代人（大约500年），那么现代的普通民众几乎难以阅读和理解早期文本中的微妙之处。对于莎士比亚（Shakespeare）和乔叟（Chaucer）等作家，我们可以理解其作品的大致情节，但有可能忽略其中的微妙之处。韵味、词汇与社会态度等都发生了根本性的改变。人口的流动也进一步推动了语言的演变，但这比物种的进化更加明显。两者可能会不断进化，且多样性不断提高，但同样也有可能倒退和灭亡。使用现代希腊语和意大利语的现代人仍然保留了部分古希腊语和拉丁语等经典语言，但还有许多语言已经完全消失。2000年前，阿拉米语是中东地区的主要语言，如今已近消失，只有几千人还在使用现代版本的阿拉米语。阿拉米文字曾被广泛使用，成为现代阿拉伯书面语的基础。

语言统一可能导致方言的消亡。在法国大革命时期，只有50%的法国人能够理解法语，即使对他们来说，法语也不一定是第一语言。出于政治原因，人们被迫接受并发展现代法语，因此今天可能只有不到10%的人还能理解早期的地区语言。对一种语言来说，如果仍有小部分人在使用它，则认为该语言仍然存活。因此，从这个意义上来看，在英国，康沃尔语仍然存活，并且人们正在努力增加掌握该语言的人数。据报道，20世纪全球有数百种语言消亡，如果算上方言，消亡的语言多达数千种。

连续的代际变化

我是一名物理学家，而非生物学家，因此我不会使用最近的文献案例，而是使用教材中记录翔实且已经过独立证明的经典案例。之所以这样做，是因为关于进化的讨论总会引起一些人强烈的反感和恐惧，因此最好避免使用新案例，尤其是那些清晰壮观，可能会引起激烈反对的案例。任何争议事件，或者可能颠覆现有秩序或现有"专家"的自我和地位的观点，总会引起类似的反应。我们曾经认为人类不同于且优于其他任何生物，但进化摧毁了这种认知。生物学清楚地表明了人类在动物中的地位，天文学也改变了我们对自己在宇宙中的重要性的看法。例如，在过去的20年里，我们才探测到附近恒星周围的行星，而且这些行星似乎都具备与地球相似的特征，大约有2000颗已得到确认。

无论植物还是动物（包括人类），亲代与后代显然不可能完全相同。同卵双胞胎并不是完美和精确的复制，个体从受孕开始就有所不同。随后的环境和养育带来了进一步的变化。简单观察一下任何植物物种或人类种群，就会立即发现繁殖所得的下一代是不完美的（即与亲代不完全相同）。由此会产生一系列有益的影响，例如体形大小的差异与抵御不同天气条件或新疾病的能力。多样性能够提高生物的适应性，这对生存至关重要。在理想情况下，下一代和后代的基因蓝图应该包括一系列选项，这些选项可以传递给后代，在必要时作为备选的解决方案。如果未来的生存条件发生变化，那么目前农业和生物学试图控制遗传信息的做法就存在严重的弱点。同样，杀虫剂和除草剂引起的化学变化也会产生意想不到的后续影响。

常见的例子是天然植物的种子，它们具备在不同条件下生存的能力。如果相同的植物在不同的海拔高度上生长，那么它将产生最适合其所在海拔高度的种子，但也会包含一些适合另类条件的变种。如果将产生于低海拔的种子种植在高海拔地区，大部分种子都无法存活。极少数种子能够存活下来，其后代大多会适应新的海拔高度。在缓慢变化的生存条件下，这是一种良好的生存策略，但如果新的条件长期存在，另类个体最终会逐渐消失。如果条件发生逆转，物种可能会灭绝，因为它们失去了必要的变种。当物种的变化具有进步性和永久性，那么我们可以认为进化出了新物种。

我所陈述的是一个显而易见的事实，即植物和动物都存在代际差异。果蔬种植者或许认为这是一个令人讨厌的缺陷，但对生物的长期生存来说，这是一种进步。道理很简单，但其影响非常深远。它意味着基因缺陷驱动生物在不断变化的环境中生存，并且有可能进化出新物种。用"突变"一词足以描述代际变化，但从情感的角度来说，进化在某种程度上被视为一种积极的特征，而突变则隐含了负面的意味。许多突变体无法存活，但其他突变体可能会为新物种开辟进化途径。医学界正持续不断地与这种突变的影响作斗争，这种突变会使细菌和病毒产生耐药性，因为它们的突变率极高，且突变速度很快。如果遗传信息遭到破坏，会产生新的变种，这是生物的普遍特征，我将在后文解释其原因。

现代遗传特征提供了许多发展多样性的例证。例如，对一座大型湖泊中不同鱼类的研究表明，数百种鱼类在基因上与一个共同祖先有明显的联系（各品种狗的情况与之类似）。现在，这些鱼在颜色、形状、进食和繁殖习惯上均有所不同。时间和环境条件造就了这种多样性。对体形较大的物种来说，这种变化的速度会相对较慢。

教科书中有关变异与进化的案例

19世纪的标准教科书举例说明了加拉帕戈斯（Galapagos）群岛不同物种如何因动物群隔离与随后栖息地的变化等原因而进化。雀类和陆龟之间的变化启发了达尔文，使他认识到它们各自拥有一个共同祖先。不同岛屿上的鸟类和陆龟有不同的觅食机会，那些能够适应当地条件的鸟类和陆龟得以成功繁殖，而其他鸟类和陆龟则难以生存。因此，种群中的变异平衡彻底改变。它们逐渐不同于原始的共同祖先，比如雀喙或陆龟壳的形状变大，从而形成新物种。新物种的出现意味着它们无法进行杂交，并且它们的杂交后代不能生育。

某一个变种更容易被捕食者捕获，这也会导致优先选择。这方面经常引用的例子是英国胡椒蛾。它们生活在林地，喜欢栖息在树干上，因此很容易被鸟吃掉。胡椒蛾有深浅两种颜色，那些能在树干上伪装的胡椒蛾得以幸存。在英国工业革命之前，树木干净明亮，有利于浅色胡椒蛾的生存。到了19世纪，工业革命造成污染，导致树皮变黑。因此，浅色胡椒蛾难以在树干上伪装，被鸟类捕食，种群中的浅色成员减少，而深色成员得以存活。深色胡椒蛾往往会孕育深色的后代，因此种群平衡发生了变化。最近，随着大气质量得到改善，越来越多的浅色胡椒蛾得以生存和繁殖。这样一个具有多样性的种群，可以体现适者生存的法则。

除了捕食者，我们也可以用药物和杀虫剂来举例。新的药物或农作物喷雾剂的使用最初会对病虫害产生重大影响。但它难以消灭所有目标，因为基因变异意味着有少数个体对药物具有免疫。这些幸存的个体茁壮成长，它们有充足的食物等各类资源。然后，这种具有免疫性的变体成为优势种。因此，使物种发生变异的遗传差异为该物种提供了有效的保护，至少是一种改良。原始种可能永远不再出现，经过几代后，幸存个体重新界定了这个物种。

有大量证据证实了除草剂、杀虫剂和抗生素的负面影响，因为其影响不只局限于最初使用它们的田地、植物、鱼或牛。蕾切尔·卡森（Rachel Carson）在其著名的代表作《寂静的春天》（*Silent Spring*）中强调了这一点。她指出，这些药剂的副作用很多，而且经常被过量使用，杀死的生物远超预期，并彻底改变了自然动植物群。此外，由于人类需要大量摄入这些农产

15 通过缺陷实现进化

品,于是人们提出了一种营销理念,即这些化学物质在百万分之一的浓度下是无害的,因此使用它们是安全的。这种理念完全是错误的,并且具有误导性。许多化学物质会聚集于不同的器官(如肝脏)中,浓度达到千分之一或更高,如此浓度对人类与昆虫都是致命的。此类问题的例证不断增加,甚至出现了意想不到的事件,比如近期,用抗生素喂养的奶牛粪便破坏了土壤的肥力。养殖鱼类体内的药物含量也是许多药物失效的原因之一,因为存活的细菌变体正是那些对药物没有反应的细菌。其他细菌都被药物杀死,因此少数基因上的"超级"细菌不断繁殖,填补为它们创造的利基市场。

一些外在表现不明显的基因变异可能会带来相当大的生存优势(不仅仅是对抗杀虫剂)。从1347年到1350年,大约三分之一的欧洲人死于黑死病。其他地方的统计数据不太明确,但瘟疫的影响可能更加严重。最初人们认为这种疾病是由老鼠或人蚤传播的腺鼠疫,但重新评估后发现,与跳蚤相比,人际接触更有可能传播瘟疫。这个模型与长潜伏期相吻合。人们意识到黑死病的传染期(约37天)后,意大利港口规定了40天的隔离期限(我们称之为隔离期)。然而,暴露人群中有一部分人并未染病,因为他们具有遗传免疫力。

这方面的经典案例来自英国德比郡埃亚姆村的后代,在1665年至1666年的伦敦大瘟疫期间,这个村庄自我隔离了14个月。三分之一的人口死亡,但一些家庭未受影响。通过对其后代的遗传学研究,发现了一种德尔塔32突变基因(COR5 delta32),它不仅能抵御瘟疫,而且具有抵御艾滋病病毒的能力。这不是人类普遍拥有的基因,只在大约10%的欧洲白人和2%的亚洲人身上发现,在非洲的许多种族和美洲印第安人中都没有发现。这种瘟疫可能会在很长一段时间后再次出现,2020年曾发现了几例腺鼠疫病例,这是由于患者食用了携带腺鼠疫的未煮熟的动物。

镰刀型细胞贫血病等其他疾病也能带来一定的好处,这种疾病的患者可以抵抗疟疾。我们再一次看到,一些缺陷可以发挥积极的作用。

许多病毒由探险家和殖民者传播至当地,导致大量当地人死亡(例如欧洲入侵中美洲）。而当地的其他疾病又被带回欧洲，攻击了免疫力低的人。现在与过去的唯一区别是，在感染者尚处于无症状的状态时，快速的国际运输就能将新的疾病传播到世界各地（2020 年新型冠状病毒在全球的快速传播就具有这样的显著特点）。显然，在中世纪人口稀少的社区中，如果 30% 或更多的人可能受到某种疾病的致命打击，那么对目前生活在城市的人来说，任何类似的疾病都有可能导致更高比例的城市人口死亡。本章后面将介绍对未来病毒的推测。病毒的进化速度非常快，远远超过了我们认识它们与开发保护性疫苗的速度。进化不仅限于大型动物，每个生命体都会进化。相比之下，病毒的突变速度要快得多。

几乎可以肯定，与小行星撞击和类似的大规模自然灾难相比，疾病和人为变化更有可能对人类生存造成威胁。

人类试图控制进化

一些绘画作品形象地记录了农场动物或赛马的繁殖过程，但对一些国家来说，80% 的人口居住在城市，这些画面几乎难以产生冲击。同样，对于在日常生活中从未见过的生物，我们大多数人可能会为失去它们而难过，却未真正理解当下正在发生的事情的后果。相比之下，即使是城市居民，也对犬类非常熟悉，并且愿意赶时髦饲养一只宠物狗，着重关注它的体形或攻击性等特点。宠物选育也遵循这些变化，因为一只宠物的预期寿命可能在十年左右。这种由人类驱动的进化在一个看得见的时间尺度上进行。犬舍俱乐部可以充分证实这一点，因为他们仍在继续繁育新品种。更为普遍的是，犬类的品种可以通过基因解码，找到不同品种之间的关系。令人惊讶的是，它们似乎都来自数量极其有限的雌性亚洲狼。从大丹犬到吉娃娃犬和亚洲狼，它们在基因方面都是近亲。

显然，杂交未必总能行得通，许多变种都有显著的遗传缺陷，这意味着如果没有人类的照顾、喂养和兽医频繁的干预，它们就无法生存。有些变种存在呼吸问题，因为它们的口鼻太短；有些变种的腿相对于体形而言过短；还有一些变种容易患特定疾病或癌症。我们已经在犬类身上发现了许多遗传问题（由人类引起而非自然选择），例如斑点狗的耳聋与其斑点的大小和数量之间存在一定的联系。这是一个有趣的遗传特征，因为人类深色头发中的缕缕白发也有可能预示着听力不佳的问题。相同的模式表明，人与犬类具有可能源自某种共同祖先生物的遗传特征。我们在许多犬类身上进行了重新设计，使其看起来更加可爱，实际上却降低了它们的生存能力，使它们在没有人类帮助的情况下无法生存。

我们对植物和蔬菜的干预同样明显。现在，许多玫瑰和开花植物的花期延长，开出的花朵大且对称性良好。其代价通常是丧失气味。超市里的苹果看起来表皮光滑，大小一致，但口感与味道可能不佳。它们没有任何畸形，也不会遭受昆虫侵扰，不仅因为它们被喷洒了大量化学物质，还因为它们本身毫无风味可言，不会吸引昆虫。我在花园里种植的苹果很美味，我和虫子都很爱吃。现代食品可以通过基因改造来抵御某些疾病，并且由于一种特征的基因编码也可能影响其他特征，因此能满足市场需求的改良可能与消费者所需要的改良无法兼容。

食品生产、市场营销、农民和社会的利益以及人类的未来生存之间存在内在的冲突。

孟德尔和豌豆

一百多年来，人们一直在努力理解进化的机制，并尝试预测进化结果。第一个有关遗传规律的经典定量研究是来自捷克布尔诺（Brno）的格雷戈尔·孟德尔（Gregor Mendel）所进行的豌豆杂交实验。在 7 年的时间里，孟德尔一丝不苟地追踪特定性状能否在代际成功传递。他小心地控制着近 3 万株豌豆的繁殖。如表 15.1 所示，他发现一些性状是显性的（即出现的概率极高），而一些性状是隐性的。两种亲本植株决定了某种性状在未来一代中出现的相对概率。到第二子代（即孙辈），四分之一的植株为显性纯合子，四分之一的植株为隐性纯合子，其余的是杂合子。

表 15.1　孟德尔遗传定律

纯种亲本	亲本 A 显性	子代基因	亲本 B 隐性
基因型	D-D		r-r
第一子代成对基因型	0	基因型全部为 D-r	0
第二子代基因型概率	25% 基因型为 D-D	50% 基因型为 D-r	25% 基因型为 r-r

每个子代的基因包含来自各亲本的基因。传统的标记使用大写字母表示显性基因，小写字母表示隐性基因。表 15.1 显示，许多性状可能在一代（或更多代）中都没有表现。

在孟德尔的有生之年，他的成果并未引起科学界的重视，所发表的论文被引用的次数可能只有三次。但他的成果最终受到了重视，并在大约 60 年后被公认是适用于所有物种遗传模式的经典例子。与当时不同的是，我们现在对遗传规律已有更加全面的了解，甚至了解了导致某些特定性状的具体分子结构。重要的基本思想是，每个属性通过添加来自各亲本的特征进行编码。我们现在知道这就是染色体的构成，染色体是成对结构，分别来自每个亲本。

豌豆和人类都符合这种遗传模式。我的一位朋友有四个儿子，他们的身材和外表都非常相似。父母一方是白人，另一方的肤色是深棕色。他们的儿子完美印证了孟德尔的模式，其中一人是白皮肤，一人是深棕色皮肤，另外两人是浅棕色皮肤。

用脱氧核糖核酸（DNA）编码信息

第 2 节

DNA 具有高度复杂的结构，它所携带的信息决定了我们与所有生物体的设计，也决定了许多病毒的设计。从工程的角度来看，它的构造很简单。脱氧核糖和磷酸交替排列形成两条主链，它们之间连接着四个化学单元，我们将其标记为 C、G、A 和 T。这些单元的一端在一条主链上，另一端通过共价键连接到另一条主链的化学单元上。它们的成对排列不是随机的，A 连接到 T，C 连接到 G。每条主链都呈螺旋结构，另一条主链与之反向平行，两者缠绕在一起。这样一来，复制就非常容易理解，实际上，DNA 可以通过解开两条螺旋链来进行复制，然后母链的每个部分都可以通过与碱基的互补配对重新形成子链。图 15.1 是一幅简单的 DNA 结构示意图。说明文字解释了这些核苷酸的正式名称。需要注意的是，大多数 DNA 结构都参与了机械构造和支撑，而不是编码。复制链被称为 RNA。在网站和各类文章中总能看到更加详细和复杂的图片。真正令人惊叹的是，只需确定四个结构单位的序列，我们就可以对动物和植物的所有特征和行为进行编码。不仅仅是外表，还有行为、疾病、智力以及使我们独一无二的一切。独特性令人惊叹，我们之所以彼此不同，仅仅是因为复制过程的不完美。

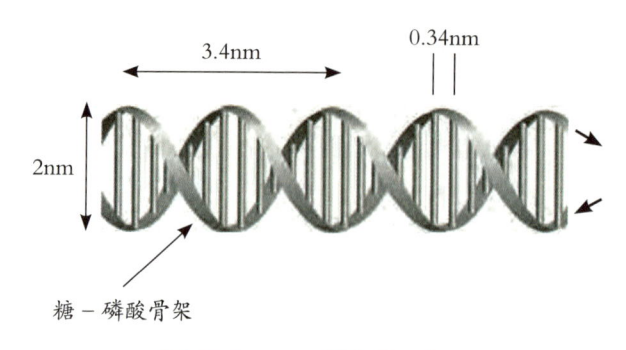

图 15.1　DNA 链部分示意图

注：主链之间是 A-T 或 C-G 配对形成的侧链。这些单元包括含氮碱基，腺嘌呤 - 胸腺嘧啶（A-T）或胞嘧啶 - 鸟嘌呤（C-G），它们通过氢键连接。主链向相反的方向解开。纳米（nm）是十亿分之一（10^{-9}）米。

同样需要注意的是，复制过程近乎完美，这是生命的基础，但这一步骤可能会被化学反应、病毒或紫外线照射意外改变，从而导致化学键重组或细胞死亡。紫外线照射与皮肤癌的关系显而易见。不进行修护就意味着老化、腐烂和死亡。我们大多数人都忘记了来自太空的宇宙射线会导致电离和细胞损伤。每秒每平方厘米约有一个宇宙射线穿过。因此，我们无法避免细胞电离、死亡、畸变或突变。或者，它们可能产生与进化有关的新型细胞和DNA。有人曾估计，在正常情况下，细胞内每天会发生大约 500 个错误，因此如此复杂的机制能够进行修复并存活下来，着实令人惊讶。但修复有时会导致结构的改变。当我们认识到参与生殖、生长和发育的每个阶段的细胞数量后，就能发现一个事实，即分子结构的缺陷是不可避免的。不管我们喜欢与否，这就是进化。

代际变化

人类发展至今，对遗传性状的根本原因已有更加深入的了解，但当我们开始理解其中的细节以后，其复杂程度也必然会随之提升。这个学科已经发展出自己的语言和术语，它们令我这种生物学的外行心生畏惧。对成分的解码和理解非常复杂,因此研究人员会专注于特定的特征,我强烈怀疑,大多数人(甚至是那些具备相当丰富的专业知识的人)都无法对其进行全面的概述。为了便于非生物学家的普通读者理解,我在表 15.2 中将遗传学术语与我们所熟悉的写作特征进行类比。这张清单从图书馆到书籍,再到段落、句子、单词和字母。此外,我也将它们在内容、布局甚至字体、墨水和纸张上的差异作为类比对象,因为它们凸显了写作的复杂性。分子和结构单位的名称与化学结构着实令人发怵(即使对生物学家来说也是如此),所以我将它们省略。如果这种方法没有帮助,你也可以跳过。

表 15.2 对基因编码相关术语的简化

关键词	简要描述	类比
基因组	存在于特定生物体中的所有基因	图书馆
染色体	将 DNA 运输到细胞中的包裹 承载 DNA,控制蛋白质的合成	图书类别
DNA	一种以双螺旋结构存在的超长分子(就像法国卢瓦尔河尚博尔城堡中的双螺旋楼梯)	一类图书中的卷集
基因	一个 DNA 片段,对具体特征有明确的编码	一本书
核苷酸	连接螺旋双链的楼梯 只有四种类型,分别以 A、T、G、C 标记 它们总是以相同的方式配对,A 与 T 配对,G 与 C 配对 (第五种碱基是尿嘧啶,在 RNA 中尿嘧啶取代 T)	每个核苷酸是一个章节
碱基对	因为核苷酸配对,因此生物学家只需要数楼梯的数量	目录体系
等位基因	产生不同结果的基因变体,例如它能决定一个人头发的颜色是红色、黑色,还是金色	不同作者写作的同类书籍
密码子	由三个核苷酸序列形成的遗传指令(如 TTT、GAC 等)	复印机
基因间隔区	DNA 链上确定基因编码之间的物质、目的和价值大多是未知的	我们尚未理解的书籍
突变	一段不同于原始 DNA 的复制片段 这些缺陷由多种因素引起,可能使生物体得到改良,也可能导致生物体灭亡	多种语种或跨学科书籍
基因工程	人类试图控制和修饰一段 DNA	编写剧本或创造语言

现代研究发现，孟德尔成功提取了亲本基因的影响模式，他意识到每一代都有一对决定性因素，它们分别遗传自每一个亲本。我们通过实验分离并逐渐认识了染色体对的细节和基因沿 DNA 螺旋编码的方式。要想了解不同基因如何产生特定的性质，以及某些遗传特征如何联系，我们必须尝试确定 DNA 分子长片段上核苷酸 A、T、G 和 C 的模式。这是一项涉及化学、物理和生物的非凡成就，因为我们已经描述了许多情况下的近乎完整的基因组。其规模十分惊人，人类基因组约有 30 亿~34 亿个 DNA 碱基对，分布在 46 条染色体内（即 23 对染色体）。目前已确定，人体约含 2 万~3 万个基因。如果这是人类所有发育和机能的全部遗传密码，那么这个数量似乎并不算大，但我们认为每个基因都能独立发挥作用。基于这一设想，人类的某些特征需要通过基因组合产生，那么人类基因图谱的复杂程度将远远超出我们目前的想象。必须注意的是，大块 DNA 可能以我们无法理解的方式发挥作用，它包含过时的信息，对潜伏的信息进行编码，或为未来需求提供保障。令人惊讶的是，尽管我们自命不凡地认为自己是独一无二的，人类处于生物发展的顶端，但我们的基因多样性并无特别之处，而且很大程度上与其他生物非常相似。

复制需要将双螺旋结构解旋，由于 A 必须与 T 配对，G 必须与 C 配对，因此从原则上来说，新形成的螺旋结构应该与原始的螺旋完全吻合。不同的染色体被限制在细胞的不同部分，从而最大限度地减少了复制阶段的错配和错误。如果一切顺利，新 DNA 中的 ATGC 编码序列应该完全相同。如果能实现这样的"完美"复制，那么每一代都将与上一代完全相同。幸运的是，事实并非如此，否则就不会有多样性、变异或进化。

即使是同卵双胞胎，即由单个卵子分裂而成，他们看起来极为相似，但他们的 DNA 模式也会有所不同。DNA 的特征必定会显示出家庭性状，并能够在有争议的情况下确定亲子关系。对法医学来说，DNA 相当于指纹，它的作用非常强大，现在已成为侦破案件的常规技术，能将罪犯与特定犯罪现场联系起来，或者排除一个人的作案嫌疑。

也许最令人惊讶的是，由于结构极其复杂，在半个世纪的时间里，我们对基因和编码系统功能的理解只达到了目前这个程度。人类的 DNA 与大量哺乳动物的 DNA 有许多相似之处（当然这表明我们都是从远古的共同祖先进化而来），这并不算出人意料。但是，哪怕物种间只有一个基因不同，也会表现出极为显著的差异。我有一个天真的想法，即人与猪有很多相似之处。两者都非常聪明，而且重要的是，猪可用于医学移植。但是，最初这种医学移植受到一种名为半乳糖基转移酶的单一基因的阻碍。它会导致人体对猪的器官产生排斥反应。这是一个有趣的例子，大约 20000 个基因中只有一个是关键基因。对医学移植来说，解决方案是改造猪，去除它们的半乳糖基转移酶。事实上，我们已经培育了一种用于医学移植的新品种猪。

为什么复制过程会出现缺陷？

认识到参与生殖、生长和发育的每个阶段的细胞数量，我们更加确定了一个事实，即分子结构的缺陷不可避免。人类生长发育的第一步可能需要 2 亿个精子参与。其中只有一个精子可以与卵子结合。虽然健康精子比受损精子更有可能与卵子结合，但并不能完全排除受损精子与卵子结合的可能性。这也并非意味着所有"健康"精子都是相同的。因此，即使在人类受孕的第一阶段，也存在偶然因素、缺陷和结果的多样性。一个精子的成功概率并不比中彩票的概率高（即非常小，但并非不可能），但候选者足有 2 亿个，因此很有可能成功。

精子竞赛（使卵子受精）的获胜者也可能导致不幸的后果，即这些优胜者并非最完美的精子。有关严重先天缺陷与轻微先天缺陷的统计数据可以体现这一点。真正严重的先天缺陷可能会导致孩子早夭，哪怕他们接受了最好的医疗护理。其他缺陷可能非常明显，并且在肉体上有显著的表现，但孩子能够长大成人，只是在某些方面明显或可检测到缺乏正常行为能力。对此类问题数量的估计因地理区域而异，但相关比例一般为 5% 至 8%。相当多的儿童携带了某些遗传编码，使他们特别容易患上某些疾病（例如遗传性乳腺癌或青光眼）或具有精神或其他健康问题的遗传倾向。在这些领域，研究者很难做出准确的估计，但不幸的是，出生后就表现出严重遗传缺陷的儿童仍然很多。

病毒与流行病

第 3 节

新型冠状病毒的出现在全球引发了一场疫情，很多人感染病毒甚至死亡。因此，我们有必要思考它是否为一种不寻常的病毒，是否真的像人们担心的那样致命，以及事后我们是否学会了如何应对它的未来变种或其他病毒。病毒在物种之间的转移机制不一定明显，因为可能存在中间宿主。当病毒被传播至人类，我们就成为它是在世界各地扩散的关键因素。病毒和细菌都是如此，但在这里我将目光聚焦在病毒身上。"聚焦"这个词不够准确，因为病毒非常小，只能通过电子显微镜观察其冷冻、灭活的形式，无法通过光学技术（像对待细菌那样）观察病毒的活动及其进化、分裂和复制。病毒也不同于细菌，因为它们需要入侵细胞核，以改变其功能，使细胞核成为制造更多病毒的工厂。病毒无法进行自我繁殖，只能接管靶细胞，将它变成一条大规模生产线，制造更多病毒。其中的部分策略是制作不完美的复制品，从而产生新的变体。这是一个必要条件，因为复制出的病毒需要有效地感染新物种，避免它们将新宿主全部杀死后导致自我灭绝。

一些跨物种的传播路径非常明显，例如食用在极不卫生条件下生长或饲养的动物，以及在野外死亡或在开放市场中被交叉污染的动物。蝙蝠等动物可能是病毒的携带者，虽然它们自身具有免疫力，但经常会造成病毒的广泛传播。它们的飞行范围很大,也会迁移至新的栖息地,其粪便也会广泛分布。显然,它们不是唯一如此的生物。许多例子都表明,病毒在传播至人类之前会经过中间宿主,比如病毒先由蝙蝠传播给猪、鸡、马等动物。请注意,特意强调蝙蝠可能有失公允,因为我们对蝙蝠进行了大量研究,但对其他物种的研究远远不够。蚊子和其他昆虫可能是非常高效的携带者,可以将病毒注入人体血液。在某些情况下,它们是人类疟疾和兔黏液瘤病等疾病的主要传染媒介。其他生物可能也是高效的传播者,其中包括猫、狗和笼鸟等宠物。事实上,人类是最佳的传播载体,因为我们可以快速穿行于世界各地。如果病毒有机会在许多宿主中复制,那么无需大量的传染源(有时候一个就够了),就足以引发病毒大流行。

许多病毒长期存在于丛林中,未得到充分的研究,原因主要有以下几个方面:①人类尚未在那些地方进行探索,因此并未发现这些病毒;②有些病毒的致病性极强且传播迅速,完全摧毁了当地的人类部落与大猩猩或猿类种群;③难以收集证据和样本,可能需要极其迅速的应对措施,这对那些偏远地区来说难以实施。因此,除非我们居住在病毒流行的同一地区,否则人类一般不会感染这类病毒。人类接触到被感染的动物,病毒才开始向人类传播。一些病毒传播案例显然与来自不卫生的市场食品有关,这些市场存在跨物种污染。中间宿主可能会出现症状,也可能不会出现症状。过去我们忽视了一个重要因素,那就是当地和原始丛林中的自然栖息地正被迅速破坏,导致当地动物及其携带的病毒转移至其他地方,如人类身上,人类也可以作为很好的宿主,因为病毒没有选择性,但它们的繁殖机制完全依赖于宿主,并且它们会不断且迅速地调整自己的遗传密码以适应宿主。人类可以携带、感染并迅速传播这种疾病,对病毒而言,这是一个绝佳的生存机会。因此,如果我们将丛林和树林砍伐殆尽,未知的病毒类型必然急剧增加。

从病毒学家的角度来看,当我们侵占新的领地时,一个极其令人担忧的因素是,这些地方存在着数百万种尚未进入人类世界的陌生丛林生物病毒。其原因并非人类不会被这些病毒感染,只是因为它们尚未遇到感染人类

15 通过缺陷实现进化

的机会。丛林动物和人类一样，前几代感染病毒并产生相应的抗体后，留下了遗传痕迹。在极端情况下，只有少数个体能够幸存下来（比如英国的埃亚姆村）。

人类已经成为多种病毒的携带者，我们可能已经对这些病毒产生了抗体，但它们可能会通过人类传播到其他生物身上。在一个没有抗体的新宿主中，病毒会对其造成严重的打击。有些病毒是地方性流行，它们往往渴望新的宿主，因此找到一个载体和转换器，使其在物种之间传播，是病毒的一种生存策略。例如，哥伦布等探险家将病毒从欧洲带到美洲大陆，导致数百万免疫力低的当地人死亡；结果，探险家的船只也带回了黄金和导致数百万欧洲人死亡的病毒（500年后，同样的病毒仍然猖獗）。这些病毒直接造成了人口死亡。在加勒比地区，短期死亡率可能达到80%。在墨西哥，1519年左右的人口数量大约为3000万人，疾病导致当地人口锐减，即使到了16世纪70年代，人口数也只恢复到300万人左右。请注意，最初船上被感染的船员可能只有100人左右。

病毒的复制单位非常小，它利用靶细胞进行生产和繁殖。通常需要连接RNA单元，RNA单元被设计成生长模板，往往在复制中出现编码错误。因此，它们既是一种"自愿"的复制设备，也能容忍甚至鼓励使其更适合人类或新动物宿主的突变。有可能附着在DNA链上的病毒被称为反转录病毒。它们的变异速度更慢。艾滋病病毒就是一种典型的反转录病毒。人们在1908年储存的人体组织中检测到了该病毒，尽管它与一个世纪后的病毒版本不同，但并没有发生根本性的改变，因为正如预期的那样，DNA重复错误很少。中间携带者可能几乎没有症状，却能够传播病毒。动物方面的一个例子是英国口蹄疫病毒，它会感染牛，但我们在羊的身上也发现了该病毒，但羊没有任何症状。口蹄疫病毒可以通过接触或空气传播，与在人类身上发现的脊髓灰质炎病毒有相似之处。

发病率

病毒潜在发病率的规模变化不定，通常名义上相同的病毒代际间也会有所差异。澳大利亚曾使用黏液瘤病毒来减少兔子的数量，这个案例就凸显了这一点。1890年左右，黏液瘤病毒首先在欧洲被发现，1950年和1952年，澳大利亚和法国先后利用这种病毒来控制兔子的数量。兔子不是澳大利亚本土物种，而是被人为引进的外来物种，由于缺乏天敌，澳大利亚的兔子数量呈指数级增长。通常情况下，病毒不止有一种变体，而是至少五种变体。就病毒而言，这一点至关重要，因为Ⅰ型病毒几乎会杀死所有感染生物（从而导致该物种灭绝）。变体Ⅱ到Ⅴ的病毒则允许少量宿主继续存活。其中一个变体的致死率仅为50%左右。蚊子充当了兔子群落之间的病毒载体。到目前为止，这种特殊的病毒似乎还没有被重新设计以攻击人类。艾滋病病毒确实经历了一个世纪的时间才在人类中站稳脚跟，我们绝不能忽视病毒跨物种的适应和传播。艾滋病病毒目前已导致近4000万人死亡。尽管40多年来人类一直在努力控制或接种疫苗，但仍然无法在医学上进行有效预防。

对新病毒的关注往往带有倾向性；那些会造成严重后果或高发病率的疾病是人们关注的焦点。因此我们可能忽略了许多有害的病毒，它们可能会造成长期疾病，或者正在变异成尚未明显致命的形式。公众熟悉的病毒可能仅限于通过电视看到的名字，它们往往以最初的发现地命名。新的或外来病毒包括禽流感病毒、埃博拉病毒、亨德拉病毒、艾滋病病毒、拉沙病毒、非典型性肺炎病毒（SARS）等。我们更熟悉的一种快速传播的病毒是流感病毒的变体，就感染人数而言，它的影响的确不小，但流感病毒每年都会进化和变异出新的毒株。当然，已经确定的、临床上熟悉的流感病毒数量庞大。在此我可以补充几个数据，英格兰和威尔士每年冬季因流感导致的死亡人数约为10000人。此外，苏格兰人口较少，但流感死亡率较高，某些年份的死亡人数会增加5000人。与第一次世界大战结束时的流感疫情相比，这种死亡率算不上高。1918年至1919年，流感导致全球约三分之一的人口患病，2000万至 5000 万人死亡。按目前全球人口数量同比例计算，相应的数据大约需要乘以 5。仅就美国而言，当时的死亡人数约为 350 万人。之所以用美国举例，是因为这种病毒变体起源于那里，可能是通过与农场动物的接触而传播。

流行病并不罕见，每个世纪都会暴发几次，但便捷的国际交通运输使它们不再是地方流行病，而是蔓延至全球。

16

科研事业成功指南

从科研事业中
获得满足感

第 1 节

经过前面几个充满挑战的章节后，接下来我将提供一些对科学职业生涯可能有帮助的积极建议。就我个人而言，科研工作令人愉快且富有成效，它包括不同行业的活动以及各种机构和学术界的科学研究。在第 1 节中，我所给出的意见可能具有普遍意义，并且包含了一些意想不到的结论。第 2 部分更侧重于在职业生涯开始后如何获得科研资助、名望与合作。

任何职业都不是完美的，总要在责任、收入、压力、自由度以及工作保障等方面做出一些妥协。我的观点难免失之偏颇，因为我所从事的科学研究始终与现实世界的问题紧密结合。从很多方面来看，这可能是一种两全其美的情况，我知道自己非常幸运。

科学家有几个主要的选择。他们的工作与行业直接相关，涉及从基础研究、开发到生产的各个环节。学术机构从学校教学到教学与研究相结合。此外还有国家和国际实验室，其课题多种多样，从一般项目到新能源、粒子物理学、天文学等。军事研究可以单独考虑。对于这种兼顾教育与原创研究的模式，学者的参与方式也不同，大学里的有些老师几乎只从事其中一项工作。有些学者擅长教学，有些学者擅长研究，有些学者两者兼备，还有一些对两者皆不擅长。在就职于大学期间，我实现了重大的转变，不再从事纯粹的学术研究，而是进行一些为大学行政部门筹集资金的活动。

从全球来看，科学绝对是现代社会的关键组成部分。因此，我们可以将不同的特征结合，接纳个性的与团队合作的做事风格，拓展能力范围，提升事业的成就感。

产业合作具有激励作用，对科研人员来说，他们可以在有望做出贡献的领域选择产业合作，此外还有一个关键事实，即产业合作往往可以提供资金，这些资金为研究中风险性较高的"学术"方面奠定了基础。从薪水到设备，资金是所有研究的基础。从一定程度上来说，争取研究委员会的资金和其他机构的资助就像买彩票，对真正的新观点或挑战现有成果的想法来说可能特别困难。学术界有一个不太明显的好处，那就是你可以不断接触到聪明的年轻本科生和研究生、博士后，并进行跨国合作。他们大多是二十来岁，长期与他们交往会令人精神焕发，让我觉得自己也是二十来岁的年轻人。尽管镜子里的自己并非如此，但从心理的角度来说，这是一个良好的环境，在这里你可以感受到年轻人的热情和自信，并且被他们接纳。

第二个意想不到的好处是，学术研究的收入可能比不上那些顶尖行业的收入，但你可以自行选择工作内容。英国行政机关的统计数据表明，高薪资与更长的预期寿命密切相关。然而，在收入相同的情况下，与那些由上级领导指挥工作的人相比，能够自己主宰命运的人的预期寿命明显更长。我欣慰地发现，从事科研工作的教授们的预期寿命较高。

我十分谨慎地避免提及自己大学或研究中心的同事。我曾与十多所大学以及世界各地十几个重要的研究实验室进行过密切的合作，发现了一个有趣的模式，即我总能得到全面支持，愿意分享想法。此外，在这种合作的过程中，各地不同的竞争团队之间往往都能积极参与。由于科学出版物被用作衡量成功和国际声望的指标，因此对我和他们来说，合作的额外好处是，我们都增加了科研成果，并让大家看到了自身的能力。更有趣的是，当我离开以后，曾经合作实验的各小组又回到了彼此独立的状态，不再进行合作。我们十分熟悉也能理解这种模式，也许它可以应用于所有类型的工作中。

学生也能通过这种跨国合作受益。一些大学规定学生必须在期刊上发表其署名为第一作者的文章，否则不能申请博士学位。第一作者意味着他们对这项成果的贡献最大。但实际情况未必如此，许多出版物中列出的所有作者都对内容做出了重要贡献，此外还会加上导师或团队带头人的名字，虽然有时候他们的意见并未发挥多大的作用。需要注意的是，如果他们提供了资金和设施，那么他们的作用仍然非常重要。还有一种常见的情况，一些导师会将自己或他人列为成果的第一作者，故意让那些非常有能力的学生长期给自己当助手。对于能力不足的学生，可能会及早让他们以第一作者的身份发表论文，以便让他们离开实验室。好在优秀的学生往往有机会去其他实验室，有时我看到这种不公平的做法，会故意与这些被剥削的学生一起发表文章，并将他们列为"第一作者"。这样他们就可以提交论文成果，顺利毕业。我知道他们的导师对此很不满，但也从来没有人直接埋怨我。对未来的研究生来说，选择导师时需要注意这一点。

我自己对待论文发表的原则是，将对内容贡献最大（如果显而易见的话）的人列为第一作者，其余联合作者按名字的字母顺序排列。由于我的名字以T开头，所以经常排在所有作者之后。事实上，这种排列方式也不公平，不仅在出版物中，在求职面试等事件中也是如此，因为它倾向于按照名字的首字母进行排序。一些地区的期刊坚持按字母顺序排列作者。我有一位朋友，她所在的地区就是这种情况，而她当初选择嫁给第一任丈夫，正是因为对方姓氏的首字母排在字母表的开头（而她的娘家姓氏并不是）。虽然这段婚姻没有维持下去，但她仍然用这个姓氏发表成果。

按字母顺序排列名字的弊端不仅存在于科学领域。在古典音乐领域，我相信大多数人都能很快说出姓氏首字母是 B 的 10 位作曲家的名字（列举巴赫家族的十个人可能是作弊，除非你能说出他们的全名），但对于姓氏首字母排在字母表后面的作曲家，比如 N、R 或 V，能被我们记住名字的可能并不多。

给年轻科学家的职业建议

我希望通过这一章使读者们了解，科学研究是一项回报满满的职业，同时我也希望提供一些建议，帮助年轻学者取得成功，并利用人类行为方式中的缺陷。有许多社会缺陷制造了差异，限制了同辈群体，并形成根深蒂固的观念。当我们了解了其中的细节后，就可以利用他们的弱点来提高我们的社会和职业地位。从原则上来说，重要的一步是选择合适的父母，跻身社会前10%的人口。这样才能确保接受良好的教育、读最好的大学、拥有充足的人脉，从而在工作、朋友和生活中通过裙带关系获益。对于另外90%的人来说，我们需要寻找另一条道路，或者加入我们想要努力赶上的同辈。以下计划针对的是学术研究生涯，但毫无疑问，从本质上来说，这种策略同样适用于其他地方。

一位有潜力的科学家，如果想在名利的阶梯上向上攀爬（也许他是为了财富才从事这一职业），那么他的第一步就是进入顶尖大学，最好获得一等荣誉学位。但这只是证明你善于应对考试并掌握了教材知识。尽管这项能力很出色，但它未必能帮助你在未来发展创造性思维。事实上，我曾与非常有能力且富有想象力和洞察力的同事共事，他们专注于自己感兴趣的项目，但考试成绩并不突出。

到了下一个需要完成研究项目的学历阶段与攻读博士学位的时候，选择导师和课题时要格外小心。在英国，博士学位需要攻读三年或三年以上（在一些国家需要更长的时间），它有点像婚姻（持续时间也与许多婚姻一样长），也会有成果产出。在这种情况下，"孩子"是伴随你余生的出版作品与技术。如前所述，大多数学者终生的研究方向可能不会与其博士期间的研究课题相去甚远。所以，如果你在博士期间选择了不合适的课题，可能会遭遇严重的挫折，或者走进一条死胡同。你的目标是在自己喜欢的领域内找到最有声望的团队和导师，他们正在进行的研究符合主流趋势，得到普遍认可并有充足的资金支持。但要小心那些名气过大的学者，因为他们可能一直在出差，或者因在国家和国际委员会等机构工作而无暇顾及对你的辅导。同样，你的贡献可能得不到适当的认可。进入团队以后，你需要完全融入其中，包括着装风格和一些表面上的工作习惯（但实际上你要更加努力），这样才能被接纳（没有不合群或缺陷的迹象）。这样可以确保你尽快拿到博士学位和不错的推荐信。

到那时，你需要通过一个新职位获得收入。许多人会在同一研究小组内继续工作几年，因为他们的技能在那里可以得到充分的发挥。团队带头人可能不想失去你，但你个人的事业发展可能会受到限制。在其他地方找到工作后，你需要建立自己的独立性，不要忘记培养同行管理人员和部门负责人（学术或产业）中的人脉和朋友。从事业发展来说，这比科学研究更快。科研人员可以加入国家和国际委员会，协助组织会议，争取获得广泛认可。同样，这也比工作更重要，因为它有助于拓展人脉并在日后争取研究资金。

虽然我个人并未直接受益于这个建议，但我选择了优秀的"父母"，一位非常优秀的博士生导师，他允许我提出新想法，我仔细规划了自己的工作，所以在23岁时就提交了论文。这份提前提交的成果可能会让人感觉我非常聪明（实际上并非如此）。然而，我没有意识到与行政管理人员和一些重要人物建立联系的好处。通过参加会议可以与他们建立联系，结交朋友，建立人脉，同样有价值。在研究生阶段，你可能会取得一些成果，或者你的名字出现在论文或海报上。充分利用这个广告，因为许多人会向你提供有用的评论和建议。

在这样的会议中还隐藏着一个礼仪。比如我发现，在会议中，研究生会坐在大厅的后方，顶尖教授和演讲者则坐在前排。我曾天真地认为这种安排是出于对经验和智慧的尊重。如今我也成了一个坐在会议厅前排的人，我才意识到这种安排并非因为地位，而是因为随着岁月的流逝，你的听力和视力会衰退。对大多数人来说，坐在前排的学生都会被视为能力出众。这种普遍的看法是获得地位的第一步。另一种策略是参加一个与你的主要研究相关性不高的会议。我经常这样做，因为我的兴趣非常广泛。这么做还有一个有趣的好处，那就是在陌生领域的会议上，我的相关背景可能比较薄弱，但相对而言，我也是从自己的领域输入的"专家"。因此，我所呈现的专业性会立即得到认可、重视和赏识。这又能向我所在领域的同事提供积极的反馈，因此是一个双赢的局面。

自我推销与会议

我曾提到会议可以激发新想法，展现真正的领导者。如前文所说，大多数领域仅由 10% 的人推动，还有 40% 的人也做出了有价值的贡献。其他人可能会给予支持，但还有些人无法理解新的发展。这就是生活。认可关键人物通常很简单，但人们往往也有强烈的自我意识，尤其是团队中能力较弱的成员。我并不是在批评科学会议，只是强调一个事实，即科学家也是人，"专家"拥有广泛的专业知识。同样的情况也适用于生活的其他方面。避免过度的广告和自我宣传，因为我们更容易宣传自己的成功而忽略掉不足。

在任何类型的会议中，提交材料都非常重要。材料必须简单，以便被大多数与会者理解，同时吸引专家，与之进行后续的讨论。绝对不要试图用看起来复杂的成果让自己大放异彩。你会使 90% 的人困惑不解，也不会给其他 10% 的人留下深刻印象。

会议讲座、委员会和公众科普中常出现各种各样意义重大的问题。如果演讲内容未能充分考虑观众的接受水平，或者大大超出规定时长，就会出现一些明显的问题。比如说，PowerPoint 演示文稿中包含太多的噱头，这会导致观众无法将注意力集中在内容上，或者我们没有注意到，在电脑屏幕上看起来引人注目的内容，放在演讲厅低劣的激光投影仪上就变得模糊不清。室内声学、麦克风和投影可能存在各种各样的缺陷，但这些并不是我要讨论的问题。更微妙的缺陷来自那些在其他情况下看上去好像只是吸引力差异的特征。其中包括使用你所熟悉的口音、语言或着装，以及对口头语的使用。在英国，这些因素可能很有感染力，但对来自其他国家的与会者来说，它们可能传达出完全不同的印象。

出色的演讲者知道表达与时机的重要性,但他们也经常忽略一个事实,即声音低沉的男性往往更受尊重(而且更有魅力)。牛和人都是如此!更奇怪的是,穿着得体的讲师能让学生取得更好的成绩。因此,穿着时髦西装,用低沉嗓音说出的平凡观点也能受到赞扬,但一个穿着破牛仔裤的男人用又细又尖的嗓音发表震惊世界的评论,往往会遭到忽视。及早认识到这种模式对人生发展有一定的好处,它不仅会对一个人的职业生涯产生重大影响,还会影响社交与爱情生活。

另一个问题是,科学会议的演示往往像一个侦探故事,一开始摆出事实,并希望最后有时间得出预期的结论。这与大众传媒、行业杂志或报纸的需求大不相同,因为它们的做法是一开始就亮出主题,然后添加事实并重申标题。因此,演讲的缺陷之一就是受众错误。

我们必须学会处理问题,运用一些技巧来选择最好的感情色彩词,并在科学中加入政治家的导向性陈述。例如,如果有人问我数据的准确度有多高,我认为答案是10%左右,要是这么回答,观众就会意识到这是我猜测的答案。对于难对付的人提出的这些问题,我通常会虚构一个数字,比如8.5%,这样能阻止他提出更多问题。这不是一个简单的整数,所以他会认为我有充足的证据。措辞非常重要。政治家永远不会对公众说,新的工艺、工厂或材料"有毒"。相反,政治家们会使用导向性的陈述,强调其中一些"影响较大的化学性质"。同样,半导体界会用听起来更加正面的"掺杂剂"取代"杂质"一词。

讨论缺陷的问题

作为一名物理学家,我的研究领域涵盖了物理学、材料科学和工程学等,我曾参加过有关缺陷和不完美的会议。在会上,没有人轻视这个话题,也没有人贬损这样的措辞。不完美就是我们的生活。尽管如此,许多会议仍然存在形象问题，比如会议海报或徽章方面的问题，例如"材料中的缺陷与瑕疵"。佩戴这样的徽章四处走动，既不利于宣传，也对自己无益。在一次会议上，我试图在综述演讲中指出这一点，于是我提出，我的综述演讲关于爱、戏法、战争和婚姻。观众（尤其是组织者）露出了惶恐不安的神色，这一点令我非常满意，然后我才解释，这四个词语均是缩写[爱（LOVE）是指许多有价值的实验（lots of valuable experiments）；戏法（MAGIC）是指绝缘晶体的制造和生长（manufacture and growth of insulating crystals）；战争（WAR）是指推进研究的方式（ways to advance research）；婚姻（MARRIAGE）来自制造、广告、研究现实、创新、应用、增长和开发（manufacturing, advertising, research realities, innovation, applications, growth and exploitation）]。

"缺陷"这个词意味着问题（即使是科学家也会有这样的认识，但希望任何能够读到此处的读者不会再这样认为），所以我经常用"高级结构晶格工程"这样委婉的用语来代替"缺陷"。"经验数据"已经成为"多变量结构流形优化"的结果。这种技巧的好处是有助于转移负面评论，它是一种政治手段，也可以获得积极的情绪反馈。这么做的唯一风险是，有些人可能真心相信它们。

公众对词语和短语的态度反复无常，那些有助于营销的短语和观点可能会随着潮流而变化。例如，在20世纪50年代，与放射性衰变相关的能量被视为非常正面的东西，许多矿泉水和饮用水因放射性含量较高而被积极营销。同样，鞋店的X光机也被用来检验鞋子是否合适。这个想法很好，有助于提升鞋子的销量，但人们忽略了其中的隐患，它有可能（而且确实）会导致制鞋机操作员患上癌症。到了20世纪70年代公众则出现了相反的反应，当时的医学成像技术已经十分发达，最初被称为核磁共振成像技术。但"核能"已经过时，对公众来说，核能意味着武器、原子弹和危险的辐射。患者拒绝接受此类诊断。更名为"磁共振成像"（MRI）后，它又重新流行起来。这是一种昂贵的设备，因此拥有这种工具的医院也意味着拥有极高的声望。人们并未发现它为患者带来明显的风险。唯一的难题是，一项欧盟指令禁止将患者暴露于大磁场中，如果强制执行该指令，将破坏这项最有价值的医学分析技术。

相比之下，X光成像仍然被视为一种安全的方法，用于牙科、判断骨折或乳腺X光检查等。事实上，更高质量的成像需要更高的辐射剂量，因此也会导致更多的细胞被电离和破坏（这是我们非常不希望看到的结果）。后来证实，细胞损伤是癌症的潜在前兆。当然，人们努力提高了探测器的灵敏度，例如，乳腺X光检查中使用的X射线剂量现在已经大幅减少，仅为20世纪70年代初的10%！如今有许多人估计，当年高剂量X射线导致的癌症患者人数与通过X光成像检查出的癌症患者人数一样多。从诊断的进步性来看，相对于细胞损伤和潜在的癌症隐患，X光成像可以被视为一项简单、积极和有益的技术，它绝对不够完美，并且现在仍然被认为是许多后续癌症的诱因。风险始终存在，但我们也需要考虑即时诊断效益，此外人们接触到的辐射源也不止于此，还包括岩石、陶器和航空。

在此我想提一个题外话，医用X射线的辐射通常被引用为年度本底辐射剂量而言。每年的本底辐射剂量为3~8毫希沃特（mSv），取决于具体位置、花岗岩等岩石和高空飞行等自然环境辐射。胸部X光检查到CT扫描的辐射剂量为0.1~10毫希沃特。令人欣慰的是，这样的剂量微不足道。不幸的是，在研究电离辐射的缺点时，人们发现，电离辐射的影响、损害和长期后果在很大程度上取决于电离率和总辐射剂量。然而，每年有3150万秒，如果X射线1秒的辐射剂量为1毫希沃特，剂量率可能是年度本底辐射剂量的3100万倍。绝缘材料和组织中的电离损伤在很大程度上取决于辐射强度。生物这种对强度的敏感性可想而知，想一想自己的视力，我们可以应对全年的阳光，但如果直视闪光中的所有光子，光的强度会增加一百万倍，我们会立即永久性地失明。

X射线所造成的组织反应和损伤是相似的，但每年从环境中受到的放射性辐射所造成的影响大不相同。这是医学界从未向患者提及的事实。同样，如果进行乳腺X光摄影检查后五年内没有引发癌症，则认为该检查是安全的。

但许多医生认为 X 光检查的影响需要更长的时间才能显现，但五年规则又是一个令人欣慰的统计数字，即使尚未得到普遍认可。

在 20 世纪的大部分时间，任何小的金属粒子集合都被称为胶体。这些粒子拥有悠久的科学历史，例如，它们是早期威尼斯红宝石玻璃的基础。古老的玻璃中含有小簇的金原子。近年来，人们已经不再用胶体一词来描述嵌入固体的金属原子簇，取而代之的是纳米粒子。为了获得研究资金，我们必须不断了解术语和当前的流行用语。

潮流会发生变化，重要的是当这些词语出现在文本中的时候，我们要有所察觉。在向欧盟委员会提交的提案中，我知道在一些成功通过的提案中，其部分内容取自委员会自己的目标声明。它清楚地表明，这些提案符合委员会的优先事项，可以使审查人员高效完成欧盟委员会检查表。编写指令和评估提案之间的时间延迟非常大，因此评审员可能忘记了具体的措辞，但他们会下意识地对可能出自自己笔下的词语产生反应。这种方法也适用于学生作文和城市规划申请等不同领域。

我的一位好友用另一种方法赢得了英国研究委员会的高度评价。他的策略是为已基本完成但尚未发表的成果寻求资金。他不仅阐述了自己所设想的目标，还详细预测了可能会记录的数据。不出所料，他成功获得资助，而且他的预测也得到了验证。这反过来又为他吸引了更多的资金。

论文发表与资金申请

第 2 节

任何研究项目都需要资金来支付人力成本与购买设备。在产业与学术研究中都是如此，因此成功的科学家（和管理者）的一项重要能力是筹集资金。一些人不擅长这项工作，因此他们必须与优秀的资金筹集者合作，并给予对方充分的信任。科研人员还需要在高质量的期刊上发表文章，这关系到他的信用评级。这里所谓的"高质量"意味着期刊经过严格的同行评审。丰富的论文发表记录有助于申请资金，因此这也是一个关键因素。但对于"一成不变"的研究来说，要发表论文并不难，只是缺少了一定的首创性。如果论文内容新颖，或者对先前的论文做出了明显的改进，那么审稿人大多会给出批评性意见。一些研究者因此备受打击。我自己的反应则相当务实。我认为这些期刊审稿人的批评性意见表明，我的表述可能并未如设想的那般清晰。然后我会进行调整，并再次向期刊投稿。如果论文依然未被录用，那么压力较小的一种方法是考虑将论文投给其他期刊。从一定程度上来说，这种论文未被录用的原因，可能在于审稿人抱有根深蒂固的观念。由于是匿名审稿，因此他们不像面对面讨论时那么宽容和理性。

从另一个角度来看，当我们作为审稿人时，也会发现有些作者完全拒绝我们提出的明智建议。例如，我曾作为不同期刊的审稿人对同一篇论文进行了四次审阅。我在文章中发现并指出了一个根本性的重大错误，但它自始至终都未得到纠正。作者没有修正错误，只是将论文投给不同的期刊。结果并不完美，因为我最终看到这篇论文发表在第五本期刊上，仍然是原始的错误版本。从某种程度上来说，论文的发表可能是一件需要坚持不懈的任务。

研究资金并非如此，因为成功的机会更少。当然，我们已经写过许多资金申请（一种高级的乞求信），总会批评那些没有意识到我们研究精彩之处的审阅人。通常情况下评审员不止一位，不同的评审报告看起来仿佛针对质量完全不同的申请，对同一申请的评价从"优秀"到"垃圾"不等。尽管如此，获得资金的机会总是有限的，从历史上来看，在材料科学等领域，大概只有十分之一的学者能够得到资金，现在的比例可能更小。撰写申请的技巧至关重要，因为该系统比论文发表更加严格，能够选择的资助机构很少，有时第一次尝试就必须成功。然而，你需要同时说服所有评审，让他们认可你的提案，使之与另外80%到90%未得到资金的提案区别开来。撰写资金申请是一项棘手的任务，其中有很多不合理之处。我曾四次为一个新的光学癌症检测项目（前文有所提及）申请资金，每次都有几个评审员大加支持，但总是有第四个或第五个评审员持否定态度。这就意味着我无法获得资金。在一次申请中，一位评审员提到了我对光电倍增管的改进建议："这个问题已经存在了40年。如果它有解决方案，那么人们早就找到了——拒绝。"下一次申请也失败了，因为一位评审员说："该方案显然会有成效，因此应由该行业内部提供资助。"幸运的是，向电子设备委员会（EEC）提出的申请最终获得通过，该项目也取得了成功，并且改进后的性能比国际公司之前的改进趋势线领先50年。

为他人评分

接下来要讨论的错误与风险主要与为他人评分有关，无论是考试打分还是对资金申请进行评分。这也是一个存在缺陷的例子，而且这些缺陷几乎毫无可取之处，经常会造成不公的结果。

每个人都希望将令人兴奋的成果公开发表，除非它是一个具有极高商业潜力的想法。在这种情况下，首要目标可能是申请专利。许多人走上一条全新的产业道路，创业开公司，然后发现商业世界与他们的学术经历完全不同。有些公司取得了成功，但许多初创公司都难以生存，只有极少数优胜者取得了巨大的成功。对大多数仍处在学术安全地带的人来说，成果的发表是一种绩效指标，不仅是发表论文的数量，还包括期刊的声望评级和论文在其他期刊中被引用的次数。乍一看，这种衡量标准似乎非常合理，但从很多方面来说，它都存在严重缺陷。

如今，学术界、管理者以及整个世界都痴迷于量化科研工作的质量和影响，这又能反过来体现其机构的地位。从某种程度上来说，哪些期刊能吸引最优质的作品，这一点显而易见，因此，这些期刊中有关主流课题的文章会有更高的引用率。这是一个自我持续的体系，随着期刊地位的提高，越来越多的人希望将他们最好的成果放在具有高"影响因子"的期刊上。为了在职业初期取得进展，你需要争取论文被高影响因子期刊引用，并争取在这类期刊上发表文章。但鲜为人知的是，诺贝尔奖获得者参与写作的论文都有极高的引用率，但这未必能证明论文的质量。比如我的一个学生的朋友用我们的设备进行了一个普通的实验，就使我清楚地看到了这种情况。在论文发表时，我们将他的导师名字列入了作者名单（两人都很客气，再加上他是我的朋友，他也对论文内容表示赞同）。后来这位导师获得了诺贝尔奖，并建议将论文投到另一本更有声望的期刊上。该论文立即被采用并发表。随后，它被大量引用，其引用率与文章的重要性完全不相称。我的朋友说，在获奖之前，他的论文引用率并不高，但获奖后这些论文的引用率飙升。

如果一个人与世界各地的许多团队都有合作，从事一个热门领域的研究，并且成果平平无奇，不会对现有理论构成挑战，那么只统计他所发表的论文数量与引用率也是勉强合理的。在投稿时，论文的参考文献中可能包含了潜在的审稿人，审稿人乐于看到这种情况，也许会下意识地接受这篇文章，并在其发表以后再引用它。如果你的观点和数据对现有的理论和设备性能提出了挑战，那么论文的发表难度就会升级。首先，人们会本能地拒绝新想法，尤其是当新想法对以往观点提出批评的时候（无论以往的观点有多少缺陷）。其次，通过极为先进的设备获取数据，这意味着没有人可以复制它，那么即使论文被采用，也不会被引用。

课题之间的竞争环境也极不平等。医学期刊的引用率很高，有些领域的期刊数量较少，期刊文章的引用率也很高。固态物理学和材料科学领域有各种各样的期刊，如此庞大的出版物数量可能会降低这些期刊的影响因子。同样，过去那些包含会议论文的期刊也会被削弱，因为会议论文被引用的机会远远少于一般文章。许多期刊现在会设置一个单独的会议专刊来解决这一问题。

论文审阅过程中也存在偏见，在一次由主流期刊进行的实验中，同一篇论文被从不同的源地址发送给审稿人，如剑桥大学或虚构的社区学院。猜一猜从哪些源地址发送的论文会被接受，哪些会被拒绝。论文署名也有同样的效果。

在获得认可以及符合引用标准方面，那些富有想象力并开拓新领域的人往往会遭遇严重的不公。如果他的成果卓越，其他人会认为难以与之竞争，因此他的论文不会被引用。成为一个领域的先驱，或者在一个课题上过于超前，都不是明智的职业策略。作为一名实验主义者，我在那些将设备性能提高至远超同类水平的研究者身上（包括我自己）都看到了这一点。文章写得很好，但既未引发争论，也没有被引用。解决办法是找到一个愿意使用相同世界领先设备并独立发表论文的朋友。然后，你们可以研究一些能够公开辩论的问题，写成论文并获得引用。虽然我还没有尝试过，但我认为这种方法是可行的。提高论文引用率的另一条途径是撰写长篇综述文章。人们可能不会完整阅读那些长篇幅的文章，但在发表作品中引用背景资料总是明智的。如果在撰写一篇新文章时，你回忆起一篇很长的综述，那么你可以引用它，综述中可能涵盖了你自己并未真正读过的所有论文。综述作者的引用率提高，他也会感到高兴。我撰写过大量综述，知道这类文章几乎不包含原创性成果，但它非常有利于我们针对一个主题梳理自己的想法（并获得数百次的引用）。

前文关于制定学术科学职业战略的想法可以帮助你迅速获得教授职位和充足的财政支持。到那时再开始进行首创性的工作，因为声誉和人脉有助于抵消审稿人对新想法的偏见。

能否量化科研表现？

在教育和生活的各个方面，人们总是试图对表现和能力进行评估。虽然这种想法是合理的，但实际上评估的方式非常多变，往往存在严重缺陷，而且几乎总会带有很高的主观性。我们在看电视、讨论政客、听音乐或与他人交谈时会不断进行这样的评价。毫无疑问，在这些情况下，这些判断是个人的和主观的，我们承认这一点。然而，在整个教育领域（从学校到科研活动）、求职面试，甚至体育活动中，我们却认为它们都可以得到量化，且结果可信。由此产生的后果是深远的，因为它决定了我们如何在生活中前进，从事什么样的工作等。这些例子都能体现评估中固有的严重缺陷。在这一章中，我将重点讨论教育和科学，并指出我们习以为常或者可能从未考虑过的一些问题。

从最基本的学校教育的考试和评分开始，书写质量可能直接导致评价失真。漂亮、清晰、工整的书写便于阅读，使我们感到亲切，并慷慨地给予它较高的分数。这样会给学生留下深刻的心理印象，让他们将评分与其他因素联系起来。他们的期待和所获得的排名立即被这种固有的简单差异所歪曲。参与过教学、评分和大学考试委员会后，我也明显发现，书面作业的清晰度是影响所有科目评价的一个重要因素。在实验研究中，让不同的学生提交同一篇作业，所得成绩与作业的清晰度之间存在一定的相关性。在学校里，一位教师可能需要给30篇论文打分，他会发现自己很难公平地分配注意力，总会无意间对一篇清晰工整的文稿多加关注。同样，如果按学生姓名的顺序对所有作业依次打分，那么当教师看到排在后面的作业时，其专注度已经有所下降。就我个人而言，我总会针对每个作业问题，按照不同的顺序进行打分，以减少这种偏见。

根据我在大学的工作经验，毫不夸张地说，我认为笔试答卷的清晰度差异至少能使最终成绩相差一个等级。人们对书写质量的反应也千差万别。我个人的字迹一直都不算好，现在更是有所退步，所以我非常感激能够使用电脑进行文字处理。它提高了清晰度，便于阅读，而且易于修改。我的第一本书的书稿是手写的，在录入计算机之前，原稿中到处都是删改和奇怪的小纸片。许多草稿的选择余地非常有限。当不同的教师进行评分时，成绩评定的可靠性可能会进一步受到干扰。个性化可能意味着，一个人认为优秀的理解水平，在另一个人看来可能是平庸的。考试委员会在讨论时可能会遇到这样的问题。

此外，一些大学有交换项目，学生可能会去另一所大学或不同的专业，完成一个学期的课程，通常是为了积累外语和文化交流的经验。这是一个很好的想法，但如果要进行成绩转移，所有组织者都需要意识到，不同的文化会使用不同的评分标准。例如，我发现我所在的大学就没有理解这种替代评分的尺度。有一次，我们给出了高分，比如75%，但一名外国学生前来询问他的成绩为什么这么低，因为在他就读的大学里，75%的分数代表不及格，而95%以上才算高分。因此，如果你要作为交换生去其他地方学习，请确认学校行政部门是否理解这一点。即使在一所学校内部，多学科课程可能也会出现这样的差异。

在接收从事博士后研究的外国学生时，如果我们未能意识到成绩等级命名的差异，也会出现问题。有时我们会收到一些来自国外的大学生申请，他们希望参与博士后研究项目。他们的成绩从一等到三等不等，我们当然接受一等的学生（在英国，一等是最高水平）。结果这些学生的能力都很差，然后我发现这个国家的一等代表最低水平。后来录取的成绩三等的学生都非常出色。

令我惊讶的是，没有人意识到不同评级系统的问题，当我在两个不同的研究委员会任职时，我又有了更加令人惊讶的发现。其中一个委员会的评级从一等开始逐级下降，最低为五等，而另一个委员会则正好相反，从五等开始逐级下降到一等。显然，委员会随机选择使用哪个体系，而评估员却不知道委员会具体使用了哪个体系，于是他们很可能使用了完全相反的评级！当我指出这一点时，他们不免有些尴尬，最后终于统一了评级体系。

评价和比较贯穿了人们的一生，因为它决定着一个人的晋升、工作机会、地位和友谊。对我所关注的科研工作来说，行政管理人员和资助机构显然有简单的量化指标来帮助晋升和拨款。有形投入可能与一个人的表现有关，例如：(1) 此人筹集了多少资金；(2) 他们的成果是否发表并在国际上得到更广泛的讨论；(3) 他是否受邀在重大会议或其他机构发言，或通过媒体进行宣传。这可能是在抓救命稻草，课题、工作模式及其内在问题的多样性导致我们很难评定一位学者的成绩。一支拥有商业化实验设备的成熟团队每年可能会产出很多成果，但也只是为一个已被深入了解的课题增添例子而已（例如，用一系列不同的材料进行同一个实验）。相比之下，理论家可能会独立研究，他们的发表率很低，而且在许多情况下，能够欣赏新理论的人也很少。因此，行政部门和资助机构通过简化的方式追踪科研表现，往往会造成巨大的差异，这种评价远非完美，而且基本上无法量化。

统计发表成果的数量很容易，但在我看来，其意义并不大，因为不同课题之间存在巨大的差异。还要注意的是，许多期刊都会收取版面费，这对资金不足的作者来说非常不利。此外，每年约有250万份科学和医学出版物上市，这稀释了读者群，并导致那些可能具有卓越品质的论文的被引用率下降。

对于发表在期刊上的论文引用情况，我们还有另一种评估方法，这种方法受到一些行政人员与资助机构的青睐，因为它提供了一个数字，h指数［由约翰·赫希（John Hirsch）提出］。我将概述该指数的计算方法，但由于我对这个常用工具的信任度并不高，因此我会强调它无法提供公正评估的潜在缺陷。我承认这种方法有一定的合理性，而且我也尚未找到更好的替代方案。如图 16.1 所示，将所发表的论文按被引次数由高到低排列。当第 h 篇论文的被引次数大于或等于 h，而第 $h+1$ 篇论文的被引次数小于 $h+1$，则 h 所对应的数字就是 h 指数。在图中，$h=5$，从第 6 篇往后的论文被引次数较少。

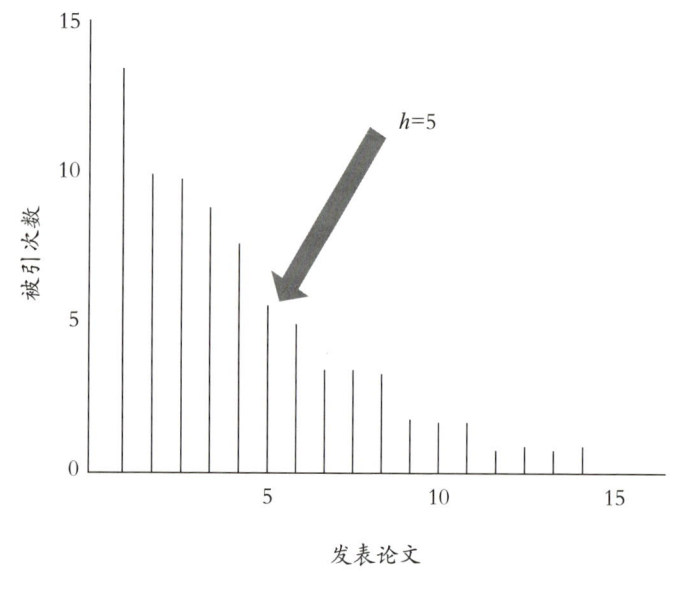

图 16.1　h 指数

请注意，如果一个人事业稳固，发表率稳定，那么他的 h 指数可能更高，比如 $h=25$。实际上他可能发表了几百篇论文，可能每篇论文的被引次数都是 25，而 $h=25$ 却无法体现这一点。因此，这样的作者会处于非常不利的地位。另一个建议是统计引用总次数（N），并定义 $h \approx 0.54\sqrt{N}$。这显然是一种猜测，因为我看不出在进行简单近似时，如何证明精确的 0.54 的合理性，它只不过是让计算看起来似乎有一些科学依据。（$\sqrt{N}$ 是数字 N 的平方根，例如 $\sqrt{49}=7$）。对于我刚才提到的不幸案例，$h=25$，再加上很多论文的被引次数都是 25，通过 N 推算出的 h 值接近 50。

在美国，h 指数的方法取得了一定程度的成功，主流物理学的情况可能是这样：副教授的 $h>12$，正教授的 $h>20$，美国国家科学院成员的 $h>45$。赫希认为，只有极个别学者的 $h>60$。为了支持我个人的观点，即 h 指数是一种非常糟糕的指标，因为问题过于复杂，我在此只引用两位科学家的例子，阿尔伯特·爱因斯坦（Albert Einstein）的 h 指数仅为 44，理查德·费曼（Richard Feynman）的 h 指数仅为 37！

如果用 N 来计算会更加准确，但实际上，他们通过漫长的职业生涯才取得名望，费曼与雷顿和桑兹合著了一部饶有趣味的著作，该书根据费曼在大学的讲课内容编辑而成，费曼也因本书而名声大噪。在 h 指数的一些应用中，只计算期刊论文（不计算书籍），并且只统计近 10 年的被引次数！我无法理解这些限制的逻辑，因为许多书都被多次引用，而新思想可能需要更长的时间才能萌芽和扎根。因此，无论爱因斯坦还是费曼，都不应该得到低得离谱的指数评级。

我曾读到，对物理学家来说，可能只有 1% 的人的论文被引总次数达到 3000（使用 N 值得出的指数大约是 29）。将物理学家与医学研究或其他领域的学者进行比较完全不可靠，因为引用模式和发表的作品数量差异很大。

显然我达不到爱因斯坦的级别，但我的一些书和论文的被引次数也分别达到了 1000 次左右（其他的有数百次）。同样，在我们撰写了光电子离子束注入的论文 10 年之后，它才成为国际主流和主要应用技术。因此，我对 h 指数排名持相当怀疑的态度。$h \approx 0.54\sqrt{N}$ 的估算方式可能更加合理，因为它考虑到了一些观点逐渐传播的时间。从这些数字的分布来看，我以前的一位研究生既优秀又有高度的计划性。她有一个大型研究小组，N 值超过 20000（即指数超过了 75）。

评估科研表现的另一个问题在于，没有可行的机制可以衡量不同作者对一篇有多人署名的论文的贡献。许多团队的领导者要求团队成员的每篇论文都要署上自己的名字。一些出自主要的天文学和粒子物理实验室的论文有数百名作者，他们都以某种方式对该项目做出了贡献。如果他们每个人都在未来撰写的论文中引用这篇论文，那么他们的 N 值将严重失真。此外，篇幅短小的快报应与长篇的综述文章被同等看待。

此外还需要注意的是，一些人名很常见，构建这些索引数据的搜索引擎很容易将其混淆。最后，我们还需注意这样一种可能性，即对论文的引用可能不是为了赞扬这项成果，而是为了表达对它的批判。典型例子是庞斯（Pons）和弗莱施曼（Fleischmann），他们是两位受人尊敬的电化学学家，他们认为已经找到了冷核聚变过程的证据。倘若果真如此，它在全世界低成本能源生产方面将带来巨大的潜力。数百人放弃了手头的项目，试图重复这项实验。一年内他们的论文大约被引用了 200 次，被引次数总计可能达到 6000 次。没有人能够复制这个实验，但仅通过这篇文章，他们的 N 指数就接近 48（高于爱因斯坦）。

新观点难以被接受

不幸的是，尽管一些人可能拥有了不起的想法，但如果他们远远超前于时代，就有可能遭到彻底拒绝，或者毁掉自己的职业生涯。历史上这样的事情有很多。最早的例子是伽利略，他提出了地球（以及人类）不是宇宙中心的证据。从局部来看，我们只是一颗围绕太阳旋转的行星。在那个时候，人们还不了解数十亿颗恒星和星系的规模。不幸的是，科学和宗教之间的冲突经常成为新思想发展的障碍。

例如，1805 年，维也纳的菲利普·博齐尼（Philipp Bozzini）制造了一种内窥镜，它是现代内窥镜的前身，最初得到了当地医学委员会的批准。然而，政府和教会实施干预，禁止使用，因为教会认为他对生物体的运作"过于好奇"。随后，他被迫搬到法兰克福，但很难获得执业许可证和公民身份。

后来，1827 年，乔治·欧姆（Georg Ohm）出版著作，介绍电学实验的成果，其中包括现在熟悉的连接电压、电流和电阻的方程（$u=IR$）。然而，德国科学家认为该实验贬损了科学，他的实验与数学家傅立叶和纳维尔的观点相冲突。因此他失去了教职。幸运的是，到了 19 世纪 40 年代，他的观点被广泛接受。

到了20世纪，你可能会认为人们的态度已经改变。1911年，阿尔弗雷德·韦格纳（Alfred Wegener）发现，地图上非洲和南美洲的轮廓似乎能拼在一起——我们大多数人小时候应该都这样做过。他观察大陆格局而不仅仅是海岸线，发现了更高的匹配度，并找到了有力的证据，即两个大洲的地质与化石相一致，从而证实了两大洲早期的联系。尽管无法解释原因，但他提出了大陆漂移学说。该学说遭到了嘲笑，致使他丢了工作。直到20世纪50年代该学说进一步得到证实，出现了相关模型。

在第8章，我提到了20世纪40年代由海迪·拉玛提出的想法，即利用跳频技术为战时潜艇提供安全通信。这项技术对现代通信技术仍然至关重要。

我在前文还举过一个我个人的例子，即2000年左右我在申请项目资金时遭到了拒绝，因为这个问题已经存在了40年，"因此无法解决"。这表明现代人的心态并没有发生太大的改变。来自其他科技领域的类似案例不胜枚举，足以写一整本书。

科学进步的模式

第 3 节

　　对于有价值的缺陷，我所列举的例子涵盖了许多技术，从燧石到光活检，但无论哪种情况，有一点都是显而易见的，即材料和技术受缺陷的控制，而科学的进步往往具有偶然性，即使在稳步前进的情况下也是如此。之所以进展缓慢，是因为科学家和其他人一样容易犯错；他们会下意识地拒绝新观点，并对挑战自己地位的想法持消极态度。通常，进步来自实验和经验主义，随后是详细的理论。在某些情况下（如光纤），创新会遭遇重重阻碍，因为它会取代那些专业知识过时的人。即使在半导体生产中，人们也曾拒绝改变热扩散（即加热）添加掺杂剂的方式，转向现在普遍使用的离子束注入。这些都不足为奇，因为技术的变化伴随着专业知识、投资和人员的变化。

　　另外一个困难在于，对普通公众来说，微小的进步并不会令人兴奋，尽管他们也期待产品不断改进。因此，出版物、媒体和科学家更喜欢有新闻价值的项目，在这些项目中，一闪而过的灵感可以带来巨大的飞跃。大多数情况下，这些"飞跃"是长期思考和实验的结果，但为了宣传，最好将其描述为灵光乍现。有些鼓舞人心的故事可能是虚构的，但对非科学记者来说，描绘一个刺激巨大进步的偶然性事件更加容易。阿基米德在泡澡时灵光乍现，思考水的密度和水位变化，得到正确的压力值。牛顿用一个掉落的苹果来解释引力，对公众来说，这种故事也极具吸引力，但这可能纯粹是一种虚假宣传。还有一种倾向是诋毁显然包含偶然性的进步，说它们只是偶然发现的例子。

区分科学和偶然发现

对不从事科研工作的人来说，面对机缘巧合，第一反应是将其视为偶然发生的随机事件，而它给这位幸运的科学家带来了声望和财富。当然，外行或竞争对手可能将此视为不公平的好运。但事实上，这种情况很少发生，通过偶然发现取得重大进展，这足以证明技术、计划、洞察力以及对意外事件的解读能力。如果在网上检索那些因偶然发现而取得的重大科学进步，你会得到一个庞大的列表，其中还包括许多诺贝尔奖。数一数被引用的例子和名人有多少，结果可能更加出人意料。许多诺贝尔奖获得者由于偶然的实验和发现，才获得如此巨大的声誉和财富。事实上，诺贝尔本人也是在半偶然的情况下发现了安全处理硝基甘油（即炸药）的方法，从而收获了财富。但他的兄弟就没有那么幸运了，他在一次爆炸中丧生。

偶然性可能也意味着发现用于某一目的的一种产品在完全不同的用途中也有重要价值。早期人们研究摄影中使用的化学物质，从而得到了赛璐珞。在课上，我会说这项成功被大肆宣扬，因为第一个受益对象是大象。这种新材料被用于制造台球，它比象牙便宜得多，因此被射杀的大象数量减少。由副作用偶然产生的医学进步案例比比皆是，人们普遍感兴趣的是避孕药和保健类产品，它们最初的医疗目的与现在的用途截然不同。一些科学家甚至认为，所有的生命形式和进化都是由一系列偶然事件发展而来。

我认为，对一位优秀的科学家来说，考验并不在于那些偶然出现的新的重要结果，而是能否发现反常之处，然后进行重复和发展。我们大多数人都在研究中都取得了这样的飞跃，对此我深表感激。但我也怀疑，在一些略显消极的时刻，由于我们心事重重或者怪事发生时不在实验室，从而错过了多少可能的重大进展。在疲劳或经验不足的情况下，面临可能是设备错误导致的意外结果。我们很容易发生这种疏忽。因此，经验至关重要。幸运的是，我曾经在实验室的废纸篓里看到一张被团队成员扔掉的图表，因为这组数据出现了一个重大异常，而他此前在其他实验中从未见过这样的异常。好在我意识到，这组数据说明我们已经通过俘获杂质的相变完成了加热。这一偶然事件开启了一个令人兴奋的新研究主题，得出了许多见解，发表了多篇论文，并受邀举办了多次讲座。实际上，反常现象是一颗灿烂的信息宝石。比如我的女儿在另一所大学实验室里制造一种新型光纤，她想知道为什么它会产生一些不同寻常的性质。这些事件确实增加了实验研究的乐趣。当然，我们也会忽视一些异常现象，但我认为其原因在于教学、行政管理和撰写资金申请耽误了过多的时间，而非我们对新数据的褊狭态度。

识别意外收获

我们可以从很多层面上利用机缘巧合，最重要的是认识到，我们一生中总要持续不断地接触各种不明确的信息。在学校里，老师教给我们的都是经过深思熟虑和理解领悟的内容。我们知道这样可以丰富自己的知识，但由于这些信息直接呈现在我们面前（无论我们是否感兴趣），因此我们可能并未对它进行充分的思考，也没有掌握如何分析新信息的一般模式。因此，偶然发现只是名人取得的另一种进展。我们真正需要提醒自己的是，我们不断听到、读到或看到一些事实，我们可以把这些事实综合起来，并找出行为模式。我们需要认识到，我们有能力处理这些事实，从而得出自己的结论。也许我们不应该称之为偶然发现，应该将其视为善于观察的结果。我们也许并不能因此而收获名声或财富，却可以因此过上更加幸福的生活。

一孔之见能否取得成功？

答案显然是肯定的，如果我们完全理解某一事物，就没有追求进一步认识和研究的乐趣或动机。我是一个相当典型的研究型学者，在一些领域拥有一定的专业知识，并且具备较深厚的一般知识。在读研究生期间，我曾认为自己没有完全理解课题，因为我缺乏经验，如果再过几年，我将有更加深刻的见解。很多年过去了，作为一名相当成熟的教授，我仍然不太了解自己的学科，但我意识到这是常态，并且它并不会影响我的职业发展。事实上，这是一个具有积极意义的缺陷，因为它是我们进步的动力。

同样，大多数科学家都希望获得一定程度的声誉和国际荣誉。对不同的职业来说，名望的意义也不一样。在科研工作中，我们几乎不会像电影明星那样被公众熟知并频繁在电视上露面。科学研究需要的技能不同于开拓性科学。在研究领域，一些人认为，有名气的表现就是作为"杰出"的演讲者受邀参加会议，或者在著名期刊上发表综述文章。事实上，这种会议倾向于邀请善于演讲和写作逻辑清晰的学者。而学术造诣最高的科学家未必具备这些技能，他们很容易忽视这样一个事实，即大多数听众不太了解该领域（或缺乏必要的背景或智力）。然而，实事求是地说，大多数审稿人、主讲人或文章与资金申请的推荐人可能只是比同领域的其他人多知道一点东西。对一个发展中的学科只有部分了解，这是常态，有些专家具有更高的批判性，即使是成熟的科学理论与模型，他们也能从中发现弱点。在探讨一个主题并尝试取得进步的过程中，不完美的分析与不全面的理解都是可以接受的，这是一种务实的途径。越是优秀的科学家越有可能认识到理解的局限性，因为他们对自己的工作与自我有安全感。这会鼓舞年轻科学家以及从事其他工作的读者。重要的是，正是由于认知的不足，我们才能生存和前进；即使是最伟大的科学家也并非完美无缺，我们赞扬因偶然发现所取得的进步，但我们不应因此而受到约束。

小科学与大科学

许多学生误认为，只有由著名的实验室（如欧洲核子研究中心、美国国家航空航天局等）从事的投资巨大的大型项目，有高度复杂的运算和模型才算是科学。事实上，这些项目可能很有趣，吸引了很多聪明能干的人才，并花费了大量的资金。对政治家来说，这么做很有好处，因为一台极其昂贵的设备提供了良好的曝光机会，他也可以通过与诺贝尔奖获得者和著名科学家交往来提高自己的形象地位。事实上，许多参与其中的科学家可能也抱着同样的心态，他们对极具想象力的数学假设和理论的理解有限。这些设施的一个缺点是，人们必须在特定的地点工作，因此一个人的生活需要依工作而定，直接接触到的人的视野和关注点都很有限。这对家庭成员来说是一种损失。

对于那些参与者众多的项目，我的经验是，对较低级别的参与者来说，他们很难获得满足和认可。他们可能在特定的任务中获得了成功，个人可能获得了一定的成就感，但对大型机器中的一个小齿轮来说，他难以获得真正的荣耀。而知名的项目领导者可能同样不满意，因为最高职位涉及繁多的行政和财务问题，导致他丧失了研究的乐趣。就我自己来说，在一个 5 人项目组中取得成功所带来的个人成就感是 50 人项目组的 10 倍。或许其中隐藏着一个规律，即个人成就感乘以参与者数量是一个常数，逆规则是，较小的团队合作更加紧密，影响力更大。

计算机制图与期刊论文

在现在的期刊上，通过计算机制作彩色图表已成为常态，但我往往与年轻同事的观点相左，这些图表看起来似乎更加精细，实际上却掩盖了重要数据。其中存在一些问题。首先，计算机屏幕显示器具有良好的色彩敏感度，而在期刊中，彩色印刷的效果可能大打折扣。此外，可能很少有人注意到，大约 10% 的白人男性都患有某种程度的色盲。请注意,"色盲"是一个非常令人沮丧的误称,实际上它可能只意味着这些人对颜色的反应不同于普通人的典型反应。因此,任何能够感知更大光谱范围的人都无法通过标准的色盲测试。只有极少数人没有色彩感受器,他们往往拥有更多简单的杆状感受器,其灵敏度是锥形色彩感受器的 100 倍左右。在低光照水平下,前者的光敏感度远远高于普通的感受器。

科学期刊的图表千差万别,有些期刊包含极其复杂的图表,旨在展示不同类型的数据如何相互关联。这些图表可能十分详尽,但对我来说,除非是我特定感兴趣的话题,否则我总会跳过它们,因为要理解这些图表可能要消耗不少精力。它可能会让那些偏爱简单明了的读者望而却步。

其他期刊认识到时尚的彩图与清晰度难以兼容,因此在文章中呈现两种形式的图表,读者也可以通过"线上"方式获取图片,其中包括用"老式"黑白图呈现的数据。为了突出这些图片的差异,我会展示最近与三位朋友合作发表的一篇论文中的图表,即图 16.2 和图 16.3。这三位合著者非常年轻,喜欢使用彩图,而我已经上了年纪,更偏爱黑白图。图 16.2 直接对比了彩色强度图与老式的等高线图。图中展示了光致发光的强度随温度的变化。在我看来,等强度线的数量比相对强度更加直观。

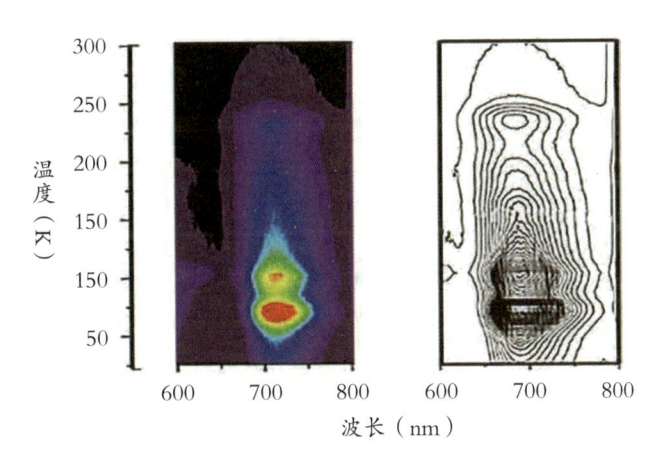

图 16.2　粉红色方钠石光致发光波长随温度变化的数据呈现方式对比

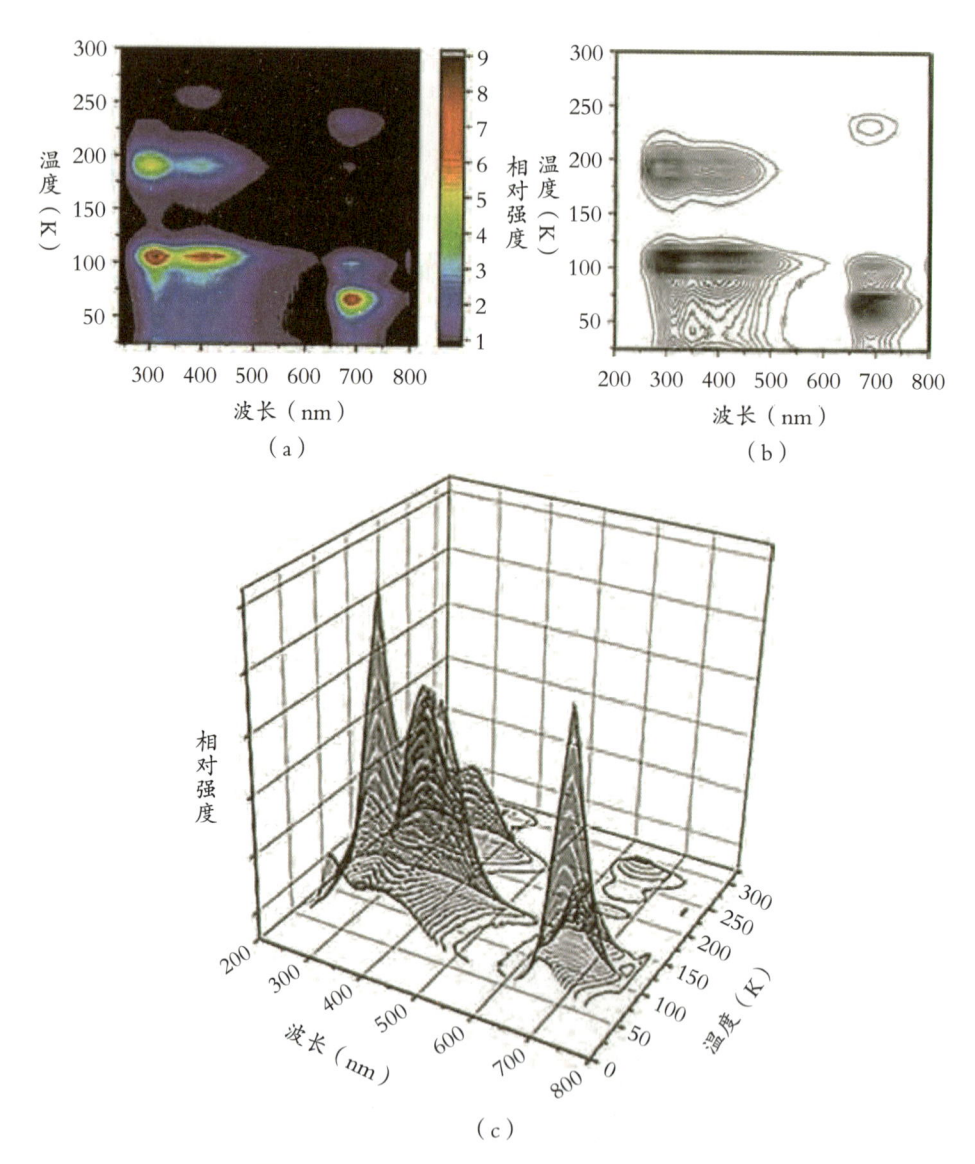

图 16.3　来自粉红色方钠石的热致发光数据

注：(a) 为彩色强度变化图；(b) 为同一热致发光数据的等强度线图；(c) 为三个变量的透视三维立体图，能够揭示更多细节。

图 16.3（a）和图 16.3（b）是两幅相似的热释光图，其中强度和光谱都随温度变化。彩图突出了峰值位置，但掩盖了它们的相对强度和细节。等强

度线图效果略胜一筹，但在如此大的动态范围内，可以使用对数刻度加以改进，将弱信号和强信号都囊括在内。但是，图 16.3（c）更有价值，因为它是三个变量（强度、温度和波长）的三维立体图，使各组成部分的特征可视化，便于区分，我能从图中看到无法在彩色强度图中看到的内容。透明的网格使读者可以看到背景中由强到弱的所有信号。我的观点基于这样一个事实，在我读研究生的时候（那时尚未流行计算机制图），图表均靠手工逐点绘制，可以立刻注意到其中的细节。在未来 10 年里，人们可能会使用三维全息图来展示信息，这将是意义非凡的发展。

科学与媒体

我还没有讨论通过电视向大众进行的科学普及。对于有关大自然的节目，可以直接请出色的主持人提供精彩的视觉素材，让观众对主题产生共鸣。这些都是节目的趣味所在。第二种容易取得成功的领域可能是天文学，尽管它对主持人来说更具挑战性。医学方面的图像往往富有想象力且色彩鲜艳。例如，新型冠状病毒的图像、颜色和动画演示都是图形艺术（而不是观察与测量数据）。这种形式当然引人注目，但事实上，一般的电视观众无法通过这种方式掌握有关该学科的事实和获得直观感受。工程与其他实用性科学的推广可能更容易，因为它们会吸引那些出于兴趣而主动选择观看的观众。那些阅读科学杂志或书籍（比如本书）的读者也是如此。

与详细的期刊论文相比，大众媒体的报道总是涉及轰动性的事件（如流星雨），这是我们可以看得见的现象，同时又带有一定的科学性。添加风景名胜可以吸引额外的兴趣。医学界的戏剧性说法很有市场。相比之下，微小的进步，或是对之前精彩的解释构成质疑的事实，始终无法成为头条新闻，甚至连提都不提。结果，科学可能给公众留下了非常负面的印象，或者人们误以为科学一定充满了艰难险阻。

我认为，让更多人接受科学方法大有益处，因为我有一个非常理想主义的想法，我认为这样可以造福全人类，而不是开发更先进的电脑游戏或电子通信，导致人与人之间无法建立真正的联系。我理解电视和报纸都想找到能吸引眼球的新奇事物，从而解决营销问题。从媒体的角度来看，证明一些令人兴奋的伟大主张（例如超级药物）实际上没有最初宣称的那么成功，甚至证明这是一个有不良副作用的失败产品，更是没有价值的新闻。也有一些电视节目会提供极端主义观点（它可能与大多数有记录的科学研究存在重大冲突），因为这会引起人们的关注，并有助于电视频道的收视率。这些电视节目显然有失公允。大众电子媒体也是如此，人们往往不重视事实，电子图像被篡改，导致假新闻泛滥，阴谋论大行其道。

在媒体传播领域，任何能够解决这些负面因素的人都是前途无量的。他们必须寻找科学领域的兴奋点，并清楚地阐述事实与观点。要做到这一点，并得到大众市场（而不仅仅是科学家）的认可和欣赏，他们必须与众不同，我们迫切需要这样的人才。

17

舆论界的科学

17 舆论界的科学

    我的话题正逐渐脱离那些确凿的科学事实，开始进入另外一些领域，虽然这些领域也有数据，但人们在解释和接受时往往会受到情绪、历史或政治观点的强烈影响。它们与之前的科学事实的主要区别在于，即使有信息支撑，思想认知上的进步也很困难。然而，这些话题与我们生活中的缺陷紧密相连，并继续影响疾病和流行病，以及宗教信仰等领域。它们也是造成冲突、战争和大量死亡的原因之一。因此，我们有必要了解这些问题的背景，认识过去的错误。否则，人类的未来将受到威胁，甚至可能走向灭亡。

应对病毒和流行病

第 1 节

我们正在控制并抑制病毒的蔓延，对于一些历史比较悠久的病毒，我们基本已产生抗体，具有遗传保护或免疫力（即有价值的缺陷）。药物和疫苗也能提供帮助，但对一种随机进化的病毒来说，它们就像运动中的靶子，而疫苗的研制与生产是一个漫长的过程。疫苗接种并不是政客们提出的灵丹妙药，因为它们的效果可能只是暂时的，或者适得其反。同样，身体防御机制可能会集中对付疫苗，因此难以有效地应对病毒的新变种。这意味着我们可能会使问题进一步恶化。抗流感疫苗并没有根除流感。疫苗对某些人有效，而同样的毒株也会导致其他人患病。我并不是在批判疫苗接种，但这的确是我们在处理一个非常复杂且不断变化的问题时所面临的现实。

积极反对疫苗接种者指出，疫苗的开发极其复杂，有可能引发更致命的病毒变种和浓度。我们也认识到这一点，并采取了极端措施加以应对。可能会发生药物事故，样本的长期储存难免会有泄漏的风险。我们的开发与控制无法做到完美。这就是生活，但如果没有冒险的勇气，我们永远不会旅行、探索或开发出任何技术。矿工、渔民、警察、医务工作者的工作都表明，风险是其中的一部分。一个缺乏勇气的人注定要失败。

许多疫苗接种方案可能非常有效，但需要合理实施。当生产或分销出现

17 舆论界的科学

问题时（例如，因资金不足而重复使用针头），疫苗接种会造成负面影响。病毒不断变化，针对一种毒株开发的疫苗可能在一年后失效（流感就是一个典型案例）。但疫苗也可以很好地发挥作用，例如通过疫苗接种，人类消灭了天花（两个变种）。尽管如此，出于对药品制造商和分销的利益考量，因此同时（多次）实施疫苗接种，这有可能使幼儿负担过重，直观地看，单独接种疫苗似乎更加合适，因为单独接种可以使疫苗充分发挥作用。

控制感染率是抑制疾病传播能力的一个关键因素。显然这与人口密度、公共卫生和密切接触等社会条件有关。这一点可以用净繁殖率（R_0）进行衡量。事实上，这个数据很难估算。原则上来说，如果每个感染者都能感染其他几个人（$R>1$），那么病毒就会快速传播并成为流行病。但如果平均传播不到 1 个人（$R<1$），疾病就会逐渐消失。高人口密度和频繁的人际接触有利于 $R>1$。因此，尽可能实施隔离，这样的策略暂时有效。如果不限制人际接触（例如在现代城市和公共交通中），那么最初的传播在数量上将呈指数增长。例如，如果 $R=2$，则传播模式为 1、2、4、8、16 等。因此，在高楼林立和四通八达的大都市里，R 值会上升。任何减少接触的策略都可以暂时降低 R 值，但无法消灭疾病。许多国家在应对新冠疫情时似乎并未意识到这一事实。减少公共交通和社交聚会中的人际接触，这种"封锁"方法实际上是一种拖延战术。实际上，由此导致的企业倒闭和破产、失业率大幅上升等负面经济影响，可能比疾病所造成的社会危害更加严重。这当然是新型冠状病毒引发的相关问题，因为许多人的病毒检测结果呈阳性，但他们并没有症状。

从政治的角度来看，减少住院治疗的重症病患是有好处的。但合理的规划可以解决这一问题，至少在 2020 年，英国在保护医护人员与因其他疾病入院的患者方面做得相当失败。事实上，在英国的死亡病例中，约 10% 是因事故等其他原因住院的患者。同样，在英国护理中心的死亡病患中，约 30% 与感染了新冠病毒的患者从医院被送往缺乏隔离设施的护理中心有关。

在对任何疾病传播的估计中，都隐藏着以下问题：①一个人感染病毒后多长时间会出现症状；②一个人被感染多长时间后具备传染性；③已经患过这种疾病的人是否还能传播这种疾病；④是否存在原始毒株或变异毒株的重复感染。每种病毒的每一个变种的模式都会有所不同。

埃博拉病毒的传播速度极快，到目前为止主要集中在小村庄社区，致死率在 50% 至 80% 之间，尽管病毒在当地造成了极大的影响，但由于地理原因，它一直局限于最初的社区。少数例外情况是前去支援的医护人员被感染。

相比之下，流感不会立即引发症状，人们可以在毫无察觉的情况下传播病毒。患者可能会顺利痊愈，但他依然有可能再次感染或被新毒株感染。艾滋病病毒和许多其他类型的病毒携带者会继续存活，并在症状显现之前和之后继续感染他人。请注意，即使经过 40 年的研究（约有 4000 万人死亡），人类仍然没有研发出针对艾滋病病毒（逆转录病毒）的疫苗。

因此，面对新冠疫情，政府和医学界的努力都伴随着猜测和恐慌，因为缺乏足够的数据，无法确定上述①至④问题的答案。政客们声称自己在应用"科学"，这并非事实，它会造成误导，阻碍我们认识真正的科学。

人们感染病毒后要么建立免疫力，要么死亡，这样就会形成自我限制。许多疾病在儿童中广泛传播，有效地限制了传播对象的数量，因为大多数成年人已经建立了免疫。接种疫苗同样可以降低 R 值。但我们无法对新型病毒估算 R 值。如果人们可以重复感染，或者持续具有传染性，那么这个数值的估算就更加困难了。此外，对于某些疾病，我们的自然免疫反应可以应对少量的感染暴露，但对频繁暴露完全无效。对防护不到位的医护人员来说，这显然是一个严重的问题。

有些人在免疫方面存在基因异常，比如伦敦瘟疫中幸存的埃亚姆村。同样，有些人群则非常易感，死亡比例极高。遗传学是流行病的一个因素，其作用可能是积极的，也可能是消极的。

隔离政策对每个人和每个国家或地区的经济和生活都会造成严重后果，此外还有我们可预测的其他影响，包括积极影响与消极影响。2020 年，英国的空气质量大大改善，道路事故减少，流感病例减少。在印度部分地区，道路死亡人数的减少幅度超过病毒致死人数。

相比之下，隔离措施也造成许多不幸的后果，包括人的精神压力增加、企业财务崩溃、对音乐产业潜在的长期破坏、巨额国债以及对世界各地经济的重大影响——300万英国人因此失业。平衡这些因素是一个政治难题，没有任何解决方案能够满足所有人的要求。只有吸取经验教训，我们才有可能在下一次应对疫情时做得更好。尽管无法确定哪种病毒将导致下一次大流行，但可以肯定的是，这种情况终会发生。

接受人类
进化的现实

第 2 节

　　观察和控制人类的进化涉及两个问题。第一个是纯粹的心理或宗教问题，因为我们可能认为人类是完美物种，或者是最高等的物种，因此不愿意承认人类并非永恒的，而是始终在演变。第二个是纯粹的实际问题，即原始人的进化非常缓慢，因此普通人难以产生直观的认识，无法直接感受多个世代的更替。我们可能了解自己的父母和祖父母，却无法在相同的社会经济条件下，直接将他们与我们自己或我们的孩子进行对比。第三个因素是没有对特定特性进行选择性控制；交配和繁殖大多由个人选择，并受男女两性吸引力的强烈影响。正是这种人与人之间的差异推动了择偶的关键阶段。孩子不会与父母完全一样，一般来说，下一代通常在一定时间（比如 20 年）后出现。因此，在人类的一生中，我们难以看到同一家庭的第三或第四代人在外表和行为上的变化。在过去，人类的平均预期寿命远低于现在，因此能看到的变化更少，这会强化我们的观念，即人类没有改变。

　　进化趋势也会被服装、发型、胡须等潮流的外在快速变化而掩盖。雕像、绘画和照片清楚地表明，我们理想化的外表形象可能是不断变化的，一时流行，一时落伍。健美和整容手术这样的极端例子进一步证明，人类的好恶千差万别。在理想的形象方面也存在文化差异。与人类的外在变化一样，语言、道德和宗教信仰的演变也非常明显、迅速且有据可查。从这些方面来看，人类的进化无可辩驳。

我们已有大量的考古数据，有些考古数据可以追溯到史前祖先（如克罗马农人时期），他们非常聪明，具备生存能力，并且富有艺术性，制作出许多洞穴绘画。我们发现的骨骼化石虽然支离破碎，但仍能提供连续的记录，反映了大约35000年来人类骨骼的变化。从这个更加宏大的时间跨度来看，人类发生了非常明显的变化。这些变化不仅体现在身高方面，还有牙齿的大小、面部骨骼的角度等头骨特征，它们都揭示了人类随时间而发生的演变。如果遇到克罗马农人或尼安德特人，我们可能会认为他们是另一个的物种（但与我们存在亲缘关系）。这是一个惊人的结果，因为我们要考虑在没有积极鼓励选择性繁殖的条件下几千代人的演变（要知道，养狗人士在十年内就可以看到犬类身上明显的差异）。骨骼数据基本可以表明人类大脑尺寸的变化，但不能反映更加微妙的性质，例如智力，它们与大脑的大小没有直接关系。研究智力方面的进化毫无意义，因为每个人要在一定的气候和文化条件中生存，都需要一定的智慧。但气候与文化等条件也在不断变化。

达尔文引用的例子是，雀类等物种迅速适应不同岛屿的环境，但这只能强调一个事实，即许多动植物会在环境的驱动下进化。除此之外，还有气候变化或流星/小行星撞击引起的更加剧烈的变化。阿尔弗雷德·华莱士和查尔斯·达尔文只通过外表看得见的线索证明各种生物之间的密切联系。而基因组分析又为这些研究增加了一个全新的维度，并发现许多名义上独立的物种在DNA编码方面存在共同的且往往是出人意料的联系。人类和老鼠约97.5%的DNA相同（如染色体分析所示），与黑猩猩的基因相似度更高（约98.5%）。不同种族之间的基因差异非常微小，只有0.01%左右。这比一个族裔内部的差异还要小。显然，种族主义没有任何科学依据。人与人之间的基因差异强调了个体是独一无二的，但在家庭和地区内也存在一定的模式。这些差异如此之大，以至于我们无法声称自己是一个终极的完美生物。相反，我们可以证明，从基因上来说，人类的DNA变化与其他生物没有什么不同。

人类是一个略具优越性的物种，其主要论据是，我们不仅进化出语言，还进化出将思想代代相传的工具和文字。作为一名科学家，我认为这一点非常重要，因为在自己有限的一生中，我们无需再花时间尝试和重新学习每一件事。书面记录可以提高科学的准确性，但与所有的历史一样，这种记录也不是完美的，而且会被过去的事件和写作者的名声与观点所扭曲。尽管如此，随着思想和信息的发展，我们依靠有形的记录，取得了稳定的进展。

历史记录的不利影响在于，它会延续思想和态度，即使某些观点存在严重的缺陷，也会深深根植于我们的行为方式中。比如认为自己独一无二的自我中心信念。另外，人们会忽视关心他人的必要性，只会为土地和资源而剥削他人。战争和贪婪是各种动物的特性。人类也是如此，我们只是另一种来自远古时期的动物，并非高等物种。人类具备非常积极的方面，即我们有一定的智力，如果愿意，我们可以运用智慧来改善对待彼此的态度。这将是一个了不起的进化，能够将我们提升到一个更高的级别。

最终的结论是，我们对进化的理解可能还不够全面，但人类的确在不断进化，人类的进化是可衡量的，与其他任何动植物的进化并无二致。

天文学以及我们在宇宙中的位置

第 3 节

考古学、生物学和天文学的发展，严重摧毁了人类的自我中心观念，使人类认识到自己并非最重要的物种。在古代，我们认为地球是宇宙的中心，而天文学改变了这种认知，它发现地球只是一颗围绕太阳运转的行星，这一发现进一步降低了我们在银河系以及可观测到的整个宇宙中的地位。起初，我们唯一的光源是太阳、月亮和星星。过去到了夜晚，我们可以看到壮丽的星空。现在，由于大气污染，对城市居民来说，大部分人可能永远也看不到这样的景象。夜晚的光源包括每月绕地球公转一次的月球，一些以可预测模式移动的明亮物体（行星），以及其他不断轮转的"固定"光源。偶尔会发生月食或日食、流星雨和罕见事件（来自彗星和流星）。因此，不出所料，人类天性以自我为中心，自然会将自己置于这些光源的中心，并认为恒星是永恒固定的。由于这些模式与季节变化一致，因此假设季节更替可能与恒星的模式有关，这只是我们迈出的一小步。

古代的天文观测已经非常精确，可以预测许多现象的发生，包括日食和月食。

到伽利略和第谷·布拉赫（Tycho Brahe）时代，望远镜成为天文学的一部分，人们可以借此追踪行星的移动路径（现在这些行星均以众神的名字命名）。相对于地球而言，它们在以复杂的周转路径运动。然而，一旦我们选择太阳（而不是地球）作为中心，这些周转模式都可以简化为略呈椭圆形的轨道。宇宙中的恒星不仅远远多于肉眼所见，而且还会以星团的形式出现。后来，我们通过估算距离，发现这些恒星的规模庞大，恒星与星系也在不断运动。在望远镜的观测范围内，地球和太阳系只是围绕银河系中心旋转的一个旋臂外侧的一个小斑点。在 21 世纪，天文学家已经探测到数千颗附近有行星的恒星。这显然意味着行星的数量可能多达数十亿，因为按道理来说，银河系的其他部分应该与我们所观测到的部分大致相同。

在恒星天文学层面，澳大利亚的国际化全新尖端设备提供了更高精度的观测结果。根据这些观测，我们最近在太阳系中又发现了 130 多个小行星体。对星系中的光进行光谱分析，发现了一系列有机分子，这些分子被认为是生命和进化的结构单位。这些证据都推翻了我们过去对人类重要性和独特性的假设。我们现在需要转变视角，才能认识到我们可以通过自身努力实现什么，而不是通过超自然的力量创造什么。

天文学非常迷人，20 世纪取得的巨大进展为宇宙的演化模型提供了思想基础。目前流行的理论认为，宇宙诞生于"大爆炸"。这个模型并不完美，存在缺陷，人们也在不断调整，例如提出暗能量和暗物质等新想法，试图解决模型与观测结果的差异。尽管如此，作为人类，我们仍在寻找独特性，即使不是为自己，至少也是为宇宙。如果一切由一个点爆发而来，那么我们又一次处于这个创造事件的中心（这个逻辑也适用于其他任何位置，但我们总会对这一点视而不见）。我们的热情和有限的智慧将我们困在中世纪以人为中心的观点中，即使在可观测的宇宙范围内发现了数十亿颗恒星，我们仍然下意识地想建立一个只有单一创造事件的模型（只为我们自己）。即使是天文学家也很少提到，如果太空真的是无限的，并且一直如此，那么宇宙大爆炸模型将一次又一次地发生，并将继续发生，且现在仍在无限空间的某个地方发生着。我们可探测的宇宙只是过去、现在和将来存在的难以想象的众多宇宙中的一个斑点。我们并非一切的中心，而是一个微不足道且稍纵即逝的

17 舆论界的科学

小事物。

天文学家可能在偶然的情况下才产生了世界中心的观点。在大爆炸模型中,一个关键特征是对微波背景的测量,我们可以从各个方向看到微波背景,它可被视为大爆炸遗留下来的证据。实际上,微波背景辐射的温度大约为 –270 摄氏度。不同方向的微波背景具有不同的强度,但经典教科书和论文经常引用罗伯特·威尔逊(Robert Wilson)和阿诺·彭齐亚斯(Arno Penzias)在 1964 年提出的模式,他们在地球上进行测量时发现了该模式。随后通过更多数据绘制而成的图表往往会保留这种显示方式,实际上它是一个椭圆形,如同地球的墨卡托投影。威尔逊和彭齐亚斯在美国新泽西州,因此他们以当地的中央轴线(北/南)为中心,而最初的墨卡托世界地图以欧洲为中心。事实上,这种地图在尺寸和透视上严重失真(例如,墨卡托投影使格陵兰岛的面积被放大了 8 倍)。最令人满意的显示方式是借助三维地球仪。球面显示提高了直观性,如果存在微波背景辐射,可以直接显示出隐藏的不同模式和异常,因为球面显示不以熟悉的新泽西州北/南轴为中心。在现代网站中可以找到各种图像,比如以其他地点为中心进行旋转和放大,以显示清晰的轴向特征与/或突出最小值。当然,现在的解释完全依靠推测。

在我们的想象中,总会不经意地呈现妄自尊大的倾向。我们的系统由电子(负)和质子(正)等粒子组成,我们称之为正常物质。它们是原子和其他一切的组成部分。在宇宙大爆炸(一种极端的缺陷)中,人们假设有等量的反物质(即具有相反电荷),但出于某种原因,正常物质大多得以存续。我们很难通过实验产生反物质,比如反氢分子,因此它们肯定原本就存在。我认为这里出现了一个明显的问题,即如果大爆炸中出现了等量的物质,而我们的星系由"正常"物质组成,那么某处一定存在同等质量的"反物质"。它是否随机分散?有些星系完全由反物质组成,还是最初的大爆炸将正常物质喷射到一个半球,将反物质喷射到另一半球?甚至还有一种"不可思议"的说法,即反物质比我们所知道的物质更加普遍。

因此，人们可以推测：（1）可能存在完全由反物质组成的宇宙，这些宇宙可能会渗透到我们的空间区域；（2）在当前的大爆炸中，物质和反物质区域明显分离。这样的分离是有可能发生的，因为正常物质和反物质的氢分子都是顺磁物质，它们对磁场的反应应该不同。可想而知，我们通过光学探测看到的一些星系可能完全由反物质构成。对非天文学家来说，这些概念似乎可以解决所谓的暗物质和暗能量问题，目前人们认为暗物质和暗能量是我们当前"正常"宇宙的主要组成部分。在可观测范围内，混合区域可能包括正常物质区域和反物质区域，在它们相互作用的地方产生能量。更遥远的地方可能也存在宇宙，它们吸引我们的宇宙并导致其更加快速地膨胀。科学思想也会追随潮流，富有想象力的观点常常被抛弃，改变是一个缓慢的过程，尤其是当新模型不同于当前大多数观点的时候。承认我们所在的整个宇宙只是无限时间尺度上宇宙模式中的一个小插曲，从而进一步降低我们在整个物质和生命中的重要性，这也需要勇气。

反物质行星和星系为科幻小说作家提供了许多创作素材，因为源自反物质的太空船或探测器的到来可以造成毁灭性的爆炸，与之相比，小行星撞击墨西哥事件简直微不足道。小说作家已经利用了化学中的手性（即分子的对称性是左旋还是右旋），这意味着尽管我们可以加工食物中常见的氨基酸和蛋白质，但如果它们具有反向对称性，我们就无能为力。早在化学中的镜像效应被发现之前，人们就经常使用它了〔如《爱丽丝梦游仙境》（*Alice in Wonderland*）中的情节〕。将相应的情节改为来自正常宇宙和反粒子宇宙的光子，也许我们会发现……

每个宇宙都必然要崩塌，消失在所谓的虚无之中；也许这是进一步大爆炸所需要的条件。我们必须努力接受这个认知，即人类在整个天体模式中是多么微不足道。一旦接受了这一点，我们就会意识到，未来将由我们自己决定，我们不能将灾难或成功归因于神话中的神明。

一只富有哲学思想的蚂蚁可能会认为自己的巢穴是世界的中心，它们的生命意义是崇拜蚁后。从许多方面来看，人类的行为与之类似。这主要是因为，我们似乎（事实上的确是）天生就无法理解空间或时间无穷大的概念，而主张时空一体的科学思想进一步加深了我们的困惑，这对爱因斯坦来说都是一道难题。

18

改善未来的生活

人类行为的弱点

第 1 节

本章将与前几章大不相同，因为我想把重点放在生活中的缺陷与人类的生存前景上。这必然要涉及人类行为与各种各样的观点和意见。但也可能出现一般的模式，即使相同的"事实"也会有完全不同的解释。毫无疑问，我的观点会遭到许多人的憎恶。我并不会为此道歉，如果我的观点能够引起争议并引发思考，我会感到非常高兴，但我不希望读者在未经思考的情况下就对这些看法表示反对。人类所认为的"真理"可能是多面的，它取决于我们的历史、社会背景和个人背景。我希望指出社会中存在的问题，并鼓励人们通过积极的变革来解决这些问题。除了关注人类，我们如何改变和摧毁整个地球，也是值得关注的地方，很明显，地球将不再是适合所有物种的栖居地。这不是什么遥远的未来问题，而是我们现在就要面对的问题，对生活在当下的人们来说，这些问题在我们的一生中可能都不会逆转。

当然，我对当今世界的批评也反映出我的年龄段以及过去的不同经历。请不要将其视为老年人的胡言乱语而不予理会，继续读下去，你会意识到真正的问题所在，其中许多问题只有凭借经验才能发现。在这一章中，我尽情地批评了诸多社会行为，之所以如此，是因为我很清楚，有很多人持有类似甚至更加强烈的情绪。我也相信，我们可以让生活变得更美好。我承认，前几代人饱受不公平、偏见和错误的折磨，但我希望当今世界的人们愿意付出更多的努力。

难以发挥人类缺陷的正面价值

缺陷是不可避免的，科学和生活的各个方面本身就存在各种各样的缺陷。我在前文已经列举了一些技术方面的例子。在生活中，我们总会对瑕疵和小缺陷有强烈的反应，从美学到言语和外表。这可能是潜意识的反应，我们也不知道自己为何会感到不安，无论我们是在听音乐、欣赏艺术、观看顶级运动员比赛、阅读文学作品，甚至是看电视节目。在生活的各个方面，我们总会对小瑕疵作出反应，并常常将注意力放在这些小缺陷上，例如本可以更动听的音乐，不同的艺术笔触或绘画颜色，经历低谷的运动员，偶尔有弱点的故事线、情节和表演。当然，电视和电影的例子最明显，因为许多情节都有令人难以置信的事件和剧本，包括特意设计的纯幻想情节和仅依靠计算机图像的情节。

本书从讨论技术开始，这样能为我们提供一个视角，尽管对材料和制造的理解尚不全面，且材料与制造都存在缺陷，但我们依然可以不断改进产品。在理解困难之后，我们取得了进步。用无生命材料进行的实验可能具有毁灭性，并且对那些持有错误理论的人造成情感上的打击。与武器有关的技术和取代现有工作或技能的产业发展存在例外情况。

虽然人类和社会的不足与弱点可以用类似的措辞来描述，即存在不完美之处，但如果新的想法与我们过去的思维格格不入，那么人们很难接受或提出批评。如果这些新想法挑战了当前的观念和生活方式，可能会引起强烈的反感。我们需要跨越这个心理障碍才能前进。在科学中，一个基础假说可能存在缺陷，但我们可以抛弃它，再尝试其他假设。人类的行为受限于根深蒂固的观点，因此也许要到下一代才能接受变化。尽管如此，我们仍然取得了进展，因此也许还有一线希望。

18 改善未来的生活

　　我希望读者们宽容一点，当我们出现观点分歧时，不要上升到对个人的攻击，至少要考虑一下我为什么提出这样的批评。如今我们已经形成了一种文化，秉持一种新的态度和坚持，以所谓的"政治正确"来阻碍有争议的想法。对此我完全反对。事实上，这是少数人的审查制度。我们应当礼貌地表达观点，而不是进行人身攻击，在多数情况下，人们的理想和偏见存在巨大的差异，对此我表示赞同。这并非缺陷，从更加积极的角度来说，它是令我们变得有趣的一个因素。

　　杰出人物或具备一定资格的人提出的新想法和重新思考后的结果更有可能受到重视。我曾提到，在一次关于乳腺癌检测的电视采访中，摄制组对我没有穿白色实验服感到非常不满。他们说我没有呈现一个符合人们印象的正确的科学家形象。报道中的这类偏见不仅限于科学领域。在体育报道中，在拍摄一些高水平击剑运动时，采访者希望运动员做出电影中那样的击剑动作，但实际上击剑比赛速度非常快，而且人们对此并不熟悉。

　　如果缺少实验证据和定量检验，预测就需要依赖模型。这是计算机模拟的一个主要问题，它会随着模型和输入数据的变化而变化，而且当预测被接受后，它又会变成一种根深蒂固的偏见。一个经典的例子是正在进行的关于全球变暖和气候变化的讨论。在全球许多地方，例如美国，对气候变化现实的接纳与否似乎基于政治意识形态而非证据。根本原因（无论是否有意识）涉及这样一个事实，即行为的改变可能会减少商业利润，迫使人们采用更加经济的生活方式，并且减少汽车、飞机、军用设备等油耗工具的使用以及过量的食物消耗。有记录的温度模式、降雨量的变化、龙卷风的出现、冰川（包括阿拉斯加）的明显消融，以及北极冰盖在夏季持续萎缩的图像，都是无可争议的证据。然而，它们对日常生活的影响不大，因此被视为纯粹的科学数据而不予理会。人们在拒绝这些证据的同时，也对所有科学都产生了强烈的反感。

　　气候变化模型具有难以置信的挑战性和多变性，相关人员的自负和偏见可能会模糊细节。因此，人类的缺陷在于不采取任何行动，并无视证据。不幸的是，如果忽视当前的变革机会，很可能在未来几十年产生不可逆转的灾难性后果。10年似乎是政治家和公众都不会考虑的时间尺度，优先事项更有可能以天为单位来衡量。也许资深政客已经年迈，不必担心自己当选后的未来，而且他们当中只有少数人对科学有一定的了解，有些人甚至连助手的提示表都看不懂。

几千年后，我们可以相当冷静地看待这些历史事件，并很容易地认识到人类之所以要寻找超越自身经验的事物，根本原因在于：①我们是一个非常虚弱并且缺乏安全感的物种，渴望找到事件发生的原因；②我们善于表达、思考，并认为一定有某种引导力量使自然事件发生；③我们希望被记住；④我们基本上以部落为单位聚居，这意味着我们希望成为团体的一部分，并得到公认领袖的指导；⑤一小部分人总是利用这种模式，希望获得权力、财富和对他人的控制。

我们可能没有意识到，我们购买食物大多是受经济因素驱动，而不是出于自由选择和品质，或者我们购买升级的电子产品和科技产品，它们本身是不必要的，但为了商业利益而被描绘得十分神奇。还有一些重要项目之所以得以开发，是因为人们认为这些项目具有军事上的重要价值。一些主要设备（如航空母舰）可能需要十年时间和数十亿美元才能建造出来，这种事实似乎很难证明其合理性。很多时候，它们在实际交付时就已经过时或面临淘汰，或者一种新型的低成本导弹就能轻易将它击沉，它对此毫无防御能力。

这听起来仿佛是对人类历史的可悲控诉。事实上，如果我们要改善生活方式，使子孙后代能够延续下去，这正是我们需要考虑的一系列缺陷，而困难之处在于承认我们有责任做出这些改变。

与其说是贬低，不如说我们需要认识到，在历史上存在一种潜在的情绪，即我们从未满足于已知的世界，而是假设某些地方可能存在我们缺失的力量，并且在未来一切都会好起来，借此来安慰自己。我们的目标是这种模糊的完美概念。人们不能批评希望和理想主义。它们至关重要，因为世界仍被贫困、疾病、战争和偏狭蹂躏。

18 改善未来的生活

然而事实是，生活中的许多事物完全超出了我们的控制和理解范围。天气、作物歉收、收成、健康和瘟疫都是显而易见的例子。发动战争的领导人可能会宣称战争的重要性与必要性，但对参与者来说，战争只不过是另一场灾难。部落战争不仅限于人类，从蚂蚁到黑猩猩，许多动物都有部落战争。最终我们会发现，生活方式的缺陷是无法避免的。这与开发各种无生命技术时的情况完全相同。物质和我们自己都是不完美的。即使我们觉得自己正在进步，我们的理解和理论也可能存在缺陷，其实施也未必精准。

不同世代的态度

第 2 节

每一代人都由前几代人演变而来，人们的目标、习俗和态度也是如此。历史可能会突出一些更明显的阶梯式变化，但总体而言，这些变化并不能深刻反映大多数人的日常生活，因为行为和新的法律往往由少数统治阶级引领和制定。例如，1215 年的《大宪章》（*Magna Carta*）通常被认为奠定了英国君主移交权力的基础，并影响了法律体系。人们用民主、自由和人权等当时流行的术语来描述《大宪章》。它的本质可能的确如此，但在当时，《大宪章》只是 25 位男爵和坎特伯雷大主教为了保护自己免受约翰国王的制约而进行的一次权力接管。原始文件不止一次被撤销，并在修改后重新出现。

另一份经常被引用的类似文书是 1776 年美国的《独立宣言》，宣告美国殖民地脱离英国统治。其中有关于人权等方面的精辟论述以及对它们的诠释，这些诠释在几代人中逐渐发生变化。从 21 世纪的角度来看，《独立宣言》的一个重要之处是其中隐含着废除奴隶制的意图。当然，许多签署者反对奴隶制，但在当时的文化中，三分之二的签署者实际上是奴隶主（一些非奴隶主太过贫困）。尽管该文书被大肆宣传，但令人沮丧的是，250 年后，美国依然未能实现种族平等。

这些例子表明，我们很难评价和理解不同世代的态度，也难以意识到，

18 改善未来的生活

对大众来说，生活艰辛，没有能够改善条件的丰厚资源。我们的祖父母辈在第二次世界大战时期幸存下来，或者成长于第二次世界大战期间。现代的年轻人很难理解和认识到资源极端匮乏的后果。食品和服装等材料的配给在战后越来越紧张，这种情况一直持续到1954年左右。

食品短缺，来自国外或其他文化的物品较为稀有［例如，从咖喱到意大利面（罐头装）等食品并不普遍，或者并不为人们所熟知，供应比萨时只能切出四分之一块，将其放在一个小圆盘中］。人们的注意力都集中在生存上，这样也有很多好处。人们非常愿意帮助他人，也极少有人会出现因过度饮食而导致的肥胖问题。更令人惊讶的是，当时英国种植的食物比现在大规模生产的同类食物的营养价值高出40%左右。与当前形成鲜明对比的是，现代的年轻人会扔掉旧物并购买新的物品，或者因为新型智能手机时尚而花大笔钱购买，而他们前一款手机的运行依然良好。他们从未想到，一部手机的价格超过了全球半数人的年收入。

在20世纪50年代，人们开始关注自己的外表，但服装配给券有严格的限制，因为服装材料短缺（也没有慈善商店出售闲置物品）。因此，富有想象力的服装制作演变为对旧物品的回收利用。与之形成鲜明对比的是，当今英国大约三分之一已出售的服装从未被穿过。当时，生存是首要任务，人们无暇过度关注个人形象，因此也很少对他人外表品头论足，由外表引起的自我伤害较为罕见，相关的心理问题也少得多。

在人们记忆中的几个时代，这种对比相当明显，它揭示了现代人态度中存在的一些自我生成的严重缺陷，这些缺陷源于过度富足的物质，源于造成电子欺凌和批评的技术，而非面对面的评论，面对面评论需要更大的勇气。虽然20世纪50年代的英国广播公司（BBC）经常搞精英主义，使用清脆快速的口音——现代人对此可能感到陌生，但我们并没有遭到那种家庭肥皂剧的轰炸，剧中的家庭都有缺陷，大部分时间都在愤怒地彼此敌对。这些节目必然会影响我们自己在生活中的行为方式，它无疑是破坏人际关系和现代婚姻的一个因素。同样，人们在工作或旅行时有时间独自思考和放松。而现代人通过电话和电脑持续交流（"交流"一词可能不够恰当），这很容易破坏一个人的生活和自尊。

"祖父母"一代受到的实际影响是，他们的行为或看待朋友和邻居的方式几乎不受制约，他们能够实现目标，不会被其他东西持续分散注意力，也很少被指指点点。他们更加独立，能够自力更生。他们也必须如此。就交朋友而言，他们了解自己的朋友，而不是一份含糊不清的电子名单，这个名单上的人只会通过社交媒体点赞（或点踩）。事实上，现代人说，拥有200个"赞"也没有意义，因为大多数情况下我们永远不会遇到这些人，甚至不会记得他们的名字。作为一名科学家，我和我的团队已经发表了数百篇论文，创建了几个新的研究和应用技术领域，我们的成果被引用了30000多次。这令人满意，但它绝不是衡量友谊的标准。朋友仅限于十几个人。其余的人只能算泛泛之交、同事，或者在体育或音乐活动中偶遇的人。

行为中的缺陷

第 3 节

如果要追踪几代人的行为模式演变，那么我们需要将局部的条件（如受战争主导的生活）与固有态度区分开来，因为我们是人。我们可以尝试找出人类行为中的主要缺陷。

我引用了人们熟悉的暴食、傲慢、贪婪、嫉妒、愤怒和懒惰等问题，试图证明不完美有其积极的方面。这些问题的负面影响体现在生活的方方面面，从个人和商业，到政治和军事活动。尽管如此，如果没有这些固有的缺陷，我们就没有动力来扩大领土，开发新技术，发明文字和数学，或者继续推动技术发展。真正的问题不在于潜伏于人们内心的自私，而是未能对其加以约束，利用它来改善我们的生活，同时不破坏他人的生活，或地球上的资源和其他生物。这完全符合我通过现代技术所传达的观点，即缺陷刺激了进步，但如果不能控制缺陷，将带来灾难性的后果。

在解释什么可接受，什么不可接受时，我们是高度选择性的，带着偏见且不诚实。凶杀案是一个极端的例子。看到有关此类事件的报道时，我们会产生各种各样的情绪，震惊、恐惧和愤怒。另外，当人们发动战争时，他们似乎完全丧失了人性中积极的一面，并且几乎不会承认这些暴行是大规模谋杀。

我们在处理暴食和贪婪等弱点时也同样存在偏见。在过去的 50 年里,发达国家的食物摄入量大幅增加。超重和体育锻炼不足所造成的健康疾病十分常见。其中包括糖尿病、癌症、心脏病以及许多相关疾病。肥胖主要由毫无节制的不良饮食习惯引起(但请注意,有些医学方面的原因也会导致肥胖)。当我一开始撰写这一节时,我意识到肥胖与过度饮食的密切关系,但仔细思考后,我才意识到自我形象问题和商业压力有多么严重,正是这些因素导致如此高比例的人口陷入这种非常消极的境地,出现健康问题。同样,厌食也会造成极大的伤害。

肥胖的原因非常复杂,当然其主要原因是食品行业的广告宣传过多、我们购买的商品分量过大、许多食品的营养价值不高、食品中含有过量的糖与合成添加剂等。另外,许多人不愿意做饭,他们只买预先包装好的食物。

商业投入与这些饮食失调密切相关。市场营销中会使用专门的彩色包装、密集的电视广告和低价促销。与优质的饭菜相比,这些食品的品质有所降低,风味添加剂会使其体积膨胀。数百本关于饮食或减肥的著作也鼓励了各种饮食和营养主张的流行,这些主张的正负评价几乎每过十年就会发生改变。例如,一开始说脂肪有害,碳水化合物有益,后来又提出完全相反的说法。有人提出单一物质饮食法,最初它的确可以减轻体重,但通常会出现反弹,导致体重明显增加。此外还有同辈压力,如果朋友的体型相似,人们可能难以意识到肥胖问题。广告宣扬那些无法实现的身体形象。终日盯着电脑或电视屏幕等不健康的生活方式,缺少运动和锻炼,会导致肌肉张力下降。要对抗市场所带来的这些负面影响,需要付出努力,在采购时精心挑选并细致地准备食物。

肥胖或糖尿病的发生有多种原因,但现在这类病症的增加与饮食和鼓励暴食等因素密切相关。最终结果不仅仅是患病,还有寿命缩短。2020 年英国新冠疫情相关数据显示,三分之一的死亡患者患有糖尿病。肥胖与痴呆症的增加也存在类似的联系。

这些健康问题都会产生巨大的医疗成本,而与糖尿病直接相关的一个副作用是，英国每年约有 5 万人截肢。假设截肢后患者的寿命为 10 年，这意味着 10 年后全国约有 50 万截肢者，但对许多人来说，这种结果是他们自己造成的。此外，这种结果给朋友、家人和医学界带来的巨大压力，也很难量化。

虽然我们对食物过度热情，但实际上我们只食用了大约三分之一（或更少）的种植作物。问题出在许多人身上。超市总是想要"完美"的作物，因此农场三分之一的产品被拒之门外，尽管它完全可以食用。需要注意一下的是，一些超市现在包括少量"不规则"的畸形蔬菜。这些商店里形状漂亮的食物未必有营养和美味。前文提到，它们的营养价值只有第二次世界大战期间人们食用的相同作物营养价值的 40%。同样，超市里的苹果等水果看起来似乎很完美，但味道却差得很。

我们受到诱导，大量购买预先包装的食物，因此许多（甚至大多数）家庭会浪费三分之一的食物。这种浪费应该受到谴责，我们必须注意这样一个现实，即世界上有很多人正在挨饿或缺乏清洁的水和卫生设施。这是一个亟须解决的问题。尤其是世界总人口正在迅速增长，问题主要集中在欠发达国家和地区。

我关注暴食问题，但在饮食习惯中还有许多其他问题，如贪食症和厌食症。在不同的情况下，无论是男性还是女性，都会因自己的形象产生严重的心理问题，并在试图改变形象时伤害自己的身体。通过以自我为中心和自我毁灭的能力，从而扭曲自然体重（增或减），这是富裕社会的结果，在一个富裕社会中，我们可以浪费时间和金钱，试图去塑造理想身材。世界上有很多人还处于营养不良或饥饿的状态——他们的目标是生存，而不是去塑造自己的身体形态。我们的重点应该是改变这个全球性的问题。

自尊心与外貌

包括人类在内的所有动物都会关注外表以吸引配偶。例如鸟类漂亮的羽毛和奇异的舞蹈，人类的变化则更有戏剧性。让我们变得更加"完美"并提高吸引力的简单方法包括发型、服装、化妆品和健身房塑形课程等。纵观历史，大多数人类社会都存在这些行为。唯一的区别是，一些群体中流行的"改进"被其他群体视为缺陷。施拉格决斗时佩刀所留下的伤疤就是一个经典的例子，其他人并不会认为他未能捍卫自己的脸面，反而将其视为继续战斗的勇气的象征。在 19 世纪和 20 世纪，它们清楚地表明，这些伤痕累累的人属于军官阶层，曾就读于奥地利或德国的重点大学。

发型、胡须、小胡子、妆容等，也有助于定义我们所属或希望从属的社会群体。各个社会群体都在暗示，我们不断受到压力，觉得自己的外表在某种意义上仍然不够完美，需要克服这些缺陷，让自己更有吸引力，或者定义我们的社会群体。

从一个完全非正统的观点来看，我会说，所有这些强加的外表变化实际上都是加之于人类真实外表上的缺陷。我们喜欢这些缺陷，将它们加到自己身上，并将其视为进步。我们花了数千年的时间才进化成现在的样子，事实上，我们可能已经达到在当前不断变化的环境中生存所需要的完美状态。这并非一种统一的模型，因为我们在身高、身材和肤色等方面甚至存在地区差异。在英国等面积较小的国家，在小范围内就可能呈现显著的差异。不同社会阶层之间也存在差异。现代城市中，来自不同国家和地区的人聚居在一起，将定义未来会形成的不同的自然条件下的"完美"。

对牛和其他动物进行选择性繁殖，可以控制其特征，满足我们对外表或实用性的要求。这些生物无法在我们的驯化环境之外生存。或许我们不愿承认，但同样的情况也的确发生在人身上。事实上，如今只有极少部分人能够在没有技术帮助的条件下生存。

我们不会关注不可控的进化变化，而是将注意力放在表面，如外表、着装和表面装饰等。

我想传达的一个非常明确的观点是，如果通过雕像和绘画来回顾过去两千年的艺术，就会发现，"理想"女性和男性的形象随着时间的推移发生了巨大的变化，甚至在一代人中也有很大的差异。维多利亚时代和 20 世纪的魅力照片都展现了人们实际的体型，包括各种各样的理想身材（因为每个人对什么样子具有吸引力有自己的看法）。现代电子图像远没有那么诚实，因为它可以通过软件进行调整，消除缺陷或重塑图像的各个部分。如果你的朋友不喜欢你的长相，那就换个朋友吧。真正的朋友会接受你的本来面目。如果他们只关心你的外表，那么他们就不是真正的朋友。

文身

文身是一种古老的皮肤装饰形式，有各种各样的潮流。它经常与水手等特定群体联系在一起。如果一个人在世界各地旅行，可能会发现文身的不同含义及其引发的不同反应。以前人们的文身无法洗掉，会伴随终生，但现在高强度短脉冲激光可以在一定程度上去除文身。一般选择能够被染料吸收的激光颜色，其功率能使表面的染料斑点爆裂。如果是多种颜色的文身，不同的颜色需要不同的脉冲激光波长。去除过程非常耗时且昂贵，因此在文身之前，你必须确定自己能否始终对文身这个永久特征感到满意。并非所有的颜色都能完美去除。最后一个警告是，一些地方使用的彩色染料可能致癌。

年轻人还需要考虑到，在年轻的肌肉上文身可能看起来不错，但随着年龄的增长，肌肉失去张力，皮肤会变得松弛且布满皱纹。那么年轻时的文身将显得既过时又丑陋。对许多人来说，需要文身这种想法就属于一种缺陷。从众心理无疑是一种驱动力，因为在英国，从众心理已经从罕见现象变成常见现象。众多的流行歌星和足球运动员都是榜样。尽管如此，在过去五年里，文身清洗行业蓬勃发展。这种处理过程的成本表明，许多人显然拥有多余的财富。

从我写作本书的目的来看，文身很适合作为一个缺陷的例子，如果谨慎选择，深思熟虑，文身可以成为一种吸引同龄人的装饰。但是，糟糕的设计、糟糕的工艺，或者因朋友圈和身处社会群体的变化，都会导致文身不受欢迎。

巨额财富的利与弊

第 4 节

人们总会认为对金钱和过度财富的贪欲是负面的。如果一个人没有足够的收入来维持生计，那么贫困绝对是一场灾难。富裕的定义是多变的，因为它取决于工作类型、生活方式和期望。因此，富裕和经济困难可能指向不同的东西。即使如"家庭可支配收入中位数"之类的数据，也只能作为一个简单的指导，因为所有高收入人群会使数值向上移动。在第 5 章我曾解释过，在收入差距较大的情况下，引用某种类型的平均数难以反映实际情况。就 2019 年的数据而言，伦敦的收入中位数或平均值在 2.5 万英镑至 3 万英镑之间，而高收入人群中，许多英国公司的高管和董事的年收入超过 9 万英镑，几家主要公司的高管年收入则超过 400 万英镑。中位数或平均值会使人们忽视数百万挣扎在温饱线上并且只能购买最基本必需品的人。

贫富差距可能比我们想象的更大。2019 年，英国约有 150 人属于亿万富翁。面对如此极端的数字，人们难免会说这是一个财富分配极不完美的社会。这绝对没错，但在许多情况下，财富要维持医疗基金会、卫生、教育和福利计划。我们可以看看历史上那些成功企业的例子，这些企业为文化、博物馆、基础设施和慈善机构提供了资助。生活不是简单的非黑即白。

人们可能会认为这种不公不存在于富裕的国家，但在美国，贫富差距也在不断扩大。此外，美国的失业率为15%，但其国内生产总值（GDP）是200000亿美元，为全球最高。许多经济学家表示，国内生产总值并不能衡量一个国家的财富和经济健康状况，只能追踪财富分配中处于顶端的行业，如银行、证券交易所和金融服务业。

从古至今，这种不平衡一直存在。虽然我们的薪酬制度存在严重的缺陷，但也有一些具有博爱精神的例外情况。

沟通的困难

在第5章中，我对数据、图表解释方面的困难提出了警告，这不是因为智力问题，而是因为缺乏相关的教育背景。因此，即使是许多高智商的人，如果在日常生活中很少使用此类演示，可能也无法完全理解数据和图表所呈现的内容，或者干脆跳过它们。当然，像我这样的科学家会觉得自己在这方面能够驾驭得更好，事实上，通过一组数据分析出一种模式，并认为它能支持一些先入为主的观点，这实在是太容易了。例如，当我在寻找超重与预期寿命缩短之间的相关性时，我看到了一张图表。在一个案例中，许多国家都提供了数据，趋势线显示，肥胖人口比例较高的国家人口预期寿命更长！一些国家的人口预期寿命从50岁到76岁（如美国）不等。列表和解释中存在一个缺陷，即在变量众多的情况下，不可能做出这样的图表。事实上，图表显示，在非常贫穷的国家，肥胖的人较少，但大多数人的寿命也较短。

以一个国家（美国）为例，按州绘制数据显示出完全不同的结果。从夏威夷州到密西西比州，预期寿命从82岁左右下降到70岁，夏威夷的肥胖者更少，而密西西比州的肥胖率接近40%。因此，人们很容易将此当成是肥胖会导致预期寿命缩短的证据。然而，在夏威夷人口的预期寿命更长、更富有的情况下，年龄与收入中位数的关系图也出现了同样的相关性。在这种情况下，如果不说明同等收入水平（而不是中位数，因为数据集在不同州的分布不同，并且随着收入的增加而不同），就不能明确地将预期寿命与肥胖联系起来。因此，请务必小心，注意区分数据呈现中被有意扭曲的地方，或统计学家未能意识到的地方。对他们来说显而易见的事情，其他人可能无法理解。

缺点与热力学

人类的缺点可能推动了进步，但变革显然是必不可少的，每一代人都会这么说。作为一名物理学家，我熟悉热力学定律，一个有据可查的例子表明，在所有反应中，熵只会增加。熵是对无序状态的一种度量，如果用更具感情色彩的话来说，熵告诉我们，无论我们做什么，背景的混乱度都会增加。或者更加直白地说，情况只会变得更糟。这与我们的直觉判断不符，因为我们往往会为制造出优质金属或与天然宝石相比几乎没有缺陷的大型宝石而高兴。虽然事实的确如此，可一旦考虑到整个过程所涉及的能源成本，我们就会看到，一个领域的"完美"会被制造过程中更加无序的加工所抵消。我们很容易将注意力集中于一个话题的某一个方面（对科学和社会问题都是如此），却无法观其全貌。这种现象不仅存在于个人，也会渗透到社会的方方面面，从政治到媒体，而且不幸的是，它往往来自善意的变革运动者。

为了减少汽油和柴油的污染，我们将电动汽车视为救星。相关的讨论很少提到能量转换是可变的，能量转化率通常不超过 33% 左右。我们不希望直接燃烧化石燃料（因为其储量有限，并且会造成严重的污染），而是希望用电池取代发动机来提供动力。我们很难用效率作为例证。文献中充满了相互冲突的价值观，它们来自这种替代品最忠实的、现实的追随者或者放弃支持此类替代品的人。为了给汽车或公交车生产充电电池，需要进行一个初始的充电步骤，而汽油和柴油不需要这个步骤。这种电源需要能量。每一个步骤都不是十全十美的。理想系统的充电效率可能达到 66%（或更高），而其他快速充电情况下的效率可能低至 33% 左右（或更低），并且对电池的工作寿命产生显著影响。发电、快速转移给电池，然后驱动车辆行驶，最终整体效率可能下降到只剩 10%！我们所消耗的总能量更高，在某些情况下达到原来的两到三倍。甚至可以说，这是一种短视的观点，我们为了解决一个问题，反而制造了更多的问题，我们并没有耗尽石油资源，却要大量开采电池使用的锂或钴等材料。两者的储量都是有限的。哦，差点忘了，采矿还要使用大量柴油，并且会破坏钴等矿物分布的土地区域。更糟糕的可能是，人们开始有计划地从海底结核中开采钴和锰等金属，由此产生的污染物与化学物质将在海洋中扩散。事实上，我们可以减少城市街道的污染，但延伸至全球范围，可能需要消耗更多的能源，造成更多的污染。正如我提到的混沌原则，代表无序性的熵只会增加。

未来人类的缺陷
以及如何预测

第 5 节

  我们依靠潜在的心理和社会缺陷而取得进步，这样不幸的境地难以改变。如果讨论根深蒂固的行为案例，几乎没有人会相信，或者人们会强烈抵制批评或有关改变的提议。我将选择一个更简单的方式，并讨论社会中仍处于发展阶段的主要缺陷。很显然，未来潜在的问题非常严重，但这些缺陷尚未根深蒂固，如果我们承认其存在，就有可能做出改进。

  过去几代人都犯过重大的错误，但这些已然成为历史，我们无法改变。千禧一代（出生于 1980 年至 1995 年的人）和 1995 年后出生的人存在细微的差异。他们都将对未来产生影响，因此了解失败的征兆和以前不存在的危险，可以帮助他们在自己的孩子身上规避同样的错误。

  千禧一代成长于一个相对富裕的时代，他们的父母可能仍记得第二次世界大战期间自己的父母和祖父母经历的物资短缺和苦难。毫无疑问，这将影响人们为子女提供保护的欲望以及对子女的慷慨态度。过度保护并无益处，因为在露天泥土中玩耍，这是早期乡村和城市生活的常态，而受到过度保护的儿童容易出现各种过敏反应，比如花粉热，或者对花生等东西过敏。成年后，这些被过度保护的儿童会面临更多医疗问题。"免疫"同样适用于独立思考和生存。我听说美国一些州通过了一项立法，如果父母允许孩子在没有成年人监督的情况下在公园玩耍，或者独自乘坐公共交通工具，他们可能会面临起诉！对于合理的保护、令人窒息的过度保护和完全撒手不管，任孩子与其他年轻人交往，人们显然没有从中找到平衡。年轻人需要一定的自由，才能明白如何应对生活。如果他们的所有活动都处于成年人的监督之下，那么其生存能力将被严重削弱。

过度保护的后果是，年轻人往往缺乏自信，难以应对具有挑战性的情况。他们通常被称为"雪花"一代，这意味着他们稍纵即逝，没有真正的根基，很容易崩溃和消散。他们可能很讨人喜欢，但雇主表示，这代人总希望得到赞扬，如果工作困难或乏味，他们很可能辞职，另谋一份工作。一位英国警察招聘主管在报纸上发表了一篇引人注目的评论，称新的千禧一代求职者不愿意在夜间和周末工作，并强烈反对任何对抗性的工作。伦敦一家医院也给出了同样令人不安的评论：新来的实习医生动手能力极差，因为他们没怎么玩过玩具，也没做过什么东西（时间都花在了电脑和手机上）。结果他们进入医院后，无法实施精细的手术！医院正打算开设专门的培训课程，试图解决这个问题。也许课程中会特别强调拇指的外科手术，因为自从智能手机出现以来，由于长时间使用手机而出现拇指问题的人数激增。

"雪花"一代的另一个特点是易怒，比如在大学讲座或辩论中，如果出现可能让学生感到不安的内容，或者他们认为有争议的观点，学生们就会连连抱怨。这说明他们拒绝讨论令人不快的话题和争议性的评论，他们缺乏勇气，难以直面这些话题与评论，然后进行适当的辩论。鉴于他们的态度，许多大学管理部门采取了一种简单、懦弱的方法，要求任何讲座或讨论都不得包含此类内容。

我曾读到这样一则消息，2019年，英国两所著名大学因来自学生的压力而禁止在食堂内食用肉食。学生完全有不吃肉的自由，但绝对无权限制那些选择吃肉的人。停止肉类生产会造成进一步的压力，因为这也会导致其他产品停产，如黄油、奶酪、冰激凌、皮革等，并促进合成替代品的生产，这些替代品往往味道不佳，许多人认为它们实际上并不健康，并且其化学生产过程会消耗大量能源，释放更多温室气体。

就我个人而言，我无法接受这种情况，这是对言论和行动自由的限制，无法激发讨论与创意。有一句话说："言论自由包括冒犯的自由。"这在一定程度上是一个合理的观点，它允许激烈的意见影响我们的观点。军事上的成功是"了解你的敌人"。对本书而言，我认为成功就是"了解你的缺陷"。

正如千禧一代在写作中经常引述的那样，他们的生活环境可能充满善意，令人满意。然而，寻求一个四平八稳的环境，这完全是一个错误的方向，因为它只会破坏讨论、逻辑思维和创新想法。我认为从本质上来看，这与压制意见没有什么不同，而在历史上，压制意见带来了灾难性的后果。

如果要在知识和个性方面取得进步，就必须倾听和思考批评意见。我在科学研究方面取得了一定的成就，因此我很清楚，团队之所以能够高效地提出创新想法，一定程度上是因为我乐于看到学生和同事来找我，对我说"你错了"，并告诉我原因。记得有一次，一位年轻的外国学生令我非常感动，他指出了我发表的一篇论文中的一个错误（他是对的）。不听取批评意见会摧毁争议性的观点，更难在明辨利弊方面取得进步。

年轻群体

对于年轻群体来说，其父母的行为方式存在一些重大缺陷。此外，技术进步导致年轻人在社交互动中出现问题。结果显而易见，认识到问题，就可以解决问题。我希望能够针对如何改变当前和未来的育儿方式，提供一些方法。这是一个完美的社会案例，它体现了如何识别缺陷，然后利用缺陷。

要将孩子培养成沉着理智、体贴、聪明的成年人，第一步在于父母的选择。父母需要身体健康，精神稳定，能够供养后代。但鲜为人知的是，即使在子宫里，婴儿也能听到父母的声音，这些声音的印记也很重要。声音，比如音乐，可以决定孩子可能喜欢的音乐类型。冲突、攻击和争论的噪声（即使是来自电视），都会对孩子的发展产生负面影响（包括情绪反应和化学反应）。许多电视剧和电影都包含激烈而持续的冲突，这会影响婴儿（以及成年观众）的反应。

如果可能的话，应该尽量避免严重缺陷的遗传。如果一个人在怀孕之前意识到这些问题，那么她的家人需要慎重决定。许多意外出现的新生儿缺陷对一个家庭的所有成员来说都是一种挑战。尽管如此，仍有许多（过去和现在）患有严重身体问题的人，他们的人生非常成功，并在艺术、科学、音乐和技术等领域为社会作出了巨大贡献。残奥会就是有力的证明，身体上的残疾往往可以通过奉献精神与训练来弥补，他们甚至可以表现出远超许多健全人的运动能力。

婴儿需要尽可能多的激励、照顾和关爱，尤其是在最初的两年。如果在这个阶段失败，可能会导致孩子在各个方面长期发展不良。更令人惊讶的是，当孩子长大后，即使父母提供再多的照顾，也无法产生同样的影响。如今出现了一种前几代人所没有的现代缺陷，即一些简单技术的干扰使成年人忽视了孩子。老式的婴儿车可以让婴儿面对母亲（或其他成年人），他能一直看着对方，并进行眼神交流和对话等活动。现代座椅，当然是婴儿推车的座椅，总是让婴儿背对着母亲。自世纪之交以来，人们看到，许多母亲不会和婴儿对话，而是花时间在智能手机上与所有联系人聊天，忽略了自己的孩子。许多两岁左右的孩子手里已经有了一个能播放图片和视频的平板电脑。他们的注意力始终放在这个屏幕上，忽视了周围的环境，错过了他们应该经历的所有教育和生活。我在一些餐厅里看到，即使在吃饭的时候，一些孩子仍然坐在那里玩电子产品，错过了与家人的社交互动。这是许多人陷入电子产品依赖的重要原因，也是阻碍创意发展的主要因素。

还有一个紧迫的问题是，不仅婴儿和年幼的孩子会因父母沉迷于手机而遭到忽视，父母还会给孩子们一个可以玩游戏的平板电脑，然后再给他们一部手机，这种趋势正在稳步增加。拥有电子设备的群体数量会随年龄的增长而变化，图 18.1 基于 2018 年之前的数据绘制。细节并不重要，其模式也会因地区、国家、社会阶层和财富而异，但这一趋势在发达国家普遍存在。幼儿的相关数据比更有意义。到他们十几岁的时候，手机的使用比例可能会超过90%。

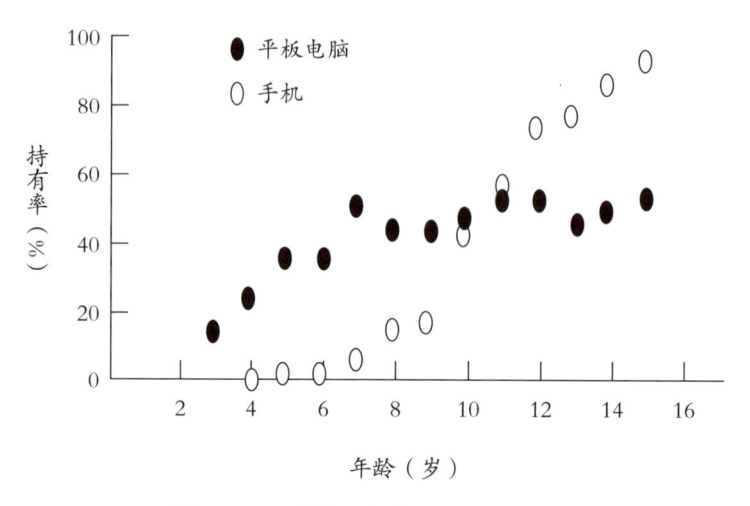

图 18.1 儿童的平板电脑和手机持有率

从手机到基于计算机的系统，通信领域的巨大进步使人们能够快速访问信息（包括真实信息和虚假信息），并在很大程度上形成了一种新的哲学，许多信息技术（IT）专家表示，我们无需学习和记忆，只需依赖网站。我认为网站的确有用，我也会利用它们，但如果没有记忆的存储，人们的脑袋空空如也，这将极大地阻碍我们产生创意。依赖电子设备会带来另一个问题，一起小小的自然事件、意外情况或恐怖袭击都会破坏电子通信。到目前为止，在这个计算机时代，尚未出现严重的太阳辐射异常，但根据早期的事件推测，太阳活动异常可能导致电力系统失灵，在依赖电子通信和电力的发达社会，重大事件将是灾难性的，并且会导致数百万人死亡。

另外，电脑游戏的诱惑非常强烈（我们大多数人都有一定程度的上瘾）。成长于这个电子时代的孩子缺乏上一辈人的经历，也没有认识到，通过面对面的讨论才能建立友谊，并获得他人的意见。与当面交流相比，人们在一个不实名的网络帖子中更容易对他人粗鲁无礼。我们需要让孩子在童年阶段就认识到这些问题。

18 改善未来的生活

医学证据表明，通过社交媒体进行电子化交流的后果相当令人担忧。当前出现的问题包括青少年丧失自尊、焦虑、失眠，学习注意力不集中，儿童自杀和自残现象显著增加，缺乏自信，少女的攻击性增强，以及"心理脆弱"（2014年至2018年）。从某种程度上来说，这些问题与沉溺虚拟的电子世界有直接的关联，在电子世界中，沟通方式与面对面的交流完全不同。我们不能低估这样一个事实，即真正的沟通不仅涉及文字，还包括身体、语调和语言共同提供的所有视觉线索。即使是文字，智能手机的频率响应和音质也不及直接对话的频率响应和动态范围。对琐事和无关紧要的聊天来说，这没有问题，但在需要斟酌用语的情况下，电子化的交流是远远不够的，同样，它也无法传达我们下意识地根据情绪和情感对语气和措辞所进行的调整。我们不仅错过了这些关键信息，而且对那些花几个小时盯着手机的人来说，他们可能在面对面交流中也难以识别出这些信息。他们无法通过语言的微妙之处获得乐趣和信息。

视觉内容对于强调重要性与文化交流都至关重要。例如，在意大利，人们在打电话时仍然会使用手势，就好像对方站在面前一样。英国人在使用手势方面可能更加克制，但其意义同样重要，许多模式有据可查且被广泛讨论。在1967年出版的《裸猿》（*The Naked Ape*）及其都市版《人类动物园》（*The Human Zoo*）（1969年）中，作者德斯蒙德·莫利斯（Desmond Morris）列举了很多例子，如今可能需要增加新的视角以囊括后来人们所使用的电子通信，但书中仍然提供了有关沟通的丰富线索。例如，有些人撒谎时倾向于抬头看向一边（或把头转过去），而另一些人又会表现得过度直视。虽然许多人学会了如何控制自己的面部表情，但穿过凉鞋的女孩应该知道，这种控制并不会延伸到脚趾，当她说谎时，脚趾往往会卷曲。男人也有相似的弱点，当两位男士见面握手时，占主导地位的那个人往往会把目光移开。然而，如果双方都把目光移开就要小心了，因为这可能意味着未来两人会发生冲突。同样，在一些工作中，人们经过训练，可以控制他们的自然行为（例如，销售人员会让你相信他们是顺从的）。其他熟悉的例子是，电视节目主持人会频繁使用手势，因为他们发现与枯燥的摄像机交流得不到实时反应，而他们希望从观众那里得到回应。对于我们所说或所做的事情，我们需要并期待得到反馈，无论是在沟通中还是在行动中。我做过很多讲座和对谈，因此我知道，这是一个能直接关系到演讲和对谈成功与否的重要因素。

一个常常被忽视的事实是，我们在交流中使用语言和视觉信号，但即使对嗅觉减弱的城市居民来说，我们对信息素和其他关于人与人之间反应的化学线索也非常敏感。这通常出于潜意识，但在更加亲密的关系中，我们会强烈地意识到自己接收的信号。在农村，雄蛾可以在一千米外检测到雌蛾的信息素，狗对气味的敏感度是我们的几百倍，因此被用于烟草和毒品检测等侦查工作，以及在山区救援中搜寻失踪人员，最近基于信息素的癌症检测也取得了成功。人类没有这样的敏感性，但许多人可以通过这些非语言信号和性方面的线索来识别态度的变化。

如果人们不能真正地看到对方，那么即使在一个群体中，彼此也只会对着电脑或手机屏幕，互补交流。我经常在咖啡馆看到一群青少年，他们坐在同一张桌子旁，但所有人都在对着手机说话或发短信，忽略了身边的"朋友"。

幼儿与人的直接接触减少，意味着他们难以与祖父母和老一辈沟通，尤其是老一辈可能不太熟悉电子设备，或者不喜欢使用这种联系方式。不幸的是，这些孩子几乎可以用成瘾来形容。如果一个人在孩童时期长时间盯着电子屏幕，那么成年后他往往也会继续如此。现在，英国的一部分青少年每天至少看六七个小时的电视或电脑。这与学业成绩不良之间有密切的联系。在我列出的需要解决的缺陷中，这是需要优先解决的问题，因为这些孩子可能更容易遭受网络暴力，产生不安全感，使用不适当的社交媒体链接。此外，他们也是未来几代人的环境和生活的塑造者。他们现在需要帮助，而这种帮助可能是有效的。

18 改善未来的生活

为孩子创造更加美好的世界

在本章，我尝试利用材料技术来寻找生活（而不是材料）中的缺陷和失败。这并不难。最难的部分是认识并承认这些不完美的现实，然后下定决心改变未来的行为，从而减少它们的负面影响。对材料而言，即使我们失败了也没有关系，因为我们总能用新的样品重新开始。但生活完全不同。每个孩子都是独一无二的，不可替代，我们只有一次机会来引导和指导他们，否则他们将延续成年人在其教育中所犯的错误。

如何建设一个更加美好的世界，让每个人都得到公平的对待，对此我怀有理想主义的观点。我们可以做出改变，只是需要一定的思考，关注细节，付出努力，发挥号召力，激励人们追求一个更加美好的世界。

19

人类面临的挑战

19 | 人类面临的挑战

历史的弱点

在最后一章，我想看看在过去一万年里，人类彼此之间以及人类与地球之间相互作用方式中存在的缺陷。我希望借此找到我们在未来应该做出改变的方向。人类历史上不乏严重的错误案例，无论是疏忽导致还是故意为之，正如预期的那样，它们清楚地体现了贪婪、自私以及对财富和权力的渴望等所有潜在的人性缺点。从积极的方面来看，这些缺点推动了技术和科学进步，但往往也无视他人与地球环境。我们专注于短期收益，缺乏对长期后果和规划的远见。在过去，世界人口较少，我们对不同物种的动物的影响似乎并不明显。如果每一代人的寿命只有30年，而世界总人口数只有几万，那么我们对一个古老物种的毁灭性影响可能并不明显。然而，如果这些生物的数量有限且成熟期长，它们就难以在人类的捕食中生存下来。现代人口数已接近80亿，我们的粮食消费量飙升了100多万倍，因此我们将需要越来越多的粮食和其他资源。

我们无法扭转过去的错误，但可以从中吸取教训。随着当前破坏环境的行为越来越严重，我们可能会将人类推入灭绝物种的名单。从时间尺度上来看，这有可能祸及我们的子孙后代。要做出改变，并从毁灭地球转变为真正关爱地球，为了我们自己以及所有其他动植物的生存，去保护地球，这是一个艰巨的挑战。现在可能为时已晚。就可用地表而言，我们目前将大约四分之一的土地用于农业，大约四分之一的土地用于建筑。人类的生存压力非常大，甚至连沙漠都被深层自流井灌溉，形成了一片片巨大的圆形田地。这只是一个短期的选择，因为不仅仅是沙漠，我们正在利用已经存在了数千年的地下水。在英国，这些地下水来自上一次冰河时期。它得不到补充，而且数量正在明显减少。

为了种植经济作物、动物饲养或养牛，原始森林正在被摧毁。我们应该记得，北非一个小小的气候变化阻碍了每年的季风，并在几十年内迅速将肥沃的大草原转变为撒哈拉沙漠。我们正在破坏亚马孙河流域和太平洋的森林，这可能会导致同样的后果。这是一条危险的乃至灾难性的不可逆路线，其中一个重要原因在于，这些森林是氧气的主要来源。我们必须立即改变态度，寻找解决问题的方案。

长寿的新模式

在过去的两个世纪里，促进人口增长的一个重要因素是预期寿命的增长，近两百年来，人类的平均寿命有了显著增加。令我惊讶的是，由于儿童死亡人数减少、生活条件改善和医疗技术进步，这一数字最近开始飙升。图 19.1 描绘了英国人均预期寿命受第一次世界大战影响，在 20 世纪 20 年代初，人口预期寿命有所下降，但在战争或瘟疫之后通常会出现婴儿潮。到 2020 年，人口预期寿命已超过 80 岁。女性的预期寿命略高于男性。对英国这样的国家来说，人口存活率不断增长，从而使总人口数明显增加。有些人无法参与工作和为经济做出贡献，反而需要大量的资金和资源进行医疗保健，这类人的比例也在不断提高。这是一个普遍的模式，但它会因相对财富、工作类型和社会阶层的不同而产生巨大的差异。目前尚未出现明显的停滞期。在过去的 70 年里，寿命超过 100 岁的人数从大约 100 人增加到大约 14000 人。这只是人口的一小部分，却是一个明显的转变。目前死亡率的趋势是在 90 岁呈指数级下降，90 岁的老人中只有一半人能够活到 91 岁，在 91 岁的老人中，只有一半人能够活到 92 岁，以此类推。这为寿命预测设定了一个上限。

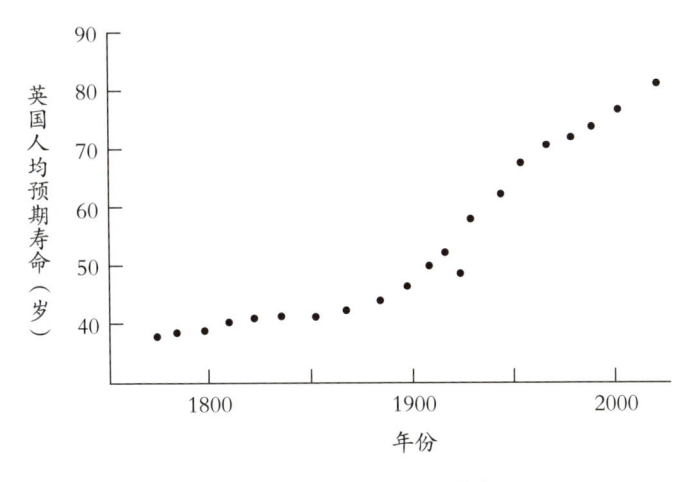

图 19.1　英国人均预期寿命

注：英国人均预期寿命在第一次世界大战后出现了低谷。男性和女性的数量、背景财富、工作等都包含在这一总体估计中。它只反映了过去的数据和未来的推测，从现实的角度来说，人均预期寿命有可能在近期进入停滞期。

图 19.1 应被视为发达国家的上限。人均预期寿命在很大程度上取决于国家和社会的贫富分布情况。美国的预期寿命比英国的预期寿命短，尽管前者在医疗保健方面的支出更高。但这种支出只用于有限的部分人口。这种差距与财富和种族密切相关。引起全球关注的是，非洲人口众多，但到目前为止，其人均预期寿命为全球最低，目前许多非洲国家的预期寿命只有 50 岁左右。随着医疗保健条件的改善，非洲的人口总数将迅速增长，老年人数将增加，因此需要更多基础设施来应对日益增加的老年人。

对于图 19.1 所展示的数据，我们需要非常仔细地进行解读。只有在不受其他因素限制的情况下，这些图才有意义。如果互连部分的规模无法支持其中耗散的功率，"芯片中晶体管"的数量就会达到上限。解决方案是将晶体管转移到几个处理芯片上。虽然这一点显而易见，且电子工程师可以预见，但不准确的营销炒作总会给公众留下难以磨灭的深刻印象。图 19.1 也有类似的缺陷。医学界和政府可能会以此会证据，证明他们正在延长预期寿命。事实上，我怀疑这是对预期寿命的严重高估，因为它未包含未来战争、流行病或其他全球性事件（如不同国家的经济崩溃）所造成的后果。

图 19.1 表明，如今 70 多岁老年人的预期寿命已经超出了他们出生时（1950 年前后）的预测。我们不应该用当前的观点来看待过去。同样，图 19.1 所示数据以历史为基础，因此无法解释完全不同的生活方式，例如最近肥胖率上升和随之而来的所有健康问题。

解决人口过剩问题

我们面临的主要挑战是如何减少世界人口，需要以非常明确的步骤来规划这项全球性难题的解决方案。我们的目标不仅是降低增长率，还要切实地逆转这一局势，使总人口减少数十亿！最好不是通过世界大战或重大流行病。关键问题是，人口减少与所有国际化的工业和商业战略完全相反，后者需要不断扩大的市场来驱动。这些工商业的战略不仅需要更多人口，还要让我们相信自己需要新产品，即使新产品未必优于以前的产品。市场不鼓励产品的维护和长期使用，反而鼓励浪费和破坏有限资源的行为。不用我说大家也能注意到，所有主要的文化社会都缺少节约资源的政治举措，政府和行业缺乏重新评估的动力，哪怕已有数百万人意识到重新评估的需要。在强调必须攻克的问题时，保护、回收等理想主义方法是有价值的，但这些活动的规模和影响仍然很小，在一些看似发达的国家根本不存在。

就废弃物而言，我们以 20 世纪 50 年代出现的塑料为例，这是一个毫无争议的例子。塑料的使用非常普遍，甚至在超市里，那些天然带有保护外层的蔬菜也被包上了塑料。英国一些城市曾尝试过塑料回收，但数百万吨塑料污染了街道、乡村和海洋（英国每年约有 2000 万吨塑料垃圾）。经过一个炎热的周末，海滩上的景象可以使我们清楚地看到使用海滩的人有多么自私和冷漠。海洋中的垃圾集中在赤道无风带，每平方英里有多达一百万个碎片。大西洋和太平洋的垃圾总计有数百万吨。有趣的是，最近针对更精细粒度的分析（2020年）表明，破碎的颗粒物普遍存在于我们所食用的许多鱼类体内。事实上，海洋中塑料的总含量至少是原始估计数值的两倍。它大大减少了我们可以捕获的鱼类和甲壳类动物的数量。海洋鱼类的体内不仅有塑料颗粒，还有用于塑料强化的玻璃微珠，而且它们也出现在根茎类蔬菜、苹果等水果中。

对于动物的死亡，我们的反应大多只是同情，由此引发的行动较少，但事实上，它对人类的威胁可能会导致一系列反应。我一直在想，对人类进行更加精密的研究，能否在人体中发现相同的污染物。不幸的是，开始撰写本章后，我找到了一份2020年的最新数据，数据显示，塑料和其他残留物永久污染了许多人体器官，并且其尺寸远小于人类发丝的直径。颗粒尺寸大到几毫米，小到10纳米（10^{-9}），它们可以轻松穿过任何动物的血液/大脑屏障。由此推断，它可能是导致大脑退化和痴呆等人类疾病的一个因素。

从缺陷的程度来看，过度增长的世界人口，加上对其他物种和地球的破坏，这是迄今为止我们能想到的最严重问题。我们面临的难题是"我们能做什么"以及"我们能否实施充分的变革"。降低人口增长率和总人口数会遭到强烈的抵制。来自商业上的反对必然非常坚决，在许多文化中，限制出生率也会遭到强烈反对。主要问题在于，没有一个有效的方法可以在50年内减少人口。如果不能通过和平且可控的方式减少人口，那么本世纪内可能会自然发生导致人口减少的事件，全球战争和大规模饥饿将带来更大的戏剧性后果。

我看到了一个包含两个步骤的议程。首先是找到一种能够养活现有人口的方法，在许多情况下，现有人口会继续存活80年。第二步是找到适度的可接受的方法来抑制和减少人口数量的进一步增长。如果我们能够减少所种植的作物，做到物尽其用，而不是将过剩的农作物扔掉，那么第一阶段有可能实现。未被使用的作物数量占总量的 50% 到 75%！英国家庭的浪费率超过 30%。谨慎地减少过剩的生产与购买，可以支持未来增长的部分人口。但这只是一时之法，我们还需要采取长期措施，切实地降低人口增长率和总人口数。第一步基本掌握在当代成年人手中。第二步对其子孙后代来说更为重要。

如何采取必要的行动，有关这方面的建议变化无常且多有争议，为了推动这项重大举措，我总结了表 19.1，其中包括一些目标和想法。我希望能够讨论和实施一些经过充分考虑的最佳方法。表中第一步采取的行动是保证当前的人口与年轻人不会挨饿。我们需要在生活的各个方面大力减少垃圾的产生，并停止破坏自然资源。这些不是理想主义的目标，而是生存的基本要求。

表 19.1 变革与生存的目标

序号	举措
1	政府干预，减少食物浪费
2	提高向饥饿者或无家可归者分发多余食物的效率
3	提高全球退耕还林的面积，停止种植非必要的农作物
4	重新评估单一栽培农业的价值
5	提高所有人的生存条件的公平性，无论性别、种族和民族
6	男女平等地接受教育
7	努力引导人们关注自身健康
8	建设真正的民主政府
9	确保在全球范围内而不仅仅是在富裕国家推动这些变革
10	减少战争和独裁统治

英国有数百家慈善机构，他们会将未使用的超市食品提供给当地穷人和无家可归者。这一举措确实很好，也很有价值，但政府应该利用这个机会，从食物链的各个环节来帮助当地农民，从食物的输入端开始解决浪费问题，使超市食品的保质期更符合实际，并使公众更清楚地认识到自己所浪费的物

质数量（哪怕只是让他们认识到浪费问题）。千禧一代可能觉得第二次世界大战期间的定量配给政策匪夷所思，但人们确实依靠这样的政策活了下来，而且没有超重，看起来非常健康。当时的限制非常极端，但适度的限制有益于人的健康，并且大大减少了浪费、对土地的占用和对卫生服务的需求。

关注粮食和土地使用，我们就会发现，为了增加棕榈油和牛饲料等作物的产量，我们对森林造成了严重的破坏。别忘了，森林可以制造氧气。棕榈油可能很好，但一些根本用不着棕榈油的产品也被默认加入这种物质。适量食用牛肉也不成问题，但问题是人们食用了过量的牛肉和其他肉类食品。在美国餐馆，我可以选择400克、800克或1200克的牛排（分别约等于1磅、2磅或3磅）。对一个人的身体健康来说，这样的肉类摄入量过多且有害，它对土地利用也非常不利（在第二次世界大战期间，英国每周的肉类配给总量不到400克）。

前文提到，从小麦到水稻，在广阔的土地上种植单一农作物，同时施以农药和化肥，这种商业行为只能让农民获得短期收益。农民不得不依赖农业综合企业的化学制品，农作物的产量下降，收入减少，并对当地动物和昆虫等生物造成永久性的伤害，而这些动物和昆虫能够使土壤肥沃并保持土地的肥力。大多数千禧一代都不知道，正是这种行为导致了美国的沙尘暴，也不知道这些问题早在20世纪60年代就已出现，他们也不清楚蜜蜂的灭绝意味着许多果园现在都要依靠人工授粉。

我相信，我们可以在人口增加的情况下养活更多的人，同时不增加土地占用面积，这将带来非常积极的好处，即发达国家的居民会更健康、更苗条，而全球范围内的饥饿和营养不良状况将得到改善。

另一个显而易见并且有充分证据支撑的因素是，在全社会教育水平有所提高的地方，特别是在男女教育水平同时提升的情况下，人口的出生率通常会下降。这既适用于欠发达国家，也适用于工业国家。日本可能是一个极端的例子，日本女性的受教育程度较高，并在商业活动中占据稳固的地位，整个国家的新生儿数量大大减少。从工业方面来说，日本非常成功，在人均预期寿命方面也名列前茅。事实上，全球生育率已从1960年每位妇女养育4.5个孩子下降到2020年的2.5个左右。我们很难通过这一变化来推断未来，而且人们对生育率和可取性方面的意见也千差万别。例如，我曾看过一篇文章，预测到2100年，平均每位妇女生育子女数量将低至1.5个，文中称这将是一场灾难。为了强调这种偏见，作者在表示未来日期的坐标轴上做了手脚，缩短了刻度间距，从而使表示未来的曲线被扭曲和缩短。因此曲线出现了陡然下降的趋势。令人难以置信的是，作者建议努力提高出生率和鼓励移民，以维持商业市场。文章还表示，撒哈拉以南非洲的人口数量将增加两倍，达到30亿人左右。

我们可以写一个愿望清单，列出全球需要进行变革的方面，这很容易。但这些变革的实施及其操作细节则完全是另一回事。然而，我们现在必须从纸上谈兵的理想主义转向艰苦卓绝的变革实践，改变人类社会迄今为止的运作方式。我的清单会优先考虑食品和消费品的使用情况，这样至少可以养活快速增长的人口。激励人们行动起来，关注健康，这样可以大大减少国家卫生和医疗服务的负担。此外必须解决药物滥用、暴饮暴食和缺乏体育锻炼的问题。在这一切行动中，教育至关重要，社会的各个阶层都必须接受教育，在教育方面实现男女平等，人人平等，不分阶级或种族。

真正具有挑战性的步骤是推动各行业都参与到减少浪费的行动中，减少政府对武器、战争和扩张主义的关注，将更多的精力放在解决国内和国际问题上。表19.1列出了一些理想主义思想。我们必须养活更多的人口，同时找到一条途径（最好是和平途径）来减缓人口增长并减少人口总数。我认为，如果人类要在这个星球上延续下去，就必须将这些所谓的理想主义思想付诸行动。

我的目标很明确，如果我们失败了，人类之前存在的自然世界将被彻底摧毁，人类社会将因缺少粮食和水资源而崩溃，几乎可以肯定的是，这将引发新的革命和政治混乱，并有可能引发一场大规模的世界大战。尽管现在核战争的威胁可能小于几年前［正如马丁·里斯（Martin Rees）在其著作中提出的观点]，但很多人向来缺乏理性思维。

人们可能会认为我过于悲观，但事实上，我既有理想主义，也满怀希望，如果我们能够减少商业压力，也许就能减少人口与资源的消耗，拥有一个可持续发展的地球。

对人类生存构成威胁的自然事件

自然事件能在一定程度上减少地区人口数量。一般情况下，地震、火山、海啸和猛烈的暴风雨都会造成严重的破坏，这样的自然灾害平均每年都会发生数百起。但它们对全球造成的影响往往非常有限。这些"常见"事件的确有可能摧毁一座城市或岛屿，但就全球80亿（且正在急剧增加的）人口而言，这些自然事件所减少的人口数量微不足道。尽管如此，一些火山喷发造成了大气污染，导致农作物歉收、饥荒等，其影响会持续数年。

许多电视节目中都会出现各种各样的自然现象，它们的影响更加戏剧性，这类节目有些是真实严肃的，还有一些仅仅是耸人听闻的虚构。它们通常被描述为超大规模的自然事件。虽然它们的确有可能发生，但概率极小，不会刺激我们去做相应的准备。有一定发生概率的大型事件是，佛得角群岛一座火山一侧的山体滑坡和坍塌，可能造成大海啸。大约73000年前，一段山体的滑坡形成了约240米高的海浪。这种现象有可能重现，因为火山岛不寻常的地质条件可能再次导致山体滑坡。最近有一侧山体已经出现了轻微的分裂，最终可能会完全分离，落入大西洋。由此造成的海啸将摧毁美国东海岸的大部分地区和欧洲的部分地区。对当地而言，这是个坏消息，但就全球人口而言，其影响十分微小，但它会产生广泛的经济影响。同样，第二起严重的自然事件可能是黄石火山的爆发，该火山大约每70万年爆发一次，其规模之大令人难以置信，因为它将摧毁美国，但目前来看，在未来几千年内黄石火山都不可能爆发。

小行星撞击也应该引起了人们的高度重视。我们可以运用技术监测许多来袭的小行星，也许还能进行一定的拦截，尝试改变它们的轨迹，使它们避开地球。这不完全是科幻小说的情节，但也远远超出了现实的可行性。

紧急危险与应急计划

接下来我们要谈一谈当下可能会发生的事件，或者从统计数据来看，在当前这代人的一生中肯定会发生的事件，世界各国政府需要意识到它们的重要性，并尝试提前做好应急准备。其中之一是太阳正在持续进行大规模的日冕物质抛射（CME）。日冕物质抛射是连续的，并且显而易见，因为它们在极地地区创造了壮丽的景象。北极地区出现北极光。在此我需要重复一遍，我们已经进入了一个相当复杂的电子时代，因此大规模日冕物质抛射直接撞击地球，造成严重的电磁干扰，将给我们带来毁灭性的打击。一个小事件可能只会破坏卫星通信。即便如此，也会产生巨大的影响，因此，政府必须提前进行深思熟虑，制定应对此类事件的战略。相比之下，撞击地球的大规模日冕物质抛射不仅会导致卫星、地面通信和光纤系统失灵，还会导致电力系统失灵。其破坏力将彻底摧毁目前全球大部分地区人类的生存能力。根据之前重大的日冕物质抛射事件（如1859年），我们可以做出适度的估算，假设在北半球，它的影响只会延伸到北纬40度。这样一来，就在全球范围内大致圈定了一个区域，其中包括华盛顿、整个欧洲及其以北地区。由于所有的通信和服务都将停止，那么受到影响的城市将遭到严重打击。有人估计，它可能会导致80%以上的城市居民和一小部分农村居民死亡。世界贸易和经济将会崩溃。我们难以制定万全之策，但必须提前准备应对策略，因为并非所有事件都会如此极端。

我认为，这种崩溃和高死亡率并不是解决人口过剩和土地破坏的办法，实际上，它可能引发经济崩溃，随之而来的就是战争，以及对北部未开发领土的迅速入侵，然后出现典型的战后出生率飙升现象。在21世纪，我们曾以9天之差躲过了一次这样的日冕物质抛射。地球可能只是太阳的一个小目标，但太阳持续活跃地产生耀斑,其辐射和能量驱动着一直存在的极光。它们只是强度不同,但地球最终会被偶然性的事件直接击中,这一点确定无疑。这些事件在过去经常发生,在电子时代以前,它们对电力和通信的影响微乎其微。但我们不一样,因为我们处于一个完全依赖电子技术的新时代。这是我们的致命弱点。

另一种极端情况是,微小病毒的传播可能会导致灾难性事件。新型冠状病毒的出现表明,我们对这种全球性袭击根本毫无准备,许多政府的反应毫无专业性可言。流行病并不罕见,只是其后果的严重程度各不相同,而且它们会随着便捷的全球交通迅速席卷全世界。就病毒的潜在致命性而言,第一代变种相对较弱,全球死亡率通常低于总人口的 0.1%。而且这些不幸的人往往存在使其特别脆弱的先决条件。这并非冷漠的评论,对那些受到影响的家庭来说,他们承受着凄惨的后果,对此我深表理解。但从更加宏观的角度来看,我们很幸运,因为一些其他病毒已经杀死了三分之一到 90% 以上的感染者。一个显而易见的问题是,现代的全球化交通使病毒快速扩散,大城市人口密度高,城市交通系统拥挤。这一切都助长了病毒的传播。

科学界的反应令人惊叹,他们迅速研发了疫苗。

更加充分的全球规划至关重要,因为我们可能完全无法应对其他冠状病毒(如埃博拉或非典型肺炎)的大流行。我们不能排除现有病毒进化出新变种的可能性,也不能排除未来出现人畜共患疾病(来自动物)的可能性,这种疾病可能会像黏液瘤病毒摧毁兔子一样,给人类造成致命打击。目前我们已知存在的病毒有数千种。从人口过剩的角度来说,如果流行病导致人口大幅减少,这种事件可能会给我们造成进步的错觉,但是,除非采取其他行动阻止大规模的人类繁衍,否则这种人口数量的减少只是数字上的一个小波动。我们必须认识到,早期的病毒和细菌很有可能卷土重来。2020 年出现了黑死病病例报告。此外,在北极土壤中冷冻数千年的病毒和细菌在解冻后可能会被激活。一个典型的例子就是,冻土层融化,导致鹿群感染炭疽病而死。不幸的是,这种可能性不只存在于科幻小说中,因此我们需要提前规划和思考。

卫生服务

英国试图引入免费医疗服务，其理念是积极的，但从许多方面来看，这一举措显然是失败的，因为普通民众不再有自我照顾的压力。结果出现了供不应求的情况。护理和医务人员往往非常敬业，但给人留下的印象却是行政管理部门无法满足需求，或者有其他优先事项。我知道开处方比说服人们改变生活方式更加简单，但许多患者实际上是受不良的饮食习惯、缺乏运动、吸烟、药物滥用和超重等问题的影响，因此我们有必要重新思考这个系统，对于这种由自身原因导致的健康问题，应让患者自己去承担由此产生的后果。至于该系统是出于经济上的考量，还是出于治疗优先方面的考量（或两者兼而有之），目前还不清楚。

例如，在周末，英国地方医院经常会收治大量因打架、酗酒等导致的"事故和急诊"患者。这些人不仅具有攻击性，还会对医务人员进行人身攻击。如果患者因上述原因前来急诊室就诊，一个非常简单的步骤就是在他们接受任何治疗之前自动预付费用。我个人会拒绝对袭击医务工作者的患者进行任何治疗。这样的改革可以少量地提高收入，更重要的是，它能够传递一种强烈的信息。

缺乏运动和超重同样会导致医院内的患者过多。当务之急是投入一定的资源来改变这些缺陷。当然，英国人的态度通常是，我们不需要照顾自己，因为我们有免费的医疗服务（尽管过度扩张）。一定的经济压力或许有助于向人们强调：健康应该由自己负责。其他国家的朋友曾向我讲述他们的经历，他们到达急诊室后被问到的第一个问题不是"怎么了"，而是"你的健康保险单号是多少"。这在一定程度上有助于国民医疗服务体系（NHS），更重要的是它塑造了公众的态度。许多医生明确表示，大量患者对改善生活方式完全没有兴趣，并默认自己有权获得最大限度的治疗，即使他的健康问题是由自己制造的。英国的国民医疗服务体系正在超负荷运转，但高级政客可能不理解，他们很难意识到目前的问题，因为他们都依赖私立医院和私人的健康顾问。

最后，我不理解人类的心理，因为我们似乎已经失去了应对严重威胁的意愿和勇气。看看那些（过去和现在）卷入战争的国家，其伤亡率、房屋损坏和失业人数通常远远高于新冠病毒所造成的影响，但人们有恢复能力，可以继续生活。不幸的是，在新型冠状病毒大流行的 2020 年，英国累计死亡病例大约为 5 万，但就战时爆炸、军事战斗、海上和空中作战所造的伤亡人数而言，只需要一两起事件就能造成同样的死亡率。1945 年德累斯顿大轰炸，两天内造成大约 3 万本地居民死亡，总伤亡人数可能高达 25 万（包括大量没有身份登记的难民）。投掷到日本的两枚原子弹在广岛直接造成 15 万人死亡，在长崎又造成 7.5 万人死亡。总的来说，大约有 8000 万人在第二次世界大战中丧生，身体和精神受到创伤的人更多。虽然目前仍在经历战争的国家可能保留了应对危机的生存本能，但与过去相比，即使是更加轻微的事件，当代人似乎也缺乏应对能力。

提升政府能力

只有提升具有全球影响力的政府和人民或行业，才有可能实现根本性的改进。我们有可能做到这一点。许多国家都有名义上的民主选举程序，但实际上政府远非如此。相反，不同政党始终彼此分裂，往往设有"党鞭"制度，和／或地方选举委员会，由它告诉党内成员如何投票。如果不这样做，可能会导致自己在未来选举中被剔除。显然，这是变相的独裁。在我之前，早已有人提出了这种观点，1882 年，在编剧 W.S. 吉尔伯特（W.S. Gilbert）的轻歌剧《伊奥兰蒂》（*Iolanthe*）中，列兵威利斯唱出了同样的看法。

在理想情况下，当选的成员应该代表整个选区，而不是投票给他们的一小部分人。但事实并非如此，英国在这方面具有一定的典型性。在英国大选的潜在选民中，往往有高达 20% 或更多的人选择不投票（2019 年的选举中有 33% 的人没有投票）。如果有四五名候选人，那么最终获胜者可能只获得 30% 甚至更少的选票。看一看 2017 年大选的详细信息，不难发现，许多当选者获得了 22% 的选票。但这并非意味着他可以忽视另外 70% 或 80% 的选民。

一直以来，英国议会都有一个严重的问题，那便是其对抗的风格，两个对立党派中间隔着一定的距离（两把剑的长度），结果必然导致两个对立党派爆发争吵。其他国家可能设有半圆形的席位，但同样按政治谱系，从右翼向左翼排列，而且与英国一样，同一政治派别的成员坐在一起，心理上承受着强烈的同侪压力，迫使他们不得脱离党派路线。

我们很难制订一个完美的解决方案，但可以用简单的方式安排座位，在进入会议厅时，人们的座位由计算机软件随机分配。此外，确保人们在且只能在分配好的席位上进行真正的无记名投票。随机的座次安排意味着一个人可能与另一个观点完全不同的人相邻而坐。因此他不会轻易做出极端的谴责。保密的电子投票让人们可以根据具体问题和个人良知或其选民的意志，投出赞成票、反对票或弃权票。这对中间派的决定非常有价值，因为中间派总会产生意见分歧。极端分子可能会在投票中团结一致。这套方案的最后一个好处是，投票人必须参与辩论，目前大多数投票人往往从其他活动中赶回来，对提出的问题一无所知，只会按照政党的路线投票。

这种制度的缺陷显而易见，却难以找到解决方案。

真实而准确的信息

理想和行动都建立在我们掌握的信息和知识的基础之上。从缺陷的角度来说，我认为虚假信息是需要避免的。

我们怀抱这样一个希望，即随着信息获取渠道的增多，个人可能会更加全面地了解情况，可以将事实与虚构或解释与偏见区分开来，但我对此表示怀疑。在 21 世纪，我们不再依赖地方性的报纸、广播和电视，而是可以通过电子设备，在全球范围内访问互联网和其他电子媒体。原则上来说，我们可以自己做决定，不被操纵，但这种理想主义存在几个问题。首先，许多国家会对互联网的访问和来源进行审查。其次，我们通常只关注与自己已有观点一致的网站。例如，一些电视网络和报纸被严重政治化，互联网也是如此。它并未使我们对新想法保持开放态度，反而使我们进一步强化了自己的观点和偏见（无论这些观点和偏见是对是错）。再次，许多网站存在不正确的"事实"、偏见和刻意欺骗，目的是误导众人。

回到第 5 章，我提到了图表和其他类型数据的问题及其所造成的误解，有些图表的绘制比例是非线性的。如果它们经常给科学家造成困扰，那么对普通公众来说必然更加困难。在最后的章节，我想讨论一下人为的错误和偏见，即使只通过简单的方式将数据呈现出来，这些错误和偏见也会造成严重的失真。在任何含有感情色彩的话题中，我们难免会先入为主地曲解事实和解释。图 19.2（a）大致呈现了英国人口年龄分布（2020 年）。每个数据对应的年龄段跨度为 10 岁。这仅仅是一个参考，因为年龄分布有相当明显的地区差异。由于社会、政治、医疗、人口迁入与迁出等多种原因，因此各年龄段人口分布不是一条平滑的曲线。尽管如此，很明显，人口数量从 66 岁开始迅速下降。我们往往会关注与自己年龄最相近的人口分布模式。例如，年轻人对老年人的数据不太感兴趣（反之亦然）。人们的眼睛可能只注视图中与"我们"有关的部分。人们也可能针对不同的受众刻意歪曲图形，因此使用对数年龄刻度轴和不同大小的数据指标进行绘制。为了显示由此可能产生的影响，我选取图 19.2（a）的数据，将其重新绘制在对数年龄刻度轴上，形成图 19.2（b）。这样一来，图表中老年人的数据被压缩到极小的区域。我们可能会下意识地采取类似的有限视角，这一点难以量化，但事实差不多就是如此。已经成为父母的千禧一代可能会觉得，作为年轻人，他们是社区中最重要的一部分（这也是大多数处于相同人生阶段的人的标准观点）。他们会关注自己的年龄范围内的数据（他们认为自己年龄段的数据最重要），并极力贬低老年人的数量和价值（数据点逐渐减弱）。对数年龄刻度轴正好有这样的效果。图 19.2（a）和 20.2（b）之间的对比形象地体现了这种扭曲。

相比之下，更年长的人或老年人可能会认为自己的重要性越来越高，因为他们养育和支撑了家庭，为国家的财富增长做出了贡献，并逐渐积累了经验和知识。图 19.2（c）是另一幅完全不同的图，这可能更符合老一辈人的想象。半对数坐标图不是单纯的线性尺度，它的作用是强调并凸显影响。

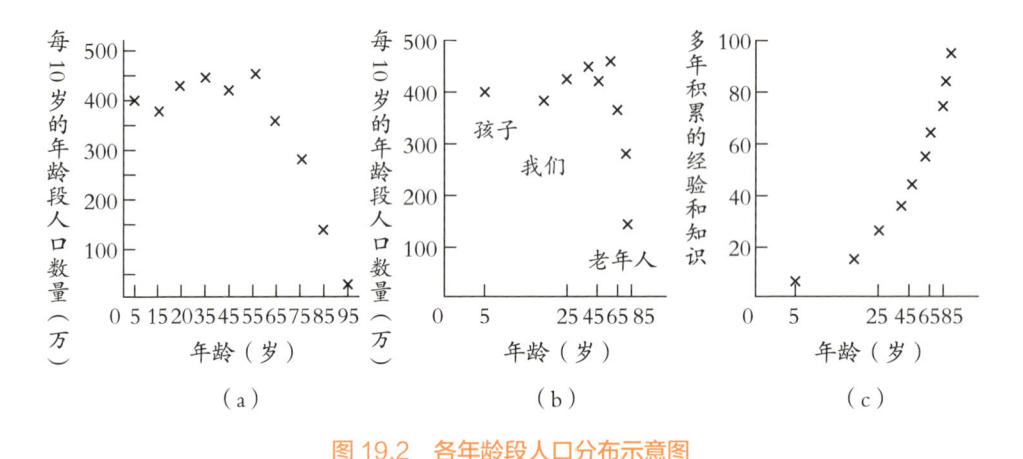

图 19.2 各年龄段人口分布示意图

注：（a）描绘了 2020 年前后英国每 10 岁年龄段的人口数量。（b）用对数年龄刻度轴显示相同的数据，但突出的重点不同。这张图可能更符合千禧一代的想象。（c）基于成熟度、经验和对国家的贡献，只关注人在一生中积累的知识和经验。

总的来说，我们可以通过呈现信息的方式和选择解读信息的方式来改变侧重点。从根本上来说，我们在信息处理方面的尝试并不完美，带有浓重的个人色彩。不加批评地收集新闻和数据，其后果可能是极端主义、阴谋论，即使内容有坚实的数据基础，如果它不符合个人偏见，通常也会被拒绝。这进一步助长了人们的无知。这一点在科学信息中尤为明显，因为：①人们可能没有接受过足够的训练以理解科学信息；②人们无法将无用的信息和虚构之事与事实区分开来；③人们存在政治分歧，并认为自己的政党所引用的任何内容都是真实的，其他信息都是虚假的。目前，电子网络公司完全没有能力，也没有意志力来屏蔽明显虚假或恶意的内容。更极端的信息会"病毒式传播"，其传播数量之大，使人们相信其真实性。

许多人会轻信他人，十分脆弱，或者可能缺乏辨别政客和广告动机的能力。事实上，普通民众似乎会坚定地相信他们通过电视从特定政党领导人和专家那里听到的任何事情。与此同时，他们拒绝来自其他来源的信息。这种模式在美国非常明显，但实际上它可能在世界各地普遍存在。

电子学和即时通信网络在很大程度上推动了虚假新闻和错误信息，因为它们迅速放大了谎言和偏见，当人们接受了这样的信息，几乎不会改变自己的观点。这种模式的必然结果是，相信一种阴谋论的人必然也相信其他阴谋论。虚假信息一直存在，现在唯一的区别是照片、视频、"事实"等很容易伪造，当它们在世界各地疯传，必然会深深烙印在数百万人的脑海中。从带有人身攻击的网络帖子，想要博人眼球并赚取销量的报纸文章，到影响选民投票决定的政治活动，都体现了对人性弱点的利用。认识到这些问题，我感到惭愧，因为我不能核实自己引用的所有信息，只是尽量找到值得信任的材料。我也受益于在科学领域的职业经历，在科学领域，人们希望进行独立验证。这并非完美的模式，但也好过假新闻的推广机制。

许多商业广告中显然也存在歪曲事实的现象。例如，通过美容护理的营销，或者看到一张图片，描绘一辆汽车如何提升我们的社会地位，我们下意识地明白这一切并非现实，但由于我们喜欢它所描绘的形象，因此便不顾自己的本能，进而对其产生信任。如果我们认为生活中的困难可以归因于那些与我们不同的人，那么这种模式就与社会偏见和种族偏见无异。与志同道合的人为伍，这意味着我们会下意识地或主动地增加自己持有的不合理观点。如果自我感觉良好，并认为其他人都同意自己的观点，那么我们就会忽略逻辑。革命者和独裁者都理解这一点，并利用这种行为。成功的革命者和独裁者总会找到一个合适的少数群体（通常是种族或宗教），他们指责这类少数群体是国家问题的罪魁祸首。攻击他们可以让其他人团结起来，为领导人赋予权力。这与足球队一样，球员会将比赛的失利归咎于裁判、边裁或一名队友的糟糕表现，而不是自己。

如何推动全球态度的改变

凡事没有完美的，任何政治行动都无法解决世界上所有的问题。因此，我们的目标必须是达成共识，承认多样性。进行政治变革通常需要来自现有政府之外的压力和鼓励。在政府内部，他们会倾向于保持不变，因为他们的政策使其掌握权力，而变革可能会破坏这一点。尽管如此，对于政府未能解决的问题，年轻一代的理想主义和动机往往显而易见。从反战抗议到反种族主义，都是青年发挥影响力的经典事例。

然而，为了达到预期结果，我们需要解决当前和未来的不公正问题，关注过去只是一种自我纵容。在当前那些以历史事件为目标的活动中，这一点未必会得到承认。从理论上来说，对历史的批评是有根据的，但这无关紧要，因为我们不能也不应用现在的文化来判断过去。我们的精力、热情和动力必须集中于当前世界，而不是过去。

一线希望

政治和科学是两个完全不同的领域。相比之下，科学往往更加国际化，个人差异没有那么重要。在个人层面上，人们仍然对财富和名望怀有野心和渴望，但与政治领域相比，更大平台上的相互作用往往更加公平。在个人的职业生涯中，我感觉到，随着更多的国际目标和合作，这种全球视野也有所提高。合作与国际主义不仅体现在天文学或粒子物理学领域，这些领域拥有昂贵的研究设施，无法依靠一个国家来提供资金和人员。但实际上，合作和国际主义在更广泛的活动中发挥着重要的作用。

我不知道自己的工作模式和经验是否独一无二，但我可以肯定地说，我能够友好地参与国际项目，并在各个国家开展合作，产出丰硕的成果。有证据可以支持这一点：与我共事的科学家来自30多个国家和地区，有男有女，他们来自不同的种族，肤色各异。这些差异并没有影响我们的合作或友谊。

说实话，这种相互平等的程度远远大于媒体和政府讨论和推动的程度。如果人们能够在科学领域做到这一点，那么全球其他领域也可以效仿。在我们的出版物中，共出现过来自全球各地的大约 600 位合著者，这是衡量国际合作成功与否的一个定量指标。这并非个例，许多科学家都有国际友好合作的观念。如果这一点在科学领域可行，那么在可能改善人类未来和世界生活质量的方面，也必然有实现国际合作的可能性。

我的结论是，人无完人。我们必须认识到这一点，努力避免耸人听闻的陷阱，拒绝可疑的消息来源，并忽视来自它们的所有信息。我们永远无法取得彻底的成功，但如果我们为此而努力，并认识到所有人都应该得到公平、平等和无偏见的对待，那么我们就会迈出积极的一步，这一步可能会影响其他人。相应地，其他人就会以可接受的相同方式来对待我们，从而产生非常真实的积极反馈。

致谢

　　写作离不开读者的持续反馈，在此我要感谢愿意花时间阅读、讨论并积极发表看法的朋友们。其中包括诺曼·比林厄姆（Norman Billingham）教授（在讨论催化作用时）提供的意见，以及安吉拉·古多尔（Angela Goodall）、琼·霍奇基斯（Jean Hotchkiss）、伊恩·珀维斯（Ian Purvis）等人为本书提出的宝贵意见。